제2판

싱가포르 다시 보기

싱가포르의 정치 · 행정 시스템 분석

제2판

SINGAPORE REVISITED

싱가포르 다시 보기

싱가포르의 정치·행정 시스템 분석

고길곤

경제 침체와 코로나19를 맞닥뜨린
싱가포르의 선택은 과연 무엇인가

문우사
MoonWoo

제2판 머리말

the second preface

2017년에 초판이 나왔으니 벌써 3년의 세월이 흘렀다. 그동안 많은 변화가 있었다. 출판사로부터 초판이 매진되어서 책을 다시 출판하자는 제안을 받았을 때 책을 다시 쓸 것인지 아니면 그냥 재판할 것인지 고민하였지만 책을 다시 쓸 수밖에 없었다. 초판에서 사용한 각종 자료들이 이미 오래되어 싱가포르의 변화를 충분히 반영하지 못하는 데다 싱가포르에 대한 연구를 계속해오면서 그동안 알지 못했던 새로운 사실들도 배우게 되었기 때문이다. 또한 2019년부터 시작된 싱가포르의 경제 침체가 코로나 사태로 더욱 심화되고 있는 상황에서, 2020년 총선에서 야당이 40% 가까운 득표를 얻은 싱가포르가 어떻게 경제 위기를 극복해나갈 것인가를 고민해볼 필요도 있었다.

그동안 한국에도 많은 변화가 있었다. 초판에서는 이명박 정부와 박근혜 정부에서 나타나는 박정희 체제의 향수와 국가주의 경향을 걱정하면서 싱가포르를 반면교사로 삼기를 바라면서 책을 썼다. 하지만 제2판에서는 진보를 표방하는 문재인 정부가 정치적 이념을 지나치게 강조하면서 실용주의적 접근을 경시하는 현실을 걱정하며 글을 써나갔다. 국가라는 것은 완벽하지 않기 때문에 항상 시민을 우선시하며 끊임없이 권력의 오만함을 경계해야 하는데도 불구하고 대한민국이나 싱가포르 모두 아직도 국가 무오류의 신화에 빠져 있는 것은 아닌가 하는 생각이 들었다.

제2판에서는 싱가포르의 혁신체제에 대한 관심을 반영하여 대학교육과 미래예측 제도를 소개하였고, 코로나 사태가 미칠 장기적 영향을 고려하여 싱가포르의 코로나 대응에 대한 부분도 추가적으로 소개하였다. 그리고 가능한 한 대부분의 통계는 최신의 통계로 바꾸었으나, 일부 과거 통계가 내용상 필요한 경우에는 그대로 유지하였다.

이 책이 나오는 데는 많은 분의 도움을 받았다. 서울대학교 행정대학원의 홍민준, 김주란 학생은 초판의 통계를 새로운 통계로 업데이트하고 교정하는 데에 많은 도움을 주었다. 이들이 없었다면 제2판의 출판은 한없이 늦어졌을 것이다. 서울대학교 아시아연구소 허정원 교수는 바쁜 와중에서도 원고를 읽어주셨고 교정까지 해주시는 수고를 마다하지 않으셨다. 이 자리를 빌려 깊이 감사드린다. 또한 출판을 격려해주신 문우사의 김영훈 사장님과 전영완 차장님 및 편집진에게도 깊이 감사드린다.

책을 낼 때마다 부끄러움과 아쉬움이 밀려오는 것은 어쩔 수 없는 것 같다. 이 책의 부족한 부분은 독자들과의 교감을 통해 메꾸려 하며, 우리나라의 중요한 무역국이자 동반자인 싱가포르에 대한 비판적 애정과 관심이 이 책을 통해 높아지기를 기대한다. 또한 이 책이 '대한민국의 주인은 국가권력이 아니라 국민'이라는 평범한 진리가 받아들여지는 세상을 만들어가는 데 조금이나마 기여했으면 한다.

코로나와 싸우는 서울대 교정에서

고길곤 적다

머리말

preface

이 책은 저자가 2007년부터 2011년까지 4년간 싱가포르에서 행정과 정책을 강의한 경험을 바탕으로 작성해왔던 원고와 2015년 리콴유(Lee Kuan Yew) 전 싱가포르 총리의 죽음과 그 이후의 총선 과정을 1년 동안 지켜보면서 전문가 및 싱가포르 주민과 나눈 인터뷰, 그리고 그와 관련된 책 등을 통해 분석한 내용을 중심으로 집필하였으며 총 12장으로 구성되어 있다.

제1장의 「왜 싱가포르인가?」와 제2장의 「싱가포르의 지리와 자연환경」, 제3장의 「싱가포르의 역사적 맥락」에서는 싱가포르가 어떤 독특한 인문·자연환경에 직면하고 있는지를 살펴보고자 한다. 이 장들의 논의를 통해 단순히 싱가포르에 대한 나열식의 지식을 제공하기보다는, 과연 어떠한 것들이 싱가포르의 가치 형성에 영향을 주게 되었는지 인문 지리적 조건과 역사적 사건을 중심으로 살펴볼 것이다.

제4장 「싱가포르의 가치란 무엇인가?」에서는 싱가포르의 가치체계가 무엇인지를 서술한다. 이 가치체계를 확인하기 위해 싱가포르의 정부 문서, 각종 연구서, 그리고 인터뷰 결과를 이용할 예정이며 이러한 분석을 통해 싱가포르의 가치는 사회적, 역사적, 지리적, 환경적 조건에 대응적으로 형성되었음을 보여주고자 한다. 또한, 싱가포르의 핵심 가치를 능력주의, 엘리트주의, 실용주의, 국가주의로 나누어 제시하고

자 한다. 특히 각각의 개념이 고유한 특성을 가지고 다양한 정책에 영향을 주면서도 궁극적으로는 서로 융합하여 싱가포르의 국정체제를 만들어가는 과정을 구체적인 정책 사례를 통해 입체적으로 제시하고자 한다.

제5장 「싱가포르의 능력주의와 엘리트주의」에서는 싱가포르의 능력주의와 엘리트주의를 살펴보면서 그 내용이 어떻게 변화되어 왔으며, 또 오늘날에는 어떻게 이해되고 있는지를 논의한 후 그에 대한 반론을 소개하고자 한다. 나아가 능력주의와 엘리트주의가 그대로 투영된 교육제도를 소개하면서 우리나라에 대한 시사점을 유도하고자 한다.

제6장 「싱가포르의 실용주의Pragmatism」에서는 실용주의에 대한 고전적인 관점이 싱가포르에서 어떻게 독특하게 변화되었는지를 소개하고, 그 결과 싱가포르의 실용주의는 교육, 능력주의, 경제우선주의, 엘리트주의가 결합된 사고체계임을 제시한다. 이를 구체적으로 살펴보기 위해 국가전략 설정, 역사 인식, 공기업 정책, 외교 정책 등에 어떻게 반영되었는지 살펴본 후 싱가포르 실용주의의 한계를 논의하고자 한다.

제7장 「싱가포르의 국가주의의 가치」에서는 국가주의의 내용과 현황을 살펴본 뒤, 국가주의가 반영된 규제 정책, 법적 제도, 공공주택 정책, 공기업 정책 들을 설명한 후 그 장단점을 논의한다.

제8장 「싱가포르의 소국의식, 국가안보, 그리고 위기의식」에서는 싱가포르인들이 그들 스스로 싱가포르를 '작은 섬나라'라고 생각하는 의식이 어떻게 경제 정책, 특히 산업 정책과 노동 정책에 투영되고 있는지를 논의한다. 또한 소국의식이 국방 및 안보 문제와 결합되어 어떻게 과도한 국방비 지출을 정당화하는지를 살펴보고, 또 어떻게 정치체제

의 정당화 논리로 사용되는지도 살펴본다.

제9장 「싱가포르의 엘리트주의와 정치 · 행정 시스템」에서는 싱가포르의 행정부, 입법부, 사법부 체계를 설명하면서 엘리트주의의 원리가 어떻게 작동하고 있는지를 분석한다. 이 분석을 통해 싱가포르의 엘리트주의는 교육을 중심으로 한 능력주의를 근간으로 하고 있으면서 정치권력이 견제와 균형을 이루기보다는 융합된 형태의 권력구조로 되어 있음을 보여준다. 특히 싱가포르의 반부패 정책을 살펴보면서 싱가포르의 반부패 정책이 싱가포르의 독특한 권력구조에서 만들어진 산물임을 제시하고자 한다. 그리고 이러한 체제가 가진 현실적 문제에 대한 논의도 제시한다.

제10장 「싱가포르의 다문화와 다양성의 가치」에서는 싱가포르의 인종적 · 문화적 다양성이 어떤 역사적 맥락에서 형성되었고, 어떻게 교육, 선거, 종교, 이민, 이중언어 정책에 반영되고 있는지를 논의한다.

제11장 「싱가포르의 도전과 미래」에서는 싱가포르가 직면하고 있는 여러 문제점을 국가주의의 한계, 경제발전 가치에 대한 비판적 해석, 생산성의 위기, 복지의 위기와 소득 불평등, 온정적 간섭주의와 시민 자율성 간의 충돌 등을 중심으로 논의한다.

마지막으로 제12장 「싱가포르가 우리에게 주는 시사점」에서는 싱가포르의 가치와 국가 운영이 우리에게 주는 시사점에 대해 밝힌다.

2017년 11월 11일

고 길 곤

감사의 글

a thank-you note

이 책을 집필하면서 많은 분들의 도움을 받았다. 싱가포르 국립대학교 재직 시절 싱가포르 사회에 대해 함께 고민하고 많은 조언을 해준 싱가포르 국립대학교의 교수님들과 학생들이 없었다면 이 책을 펴내는 일은 불가능했을 것이다. 싱가포르 사회에 대한 비판적 관점과 긍정적 관점을 함께 제시해준 교수님들, 수업 토론에 열정적으로 참여해준 학생들에게 다시 한번 감사의 말씀을 전하고자 한다.

어려운 여건 속에서도 서울대학교 행정대학원 아시아개발연구소Asia Development Institute의 최종원 소장님과 권혁주 부소장님께서는 선뜻 연구비를 지원해주셨나. 추신하셔야 하는 사업들이 많이 있음에도 불구하고 부족한 이 책을 위해 지원해주신 두 교수님께 깊은 감사의 마음을 전하고자 한다.

또한, 이 책의 원고를 처음부터 끝까지 읽어주고 조언해준 부경대학교의 한희진 교수님, 한국행정연구원 조수연 박사, 서울대학교 행정대학원의 김대중 박사, 이예영 석사과정생, 그리고 강세진 석사에게도 고마움을 표하고자 한다. 선뜻 이 책을 출간하는 데 머뭇거렸지만 많은 것을 배우고 재미있게 읽었다는 말 한마디가 큰 힘이 되었다.

문우사의 전영완 과장님은 초고를 처음부터 끝까지 읽어주시면서 교정까지 도와주셨다. 전영완 과장님의 노력이 없었다면 이 책이 이렇게 가지런한 모습으로 나오기 어려웠을 것이다. 문우사의 김영훈 사장님도 어려운 출판 환경에도 불구하고 인문학과 행정학의 경계에 있는 이 책의 출판을 흔쾌히 동의해주셨다. 다시 한번 문우사 관계자분들과 편집진에게 깊이 감사드린다.

이 모든 분의 도움에도 불구하고 혹시라도 이 책에 오류가 있다면 그것은 올곧이 저자의 부족함과 책임임을 밝히고자 한다.

마지막으로 아내 강금화, 딸 희경, 아들 석찬에게도 미안함과 고맙다는 말을 전하고자 한다. 연구하겠다고 혼자 싱가포르로 연구년을 떠난 나를 이해해주지 않았다면 어찌 이 책을 펴내는 일이 가능했겠는가?

차 례

Contents

제 1 장

왜 싱가포르인가?

SINGAPORE

SINGAPORE

다른 나라를 여행하는 것은 즐겁다. 낯선 곳에 대한 흥분과 두려움으로 몸속에서 분비되는 아드레날린과 다양한 사람과 건물, 음식, 언어, 문화를 만나면서 충족되는 지적 호기심, 그리고 이를 통해 자신을 돌아볼 수 있는 성찰의 시간이 우리에게 행복감을 가져다주기 때문이다. 하지만 여행자가 아닌 사회과학자로서 다른 나라의 정치·경제·사회·행정·문화를 공부하는 것은 두려운 일이다. 때로는 오만과 편견에 사로잡혀 자기중심적으로 그 사회를 단정할 수 있기 때문이다. 마치 눈먼 사람이 코끼리를 만지는 것처럼, 자신의 짧은 경험을 가지고 견강부회牽强附會하는 잘못을 우리는 흔히 범한다. 이런 것을 잘 아는 저자가 싱가포르라는 사회에 대한 글을 쓰기 위해서는 상당한 용기가 필요했다. 2007년부터 4년간 싱가포르 국립대학교에서 교수 생활을 하였고 다시 2015년 싱가포르에서 연구년을 보냈지만, 싱가포르의 숨겨진 면들은 너무 많다. 그 이후 싱가포르의 혁신 시스템, 교육 시스템과 관련된 연구들을 꾸준히 해왔지만 여전히 모르는 것들이 많다. 사실 싱가포르를 여행해본 사람은 한국에 많고, 이들이 전하는 싱가포르 이야기도 다양하다. 어쩌면 이미 우리에게 잘 알려진 나라인데도 불구하고 저자는 용기를 내어 싱가포르 이야기를 시작하고자 한다.

주변에서 왜 굳이 싱가포르에 관한 책을 쓰는지 묻는 사람들이 많았다. 어떤 사람은 여행안내 책과 각종 블로그 여행기가 있는데, 왜 굳이 사흘이면 다 볼 수 있는 조그마한 섬나라 싱가포르에 관한 이야기를 한 권의 책으로까지 쓰려고 하는지 의아해했다. 논문 숫자로 성과급이 결정되고 외국학술지에 논문을 써야 대단한 학자로 칭찬받는 나라에서 싱가포르에 대한 책을 쓰는 것은 시간 낭비라고 이야기하는 사람들도 있었다. 하지만 저자는 책을 쓰기로 했다. 몇 년간에 걸쳐 이 책을 준비하면서 점점 더 책을 쓰는 목적이 명확해지기 시작했다. 그것은 싱가포르 속에 자리 잡은 우리의 자화상을 보았기 때문이다.

이제는 지난 일이지만 연구년 동안 이 책을 쓰기 위해 모 연구재단에 연구비를 신청한 적이 있다. 그러나 반응은 "싱가포르와 같이 작은 나라이면서 이미 잘 알려진 나라를 연구해서 무슨 의미가 있는가?"였다. 연구비를 신청하고 퇴짜를 맞은 경험이 워낙 많았던 저자는 '카를 마르크스나 막스 베버도 연구비 받아 연구한 것은 아니지 뭐.' 하며 스스로 위로했다. 그러면서도 과연 우리가 얼마나 싱가포르를 알고 있는지, 그리고 정말로 우리가 싱가포르로부터 배워야 할 교훈을 배우고 있는지 소리 없이 반문하였다.

싱가포르는 우리에게 많이 알려진 나라이지만 우리가 잘 아는 나라는 아니다. 우리나라의 내로라하는 지성들이 공부하는 서울대학교 도서관에서 '싱가포르'를 키워드로 검색해보면 '싱가포르 실속 여행가이드' 같은 부제를 달고 있는 여행안내 책자들만을 찾아볼 수 있을 뿐이며 싱가포르에 대한 깊이 있는 연구서는 찾아보기 힘들다.[1] 싱가포르에 대한 연구서들이 없는 것은 그만큼 싱가포르의 정치행정은 이미 다 아는 이야기라고 생각하거나 아니면 아예 학문적으로 관심이 없는 주제라고 생각하기 때문일 것이다. 그렇다면 우리가 아는 싱가포르에 대한 상식들은 도대체 어디서 나온단 말인가? 그리고 그런 상식이 과연 정

1 양현모 편. (2010). 『싱가포르 행정과 공공정책』. 신조사; 강승문. (2014). 『싱가포르에 길을 묻다: 국민소득 5만 달러의 신화』. 매일경제. 정도가 깊이 있는 내용을 다루고 있을 뿐이다.

확하다고 할 수 있을까?

예를 하나 들어보자. 싱가포르를 좀 안다는 사람들은 싱가포르 인구가 약 500만 명 수준인 것으로 알고 있다. 공식 통계에서도 2020년 인구는 570만 명이다. 하지만 우리나라 기준으로 본다면 실제 싱가포르 인구는 403만 명이다. 우리나라에서는 단기 체류 외국인을 인구로 계산하지 않지만 싱가포르는 시민권자와 영주권자가 아닌 사람들도 인구 통계에 포함한다. 그 결과 1인당 GDP를 계산할 때 분모가 되는 인구는 시민권자나 영주권자뿐만 아니라 단기 거주자들을 모두 포함한 값을 사용한다. 이 점을 고려하면 6만 달러(USD)가 넘는 1인당 GDP는 시민권자와 영주권자만을 포함하면 9만 달러(USD)가 넘는다.

싱가포르가 자연자원이 없음에도 불구하고 우수한 인력을 바탕으로 경제성장을 했다는 주장도 매우 흔하게 접할 수 있다. 그렇다면 싱가포르 사람 중에서 대학 졸업생의 비율은 얼마나 될까? 경제성장의 원숙기인 2000년 당시 통계를 살펴보면 싱가포르의 25세 이상 시민권자와 영주권자 중 대학 졸업장을 가진 사람의 비율은 고작 12.1%일 뿐이며 1980년에는 2.7%에 불과했다.[2] 그리고 2019년 기준 32.4%로 증가하였다. 인적자원의 수준이 높다고 알려진 싱가포르의 대학졸업자 수는 생각보다 적다. 대조적으로 우리나라는 OECD 국가 중 25~35세의 대학 졸업률이 가장 높아, 2011년의 경우 65%에 달했으며 2020년에도 60% 중반대를 유지하고 있다. 한참 경제발전을 하던 1970년대와 1980년대 싱가포르에 우수한 인적자원이 많았다고 주장하기에는 고등교육

2 기술대학교(polytechnic university) 학생 제외. 싱가포르 통계청 인구자료 참고. https://www.singstat.gov.sg/modules/infographics/population

을 받은 사람들의 비율이 너무 낮다. 신기하지 않은가? 싱가포르가 우수한 인력을 갖고 있다는 사람들에게 우수한 인력이 무엇인지를 물어보면 제대로 대답하지 못하는 사람이 많다. 학자들도 싱가포르의 능력주의meritocracy를 이야기하지만, 그 능력주의의 본질을 오해하는 경우가 많다.

우리나라에서 싱가포르는 권위적인 정부의 강력한 리더십을 통해 번영을 달성한 대표적 사례로 이해되고 있다. 우리나라에서 영어 공용, 다문화주의, 외국인 투자 개방, 복지 포퓰리즘 등과 관련한 논쟁이 일어나면 싱가포르는 항상 우수한 본보기로 언론에 등장한다. 2020년 코로나19 사태 초반에도 싱가포르의 우수한 방역 시스템을 칭찬하면서 높은 수준의 의료 서비스를 한국에 소개하는 글들도 적지 않았다. 우리나라뿐만이 아니다. 중국이나 아프리카 국가들 역시 민주주의 없이 경제성장을 달성할 수 있다는 환상을 가지고 싱가포르의 경험을 배우고자 싱가포르로 몰려든다. 이것이 과연 바람직한 현상일까? 이처럼 이 책의 첫 번째 목표는 싱가포르를 제대로 이해하는 것이다.

이 책의 두 번째 목표는 싱가포르 사회를 관통하는 가치체계를 중심으로 우리에게 주는 교훈을 탐색해보는 데 있다. 가치라는 것은 원래 보편성이 있다. 예를 들면 실용주의, 능력주의, 다문화주의 같은 가치는 우리나라나 싱가포르에서도 동일하게 요구되는 가치이다. 그러나 가치에는 특수성도 존재한다. 그 사회의 맥락하에서 가치가 이해될 수 있다는 것이다. 이렇게 보편성과 특수성이 공존한다는 사실을 간과하고 특정한 가치만 지나치게 강조되면 그 가치의 한계는 들여다보기 어려우며 다른 가치의 장점은 제대로 이해하지 못하게 된다. 겉으로 보기

싱가포르의 상징물 중의 하나인 머라이언

에는 우리나라와 비슷해 보이는 가치가 싱가포르에서 어떻게 다르게 이해되고 있는지를 아는 것은 더욱 어렵다. 그러다 보니 싱가포르에 여행 간 사람들은 싱가포르의 역사나 정치·경제적 여건은 잘 모른 채 관광객의 시선을 사로잡는 관광지와 쇼핑몰만을 보고 돌아오는 경우가 많다.

이 책에서는 역사·정치·경제·사회적 관점에서 싱가포르의 가치체계를 살펴봄으로써 싱가포르에 대한 균형 잡힌 이해를 시도하였다. 싱가포르 사회를 이해하는 데 중요한 가치가 무엇인지, 그 가치가 어떻게 형성되고 발전되어 왔는지, 그리고 이를 통해 해당 가치가 정치, 경제, 사회에 어떻게 투영되고 있는지를 차분히 살펴보는 것이다. 이 책에서 독자들과 함께 생각해보고자 하는 질문은 다음과 같다.

첫 번째는 "싱가포르 사회가 가진 가치는 과연 무엇인가?"이다. 많은 사람들이 한 사회를 이해하려면 그 사회의 정치, 행정, 사회, 문화 등을 알아야 한다고 이야기한다. 하지만 그 나라가 대통령제를 채택하고 있는지, 의원내각제를 채택하고 있는지를 안다고 해서 우리가 그 사회를 얼마나 잘 이해할 수 있을까? 어떤 한 나라를 전공하는 전문 연구자가 아니라면 이러한 개별적인 지식은 크게 도움이 되지 않는 경우가 많다.

싱가포르로 가족여행을 떠났다고 상상해보자. 아이들에게 싱가포르의 정부 형태가 대통령 중심제라는 것 혹은 1인당 국민소득이 얼마인지를 이야기해주는 것이 과연 어떤 의미가 있을까? 어쩌면 싱가포르 사람들을 만나고 부딪치면서 그 사람들이 어떤 가치를 중요시 여기며 살아가고, 어떤 생각을 하는 사람들인지를 알려주는 것이 훨씬 더 많은 것을 배울 수 있도록 이끌어 주지 않을까? 여행 안내자가 알려주는 단편적인 지식보다는 한 사회의 역사와 가치를 이해하는 것이 여행의 더 큰 즐거움이 될 수 있다.

다만 한 사회의 가치를 이해하는 데는 많은 시간과 분석이 필요하다. 저자는 싱가포르에 머물면서 많은 사람과 교류했지만, 이들조차도 싱가포르 사회를 설명할 수 있는 가치가 무엇인지를 종합적으로 고민해본 사람은 거의 없었다. 가치가 중요하다고는 생각하면서 막상 깊게 고민하려 들지 않는 병폐는 학자들의 연구에서도 많이 나타난다. 다른 국가의 정치 · 행정 · 경제 체제에 대한 깊이 있는 이해를 위해서 가치 시스템을 이해해야 한다는 명제는 비교행정학comparative public administration의 기본이다. 예를 들면 미국인들이 국가union, 주state, 그리고 개인individual을 어떤 가치에 따라 이해하고 있는지를 모른 채 단순히 연방제 혹은

가치 인식 차이의 극단적인 사례

이 사례는 독자들의 이해를 돕기 위해 싱가포르 사람들의 가치를 보여주는 약간 극단적인 사례이다. 싱가포르 모 대학에 근무했던 어느 한국인 교수가 학생들 입학시험 면접에서 실제 경험한 사례이다. 처음에는 이것이 농담인 줄 알아 다시 확인해보았지만, 실제 있었던 일이라고 한다.

1. 면접자: 왜 나이 많은 사람들이 시장 음식점에서 접시를 닦거나 청소를 한다고 생각합니까?
   학생: 그분들은 일하는 것을 좋아하고 집에 있는 것을 따분해하니까요.
2. 면접자: 정부의 예산은 한정되어 있습니다. 혁신적인 비즈니스와 노인 지원 사업에 예산을 써야 한다면 당신은 어느 곳에 쓰고 싶습니까?
   학생 1: 50 대 50으로 각 사업에 쓰도록 하겠습니다. 노인이 일하도록 도와주는 노인 지원 사업을 하면 됩니다.
   학생 2: 현금을 주는 것은 돈 낭비입니다. 그들은 곧 죽을 텐데 젊은 세대에게 예산을 써야 합니다.
3. 면접자: 인구 감소의 문제를 어떻게 해결하겠습니까?
   학생: 아이를 수입하면 됩니다.
4. 면접자: 병역의 의무가 왜 필요하다고 생각합니까?
   학생: 위협으로부터 우리나라를 보호해야 하기 때문입니다.
   면접자: 누가 이 나라의 위협이지요?
   학생: 음... 모두 다입니다.
5. 면접자: 왜 여자는 군대에 가지 않죠?
   학생: 여자들은 약하고 군대에 가더라도 남자처럼 되기 때문입니다.
6. 면접자: 싱가포르는 이미 일류국가입니다. 언제쯤 성장을 멈춰야 하죠?
   학생: 절대로. 우리가 1등이 될 때까지.
7. 면접자: 싱가포르의 핵심 정체성은 무엇입니까?
   학생: 싱글리시(Singlish).

분권화 등을 이야기한다면 껍데기만을 이해하는 상황이 되고 말 것이다. 따라서 저자는 "싱가포르의 가치가 무엇인가?"라는 질문이 매우 중요한 연구문제라고 생각한다.

두 번째 연구문제는 "싱가포르가 가진 모순을 어떻게 이해할 것인가?"이다. 관광객들은 싱가포르 오차드Orchard 거리의 쇼핑몰에서 국제 상업 도시의 면모에 놀라고, 도시 곳곳에 있는 나무와 싱가포르 시내 중심에 있는 보태닉 가든Botanic garden의 아름다움에서 환경 도시의 면모에 놀라고, 1인당 국민소득이 6만 5,000달러(USD)가 넘는 아시아 제일의 부국이라는 점에서 놀란다. 또한, 우리는 환경친화적인 도시계획, 높은 교육 · 의료 · 치안 수준, 다민족 · 다문화 · 다종교가 공존하는 사회 등 수없이 많은 싱가포르의 장점을 들어왔다.

그러나 싱가포르를 방문해본 사람들은 싱가포르에 도착하는 비행기에서 "껌의 반입은 금지되어 있습니다." 혹은 "마약을 소지하는 경우 사형에 처해질 수 있습니다." 등의 경고 방송을 들은 적이 있을 것이다. 공공장소의 기물을 파괴해서 곤장(태형)을 맞았다는 어느 미국인의 이야기, 휴지나 담배꽁초를 버렸을 때 엄청난 벌금을 냈다는 이야기 등이 전설처럼 전해져 내려오는 나라가 싱가포르이다.

뭐 껌의 경우쯤이야 그러려니 할 수 있겠지만, 수상이나 수상 가족을 비방하면 명예훼손죄로 고소되고, 언론의 자유가 130위권 이하이면서 빈부격차도 세계 5위권 안에 들며, 현재의 집권당이 60년 이상 집권해오고 있다는 사실을 알게 되면 무언가 이상하다는 점을 느낄 수 있다.

화려한 싱가포르의 이면에 자리 잡은 모순에 관심을 두기 시작하면 그동안 보이지 않았던 것들이 보이기 시작한다. 예를 들면 로드니 킹

Rodney King이 쓴 『싱가포르의 기적: 신화와 현실The Singapore Miracle: Myth and Reality』이라는 책을 읽고 나면 싱가포르는 더는 다른 나라에 모범이 될 만한 국가가 아닐 수도 있다는 것을 깨닫게 된다.[3] 2020년 코로나 사태에서도 초기에는 모범적 대응을 했던 싱가포르가 3월 중순 이후 외국인 노동자의 열악한 주거 및 보건 환경으로 인해 100만 명당 9,800명이 넘는 감염자가 발생했을 정도로 싱가포르 보건 시스템과 외국인 노동자의 상황이 취약하다는 것을 배울 수 있다.

싱가포르의 긍정적인 측면과 부정적인 측면은 우리나라 언론에서도 잘 나타난다. 2015년 3월 싱가포르의 초대 수상이었던 리콴유Lee Kuan Yew의 죽음을 알리는 『조선일보』와 『한겨레』의 기사를 살펴보자.

> "영국과 일본의 통치를 경험하고 유학까지 한 그는 특정 이념에 경도되지 않았다. 상황에 따라 그는 급진 반식민주의 → 온건 사회주의 → 강경 반공주의로 표변豹變하며 싱가포르를 통치했다. 그는 자원 빈국 싱가포르의 미래는 인재人材 육성에 달렸다고 믿었다. 공직자 급여를 세계 최고 수준으로 올려 공무원들의 사기를 북돋웠다. 강력한 반부패 정책으로 빈곤과 무질서를 바로잡았다. 도시개발·교육 등에 서구 선진 시스템을 과감하게 도입했다.
>
> 외교에서는 싱가포르의 국가 위상을 높이는 데 힘썼다. 1967년 동남아시아국가연합ASEAN 창설을 주도했고, 1972년 중국과 미국의 국교 정상화 교섭 때 리처드 닉슨 미 대통령의 자문역을 맡았다. 덩샤오핑이 개혁·개방을 추진할 때는 적극적인 조언자가 됐다. 31년간 싱가포르를 통치한 뒤 1990년 후임 고촉통Goh Chock Tong에게 총리를 물려주고 퇴임했다.
>
> 그에게는 '독재자'라는 비판도 따라다녔다. 사회 규율이 엄혹하고, 집회·

3 싱가포르 체제의 문제점을 지적한 책들을 소개하면 다음과 같다. Worthington, R. R. (2003). *Governance in Singapore*. London: Routledge Curzon; King, R. (2008). *The Singapore miracle: myth and reality*. Inglewood, W. A.: Insight Press.

결사 등이 자유롭지 않기 때문이다. 아들 리셴룽Lee Hsien Loong이 3대 총리로 취임하자 세습 논란도 있었다. 63년을 해로한 부인 콰걱추Kwa Geok Choo 여사와 2010년 사별한 뒤에는 눈에 띄게 수척해졌다. 2013년 발간된 자서전에서 그는 '날마다 몸이 약해져 빨리 생을 마감하고 싶다.'고도 털어놨다. 2011년에는 미리 가족에게 '죽거든 지금 사는 집을 절대 기념관으로 만들 생각을 하지 말고 헐어버리라.'는 유언을 남겼다. 부국강병을 실현한 실용주의 정신은 유언에까지 깃들어 있었다." (『조선일보』. 2015년 3월 23일 자.)

"리 전 총리는 강력한 경제개발 정책으로 싱가포르의 생존과 발전을 도모했다. 기업에 대한 규제 완화와 세금 감면, 강력한 국가 조직을 활용한 질서 구축으로 경제개발을 추진했다. 도시국가인 싱가포르가 내수 중심 경제체제를 구축하기는 어려웠기 때문에, 완전한 대외 개방 경제체제를 지향했다. 2014년 기준 싱가포르 1인당 국내총생산은 5만 달러가 넘으며, 스웨덴에 이어 세계 8위다. 서울시 인구보다도 적은 인구 500만 남짓한 국가지만 국내총생산 전체 규모만 놓고 봐도 이스라엘보다 앞선 세계 36위다.

어두운 면도 있다. 리 전 총리는 민주주의 가치를 중시하지 않았고, 싱가포르에서 각종 규칙을 너무 많이 만들고 이를 어기면 국가 공식 형벌로 '체벌'도 불사해 시민들의 창의성을 억압했다는 비판을 받는다. 리 전 총리와 김대중 전 대통령 사이에 1994년 벌어진 아시아적 가치 논쟁은 국내에서도 유명하다. 리 전 총리는 당시 『포린 어페어스』와의 인터뷰에서 서구적 의미의 민주주의 개념은 동아시아에 적용될 수 없다고 주장했고, 이에 대해 김 전 대통령은 『포린 어페어스』 기고로 아시아의 문화가 민주주의를 존중하는 뿌리 깊은 전통을 가지고 있다고 반박한 일이 있다.

영국 『가디언』은 '리 전 총리가 싱가포르의 발전을 이뤘지만, 인권단체 등에서는 리 전 총리가 정치적 반대자들을 투옥하거나 추방하는 등 철권통치를 펼쳤다는 비판을 한다.'며 '싱가포르 의회에서 지금까지 야당 인사가 의원이 된 예는 12명밖에 없었다.'고 전했다. 리 전 총리는 자신의 통치로 민주화가 정체되고 자유가 억압받았다는 비판에 대해 2007년 '살아남으려면 어쩔 수 없었다.'며 '싱가포르 운영 자체가 우리의 이데올로기.'라고 말했다." (『한겨레』.

2015년 3월 23일 자.)

이 두 신문 모두 싱가포르의 경제성장을 칭송하면서도 독재자로서의 리콴유의 모습을 지적하고 있다. 일부는 경제발전을 위해서라면 어쩔 수 없이 독재를 택할 수밖에 없다고 하면서 우리나라의 박정희 전 대통령과 리콴유를 비교하기도 한다. 또 일부는 리콴유는 독재자이며 민주주의 없는 경제발전은 의미가 없다고 주장하면서 싱가포르 모델은 바람직하지 않다고 비판한다. 그런데 과연 싱가포르는 부유한 나라인가? 과연 싱가포르는 독재국가인가? 어쩌면 우리는 이 기본적인 질문에 대한 답조차 제대로 알고 있지 못하다.

어떤 사회가 장단점을 함께 가지고 있다고 해서 그것을 단순히 모순이라고 부르지는 않는다. 저자가 '싱가포르 모순'이라고 부르는 것은 일반적으로 제시되고 있는 정치·행정 이론과 다른 형태들이 싱가포르에서 나타나고 있는 것을 두고 하는 말이다. 높은 소득수준을 자랑하면서도 복지지출은 매우 적고, 대외적 위협이 없으면서도 국방비 지출이 예산의 1위를 차지하고 있고, 경제 선진국이면서도 인권 및 정치 후진국이며, 환경친화적인 도시를 강조하면서도 일회용품 사용률은 높고 재활용도 제대로 지켜지지 않는 것 등이 그 예이다. 어쩌면 적지 않은 싱가포르의 신화들이 싱가포르의 모순을 간과했기 때문에 만들어진 것들인지 모른다. 이 책에서는 싱가포르 다시 보기를 시도하면서 균형 잡힌 관점에서 싱가포르를 이해하고자 한다. 즉 싱가포르 사회의 가치, 싱가포르 사회의 모순, 그리고 싱가포르가 우리에게 던져주는 의미를 찾는 것이 이 책의 목적이다.

제 2 장

싱가포르의 지리와 자연환경

SINGAPORE

SINGAPORE

싱가포르의 자연 · 인문 환경을 알지 못한 채 싱가포르를 이해한다는 것은 불가능한 일이다. 이번 장에서는 싱가포르의 지리 및 자연환경을, 다음 장에서는 싱가포르의 역사를 간단히 살펴보고자 한다. 이를 통해 그동안 우리가 생각했던 싱가포르의 정형화된 이미지를 벗어나 싱가포르 사회가 가진 여러 가지 복잡한 측면들을 역사적 맥락에서 새롭게 이해할 수 있을 것이다.

1. 말레이반도 끝의 열대 섬나라

동남아시아의 베트남, 태국, 말레이시아, 그리고 싱가포르가 남쪽으로 뻗어 나가 있는 곳이 말레이반도이다. 싱가포르는 바로 그 말레이반도 끝, 적도 근처에 있는 도시국가이다. 우리나라로부터는 비행기로 약 6시간 반 정도 떨어져 있는데, 우리나라에서 태국까지 비행기로 약 5시간 반 정도 걸리는 것을 생각하면 싱가포르가 우리에게 아주 먼 나라라고 보기는 어렵다. 최근에는 우리나라의 많은 관광객들이 싱가포르에 다녀오고 있어서 심리적 거리는 더욱 좁혀져 있다. 싱가포르 면적은 719.2km^2로 서울(605.25km^2)보다 약간 크며 인구는 약 580만 명(2020년 현재) 정도로 서울 인구의 절반을 약간 넘는다.[1] 싱가포르의 동쪽 끝에서 서쪽 끝까지의 거리가 48km가 채 안 되는 나라이다. 저자가 싱가포르에 있을 때 남북으로 관통하는 철길을 걸은 적이 있는데 그 철길 거리

1 싱가포르의 면적은 지속해서 증가해왔다. 1960년대는 581.5km^2에 불과했지만, 매립을 통해 현재는 700km^2가 넘었고, 2033년에는 800km^2까지 영토를 확장해나갈 예정이다. 실제로 싱가포르 공항에 비행기가 착륙할 때 자세히 살펴보면 여기저기 많은 곳이 메워지고 있음을 확인할 수 있다.

도 26km에 불과하다. 싱가포르의 혁신과 변화는 바로 이 작은 영토에서 일어났던 것이다.

싱가포르는 해협을 사이에 두고 말레이시아와 바로 인접해 있으며 현재는 말레이시아 남부의 조호르바루Johor Bahru 지역과 두 개의 다리로 연결되어 있다. 이 중 우드랜즈Woodlands 쪽에 위치한 다리는 싱가포르에서 말레이시아를 거쳐 태국 방콕까지 가는 기차가 지나간다. 원래 이 기차는 싱가포르의 도심에 있는 탄종파가Tanjong Pagar에 마지막 종착역이 있었는데 2011년 싱가포르 정부가 말레이시아 정부로부터 해당 역과 철길 소유권을 이전받은 뒤 폐쇄하고 현재 우드랜즈에 기차의 종점이 운영되고 있다.

싱가포르의 남쪽에는 항구들이 자리 잡고 있으며 대규모 석유화학

탄종파가 기차역

싱가포르 지도

시아인들이 이곳에서의 쇼핑을 위해 싱가포르를 방문할 정도로 번성했던 거리이다. 싱가포르의 서북쪽에는 공장지대와 자연보전지역들이 많이 있다. 또한, 남서쪽에는 간척사업을 통해 확장한 주롱산업단지Jurong Industrial Estate가 있어 싱가포르 제조업의 중추적인 역할을 하고 있다.

싱가포르가 말레이반도의 끝에 위치해 있다는 사실을 아는 사람은 많지만, 적도 바로 위에 있는 나라라는 사실을 아는 사람은 많지 않다. 싱가포르의 위치는 위도 1도 22분으로 적도 바로 근처에 있어서 날씨가 덥다. 일 년 내내 평균기온이 25℃에서 32℃ 사이를 유지하는데 기온이 35℃ 이상을 넘는 날이 많지는 않다. 하지만 오후에 태양이 작열하는 거리를 걸으면 얼마 안 가서 비 오듯 흐르는 땀과 검게 타버린 피부를 경험하게 된다. 싱가포르의 강우량은 2,000mm 전후로, 우리나라

| 그림 2-1 | 싱가포르 연평균 강우량

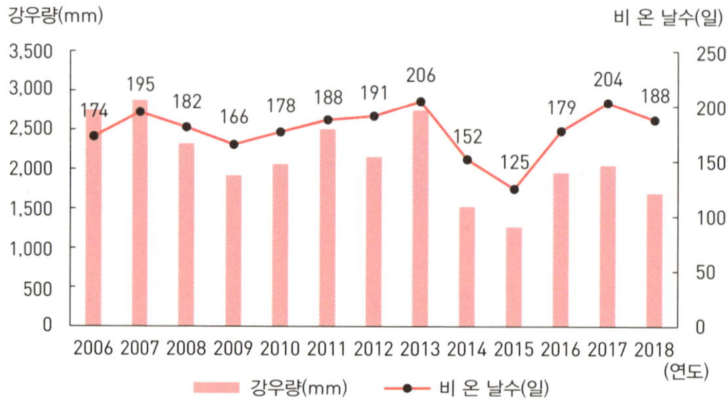

출처: *Yearbook of Statistics Singapore*. (2019), Table 1.1.

	2006	2007	2008	2009	2010	2011	2012	2013	2014	2015	2016	2017	2018
강우량 (mm)	2,753	2,886	2,325	1,921	2,075	2,524	2,160	2,748	1,538	1,267	1,956	2,046	1,708
비 온 날수 (일)	174	195	182	166	178	188	191	206	152	125	179	204	188

| 표 2-1 | 싱가포르의 연평균 기온

연도 / 평균 기온(℃)	2006	2007	2008	2009	2010	2011	2012	2013	2014	2015	2016	2017	2018
일최고평균	31.5	31.1	31.1	31.7	31.9	31.2	31.2	31.3	31.6	31.9	32.0	31.1	31.6
일최저평균	25.0	24.8	24.7	25.0	24.9	24.7	25.0	25.0	25.3	25.8	25.8	25.2	25.4

출처: *Yearbook of Statistics Singapore*. (2019). Table 1.1.

강우량이 약 1,300mm에도 못 미치는 것을 고려한다면 강우량이 상당히 많은 것을 알 수 있다. 연중 비가 온 날이 2009년 기준 166일에 달할 정도로 그 횟수도 많지만 대부분 이른 아침이나 퇴근 시간 이전인 4시경에 많이 내리기 때문에 비로 인한 생활의 불편이 그리 크지는 않다. 많은 강우량과 더운 날씨는 나무들이 빠르게 성장하는 데 좋은 조건을 제공할 뿐 아니라 특히 식수 공급을 말레이시아에 의존하는 싱가포르에 많은 강우량을 통해 수자원을 확보할 기회를 제공하기도 한다.

그러나 싱가포르의 지리적 맥락이 모두 긍정적인 것만은 아니다. 제프리 삭스Jeffrey Sachs를 비롯한 지리경제학자들은 열대지역이 온대지역보다 전염성 질병에 취약하고 높은 온도가 건강에 부정적인 영향을 주어 기대수명이 낮으며 농업 생산성에도 부정적인 영향을 미친다고 주

싱가포르의 뎅기열 예방 캠페인

| 표 2-2 | 싱가포르의 주요 풍토병 발생 현황

(단위: 명)

	2008	2009	2010	2011	2012	2013	2014	2015	2016	2017	2018
뎅기열 (Dengue)	7,031	4,497	5,363	5,330	4,632	22,170	18,326	11,294	13,085	2,767	3,285
말라리아 (Malaria)	152	170	192	149	143	111	62	47	31	39	35
수족구 (Hand, Foot & Mouth Disease)	29,686	17,278	30,878	20,287	37,276	31,779	22,171	28,216	42,154	33,663	40,217

출처: *Yearbook of Statistics Singapore*. (2019). Table 23.7.

장한다.[3] 싱가포르는 이러한 부정적인 지리적 영향에도 불구하고 지속적인 경제성장을 달성해왔지만 그 영향이 전혀 없었던 것은 아니다. 실제로 싱가포르는 2002년 아시아를 강타한 중증급성호흡기증후군SARS이나 조류독감, 수족구, 말라리아, 뎅기열 등과 같은 각종 열대 질병에 취약했다. 우리나라 역시 최근 열대성 질병이 증가하는 것을 고려하면 싱가포르가 어떻게 이러한 위협에 대처했는지를 살펴보는 것도 도움이 될 수 있다.

싱가포르는 열대기후에 따른 각종 질병의 문제를 철저한 공중위생 정책을 통해 해결해왔다. 싱가포르는 철저한 방역을 통해 말라리아나 뎅기열의 발생률을 낮추고 있다. 집안의 화분에 물기가 있으면 벌금을 물리고 아파트와 주택 주변의 소독을 철저히 하여 많은 나무가 있는 열대지역임에도 불구하고 모기가 많은 편은 아니다. 또 H1N1 바이러스

3 자세한 지리경제학적 설명에 대해서는 유항근 · 홍일곤. (2002). 「지리적, 기후적 여건이 경제성장에 미치는 영향분석」. 『응용경제』, 4(1), 66-87.을 참고.

문제가 심각하게 대두하였을 때 대학교 시험장에도 체온계를 비치하고 모든 학생의 체온을 조사할 정도로 공중보건 문제에 적극적으로 대처하였다. 〈표 2-2〉는 싱가포르의 주요 풍토병 발생 현황을 보여주고 있다. 흥미로운 것은 2013~2016년까지 열대 풍토병인 뎅기열의 발병이 상당히 증가하였다는 점이다. 모기에 의해 전파되는 뎅기열의 증가를 줄이기 위해 싱가포르 정부는 많은 캠페인을 실시하였고 최근에는 그 발병 정도가 줄어들고 있다.

2. 공원과 녹색도시(green city)

싱가포르는 천연의 지리적 조건을 매우 잘 활용하는 국가라고 할 수 있다. 싱가포르는 정원도시garden city 혹은 녹색도시green city라는 별명을 가질 정도로 도시 전체의 조경이 잘 계획되어 있다. 싱가포르에는 2020년 현재 서울 정도의 면적에 400개 이상의 공원과 녹색 놀이 공간이 있고 1,500개의 커뮤니티 정원community garden이 있다. 중소 규모의 공원들은 서로 연결되어 있어서 도심 한가운데 있는 열대우림을 걸을 수 있는 즐거움을 시민들에게 제공해준다. 부킷 티마 자연보전지역Bukit Timah nature reserve의 예를 들면 인근에 여러 개의 공원이 연결되어 있고 산책을 위한 길, 산악자전거 전용길 등이 제공되는 등 다양하게 자연을 즐길 수 있도록 하고 있다.

녹색도시로서 싱가포르의 명성이 원래부터 존재했던 것은 아니다. 과거에는 비행기 위에서 싱가포르를 내려다보면 녹색이 아니라 황톳빛 땅이 보일 정도로 산림자원이 풍부하지 않았다. 하지만 1963년 나무심

기운동tree planting campaign을 시작으로 당시 수상이었던 리콴유는 싱가포르를 정원도시garden city로 만들 것을 천명한다. 그 이후 1967년에 공공사업부Public Works Department, PWD 내에 공원식재과Parks and Trees Unit를 만들고 공원에 대한 지속적이고 체계적인 관리를 수행하기 시작하였다. 현재는 1996년 공원여가국Parks and Recreation Department이 이름을 바꾸어 만들어진 국립공원관리국National Parks Board에서 공원 관리 업무를 담당한다.[4] 싱가포르는 '환경은 가장 경제적인 투자다.', '경제발전과 환경보전은 함께 이룩해나가야 한다.'라는 리콴유의 두 가지 국정 철학을 바탕으로 지속적인 환경 투자를 해오고 있다.

싱가포르 공원을 방문한 사람들은 우리나라의 공원과 다른 몇 가지 특징을 느낄 수 있다. 첫째, 잡상인이 없다는 점이다. 싱가포르의 대표적인 공원이라고 할 수 있는 보태닉 가든을 보면 입구의 지하에 식당이 있고 공원 중간의 휴식 공간에 레스토랑이 있지만 무질서한 잡상인은 전혀 찾아볼 수 없다. 또한, 공원 내의 레스토랑들도 고급스러운 분위기를 풍기고 있어서 편안한 휴식을 취하기 위해 찾아온 사람들의 마음을 불편하게 하지 않는다. 둘째, 나무들이 매우 크고 울창하며 다양한 식물들이 있다는 점이다. 열대 국가라는 장점 때문이기도 하지만 다양한 열대 꽃과 나무들을 공원에서 볼 수 있으며 울창한 나무들은 자연에 대한 경외감과 세월의 무게를 느끼게 해준다. 싱가포르에서 나무 둘레가 가장 큰 것은 샹그릴라 라사 센토사 호텔Shangri-La's Rasa Sentosa Hotel에 있는 10.2m에 달하는 앙사나 나무Angsana tree이고 가장 오래된 나무

4 싱가포르의 공원과 정원의 현황, 그리고 공원 관리 조직의 변화는 https://www.nparks.gov.sg/를 참고.

싱가포르 보태닉 가든

는 360년 되었다고 알려진 세라야Seraya tree 나무이다.[5] 거대한 열대 나무들의 수령이 오래된 것같이 보이지만 실제로 싱가포르의 나무들이 대부분 1960년대 이후 나무심기운동을 통해 심어진 것이라는 사실을 상기해보면 단순히 풍요로운 자연 때문에 싱가포르가 녹색도시가 되었다고 주장하기는 어렵다. 2015년 개관한 싱가포르의 자연사박물관 외벽을 싱가포르 고유의 식물로 장식하려고 했는데 이를 찾기가 어려웠다는 이야기가 나올 정도로 싱가포르의 식물들은 외국에서 도입된 것들이 많다.

싱가포르 창이 국제공항에서 시내로 들어오는 길의 나무들은 싱가포르가 인위적으로 녹색도시를 만든 과정을 잘 보여준다. 시내로 들어올

5 https://singaporerecords.com/flora-fauna/를 참고.

때면 도로 양쪽의 쭉 뻗은 나무들이 마치 터널을 만든 듯한 풍경을 보며 감탄하곤 한다. 그저 싱가포르가 열대지방에 위치해 있기 때문에 이런 멋진 가로수 조경이 가능하다고 주장할 수도 있다. 하지만 열대지방에 있는 인도네시아와 말레이시아의 도시들에서는 싱가포르처럼 잘 계획된 조경의 모습을 찾기 어렵다. 리콴유가 그의 자서전에서도 밝히고 있듯이 원래 싱가포르는 나무가 많지 않았고 나무를 심어도 잦은 비 때문에 표토가 쓸려 내려가 나무 심기에 적합하지 않은 토양을 가지고 있었다. 이러한 녹지환경은 싱가포르의 인위적인 노력이 있었기 때문에 가능한 것이다.

3. 싱가포르의 주변 국가들

싱가포르는 동남아시아의 중심에 자리 잡고 있다. 태국, 베트남, 필리핀, 캄보디아, 태국, 라오스, 미얀마 등의 아세안 국가들과 비행기로 4시간 이내의 거리에 있고, 동쪽에는 부르나이, 인도네시아, 호주가, 그리고 서쪽에는 인도와 스리랑카가 위치해 있다. 유럽의 주요 국가들까지의 거리가 비행기로 12시간 정도 되는 데 비해 미국은 일본을 거쳐 갈 경우 18시간 이상 걸리기 때문에 미국 등 아메리카 대륙보다 유럽으로의 접근성이 더 좋다고 할 수 있다.

말레이시아와는 육지로 연결되어 있지 않고 해협을 통해 분리되어 있지만, 해협이 좁아서 이동이 어렵지 않다. 수많은 사람이 매일 말레이시아에서 출퇴근하고 있으며 2012년 말레이시아 쪽에 개장한 레고랜드Lego Land는 말레이시아 관광객뿐만 아니라 범싱가포르 지역의 많은 관광객을 끌어들이고 있다. 한편 서쪽에 있는 인도네시아의 수마트라 섬은 싱가포르와 매우 가깝고 지진이나 해일로부터 싱가포르를 막아주는 역할을 한다. 싱가포르에서 인도네시아의 주요 도시까지는 대부분 2시간 이내의 비행 거리에 있어서 싱가포르와 인도네시아 간의 관광객 및 방문객 교류는 매우 활발하다.

싱가포르의 지리적 위치는 많은 정치·경제학적 의미가 있다. 먼저 빼놓을 수 없는 것이 싱가포르의 역사가 이 지리적 위치와 밀접하게 관련되어 있다는 점이다. 영국이 싱가포르를 교역의 중심지로 선택했던 것은 싱가포르가 말라카해협the strait Malacca의 중요한 거점이기 때문이다. 말라카해협은 역사적으로 중국과 인도, 그리고 중동 국가들의 해상 교역 중심지였다. [그림 2-2]에서 살펴볼 수 있듯이 동북아시아와 인도양을 잇는 해상교통은 반드시 말라카해협을 거치도록 되어 있어 싱가

| 그림 2-2 | 동남아 국가들과 말라카해협

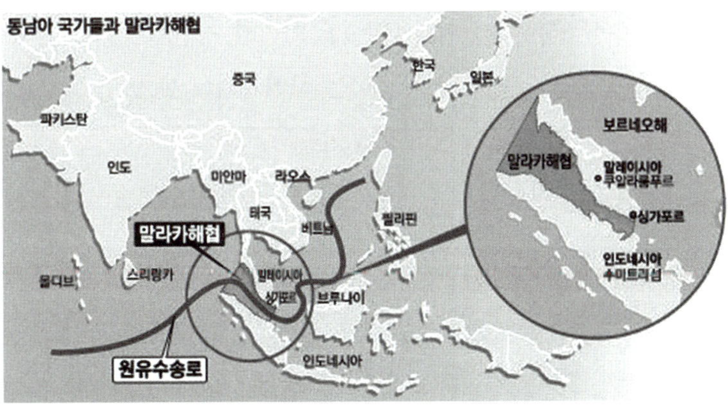

출처: 『매일경제』, 2009년 12월 14일 자.

포르는 해상교통의 요충지에 놓여 있다.

그러나 싱가포르가 원래부터 말라카해협의 중심 무역도시였던 것은 아니다. 싱가포르 등장 이전에 해상무역의 중요한 거점 도시는 말레이시아의 페낭Penang과 말라카였다. 하지만 싱가포르가 영국 식민지하에서 무역 및 군사 항구로 성장하면서 말라카는 급격히 쇠퇴하고 싱가포르가 중요 항구로 등장하기 시작하였다. 여기서 주목해야 할 것은 싱가포르는 독립 이전에 이미 무역항으로서의 입지가 확고했고, 많은 산업 기반 시설들을 갖추고 있었다는 점이다.[6]

싱가포르가 말라카해협의 중심 국가로 자리 잡고 있다는 것은 여러 의미가 있다. 먼저 말라카해협이 원유 및 다른 화물의 중요 해상수송로라는 점이다. 중국 원유수요량의 80%와[7] 세계 화물수송량의 25%가 말라카해협을 통과한다. 세계 경제의 핵심 국가인 우리나라, 인도, 중국, 타이완, 일본이 이 말라카해협에 의존한다. 이토록 많은 물동량이 지나가는 이 해협은 가장 폭이 좁은 곳이 2.8km에 지나지 않으며, 가장 깊은 곳 역시 수심 25m밖에 되지 않는다. 이러한 자연조건으로 인해 이곳은 세계에서 해상수송이 가장 붐비는 지역이기도 한 반면 그 해상화물을 노리는 해적의 활동이 왕성한 곳이기도 하다.

말라카해협은 정치적으로도 중요하다. 말라카해협은 역사적으로 해

6 우리나라의 경우 이러한 이점도 없이 한국전쟁 이후 폐허에서 경제발전을 이루었다는 점에서 자부심을 가질 필요가 있다.

7 중국 입장에서의 말라카해협에 대한 전략적 중요성에 대해서는 Zhu, Z. (2010). *China's New Diplomacy: Rationale, Strategies and Significance*. Ashgate Publishing, 167-168.을 참고. 중국의 또 다른 석유수송로는 미얀마에서 육상으로 쿤밍 지역까지 운반하는 경로가 있다. 이 수송로 역시 전략적으로 중요하지만 규모면에서는 말라카해협을 통과하는 쪽이 훨씬 크다.

적이 자주 출몰하는 곳으로 해적 문제는 여전히 주변 국가들에게 골칫거리이다. 미국이나 일본은 해적 소탕이라는 명분을 내세워 이 지역에서 군사적 영향력을 확대하고자 한다. 중국 역시 경제적으로나 군사적으로 중요한 이 지역에 관심을 보이는 것이 당연하다. 2007년 미얀마 민주화 시위 당시 강경 입장을 보이던 다른 국가들과 달리, 중국은 미얀마 내정에 간섭하지 않겠다고 주장하면서 오히려 대규모의 경제원조를 약속했다. 이 일면에는 말라카 원유수송로의 의존성을 줄이기 위해 미얀마를 통과하는 원유수송관을 건설하고자 하는 중국의 의도가 숨겨져 있었다. 또한, 중국은 말라카해협 주변의 국가들과 우호적인 관계를 유지하면서 미국이 이 주변에서 군사적 영향력을 확대하는 것을 크게 경계하고 있다.

리콴유의 자서전을 보면 말라카해협을 통행하는 유조선에 통행료를 징수하자는 인도네시아와 말레이시아의 견해에 대해 싱가포르가 반대했다는 이야기를 소개하고 있다.[8] 또 말라카해협에서 발생한 일본의 유조선 사고를 싱가포르가 적극적으로 처리해줌으로써 석유화학과 관련한 일본의 대규모 투자를 유치할 수 있었음을 회고하고 있다. 싱가포르는 말라카해협이라는 지리적 이점을 이용하여 경제적으로는 석유화학, 물류, 선박 건조와 같은 산업을 발전시켰고, 정치적으로는 주변국과 강대국의 이해관계를 조절하는 조정자 역할을 할 수 있었다.

하지만 싱가포르의 이러한 지리적 이점도 상황에 따라 변화할 수 있다. 대표적인 것이 [그림 2-3]의 태국 크라운하Kra Canal 개발계획이다.

8 Lee, K. Y. (2000). *From Third World to First: The Singapore Story, 1965~2000: memoirs of Lee Kuan Yew*. Singapore: Singapore Press Holdings, Times Editions.

| 그림 2-3 | 태국 크라운하 개발계획

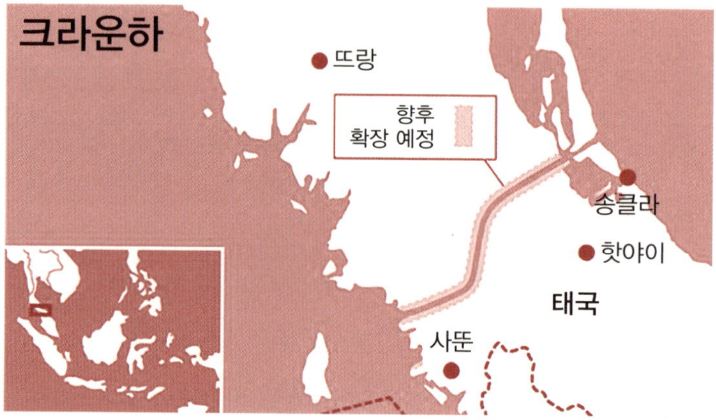

이 계획이 추진되면 우리나라나 중국, 일본의 수송선들이 직접 크라운하를 이용하게 되어 수송 시간이 단축되고 비용이 절감되어 말라카해협을 통한 수송량은 크게 줄게 된다. 이 경우 동아시아의 해상교통로는 크게 변경될 가능성이 있다. 2020년 현재 태국 정부는 운하 방식보다는 뱅골만과 동중국해 양쪽에 항구를 건설한 후 이 두 항구를 육상교통으로 연결하는 방식을 추진하고 있는 것으로 알려지고 있다.[9]

비록 아직은 과도한 사업비용을 투자받지 못한 태국 정부가 사업을 시작하지 못하고 있지만, 싱가포르로서는 이 사업의 추진이 달갑지만은 않은 상황이다.

9 출처: https://www.maritime-executive.com/article/thailand-takes-a-step-back-from-kra-canal-proposal

싱가포르의 지리적 위치는 싱가포르 금융산업 발전과도 밀접한 관련이 있다. 싱가포르는 국제금융의 중심지이다. 싱가포르가 영국 런던이나 미국 뉴욕과 같은 금융의 중심지가 될 수 있었던 배경에는 시간대time zone의 이점이 있다. 유럽, 아시아, 그리고 미국의 금융시장이 순차적으로 개장될 수 있는 위치에 싱가포르가 자리 잡고 있는 것이다. 싱가포르의 주식시장은 오전 9시부터 개장하고 오후 12시 반부터 2시까지 점심 휴장을 한 후 오후 2시에 다시 개장하여 오후 5시에 폐장한다. 우리나라 시간으로 보면 오전 10시부터 오후 6시까지 개장하는 셈이다. 이 경우 영국 런던의 증권시장과 약 2시간이 겹치므로 유럽과 금융거래를 하기에 용이하다. 이러한 이점을 바탕으로 싱가포르는 시장 형성 초기 1960~1970년대 아시아에서 외환거래 시장을 선점하기 시작했다. 당시 1960년대 말은 런던의 금융시장을 비롯한 선진국의 금융시장들이 각종 규제와 높은 세금을 피해 역외금융시장 거점을 확충해나가던 시점이었다. 유럽과 미국의 투자자금은 싱가포르를 통해 아시아의 투자처로 전달된다. 이 과정에서 1970년대, 1980년대 싱가포르의 아시아 외환시장은 빠른 속도로 성장하게 된다. 당시 싱가포르 정부는 금융산업을 유치하기 위해 금융 허가의 기준을 완화하는 전략을 사용하지는 않았다. 오히려 싱가포르 정부는 엄격하고 신중한 기준을 적용하여 금융 허가를 내주고 또 관리했기 때문에 신뢰를 쌓아갈 수 있었다. 그 결과 주변국 중앙은행들도 싱가포르 외환시장을 적극적으로 이용하게 되었다.[10] 또한, 싱가포르는 국내금융시장과 국제금융시장을 분리하여

10 이것은 중국의 금융시장 개방에도 많은 시사점을 준다. 성장을 강조하다가 시장의 신뢰를 잃어버림으로써 중국 금융시장이 장기적으로 성장하는 데 오히려 걸림돌이

불건전한 투기자본이 국내금융시장에 미치는 영향을 일찍부터 차단해 왔고 적절한 통제와 규제를 바탕으로 한 금융산업 발전전략을 취해왔다. 또 해외금융거래에 대해 여러 비과세 혜택을 부여하고 예측 가능한 조세제도, 투명한 규제절차, 높은 수준의 사회기반시설 및 교육을 제공함으로써 싱가포르의 금융산업은 빠르게 성장할 수 있었다. 주의 깊게 볼 것은 당시 싱가포르의 개방 정책이 당연한 것은 아니었다는 점이다. 실제 1960년대 동남아시아 국가들과 인도 등 제3세계 국가들은 개방경제보다는 자급자족경제를 선호하였고 사회주의적 경제관에 바탕을 둔 산업 정책을 채택했었다. 싱가포르처럼 외국자본을 적극적으로 받아들이고 개방경제를 추구한 것은 당연한 선택이 아니라 쉽지 않은 전략적 판단이었음을 이해할 필요가 있다.

한편 싱가포르의 금융산업을 보면 자산관리wealth management가 상당히 발달되어 있음[11]을 알 수 있는데 이 자산관리의 주요 고객은 인도네시아, 말레이시아, 그리고 인도의 부유층이다. 특히 인도네시아의 경우 싱가포르와 지리적으로 가까울 뿐 아니라 인도네시아 내에서의 중국계 인도네시아인들에 대한 차별로 인해 인도네시아보다 싱가포르를 안전한 투자처로 생각하는 중국계 인도네시아인들이 싱가포르 자산관리 서비스를 적극적으로 이용하고 있다. 2020년 홍콩 국가보안법이 통과됨에 따라 언론의 자유와 인권 탄압을 우려한 홍콩인들이 자신들의 자산

되는 현상이 발생하고 있다.

11 저자는 싱가포르의 금융회사에 근무하는 분들에게 우리나라와 비교할 때 싱가포르 금융산업의 경쟁력이 무엇인지에 대해 질문하곤 하였다. 그분들은 공통적으로 금융기법보다는 투명한 규제시스템과 자산관리 분야가 우리나라보다 나은 부분임을 강조하였다.

을 싱가포르로 이전시키거나 실제 이민을 가는 경우가 급격히 증가하기도 했다. 이것 역시 싱가포르가 아시아 지역에서 안전한 금융거래가 가능한 지역이라는 인식과, 동남아시아 화교들에게는 안전한 투자처와 삶의 터전이라는 인식을 잘 보여주는 사례라고 할 것이다.

지리적 이점은 또한 싱가포르 관광산업의 성공을 설명해주는 중요한 요인이다. 2019년 싱가포르 관광국Singapore Tourism Board 통계를 보면 중국이 360만 명, 인도네시아 310만 명, 인도 140만 명의 관광객이 방문한 것으로 나타나고 있다.[12] 이것은 2015년 인도네시아>중국>말레이시아 순의 입국객 통계와 차이를 보이고 있다. 2019년에는 1,900만 명이 넘는 관광객이 싱가포르를 방문했으며 관광 수입만 해도 27억 7,000만 싱가포르 달러에 이른다. 우리는 흔히 싱가포르가 아시아 내에서도 서구화된 도시여서 서양 관광객이 많을 것으로 예상한다. 그러나 싱가포르 관광객의 출신 국가를 보면 중국, 인도네시아, 인도, 말레이시아, 호주 순서로 관광객이 많다. 이것은 싱가포르의 번영이 아시아 국가의 번영과 밀접한 관계가 있음을 시사한다. 중국인들에게 싱가포르는 화교들의 국가로 친근하게 느껴지지만, 싱가포르에 거주하는 적지 않은 타밀계 싱가포르인들로 인해 인도인들에게도 친근한 도시로 간주된다. 따라서 이들 국가의 경제력 성장은 자연스럽게 싱가포르 관광산업의 성장으로 이어지고 있다. 싱가포르가 가진 다인종 사회의 문제를 약점이 아닌 강점으로 승화시킨 좋은 예라고 할 수 있다.

2010년 싱가포르가 개장한 두 개의 카지노(Resorts World Sentosa와 Marina

12 Singapore Tourism Board. (2019). *Tourism Sector Performance: Q4 2019 Report.*

Bay Sands)는 싱가포르의 지리적 이점이 관광산업에 얼마나 큰 도움이 되는지를 잘 보여준다. 2010년 두 개의 카지노가 개장하자마자 약 35억 7,000만 싱가포르 달러의 매출을 올렸으며 2011년에는 라스베이거스의 카지노산업 규모를 추월하여 마카오에 이어 세계 2위의 도시가 되었다. 카지노산업 관련 세금과 각종 부과금을 통해 얻게 된 싱가포르 정부의 추가적인 재정수입은 2010년도만 해도 13억 8,000만 싱가포르 달러에 달했다.[13] 2008년 글로벌 금융위기 당시 싱가포르의 경제 상황은 매우 나빴지만, 카지노 건설 등과 같은 건설산업이 경제의 급격한 폭락을 막아주었고, 카지노 완공 후에는 카지노 운영을 통한 수입과 관광산업의 성장이 경제회복에 큰 기여를 하였다. 이러한 카지노산업의 성공은 주변 동남아시아 국가 및 중국 관광객의 카지노 수요에 기인하는 측면이 있으며, 이를 두고 일부에서는 검은돈을 세탁하기 좋은 장소라는 점을 지적하기도 한다.

한편 [그림 2-4]에서와 같이 최근에는 카지노 수입이 감소하고 있는 모습을 보이고 있는데, 이것은 시진핑習近平 주석 체제의 중국이 반부패 정책을 추진하면서 정부 당국의 감시를 두려워한 중국인 방문객의 발길이 줄어든 데다 시간이 지나면서 개장 초기의 매력마저 떨어지고 있기 때문이다. 주목할 만한 것은 이러한 카지노산업의 하락을 극복하기 위해서 싱가포르 정부는 2019년 대규모 재투자를 결정하는 등 지속적인 변화를 추구하고 있다는 점이다. 비록 2020년 1분기만 해도 코로나19 사태로 인해 전년 대비 약 40% 이상의 관광 수입이 감소하였지만 관광

13 http://sg.yfittopostblog.com/2010/11/25/irs-will-add-s1-38-billion-to-government-funds/

| 그림 2-4 | 싱가포르 카지노의 총매출 변화

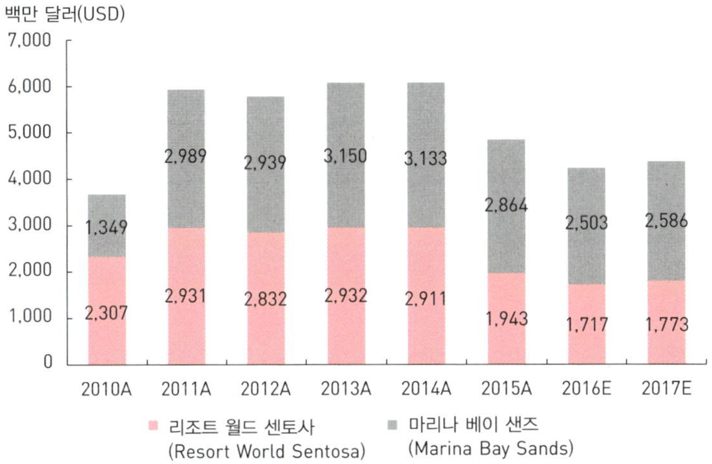

출처: Chart of the Day: Will Singapore gaming revenues recover this year?, 2017년 2월 28일 자, https://sbr.com.sg/leisure-entertainment/news/chart-day-will-singapore-gaming-revenues-recover-year

이 싱가포르의 핵심 산업이기 때문에 관광에 대한 투자는 지속되고 있다.

하지만 카지노, 컨벤션센터, 가족테마공원 등을 종합적으로 제공해야 관광객을 끌어들일 수 있다는 싱가포르의 전략적 판단과 이를 적극적으로 추진하려는 정책적 의지가 없었다면 카지노산업의 성공이 쉽지만은 않았을 것이다. 더군다나 유교적 도덕 관념을 중시하는 싱가포르 정부가 카지노산업을 추진한 것은 경제 중심의 실용주의 정신이 없었다면 불가능한 일이었다.

4. 싱가포르의 숨겨진 이면

깨끗한 싱가포르의 이미지 이면에는 여러 가지 어두운 면도 있다. 첫째, 개인 자유의 구속이다. 깨끗한 싱가포르를 만들기 위해 정부는 엄격한 벌금 정책을 취한다. 껌의 판매를 금지하였을 뿐 아니라 쓰레기 투기 행위에 높은 벌금을 부과하고 있다. 담배꽁초나 작은 영수증, 과자 봉지 등의 투기 행위에 30만 원 정도, 음료수 컵이나 플라스틱 봉지에 대한 투기 행위는 최고 100만 원까지 벌금이 매겨지며, 반복 적발 시 500만 원의 벌금을 내야 한다.[14] 물론 쓰레기를 버릴 자유까지 허용해야 하는지는 논쟁의 여지가 크지만 깨끗한 도시를 가꾸기 위한 행동이 자연스러운 시민의식의 발현이라기보다 정부의 규제와 압력에 의해서 형성되었다는 점은 주목할 만하다. 그런데도 싱가포르 사람들의 시민의식이 여러 세대를 거치면서 하나의 문화로 자리 잡고 있다는 점은 긍정적인 측면이라고 할 수 있다.

둘째, 도시의 청결이 값싼 노동력에 의해 유지되고 있다는 점이다. 거리의 낙엽이나 건물의 청소를 담당하고 있는 많은 사람들은 동남아시아로부터 유입된 저임금 노동자들이다. 이 노동력을 바탕으로 깨끗한 도시와 건물이 유지될 수 있다. 싱가포르 출신 청소부의 2013년 중윗값 월급은 85만 원에 불과하며 2014년에서야 이것을 100만 원으로 올리는 정책을 발표하였다. 물론 외국인 출신 청소부의 월급은 이보다

14 2014년에만 해도 1만 9,000장의 쓰레기 투기와 관련된 벌금 영수증이 발급되었고 이 중 약 1/3이 외국인(non-resident)을 대상으로 한 것으로 나타나고 있다. (출처: 싱가포르 *The Strait Times*, 2015년 2월 10일 자.)

싱가포르 외국인 노동자의 숙소
출처: *Today*, Migrant Worker Housing :How Singapore Got Here, https://www.todayonline.com/big-read/migrant-worker-housing-spore-how-we-got-here

훨씬 적지만 대부분 노인인 청소부의 월급은 우리나라의 최저임금 수준에도 못 미친다. 싱가포르는 값싼 노동력을 효율적으로 이용하여 도시와 건물의 청결을 유지하지만, 그 이면에는 저임금 노동자의 고통이 자리 잡고 있다. 싱가포르 외국인 노동자가 거주하는 숙소를 보면 그림처럼 매우 좁은 공간에 8명 이상이 생활할 정도로 열악하며, 이러한 숙소 상황이 2020년 발생한 이주 노동자의 대규모 코로나19 감염의 원인이 되기도 하였다.

셋째, 싱가포르 고유 문화의 파괴다. 1970년대 추진한 싱가포르강Singapore River 정화운동은 우리나라의 1980년대 한강 살리기 운동처럼

풀라우 우빈의 모습

지저분한 도심의 강을 깨끗이 하는 프로젝트였다. 강 위에 있는 지저분한 보트와 쓰레기들을 치우고, 주변의 주택들을 정리하였다. 또한 캄풍Kampong이라는 싱가포르 고유의 시골 마을들을 없애고 아파트 단지와 현대화된 건물들을 늘려갔다. 이 과정에서 싱가포르의 고유 문화가 사라지고 도시화된 문화가 이를 대체했다는 비판들이 제기된다. 싱가포르 북동쪽에는 풀라우 우빈Pulau Ubin이라는 섬이 있다. 이 섬은 싱가포르의 옛 시골 모습이 남아 있다고 하는 곳이지만 이곳 역시 공원 형태로 개발·보전되고 있어서 시민들은 이곳에서도 싱가포르의 고유 모습은 더 이상 찾기 어렵다고 한탄하기도 한다.

이러한 비판에도 불구하고 경제발전을 우선시하면서 환경문제는 도외시했던 우리나라나 중국의 발전모델과 달리 싱가포르는 경제발전과 환경 보호를 동시에 성공적으로 추진했다는 점에서 많은 시사점을 준다. 특히 아시아의 많은 국가의 환경문제가 심각해지고 있는 시점에서 환경 보호는 가장 비용 효과적인 경제발전 전략이었다는 싱가포르 지도자들의 인식은 높게 평가할 만하다.

또한 싱가포르가 환경 보호 및 시민의식 고양을 위해 오로지 규제나 벌금에만 의존했던 것은 아니다. 다른 많은 정책과 유사하게 싱가포르는 광범위한 캠페인을 벌여왔다. 도시 청결 캠페인의 경우 1968년 '싱가포르 깨끗하게 하기Keep Singapore Clean' 캠페인을 시작한 것을 기점으로 무수히 많은 캠페인을 통해 정책의 공감대를 형성하고자 노력해왔다. 최근에는 관광객의 증가와 중국을 비롯한 외국인의 유입이 많아지면서 쓰레기 투기 행위가 다시 증가하는 경향을 보인다. 이에 대해 싱가포르는 벌금 부과, 도시 청결 캠페인, 방송 등을 통한 부끄러움 주기 전략을 사용하고 있으며 성숙한 시민의식에 대한 기대를 높이기 위해 끊임없이 노력하고 있다.

한편 싱가포르는 자연재해가 없는 나라로 알려져 있지만, 이것은 어디까지나 최근의 일이다. 싱가포르 국립대학교의 리콴유 행정대학원이 있는 부킷 티마Bukit Timah 지역이나 번화한 쇼핑거리가 몰려있는 오차드 거리Orchard Road, 주롱Jurong, 알렉산드라Alexandra 등의 지역이 상습적인 침수 지역이었다는 사실을 기억하는 사람들이 많지 않다. 아이들이 물에 갇힌 차를 밀어주면서 용돈을 벌던 시절도 있었다. 1954년 12월 홍수로 4명이 죽고 5만 명의 이재민이 생긴 것을 비롯하여 크고 작은 홍수가 계속되었다. 싱가포르와 인접한 인도네시아의 수마트라섬에서 발생한 폭풍우로 인해 싱가포르까지 피해를 보기도 하였다. 싱가포르 정부는 이러한 홍수 피해를 줄이기 위해 지속적인 투자를 하였으나 이를 완전히 해결하지는 못했다. 1978년 12월에는 독립 이래로 가장 심한 홍수가 발생하였다. 하루에 무려 512.4mm의 강수량을 기록했는데 6명이 죽고 100명이 대피했으며 50개의 도로가 폐쇄되었으며 산사태까지 발생하였다. 이러한 홍수의 경험으로 싱가포르 정부는 제방의 높이를 높이고, 배수로 시설을 재정비하는 등 지속적인 재해 예방 투자를 하였고 그 결과 최근에는 큰 홍수 피해가 발생하지 않고 있다. 물론 2010년대 들어 일부 지역의 홍수가 발생하고 있으나 큰 인명 피해는 없어 심각한 수준으로 보기 어렵다. 싱가포르가 더 이상 큰 홍수 피해를 입지 않는 것은 자연의 선물이 아니라 싱가포르 정부의 꾸준한 노력으로 달성한 인위적인 결과라고 할 수 있다.[15]

싱가포르는 안전 문제의 어두운 면도 갖고 있다. 그중에서 첫 번째는, 다양하고 지속적인 해결 노력에도 불구하고 사회 내에 여전히 잠재적인 안전 문제들이 존재한다는 점이다. 대표적으로 고층 건물로 인한 문제를 들 수 있는데, 싱가포르는 고층 건물로 가득한 도시이기 때문에 화재 등과 같은 재난에 무척 취약하다. 1986년 3월에 뉴월드 호텔Hotel New World이 잘못된 설계로 인하여 붕괴하여 33명이 사망한 사건이 발생했다. 이 사건 이후 싱가포르는 건물 건설에 대한 안전 관리를 매우 철저히 하고 있지만, 고층 건물의 취약성은 여전히 잠재적 위험으로 남아 있다.

둘째, 안전에 대한 국가의 책임을 묻지 않는 경향이 있다. 2011년 한

15 싱가포르 홍수의 역사에 대해서는 다음 블로그를 참고. https://eresources.nlb.gov.sg/infopedia/articles/SIP_780_2004-12-30.html

지하철 역에서 태국 출신의 학생이 누군가에 밀려 떨어져 두 다리가 절단되는 사고가 일어났다. 이 학생은 싱가포르의 지하철공사SMRT를 상대로 소송을 냈으나 2014년 대법원 최종 판결까지 가서 패소하게 된다. 싱가포르 대법원은 지하철공사가 충분하게 안전 조치를 취했으며 위법한 행동을 하지 않았기 때문에 배상책임이 없다고 판결한 것이다. 그 결과 태국 학생은 각종 소송비용까지 부담하게 되었다. 이처럼 안전에 대한 국가 책임을 좁게 해석하고 개인의 책임으로 간주하는 것은 위험사회에서 개인에 대한 보호가 소홀해지는 문제가 발생한다.

셋째, 인도네시아 등지로부터 발생하는 연무haze 문제가 있다. 싱가포르의 왼쪽에 있는 인도네시아의 수마트라섬에서 발생한 산불에서 생겨난 연무가 심각한 대기오염을 발생시키고 있다. 실제로 2013년 6월에는 대기오염지수가 371을 기록하여 1997년 이후 최고치를 기록하였으며 2015년 9월에는 연무가 지속적으로 발생하여 생활에 많은 불편을 주었다. 일반적으로 동남아시아 남부 지역은 11월에 우기가 시작되어 4월까지 지속된 후 뒤이어 건기가 시작되는데, 이 건기 때 화전 경작을 위해 인위적으로 산불을 내기도 하고 자연발화를 통해 산불이 나기도 한다. 바로 이 산불의 연기가 인도네시아에서 시작되어 싱가포르에까지 넘어오는 것이다. 여러 지역에서 동시다발적으로 발생하는 산불은 통제하기가 어려울 뿐만 아니라 싱가포르로서는 타국인 인도네시아에서 발생하는 산불에 적극적으로 대처할 수 없는 근본적인 한계를 안고 있다.

제 3 장

싱가포르의 역사적 맥락

SINGAPORE

SINGAPORE

어떤 나라의 역사를 알지 못하고 그 나라를 이해한다는 것은 거의 불가능한 일이다. 그래서 많은 여행객들이 자신들이 방문한 나라의 역사를 이해하기 위해 국립박물관 등을 놓치지 않고 찾으려 하는지도 모른다. 싱가포르 국립박물관Singapore National Museum을 방문했을 때 저자는 영국 식민지 시대에 만들어진 멋진 돔이 있는 건물과 깨끗한 공원처럼 조성된 주변 환경에 감탄했다가, 막상 전시물을 보고 난 뒤에는 싱가포르의 짧은 역사 때문인지 흥미로운 전시물이 없다는 점에 실망했던 기억이 있다. 그러나 역사는 단순히 물리적 시간에 비례하는 것은 아니다. 5,000년 역사를 자랑하는 대한민국도 자신의 역사를 알려는 사람이 줄어들수록 역사의 의미는 퇴색하게 된다. 싱가포르의 역사를 재발견해 나가는 노력은 싱가포르의 현재 의미를 매우 풍부하게 이해하는 데 도움이 될 것으로 생각한다.

1. 식민지 체제

1819년 1월 영국인 토머스 스탬퍼드 래플스Thomas Stamford Raffles가 싱가포르를 말레이반도의 무역 전초기지로 개발하기 시작하면서 싱가포르의 역사는 시작된다. 물론 그 이전까지의 싱가포르 역사도 분명 존재하겠지만, 어찌 된 일인지 이전의 역사는 싱가포르 학교에서도 거의 다루어지지 않았고 최근에서야 교육과정에 포함될 정도였다. 그 이전의 역사가 그동안 다루어지지 않은 이유는 어쩌면 그 당시까지 싱가포르의 국가체제가 갖추어지지 못했기 때문일 수도 있고, 싱가포르의 역사를 그저 단순히 말레이시아 조호르 지역의 작은 섬의 역사라고 생각했기 때문일 수도 있다.

하지만 싱가포르가 그들의 역사를 래플스 치하에서부터 시작하게 되면 자신들의 뿌리를 식민지에서 찾아야 하는 별로 달갑지 않을 상황에 직면한다. 우리나라 사람들은 식민지 역사를 극복의 대상으로 생각하고 일제의 식민지 경험을 지우고자 노력해왔다. 조선총독부가 자리 잡고 있었던 중앙청 철거가 그 좋은 예이다. 이 건물은 이승만 정부 시절부터 철거 논의가 있었고 1995년 김영삼 정부가 역사 바로 세우기를 명분으로 철거하였다. 하지만 이와 반대로 싱가포르 거리 곳곳에서는 과거 식민지 시대의 건물과 도로 이름 등이 여전히 사용되고 있다. 싱가포르 국부라고 불리는 리콴유 동상은 없어도 식민지 총독이었던 래플스의 동상을 비롯해 그의 이름을 딴 거리와 호텔은 쉽게 찾아볼 수 있다. 또 초등학교 사회social studies 교과서에도 식민지 시대는 싱가포르 발전의 한 부분으로 묘사되고 있다. 즉 싱가포르 사람들에게 식민지 기억은 극복의 대상이라기보다는 발전사의 핵심이다.

이러한 싱가포르 사람들의 태도를 잘 보여주는 것이 2019년에 있었던 싱가포르 200주년 기념행사이다. 싱가포르는 1819년 1월 28일 래플스가 싱가포르강Singapore River 어귀에 상륙한 것을 기념하기 위해서 포트캐닝파크Fort Canning Park, 국립박물관 등 싱가포르 곳곳에서 기념행사를 열었다. 어쩌면 부정하고 싶을지도 모르는 식민지의 역사를 자신의 역사로 포용하는 싱가포르의 개방성은 배울 필요가 있을 것이다.

동인도회사의 직원인 래플스가 1819년 싱가포르에 도착한 후 영국이 공식적으로 말레이시아 조호르Johor 지역의 술탄Sultan으로부터 싱가포르를 넘겨받기 시작하면서 무역항으로서 싱가포르의 개발이 시작된다.

당시 래플스는 자신에게 싱가포르를 개발할 수 있는 권한이 없음을 알게 된다. 따라서 말레이시아 조호르 지역의 술탄으로부터 영토에 대한 권리를 받아야 했는데[1] 당시 조호르의 술탄에게 직접 이 권리를 받지 못하고 경쟁 관계에 있던 후세인이라는 사람에게 그 권리를 이양받는 형식으로 싱가포르에 대한 지배를 시작한다. 이로써 테마섹Temasek이라고 불리던 말레이시아 영토는 영국의 동인도회사의 영토가 된다.

1821년 인구가 채 5,000명이 되지 않던 싱가포르는 4년 뒤인 1825년에 인구가 두 배로 늘고 무역 규모도 2.75배 늘게 된다. 여기서 흥미로운 것은 어떻게 늪지대에 불과했던 조그마한 섬이 무역항으로 변모하게 되었느냐 하는 점이다. 래플스가 속해 있었던 동인도회사는 중국으로부터 차茶를 수입하고 있었다. 영국은 동인도회사를 통해 엄청난 양의 차를 비싼 값으로 수입하였고 중국과의 무역적자는 늘어가기만 했다. 이때 영국이 생각해낸 것이 바로 아편이다. 찻값으로 중국에 은을 지급하던 영국은, 한편으로는 중국인들에게 비싼 값으로 아편을 팔아 무역흑자를 이룬 것이다. 이 아편은 인도에서 재배되어 말라카해협을 통해 중국으로 흘러들어 갔고 그 대가로 중국의 은이 다시 말라카해협을 통해 유럽으로 흘러가게 된 것이다. 동인도회사는 이 무역을 안정적으로 수행할 수 있는 항구가 필요했고, 싱가포르가 그에 딱 맞는 무역항이 되었다.

조그마한 싱가포르가 순식간에 무역항으로 변모한다는 것은 결코 쉽지 않은 일이었고, 이때 래플스가 선택한 전략이 자유무역이었다. 당시

1 오늘날에도 말레이시아의 조호르 지역의 땅은 술탄이 소유하고 있는 경우가 많은데 이는 인도네시아와 같은 회교 국가에서도 흔히 발견된다.

만 해도 무역을 위해서는 세금을 내야만 했던 데다 많은 통제까지 있었지만, 싱가포르가 자유무역 항구를 선언하면서 인도네시아를 비롯한 주변 지역의 무역뿐 아니라 궁극적으로는 동인도회사의 무역까지도 담당할 수 있게 된 것이다. 이 자유무역 정책은 당시 경쟁 항구였던 네덜란드령의 말라카항구를 앞서게 된 결정적인 요인이 된다. 또한, 싱가포르가 무역항으로 급속히 성장하게 되면서 중국계 화교를 비롯한 인근 지역의 많은 사람들이 싱가포르로 유입되었다. 다민족 국가와 무역항으로서의 싱가포르 역사가 래플스의 자유무역항 정책을 통해 시작된 것이다.

래플스의 싱가포르 개발은 당시 계몽주의의 영향을 받아 체계적이고

| 그림 3-1 | 래플스의 싱가포르 도시계획

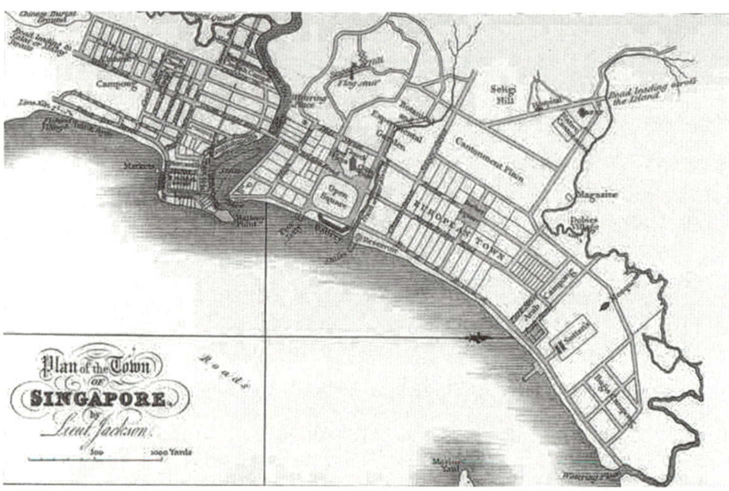

출처: http://en.wikipedia.org/wiki/File:Plansingapour.jpg

과학적으로 진행되었고, 그는 [그림 3-1]과 같은 싱가포르의 개발계획 Raffles plan of Singapore을 구상하게 된다. 이 계획은 도시를 기능별 · 인종별로 구획하고 도심지역에 해당하는 곳을 싱가포르강을 중심으로 위치시켰다. 당시 여러 인종이 각각 다른 직업에 종사하고 있었으므로 이러한 사실은 상업지역을 구분하는 데도 유용하였다. 또 아라비아, 서남아시아, 동남아시아, 중국 등지에서 몰려든 이민자들 간의 갈등을 최소화하려는 정치적 목적도 달성할 수 있었다.

계획에 따른 도시개발은 이후 싱가포르가 독립한 이후에도 중요한 전통으로 자리 잡게 된다. 리콴유는 그의 자서전에서 자신이 도쿄를 방문했을 때의 경험을 이야기하면서 도시가 조금은 무질서하게 개발되었다는 느낌이 들었다고 이야기한다. 그는 그것이 전쟁의 폐허 속에서 급속히 도시를 재건하면서 나타난 현상이라고 판단한 것이다. 반면 싱가포르는 도시가 형성될 때 이미 계획에 따라 개발해왔기 때문에 지금도 잘 계획된 도시라는 이미지를 가질 수 있게 된 것이다.

식민지 시대에 영국은 여러 인종을 나누어 통치하는 방식을 취해왔다. 영국은 주로 말레이시아계를 경찰이나 군대에, 인도계는 상업과 금융[2] 분야에, 중국계는 노동과 무역 분야에 종사하도록 하였는데 이러한

2 대부업에 종사하는 인도인은 '체티아(Chettiar)'라고 불렸다. 아직도 싱가포르의 환전소를 가보면 인도 사람이 많이 존재한다. 한편 싱가포르의 인도인들 특히 무슬림들은 군인으로 근무를 많이 했었는데 인도의 세포이 항쟁 이후 영국에 적대적인 태도를 보여, 싱가포르에서는 시크교도(Sikh)를 중심으로 군대를 재편하게 된다. 세례를 받은 시크교도 남성은 '사자'라는 뜻의 '싱(Singh)'이라는 성을, 여성은 '공주'라는 뜻의 '카우어(Kaur)'라는 성을 갖는다. 또한 남성들은 머리에 터번을 쓰고 수염을 기르는 것이 시크교도의 특징이다. 제1차 세계대전에서 독립을 약속했던 영국군의 배신으로 인해 인도인들은 제2차 세계대전 중에는 자국의 독립을 위해, 영국과 전쟁을 벌이는 일본의 편에 서기도 하였다.

난양 공과대학교(Nanyang Technological University) 내에 위치한 쑨원 기념관(Sun Yat Sen Memorial Hall)

전통은 여전히 전해 내려오고 있다.

싱가포르로 이주한 많은 이민자들은 자신들의 문화를 지키려고 노력하였으며, 또한 조국의 정치 상황에도 많은 관심을 기울이고 있었다. 1906년에는 중국계 이민자가 싱가포르에 중국 동맹회Tongmenhui, 同盟會 동남아시아 지회본부를 설치한다. 이 중국 동맹회는 1911년 쑨원孫文의 신화혁명을 이끈 조직으로, 중화민족주의를 표방한 단체이다.

1900년대 초반 동남아시아의 화교들은 중국 동맹회에 정치자금을 기부하고 본국의 문제에 관심을 기울였다. 또한, 상당수의 중국계 이민자들은 정치 박해를 피해 이민 온 비밀결사조직secret society의 일원이었기 때문에 내부적 단결력도 상당히 강하였다. 흥미로운 것은 상업에 종사하는 중국계는 개인주의적 문화가 더 강할 것 같지만, 중국계에 대한 박해를 이겨내는 과정에서 그들은 혈연과 지연을 중시하는 문화를 만들어갔다. 다만 한 가지 유념해야 할 것은 중국계가 항상 단결된 모습으로 존재한 것은 아니었다는 점이다. 19세기 후반의 경우에는 영국의 자유무역 정책으로 인해 기존의 계약 노동자로 유입된 구중국계와 새로이 상업을 위해 유입된 신중국계 간의 갈등이 상존하고 있었다.[3] 또한, 중국계는 여러 지역에서 유입되었기 때문에 문화와 언어가 서로 달랐으며, 이후에는 사회주의 계열과 민주주의 계열이 서로 갈등하기도 하였다. 이러한 중국계 내부의 차이에도 불구하고 해외에서 차별을 받으면서 생활을 해야 했던 중국계들의 문화·인종적 결속력은 상당히 강한 것이 사실이며, 이것이 역설적으로 중국계 화교에 대한 현지인들의 반감을 키우는 요인이 되기도 하였다.

한편 인도계 역시 자신들의 문화를 지켜왔다. 1901년경에는 인도인 남자 1,000명당 인도인 여자가 171명에 불과하여 많은 인도 남자들이 말레이시아계 여자들과 결혼하였다.[4] 일부 인도 남자들은 인도로 가서 신부를 구한 다음 싱가포르로 데려오기도 하였다. 이처럼 인종적 연속성을 유지하려는 노력뿐만 아니라 카스트 제도를 비롯하여 언어, 종교, 음악 등 인도 문화를 유지하려는 인도계들의 노력은 지속되어 왔으며 이러한 노력은 인도계 커뮤니티가 싱가포르에서 유지되는 원동력이 되었다. 이때 유입된 인도계는 싱가포르와 인도와의 관계를 밀접하게 하는 데 큰 기여를 한다. 최근 인도의 경제성장으로 인해서 2019년에는

3 이에 대해서는 Lee, P. P. (1978). *Chinese Society in Nineteenth Century Singapore*. Kuala Lumpur: Oxford University Press를 참고.

4 Somjee, A. H., & Somjee, G. (1995). *Development Success in Asia Pacific: An Exercise in Normative–Pragmatic Balance*. St. Martin's Press: Macmillan, p.27.

중국인 다음으로 그 수가 많은 인도인 관광객이 싱가포르를 방문하고 있다. 역사와 인종에 기반하여 아시아에서 급속히 성장하는 중국과 인도를 상대로 문화 외교cultural diplomacy를 할 수 있다는 것은 싱가포르의 큰 자산이라고 할 수 있다.

한편 싱가포르의 군사기지화는 제1, 2차 세계대전과 밀접하게 관련이 있다. 20세기 초 인도계 무슬림 용병들은 자신들이 오스만 제국으로 보내져 동료 무슬림과 전쟁을 해야 한다는 소문이 돌자, 1915년에 반란을 일으킨다. 이 반란은 곧 진압되었지만, 반란 이후 영국은 적극적으로 싱가포르에 군사기지를 건립하기 시작한다. 선박을 제조할 수 있는, 당시로서는 세계 제일의 독dock이 건설되고 전 영국 해군이 6개월 동안 사용할 수 있는 연료 탱크가 건설되었으며, 공항이 건설되었다. 그러나 이러한 노력이 채 완성되기 전에 제2차 세계대전이 시작되었다.

군사 전략적으로 중요한 싱가포르는 제2차 세계대전이 시작된 뒤 1942년 2월 말 일본의 공격을 받아 곧 함락당하고 만다. 당시 싱가포르의 방어체계는 영국에 대항하는 다른 제국주의 세력의 침입에 초점을 맞추어 주로 남쪽 항구에 집중되어 있었기 때문에 말레이시아와 인접한 북쪽의 군사시설은 매우 빈약한 실정이었다. 또한, 매우 빠른 속도로 진격해 온 일본군에 대해 미처 대처하지 못한 영국군이 제대로 맞서기도 힘든 상황이었다. 이때 무려 약 13만 명의 인도, 영국, 호주 병사들이 포로로 잡히고 싱가포르는 제2차 세계대전이 끝날 때까지 일본의 지배를 받게 된다.

일본의 식민지 지배 당시 가장 큰 피해를 본 것은 중국계였다. 일본군은 중국 본토 내에서 벌어지고 있는 반일전쟁을 지원하는 중국계에

영국 연합군의 대(對)일본 항복문서 조인(1942년 2월 15일)

대해 '숙청Sook Ching Massacre'이라고 불리는 대규모 학살을 자행한다. 하지만 인도계는 중국계와 달리 일본에 협조적이었는데 그들은 일본을 돕는 것이 인도에 대한 영국의 지배력을 약화시켜 인도를 점령하고 있는 영국으로부터 독립할 수 있는 좋은 기회로 연결될 수 있다고 생각하였기 때문이다.

한편 자신들의 지배자였던 영국군의 패배를 목격한 싱가포르 사람들은 점차 독립의식을 키워나가게 된다. 하지만 단일국가의식이나 단일민족의식이 약했던 당시 싱가포르 상황 때문에 독립의식은 독립국가 건설이라는 강력한 이념으로 발전하지는 못했다. 싱가포르는 국가 형성기를 거치지 않고 바로 식민지 경험을 했기 때문에 국가와 사회의 구분이 모호했을 뿐 아니라 영국의 식민 통치에 대한 큰 저항이 없었으며 이민자들은 싱가포르가 아닌 자신의 모국에서 국가관과 정체성을 찾는 경우가 많았다. 그 결과 싱가포르는 제2차 세계대전 종전 후 다시 영국의 식민지로 돌아가게 되고, 전쟁 중의 파괴로 인한 사회기반시설 부족, 식량 부족, 실업 문제와 이념 갈등에 시달리게 된다. 이후 말레이시아와 싱가포르에서 공산주의 세력들이 증가하자 영국은 「국가보안법 Internal Security Act」[5]을 만들어 정치적 통제를 강화하였지만 식민지 국가를 유지하는 것이 더 이상은 불가능하다는 점을 깨닫고 입법회의legislative council를 구성하여 자치정부를 구성할 수 있는 기반을 점차 싱가포르에 제공하기 시작하였다.

2. 독립국가 싱가포르(전후~1960년대 이전)

식민지 지배체제에 저항하는 지식인 세력이나 국민을 단결시킨 반제국주의 독립영웅이 등장하는 모습은 식민지가 독립할 때 흔히 나타나는 모습이다. 하지만 싱가포르의 상황은 달랐다. 싱가포르가 영국으로부터 1959년 자치정부를 허락받았을 당시 싱가포르에는 독립운동의 영웅도 없었으며, 국민이 의지할 수 있는 오랜 전통과 문화도 없었다. 또한, 정치 · 사회의 기본적인 기반시설조차 제대로 갖추어져 있지 못한

5 이 법은 이후에도 싱가포르의 야당을 탄압하는 데 종종 사용되었다. 예를 들면 싱가포르 Law and Society 회장을 지냈던 프랜시스 서우(Francis Seow)가 싱가포르 정치에 미국을 끌어들였다고 하여 1988년 선거 직전에 72일 동안이나 그 법에 의해 구금되기도 하였다(Turnbull, 2009: 340). 그 후 그는 미국으로 도피하였으나 결국 귀국하지 못하였다. 국제앰네스티(Amnesty International)에서는 그를 양심범(prisoner of conscience)으로 규정하고 있다.

실정이었다.[6] 더군다나, 1950년대와 1960년대 동남아시아는 사회주의, 민족주의, 자본주의의 이념이 혼재되고, 정치적 혼란은 극심한 상황이었다. 당시 신생국가인 싱가포르 역시 국민을 응집시키고, 국가의 정치 · 행성 시스템의 방향을 제시할 강력한 정지적 이데올로기도 부족한 상황이었다. 국가의 정체성national identity을 형성하고 국가를 만들어가는 nation building 도전에 직면한 당시 싱가포르의 정치적 상황은 우리가 일제로부터 독립한 시점에 못지않게 비관적이었다.

이 상황에서 1959년 자치정부 구성을 위한 최초의 총선이 싱가포르에서 시행되었다. 이 선거는 이후 역사적 의미를 갖게 되는데, 그것은 바로 이 선거를 통해 '인민행동당People's Action Party, PAP의 승리'가 만들어졌기 때문이다. 인민행동당은 1954년 리콴유를 비롯하여 림친숑Lim Chin Siong, 퐁스워산Fong Swee Suan 등이 설립한 정당으로, 공산주의적 지향을 가진 림친숑과 영국 유학 변호사 출신인 리콴유의 서로 다른 정치적 이데올로기 속에서 만들어진 불안정한 정당이었다. 1959년 당시만 해도 총 의석 51석 중 43석을 차지하여 다수당이 되었던 인민행동당이 지금

6 Barr, M. D., & Skrbiš, Z. (2008). *Constructing Singapore: Elitism, Ethnicity and the Nation–building Project*. Copenhagen: NIAS Press. 영국 식민지 전통은 영국식 제도의 유산을 싱가포르에 남겨놓았고 리콴유와 같이 영국식 교육을 받은 지도자와 관료에 의해서 발전·계승이 되어 왔다. 이러한 점에서 정치·사회·경제의 기본적인 인프라가 갖추어져 있지 않았다고 하는 것은 과장된 표현일 수 있다. 물론 싱가포르가 '국가(nation)'라는 의식을 형성하는 데에 영국식 제도의 유산은 충분한 것이 아니었다. 개인의 목적에 따라 싱가포르라는 특정 영토의 지리적 공간에서 사람들이 거주한 것일 뿐 이들이 공유하는 역사의식과 가치는 희박한 것이었다. 이러한 국가로서의 정체성 문제는 싱가포르 독립 이후 지속적으로 존재하게 되어 싱가포르가 '네이션(nation)'인지 혹은 단순히 일정한 영토에 사는 사람들로 구성된 '스테이트(state)'인지에 대한 논쟁을 촉발하였고, 1990년대에도 꾸준히 국가 형성(nation building)이 싱가포르에서 중요한 화두로 등장하게 된다.

까지 그 지위를 유지할 것으로 예측한 사람은 많지 않았다.[7]

1959년 선거 이전 노동전위Labour Front를 이끈 데이비드 마셜David Marshall은 반제국주의, 반영국주의 관점을 견지한 정치인이었다. 영국으로서는 이러한 마셜이 달갑지 않았고 1959년 선거 후 자치정부의 초대 수상이 된 리콴유에게 호감을 갖고 있었다. 여기서 주목할 것은 당시 인민행동당의 정치적 이념이 사회주의에 가까운 측면이 많았고 중국계의 지지 기반을 폭넓게 가지고 있었다는 점이다. 싱가포르 3대 국부(리콴유, 고켕스위, 시나탐비 라자라트남) 중의 한 명으로 알려진 라자라트남Sinnathamby Rajaratnam의 경우만 보아도 영국 런던 정경대학London School of Economics에서 유학할 때 페이비언 사회주의Fabian Socialism[8]에 심취해 있었으며[9] 리콴유나 고켕스위Goh Keng Swee 역시 온건한 사회주의 성향을 가지고 있었던 것으로 알려져 있다.

인민행동당에는 리콴유와 경쟁 관계(당시에는 협력 관계이기도 하였지만)에 있는 젊고 유능한 중국계 정치인들이 많았다. 이들은 중국어를 사용하고 중국식 교육을 받은 사람들이어서 대중적인 인기가 높았다. 반면 리콴유는 그 자신이 하카 계열[10]의 중국계였음에도 영국식 교육을 받았기

7 인민행동당에 대한 논의는 Mauzy, D. K., & Milne, R. S. (2002). *Singapore: Politics Under the People's Action Party*. London: Routledge를 참고하라.

8 페이비언 사회주의는 영국식 사회주의의 한 형태로, 국가는 '최대 다수의 최대 행복'이라는 공리주의적 원칙을 달성하기 위한 사회복지 기능을 수행하여야 한다고 주장한다. 이것은 국가를 계급지배의 도구로 간주하는 공산주의와 구분된다. 또 페이비언 사회주의는 의회를 통해 복지 입법, 산업 국유화 등을 실현하고자 하였다.

9 Somjee, A. H., & Somjee, G. (1995). *Development Success in Asia Pacific: An Exercise in Normative–Pragmatic Balance*. St. Martin's Press: Macmillan, p.39.

10 중국 남부에 거주하는 한족의 일파로서, 우리나라에는 '객가인(客家人)'으로 알려져 있다. 광둥어로 읽으면 '하카'가 된다. 타향에 살면서도 고유의 문화를 유지한다고 알려져 있으며, 쑨원(孫文), 리덩후이(李登輝), 덩샤오핑(鄧小平) 등 중국 근현

때문에 중국어를 구사할 줄 몰랐다. 이것은 대중적인 지지도를 확보하는 데 치명적인 한계였다. 하지만 리콴유는 선거 활동 기간 동안, 서로 다른 방언을 쓰는 중국계들의 선거구에서 유세하면서 중국어와 말레이시아계의 언어들을 배워나가기 시작한다.[11] 리콴유는 언어의 한계를 극복해나가면서 그 특유의 정치력으로 인민행동당을 이끈 초대 수상이 될 수 있었다.

그러나 총선 승리에도 불구하고 인민행동당의 입지가 견고하다고 보기는 어려웠다. 더군다나 당시에는 높은 실업률과 열악한 국가 재정 상태로 인해 적극적으로 여러 정책을 펼치기도 어려운 실정이었다. 당시 싱가포르가 직면한 주변국 문제는 인도네시아와의 관계에 관한 것이었다. 싱가포르의 인접국인 인도네시아는 중국계 화교에 대해 호의적이지 않았다. 인도네시아를 지배했던 네덜란드는 중국인 노동자를 수입하고 중국계를 무역 중계상으로 활용하면서 이들에게 특권을 부여했다. 당연히 네덜란드에 부역하는 중국계에 대한 인도네시아인의 감정은 좋지 않았고, 그 결과 인도네시아 정부는 독립과 함께 화교에 대한 차별 정책을 시행하여 시민권을 부여하지 않았을 뿐만 아니라 1959년에는 한자와 중국어 사용까지 금지시켰다. 이러한 배경하에서 1965년 수하르토Haji Mohammad Soeharto가 쿠데타로 집권하면서 반공산주의 운동이 진행되었는데, 이 과정에서 많은 화교가 학살되었다.

인도네시아로부터 안보 위협을 느낀 싱가포르는 독립국으로 남아 있

대사 속 중요한 인물들이 하카 계열이다.

11 리콴유는 2015년 그가 죽기 전까지 계속 중국어를 공부한 것으로 유명하다. 그는 중국어 가정교사를 두고 표준 중국어(Mandarin)를 배웠으며, 이러한 중국어 실력은 1970년대 중국과의 외교에 큰 도움이 되었다.

는 것보다는 말레이시아 연방에 편입되는 것을 선호하였지만, 말레이시아와의 통합이 쉽지만은 않았다. 가장 큰 문제는 정치적 이념 문제였다. 당시 동남아시아의 젊은 정치인들, 특히 중국계 정치인들은 공산주의 성향이 강하였다. 싱가포르에서도 친공산주의 정치인 특히 림친송이나 옹엥관Ong Eng Guan 등은 인민행동당 내에서도 큰 영향력을 가졌다. 반면에 말레이시아의 여당인 말레이시아 민족기구연합United Malays National Organization, UMNO은 반공산주의 투쟁을 통해 정권을 획득했기 때문에 반공산주의 성향이 강하였다. 이러한 정치 상황으로 인민행동당 내부 정치세력 간의 갈등은 심화되었고, 1961년 친공산주의 세력들은 사회주의전선Barisan Sosialis: Socialist Front을 결성하고 인민행동당을 탈퇴하였다. 그 결과 인민행동당의 온건 세력은 26개, 사회주의전선은 25개의 의석수를 갖게 되었다.

이러한 상황에도 불구하고 리콴유는 말레이시아와의 통합을 추진하였고, 1962년 말레이 연방Federation of Malay 통합 여부에 대한 국민투표에서 70% 이상의 찬성을 이끌어내게 된다. 또 그해 의회 선거에서 전체 51석의 의석수 중 37석을 획득하여 인민행동당의 입지를 굳히게 된다. 그러나 거기까지였다.

1963년 싱가포르가 공식적으로 말레이시아 연방에 가입한 지 2년도 채 되지 않은 1965년 8월 9일에 싱가포르는 연방에서 축출된다.[12] 축출을 발표하는 기자회견에서 리콴유는 자신이 말레이시아와의 통합을 굳게 믿고 있었다고 이야기하던 도중 눈물을 흘리며 기자회견을 잠시 중

12 이런 이유로 싱가포르는 8월 9일을 독립기념일로 지정하고 있다.

단한다.[13] 일부에서는 이것이 리콴유의 위선적인 눈물이라고 이야기하기도 한다. 그러나 온건한 사회주의 성향과 반공산주의 성향을 함께 가지고 있었던 리콴유로서는 말레이시아와의 통합을 정치적으로 선호한 것이 사실이다. 또 인민행동당 내부의 갈등을 고려하면서도 말레이시아와의 통합을 추진하였던 상황을 본다면 말레이시아 연방으로부터의 축출은 리콴유에게 큰 충격이었다고 할 수 있다. 실제로 리콴유는 연방 분리 이후 1972년이 되어서야 처음으로 말레이시아를 방문하게 된다.

3. 끊임없는 도전과 성장의 시대(1960~1980년)

1964년 7월과 9월 사이에는 중국계와 말레이시아계 싱가포르인 간 갈등에서 촉발된 인종폭동이 일어나게 되며 이 과정에서 3,000여 명이 체포된다. 이러한 인종폭동은 1969년에 또 한번 발생하게 되는데 그 원인에 대해서는 여러 설명이 있지만, 싱가포르 원주민으로서의 소유권을 주장하는 말레이시아계 싱가포르 사람들과 인구수에서 다수를 차지하는 중국계 싱가포르 사람들 간의 불신, 그리고 거기에서 생겨난 차별 의식이 중요한 원인이라고 할 수 있다. 인민행동당은 이러한 인종갈등에 대해 「국가보안법」을 강력하게 적용하여 적극적으로 대처하였다. 이 「국가보안법」은 지나치게 인권을 해치고 정치적 자유를 훼손할 위험이 있다고 비판받고 있으나, 1960년대 인종갈등의 경험은 지금 21세

13 이 기자회견의 모습은 유튜브(Youtube)의 다음 비디오 클립을 참고. http://www.youtube.com/watch?v=41ND3U_9HgQ&feature=player_embedded (검색: 2020년 9월 20일)

기에도 이 법이 정당화되는 근거로 사용되고 있다.

당시 싱가포르는 또 다른 시련에 직면하고 있었다. 1963년 인도네시아 대통령 수카르노Sukarno는 공식적으로 말레이시아에 대한 적대 정책Konfrontasi을 취할 것을 선언한다.[14] 이 정책에 따라 인도네시아는 말레이시아 연방 국가 내의 인종 간 갈등을 부추기고 사회 불안정을 촉발시키는 정치 공작과 테러 행위를 자행하였고, 당시 말레이시아 연방의 일원이었던 싱가포르 역시 인도네시아로부터 안보 위협을 받게 된다. 이때 발생한 것이 1965년 3월 '맥도널드 하우스 폭탄 테러MacDonald House Bombing'이다. 이는 인도네시아 특수부대원들이 싱가포르의 도시 중심가인 오차드 거리의 은행 건물을 폭파시킨 사건으로, 테러를 일으킨 두 명의 특수부대원들은 체포된 후 1968년 처형되었다.

이 사건은 몇 가지 역사적 의미를 지니고 있다. 첫째, 싱가포르 사람들이 국방과 안보의 중요성을 절감하도록 만든 사건이 되었다. 폭파 사건이 일어난 시점은 싱가포르가 말레이시아 연방으로부터 축출되기 직전이었는데, 이는 신생 독립국이 된 싱가포르가 안보 정책에 대한 방향을 결정하는 데 큰 영향을 끼치게 된다. 둘째, 인도네시아와의 외교적 긴장이 심화된다. 적대 정책을 추진하던 수카르노가 실각한 후 새로운 수상이 된 수하르토가 1967년 싱가포르 정부에 맥도널드 하우스 폭탄 테러를 일으킨 두 명의 특수부대원들의 사면을 부탁하였지만 싱가포르 정부는 거절하였다. 이후 두 인도네시아 대원이 처형당하자 인도네시아와 싱가포르 관계는 다시 악화되고 자카르타에서 반싱가포르 시위가

14 리콴유는 인도네시아와 말레이시아의 이런 관계 때문에 영국으로부터 독립한 지 13년 만인 1973년에서야 인도네시아를 처음 방문하였다.

확산되어 주인도네시아 싱가포르 대사가 본국으로 피신하는 사태가 발생하기도 하였다(Turnbull, 2009: 329). 1973년 리콴유의 인도네시아 방문과 1974년 수하르토의 싱가포르 방문을 계기로 긴장 관계가 완화되었지만, 싱가포르는 주변국과 외교적으로 상당히 고립되는 불안정한 상태를 오랫동안 유지했다. 이러한 배경으로 싱가포르의 강력한 국방력 확보 정책이 확립된다.

앞서 지적하였듯이 중국계에 대한 동남아시아 국가, 특히 인도네시아의 적대적 감정은 싱가포르가 안보 위협을 느끼기에 충분한 것이었다. 이에 대처하기 위해 1967년 싱가포르는 이스라엘 모델을 따라 징병제를 채택한다. 징병제는 한편으로는 국가안보를 위해 필요한 제도였지만 다른 한편으로는 경제발전에 집중하기도 바쁜 싱가포르에게 막대한 국방비 지출이라는 새로운 짐을 지웠다.[15] 지금의 관점에서는 싱가포르의 국방력 강화 정책에 이해하기 어려운 측면이 있지만 당시의 싱가포르에게 국방력 강화는 생존의 문제였다.

또 하나의 도전은 경제적인 문제였다. 1961년 싱가포르의 경제개발국Economic Development Board, EDB이 만들어진 뒤 인민행동당 정부는 싱가포르의 경제개발을 위한 여러 전략을 수립하기 시작하였다. 하지만 1960년대 초반 싱가포르는 주택 부족[16]과 열악한 상하수도 시설, 그리고 높은 실업률 문제에 직면하고 있었다. 비록 1960년부터 1965년까지 매년 5.3%의 GDP 성장률을 달성하였지만, 1960년대 중후반에도 실

15 안보 관련 싱가포르의 역사는 싱가포르 국방부의 다음 홈페이지를 참조. https://www.mindef.gov.sg/web/portal/mindef/about-us/history (검색: 2020년 9월 15일)

16 예를 들면 1961년 불법 가건물 지역에서의 화재(Bukit Ho Swee Squatter Fire)는 4명의 사상자와 1만 6,000명의 이재민을 초래하였다.

업률은 여전히 10%대에 달하고 있었다. 거기에다 1968년에는 GDP의 20% 정도의 몫을 담당하고 있던 영국군의 철군이 공식적으로 발표되기까지 하였다. 당시 영국군은 약 2만 5,500명의 싱가포르 노동자를 고용하고 있었기 때문에 실업 문제는 심각한 위협이 될 수 있었다. 영국군의 철군을 막기 위해 노력했지만 철군을 피할 수 없다는 사실을 인정한 싱가포르는 군사시설들을 상업시설로 전환시킨다. 리콴유는 "나는 우리 국민들이 결코 원조에 의존하는 정신을 가져서는 안 된다고 확신했다. 만약 우리가 성공하려 한다면, 우리는 우리 자신에게 의존해야 한다."[17]라고 주장하면서 위기 극복을 위해 엄청난 노력을 하게 된다. 영국군이 주둔하던 군사시설은 싱가포르 국립대학교, 민간 상업시설, 관광지 등으로 변모하게 되었고 해군기지의 일부는 선박 제조와 수리를 위한 민간용 시설로 전환되었다. 싱가포르가 세계적인 선박수리 산업을 발전시킨 것도 영국군 철군 이후의 혁신 노력이 성공했기 때문이다.

싱가포르는 1965년 말레이시아로부터 독립한 이후 위와 같이 산적한 문제들을 하나하나 해결해나가기 시작하였으며 그중에서도 먼저 정치적 안정을 달성해나갔다. 1968년 선거에서 인민행동당은 전체 의석수 58석 중 절대다수인 51석을 차지하였고, 1972년 선거에서는 여러 야당이 적극적으로 선거에 참여했음에도 불구하고 또다시 인민행동당이 전체 의석을 모두 차지하는 압승을 하게 된다. 인민행동당의 압승은 1981년 선거까지 계속되는데 이러한 정치적 안정을 바탕으로 인민행

17 제주의소리(http://www.jejusori.net)를 참고.

동당은 각종 정책을 자신 있게 추구할 수 있는 정치적 자산을 확보하게 된다.

싱가포르는 정치적 안정의 달성과 더불어 빠른 경제성장을 이루게 된다. 1960년에 만들어진 주택개발국Housing and Development Board, HDB은 싱가포르의 주택보급률을 높이기 시작하였다. 싱가포르 정부는 일반인들의 주택 구입을 촉진하기 위해 1968년에 우리나라의 국민연금과 유사한 중앙적립기금Central Provident Fund, CPF의 일부를 주택 구입에 사용할 수 있는 제도CPF Housing Scheme를 도입하게 된다. 1961년에 세워진 경제개발국은 1968년에 주롱산업단지 개발을 위한 주롱타운공사Jurong Town Corporation와 싱가포르 개발은행Development Bank of Singapore, DBS을 설립한다. 이후 싱가포르 개발은행은 싱가포르의 핵심 은행으로 성장하게 된다. 또 싱가포르 정부는 경제개발국을 중심으로 해외로부터 각종 제조업 투자를 유치하는 데 적극적으로 노력하였으며 그 결과 석유화학산입과 제조입이 점차 발전하기 시작하였다. 이렇게 설립된 주택개발국, 경제개발국, 주롱타운공사는 싱가포르의 경제발전을 이끄는 핵심적인 조직으로 성장해나간다.

한편 경제발전과 함께 사회기반시설의 중요성이 증가하기 시작하였다. 1970년도에는 이미 170만 명의 승객이 공항을 이용하게 되어 파야레바Paya Lebar에 있는 국제공항의 확장 논의가 시작되었고 이후 1972년에는 확장을 결정하였다. 즉 신규로 공항을 건설하기보다는 기존의 공항을 확장하는 쪽으로 결정한 것이다.

그러나 이후에도 공항을 계속 확장해야 할 필요성이 생길 경우, 공항이 도심 부근에 위치해 있어 추가 확장이 쉽지 않다는 점을 고려하여

싱가포르의 지하철

창이 지역에 새로운 공항을 건설할 것을 1975년에 결정하였고, 1981년 현재의 창이 국제공항Changi airport이 완공되었다. 한편 인구 증가와 대중교통 수단의 필요성으로 인해 지하철Mass Rapid Transit, MRT 건설 역시 고려하기 시작하였다. 지나치게 건설비용이 많이 드는 지하철보다 버스를 선호했던 고켕스위와 장기적 관점에서 지하철을 선호했던 다른 관료들 간의 격렬한 논쟁 끝에 결국 1983년에 착공하여 1987년에 1호선이 개통되었다. 또한, 1975년부터 혼잡통행료congestion pricing or road pricing system를 도입함으로써 증가하는 차량 문제를 통제하기 시작하였다.[18]

싱가포르는 외교 정책을 안보 위협 극복의 중요한 수단으로 활용하

18 Menon, A. P. G., & Chin, K. K. (1998). The Making of Singapore's Electronic Road Pricing System. International Conference on Transportation into the Next Millennium, Singapore.

였다. 1967년 싱가포르는 동남아시아 국가연합(아세안)Association of South-East Asian Nations, ASEAN의 5개 창설 국가[19] 중 하나가 된다. 당시 태국은 싱가포르를 제외하려고 하였지만, 싱가포르 외교장관이었던 라자라트남이 적극적으로 가입을 요청하여 결국 창설 회원국이 될 수 있었다(Turnbull, 2009: 320). 싱가포르는 한편으로는 지역연합이나 국제기구에서 조정자의 구실을 하면서 힘의 균형을 추구하게 된다.

아세안의 역할은 1960년대 말부터 점차 중요해지기 시작하였다. 당시 발발한 베트남 전쟁으로 인해 태국과 말레이시아, 그리고 싱가포르는 상당한 공산주의의 위협을 느끼고 있는 상황이었다. 특히 1975년 베트남 전쟁의 종결과 함께 미국이 동남아시아 지역의 군사력을 줄이기 시작하면서 이들 국가는 안보의 위협을 더욱 크게 느끼게 된다. 1978년에는 베트남이 캄보디아를 침공하고 1979년에는 중국과 베트남 간의 전쟁이 발생하는 등 동남아시아의 안보 현실은 매우 불안하였다. 이러한 상황은 아세안 국가의 상호 결속을 강화할 충분한 유인이 되었으며, 싱가포르는 아세안 내에서 맹주의 임무를 수행하기보다는 조정자의 임무를 수행하면서 그 외교적 위치를 강화해나갔다.

또 싱가포르는 1971년에 「5개국 방위협정Five Power Defence Arrangements, FPDA」을 영국, 호주, 뉴질랜드 그리고 말레이시아와 체결한다. 이 협정은 말레이반도와 싱가포르에 군사적 위협이 있는 경우 상호 협의를 할 수 있음을 규정하고 있으며, 1981년부터는 해상 및 육상 훈련을 함께

19 다른 4개 국가는 인도네시아, 말레이시아, 필리핀, 그리고 태국이다. 이때 싱가포르의 국제외교는 라자라트남이 핵심적인 구실을 하였다. 난양 공과대학교 국제관계학과의 이름이 S. Rajaratnam School of International Studies(RSIS)라고 불리는 것도 라자라트남의 외교적 공헌을 기리기 위한 것이다.

하기 시작하였다. 또 1975년부터는 훈련 목적으로 타이완에 군인들을 파견하기 시작하였는데 이것은 '하나의 중국'을 주장하는 중국People's Republic of China, PRC 정부의 정책과는 배치되는 것이어서 외교 갈등의 소지가 있었다. 그러나 싱가포르는 중국 정부를 설득시켰고 결국 타이완에 군사기지를 두고 있는 유일한 외국 정부가 되었다.

인종갈등은 1970년대에 들어서면서 점차 줄어들기 시작하였으며 1960년대와 달리 심각한 인종충돌의 문제가 발생하지 않았다. 싱가포르 정부는 영어 공용화와 이중언어 정책을 통하여 인종 간의 소통을 증진했으며, 공공 아파트에 특정 인종만 사는 것을 방지하기 위해 인종별 쿼터를 정하여 다양한 인종이 함께 살 수 있도록 하였다. 한편 능력주의meritocracy를 강조하면서 공직 임용에서 인종차별을 최소화하도록 노력하는 한편 「국가보안법」과 1992년에 제정된 「종교조화유지법Maintenance of Religious Harmony Act」 등 여러 법률과 규제를 통해 인종차별적 행위를 엄격하게 통제하였다. 물론 이러한 싱가포르 정부의 노력에도 불구하고 인종 문제는 여전히 중요한 정치 및 사회 문제로 남아 있다.

정치적으로 가장 문제가 되었던 인종 논란은 1987년 당시 통상산업부Ministry of Trade and Industry 장관이자 국방부 차관이었던 리셴룽의 "싱가포르 군대는 군인의 충성심이 인종이나 종교적 요인과 충돌을 일으킬 수 있는 사람을 원하지 않는다."라는 발언에서 촉발되었다. 이 발언은 말레이시아계 싱가포르 사람들이 군대에서 차별받는 문제와 연관되어 말레이시아계들로부터 큰 비난을 초래하게 된다. 실제로 2009년이 되어서야 이삭 빈 이스마일Ishak bin Ismail이 싱가포르 군대에서 최초의 말레이시아계 출신 장군brigadier-general이 될 정도로 군대 내의 말레이시아계에 대한 차별은 현재 진행형의 문제라고 할 수 있다.

4. 성장과 안정(1980~1990년)

1980년대의 싱가포르는 정치 변화의 조짐을 경험하게 된다. 1981년 선거에서 야당인 노동자당Worker's Party의 제야레트남J. B. Jeyaretnam, 약칭 JBJ가 의회 의원으로 선출된 것이다. 집권 여당인 인민행동당은 이 선거 결과를 단순히 야당 의원 한 명이 선출되었다는 사실로만 생각하지 않았다. 그동안 자신들이 이룩한 강력한 지지 기반이 붕괴될 수도 있는 신호로 생각한 것이다. 어쩌면 1980년에 8년 내 최고의 경제성장률을 달성하고, 정치 안정을 이룩하는 동시에 국민 생활의 질을 높였다고 자부해왔던 인민행동당의 입장에서는 충격일 수도 있었다. 1984년 선거에서 다시 또 한 명의 야당 의원 참시통Chiam See Tong이 당선되자 당시 수석 부수상First deputy prime minister이었던 고촉동은 지난 1981년 선거 이후 이루어온 높은 공공주택HDB[20] 건축률과 유례없는 임금 상승, 그리고 뛰어난 경제성장에도 불구하고 또다시 야당 후보가 당선되었다는 사실 자체가 민주주의 시스템의 위험성을 보여주는 것이라고 주장하였다(Turnbull, 2009: 335). 결국 인민행동당은 다시 정치적인 통제를 강화하는 노력과 함께 야당의 의견을 반영하려고 하는 상징적인 여러 정책을 도입하게 된다.

정치 통제의 모습은 언론에 대한 통제를 시작으로 변호사와 같은 전

20 싱가포르 주택개발국(Housing Development Board, HDB)의 이름을 따서 싱가포르에서는 공공주택을 'HDB'라고 부른다. 자세한 내용은 제7장에서 후술 예정.

문가 집단들이 정부의 입법이나 정치 문제에 개입하지 못하도록 법률들을 개정하는 움직임으로 나타났다. 언론 통제는 1986년 「신문 및 출판법Newspaper and Printing Presses Act」 개정에서 잘 나타난다. 이 개정된 법에 따르면 싱가포르 밖에서 출판되는 신문의 수입과 판매, 그리고 배포를 위해서는 정보통신부Ministry of Information and Communication의 '사전허가'를 받도록 하였다.[21] 이후 *Time, Gazette, Asian Wall Street Journal, Asia week, Far Eastern Economic Review* 등의 신문과 잡지들이 싱가포르 정부로부터 명예훼손 관련 경고를 받고 기사를 수정해야만 했거나 (그러지 않았을 경우) 허가된 판매 부수가 줄어드는 손해를 감수해야 했다.[22]

야당 의원을 향한 명예훼손 소송도 적극적으로 제기되기 시작하였다. 1984년 선거에서 당선된 두 명의 야당 의원 중 한 명인 제야레트남 역시 명예훼손 소송defamation suit으로 기소된다. 처음에 법원은 기소 내용 중 단 한 가지에서만 유죄가 인정된다고 판단하였으나 이후 정치적 압력에 의해 사건 담당 판사(Michael Khoo)가 바뀌게 된다. 이후 진행된 소송에서 제야레트남은 의원직 상실에 해당하는 선고를 받게 되고, 그의 변호사 자격 역시 상실되었다. 제야레트남은 이를 영국의 추밀원Privy Council에 항고하지만, 추밀원은 법이 부당하게 적용되었음은 인정하면서도 절차상 자신들이 그 선고를 뒤집을 수는 없다고 판단하였다.[23] 그

21 Newspaper and Printing Presses (Amendment) Act of 1986. Section 24, (2).
22 Loffe, J. (2008). Settle or fight?: Far Eastern Economic Review and Singapore, https://ccnmtl.columbia.edu/projects/caseconsortium/casestudies/1/casestudy/files/global/1/FEER%20Text.pdf
23 https://en.wikipedia.org/wiki/J._B._Jeyaretnam

에 대한 명예훼손 소송은 1990년대까지도 계속되었고, 2001년 제야레트남은 결국 배상금을 지급하지 못하고 파산하게 되었다.

특히 리콴유는 해외 언론이 정부에 대한 비판적인 태도를 보이는 경우 명예훼손 소송을 제기하거나 해당 언론사가 싱가포르 내에서 허가받은 신문이나 잡지의 발행 부수를 줄이곤 하였다. 또 싱가포르 법조인협회Law and Society에서 정부가 언론의 자유를 지나치게 제약한다고 반발하는 성명을 발표하자 이들의 정치 활동을 금지하는 입법을 하기도 하였다(Turnbill, 2009: 339). 나아가 교회가 정치에 개입하는 것도 강력히 배제하도록 노력하였고 그 시도 역시 성공하였다.

한편 인민행동당 내부에서도 권력 이동이 발생하게 된다. 건국 이후 싱가포르의 정치를 주도해왔던 1세대들, 즉 토흐친차이Toh Chin Chye(1981)와 고켕스위(1984)가 은퇴하고 리콴유의 아들인 리센룽이 32살의 나이로 장군 계급장을 달고 퇴역한 뒤 곧바로 1984년 선거에서 싱가포르 의회 의원Member of Parliament, MP으로 선출되었다. 그리고 리콴유 역시 일상적인 행정 업무는 점차 수석 부수상인 고촉통에게 넘겨주고 권력 이양을 준비하기 시작하여 1990년에는 마침내 수상직을 공식적으로 고촉통에게 넘겨주었다.

한편 경제구조에도 변화가 시작된다. 1980년대 싱가포르는 1970년대의 저임금을 바탕으로 한 경제성장 전략의 변화를 시도하게 되는데, 1979년 국가노동위원회National Wage Council는 이후 3년간 약 20% 정도의 임금 인상을 허용한다. 이것은 저임금산업에서 점차 자본 집약적 하이테크 산업으로의 전환을 꾀하고자 하는 싱가포르 정부의 전략과 연계되어 있었던 것으로, 그 배경에는 저임금을 바탕으로 한 주변 국가들의 경제발전이 시작되면서 경제발전에 대한 국가 간 경쟁이 심화된 측면도 있었다. 그러나 고부가가치산업으로의 전환은 손쉽게 이루어질 수 있는 것이 아니었다.

임금 상승도 지속해서 이루어지고 제조업에서 전자산업으로의 전환도 손쉽게 이루어지는 것같이 보였다. 그러나 1985년에는 증권거래소가 최초로 3일 정도 문을 닫을 정도로 경기 침체를 겪게 된다. 하지만 다행히 경기 침체는 장기화하지 않았고, 1986년부터는 차츰 개선되기 시작하였다. 1987년 10월 19일 '블랙 먼데이'라고 불리는 국제 금융시장의 대혼란에도 불구하고 싱가포르는 안정적인 성장을 지속한다. 이 경험은 싱가포르 정부로 하여금 정부의 규모를 줄이고, 세금을 줄이며 또 민영화 문제를 심각하게 고민하도록 만들었다. 그리하여 싱가포르 정부는 지나치게 비대한 공기업 문제를 인식하고 점차 국영기업의 민영화 논의를 시작하게 된다.

5. 새로운 리더십의 등장(1990~2004년)

1985년의 경제위기를 성공적으로 극복한 싱가포르는 경제발전의 튼튼한 기초에 대한 확신이 강해졌고, 경제에 대한 이런 확신 때문인지 정치적으로 급속한 보수화 경향이 진행되기 시작하여 1987년 및 1988년 「국가보안법」을 적용한 강경 조치들이 취해졌다. 그런데도 1988년 총선거에서 인민행동당이 전체 의석수 81석 중 80석을 석권하게 됨에 따라 인민행동당은 정권에 대한 자신감을 회복해나갔으며, 1990년 고촉통은 이러한 상황에서 수상으로 취임하게 된다.

고촉통의 수상 취임과 함께 시작된 1990년대 싱가포르 정치의 화두는 ① 과연 새롭게 선출된 수상인 고촉통이 잘해나갈 수 있을 것인가, ② 리콴유가 얼마나 정치적 영향력을 발휘할 것인가, 그리고 ③ 새로운 수상이 과연 얼마나 정치적 자유를 확대하고 권위주의 정치체제에서 민주주의 정치체제로 전환해나갈 것인가였다.

고촉통은 원래 넵튠 오리엔트 라인스Neptune Orient Lines라는 회사의 상무managing director 출신인 민간 기업가였다. 경영에서 뛰어난 수완을 보였던 그는 인민행동당에 의해 스카우트되어 35살의 나이로 1976년 총선에서 당선되며 정치인의 길을 걷게 된다. 그 이후 재무부에서의 근무를 시작으로 통산산업부, 보건부, 그리고 국방부 장관을 역임하고, 정치에 입문한 지 채 10년이 되지 않은 1985년에 부수상deputy prime minister이 된다. 1980년대 초중반 야당 세력의 확장과 리콴유의 장기 권력 독점에 대한 비판 확산에 따라 인민행동당은 2세대 정치인 중 리콴유의 후계자를 찾으려고 노력하고 있었다. 당시 리콴유는 토니 탄Tony Tan을 염두에 두고 있었으나 인민행동당 내부에서 지지가 높았던 고촉통이 결국 후계자로 결정된다.[24]

그러나 수상으로서 고촉통의 장래가 그리 밝지만은 않았다. 그의 가장 큰 과제는 리콴유의 그늘에서 벗어나는 것이었다. 당시 싱가포르 사람들은 고촉통이 벤치워머bench warmer처럼 잠깐 수상으로 재직하다가 리콴유의 아들인 리셴룽에게 수상직을 물려줄 것으로 생각하였으며, 리콴유 역시 정치 일선을 떠난 것이 아니라 여전히 'Senior Prime

24 토니 탄은 2011년부터 2017년까지 싱가포르 대통령으로 재임하였다.

Minister'라는 직책을 가지고 있었다. 또한, 인민행동당 내부에도 1세대 정치인들을 비롯하여 2세대 및 3세대가 혼재되어 있었고, 1980년대 노동 정책부터 각종 사회 정책에 이르기까지 강건파와 온건파의 대립이 여전한 상태였다. 1980년대 싱가포르 노동조합 NTUCNational Trades Union Congress의 리더였던 옹텡청Ong Teng Cheong은 인민행동당의 일원이었음에도 해운노조의 파업을 지지하였던 반면, 당시 통상산업부 장관이었던 토니 탄은 파업에 반대하였다. 사회 정책에서도 기존의 통제 지향적 정책을 완화하자는 의견과 시기상조라는 의견이 대립하고 있었다. 1987년에는 「국가보안법」에 따라 가톨릭 활동가 등 36명을 구금했으며 1988년에는 국내 정치 간섭을 이유로 주싱가포르 미국대사관의 헨드릭슨E. M. Hendrickson 1등 서기관을 추방할 정도로 싱가포르 정부는 정치에 있어서는 보수 강경 노선을 견지했다. 그러나 분명 인민행동당 내에서도 입장이 다른 정치인들이 존재하고 있었다.

이처럼 사회 문제에 대해 각자가 견해를 달리하는 상황에서는, 일당체제를 갖는 정권에서 새로운 지도자가 나오면 분파주의로 분열이 일어날 가능성이 크다. 하지만 고촉통은 인민행동당의 갈등을 봉합하는 데 성공한다. 그 자신이 권위적인 지도자가 아니었던 데다가 관리형 지도자의 모습을 보이면서 리콴유 이후의 변화를 점진적으로 만들어간 것이다.

이러한 고촉통의 노력은 1997년 총선거에서 인민행동당의 지지율을 반등시키는 결과로 나타난다. 1988년 선거에서는 비록 의석수에서 압승을 거두었지만, 지지율 자체는 하락하는 추세였다. 그러나 1997년 선거에서는 지지율이 65%로 반등함으로써 인민행동당의 정치적 영향력을 장기간 지속할 기반을 마련하였다.

고촉통의 관리 능력이 돋보이게 된 것은 아시아 금융위기 때였다. 1997년 1월 총선 승리 후 아시아 각국의 금융위기는 소규모 개방경제인 싱가포르 경제에도 매우 치명적인 위기가 될 수 있었다. 그러나 고촉통은 안정된 정치와 유연한 정책을 바탕으로 이를 슬기롭게 극복하게 된다. 고촉통의 관리 능력은 2002년 중증급성호흡기증후군Severe Acute Respiratory Syndrome, SARS 위기 때 다시 한번 발휘된다. 중증급성호흡기증후군이라는 전염병으로 인해 싱가포르의 경제는 급격히 위축되지만, 그러한 경험을 통해 싱가포르 정부는 미래산업과 경제의 안정성에 대해 깊은 고민을 하게 되고, 그 고민의 결과는 후에 리셴룽 총리의 카지노 계획으로 발전하게 된다.

한편 고촉통은 1997년 공동체개발위원회Community Development Councils, CDCs를 도입한다. 작은 도시국가인 싱가포르에서 지방분권은 큰 의미가 없을 수 있다. 실제로 노동조합을 비롯하여 각종 지역단체가 준정부기관처럼 운영되어 오던 실정이었다. Mauzy와 Milne(2002: 96-97)는 공동체개발위원회가 중앙정부의 행정 기능 중 서비스 전달 기능을 분권화시킨 중요한 변화라고 주장한다. 이에 대한 평가는 다양할 수 있지만, 권위적인 싱가포르 정부조차 점차 모든 것을 통제하기보다는 일부 기능을 지역에 있는 단체들에 이양하려고 노력했다는 점에서 큰 의의가 있다고 할 수 있다. 고촉통은 비록 비영리단체들이 의제를 설정할 권한을 주지는 않았지만, 그들이 더 많이 만들어지고 더 많은 서비스를 제공하는 제한된 기능을 수행하는 것을 장려하였다. 참여를 통한 시민사회 형성의 필요성을 인정하고 점진적인 제도들을 도입하기 시작한 것이다.

또한, 스포츠, 예술 등의 분야에 대한 투자들도 촉진해나가기 시작하였다.[25] 이것은 싱가포르가 물질적 가치 중심에서 다양한 가치를 존중하는 방향으로 나아가기 시작했음을 보여준다.

이러한 싱가포르의 변화에도 불구하고 여전히 일당집권체제, 정치활동의 통제, 국가 중심 관리주의체제의 근간은 크게 변화하지 않았다. 또한, 고촉통 정부는 다양한 가치를 싱가포르 사회에 도입하려고 노력했지만, 물질적 가치, 경쟁, 효율과 같은 도구적 가치들을 권장해왔던 싱가포르 정부의 행태로 인해 시민들의 인식은 쉽게 변화하지 않았다. 여전히 3C라고 불리는 고급 주택condominium, 차car, 신용카드credit card가 싱가포르인들에게 중요한 목표인 시대였다.

6. 권위주의의 탈피와 안정 속의 변화(2004년~현재)

많은 사람이 예측한 것과 달리 고촉통의 수상 재임 기간은 짧지 않았다. 14년간의 수상 재임 기간을 무사히 마치고 고촉통은 리콴유의 아들인 리셴룽에게 수상 자리를 넘긴다. 고촉통은 2003년 8월 17일 싱가포르 독립기념 연설에서 리셴룽 부총리를 후계자로 지정했음을 선언한다. 이때 주목해야 할 것은 당시 중증급성호흡기증후군SARS으로 인해 경기 침체에 빠져 있었던 상황을 회복시킨 이후에야 정권을 물려주겠다고 함으로써 구체적 이양 시점을 모호하게 한 것이다. 하지만 그로부

25 참고로 싱가포르에서는 조지프 스쿨링(Joseph Schooling)이 2016년 리우데자네이루 올림픽 100m 접영 종목에서 우승하여 싱가포르인 최초로 올림픽 금메달을 목에 걸었다.

터 1년 뒤인 2004년 8월 12일, 리셴룽은 52세의 나이로 총리에 취임하게 된다. 수상 자리를 이어받은 리셴룽의 가장 큰 역사적 기여라고 한다면, 무리한 개혁을 시도하기보다는 그동안 권위적이었던 싱가포르 정부를 점차 유연하고 포용적인 정부로 전환시키고자 노력했다는 점이다.

리셴룽의 싱가포르는 카지노산업과 관련한 논쟁과 함께 출발하게 된다. 2005년 싱가포르 정부는 두 개의 카지노 개발계획을 공식 승인한다. 관광지인 센토사섬에 카지노, 호텔, 유니버셜 스튜디오를 유치하여 가족 휴양 공간으로 발전시키고, 금융산업의 중심지인 마리나베이Marina Bay 지역에 카지노와 대규모 호텔을 유치하여 회의와 컨퍼런스, 그리고 휴양을 결합하도록 하였다. 이것은 싱가포르가 회의Meeting, 포상 여행Incentive Travel, 컨벤션Convention, 이벤트와 전시Event and Exhibition, 즉 MICE 산업의 주도권을 가져오기 위한 결정이었다. 총투자비만 해도 리조트 월드 센토사Resorts World Sentosa는 6조 5,900억 원이 투입되었고 마리나 베이 샌즈Marina Bay Sands는 8조 원이 투입되었다. 싱가포르의 GDP가 약 310조 원을 상회한다는 것을 고려한다면 상당한 투자 규모라고 할 수 있다.

카지노산업 유치 결정이 어려웠던 것은 싱가포르의 두 가지 가치, 즉 경제성장을 위한 가치와 유교적 가치가 충돌했기 때문이다. 리콴유는 유교적 도덕성을 강조하면서 국가가 부모와 같은 입장에서 국민이 절제하도록 만들어야 한다고 생각했으며 그 결과 술, 담배, 도박에 대해서는 강력한 규제를 취하고 있었다. 하지만 중증급성호흡기증후군으로 인한 경제 침체는 싱가포르의 새로운 성장 동력을 고민하게 만들었고, 결국 리셴룽은 여러 반대에도 불구하고 카지노산업을 허가하였다. 2010년 4월에 개장한 이 카지노는 성공적이었다. 개장 첫해인 2010년 약 2조 8,000억 원의 수입을 얻은 것을 비롯하여 2013년에는 약 4조 1,000억 원의 수입을 창출했다. 직접적인 수익뿐 아니라 관광객의 증가나 연관 산업 파급효과를 고려하면 경제적 효과는 더 크다고 할 수 있다.

2008년 세계 금융위기 극복은 리셴룽 체제의 또 다른 업적이다. 싱가포르는 아시아 외환위기, SARS 위기를 연이어 극복해내면서 체제에 대한 자신감을 얻게 되었고 2008년 금융위기도 성공적으로 극복하게 된다. 당시 싱가포르에서는 국부펀드national reserve가 가지고 있는 자금을 경제위기 극복을 위해 사용해야 한다는 주장이 제기되었으나, 리셴룽은 정치적 위험에도 불구하고 국부펀드의 자금은 미래의 위험을 위해 사용해야만 한다는 결단을 내리고 국부펀드가 아닌 임금 동결과 건설업 투자 촉진 등을 통해 위기 극복을 시도한다. 2009년 싱가포르 정부는 1,500억 달러 상당의 은행 예금에 대한 지급보증을 한다는 대통령 승인을 받았으면서도, 경기부흥을 위해 49억 달러 정도의 자금만 국부펀드에서 인출하여 사용할 정도로 국부펀드 사용에 신중했던 것이다.[26]

정치 부문에서의 자유 확대는 리셴룽의 또 다른 기여라고 할 것이다. 2011년 총선에서 리셴룽이 이끄는 인민행동당은 61%의 지지를 얻게 된다. 우리의 관점에서는 매우 높은 지지율이지만 70% 가까운 지지를 받던 인민행동당 입장에서는 엄청난 정치적 위기였다. 또한, 그룹 대

26 https://www.gov.sg/article/singapores-national-reserves-is-the-government-excessively-prudent

표 지역구에서 처음으로 야당 의원들이 당선되었으며 그 이후 대통령 선거에서도 야당 성향의 후보가 높은 지지를 받게 되고, 보궐선거에서도 연속해서 야당 의원이 당선되게 된다. 이러한 상황에서 인민행동당은 정치적 위기감을 느낄 수밖에 없었다. 하지만 리셴룽은 이러한 정치적 위기를 극복하고 2015년 9월 총선에서 70%의 지지율을 회복하게 된다. 당시 리콴유 죽음에 따른 애국주의 영향으로 인민행동당이 승리한 측면이 있지만 강경 노선으로 가지 않고 싱가포르 국민의 요구를 반영하여 야당의 활동 공간을 넓혀주고 국민의 정치 참여 공간의 확대를 억누르지 않았다는 점에서 싱가포르의 정치 발전에도 상당히 이바지했다고 평가할 수 있다. 2020년 코로나19 사태에서도 외국인 노동자의 대규모 감염이라는 악재도 신속한 치료시설 확보, 이동 제한, 그리고 대국민 설득을 통해 극복함으로써 뛰어난 위기관리 능력을 보여주었다.

그러나 이러한 긍정적인 평가에도 최근 급속히 보수화되고 있는 싱가포르의 정치를 보면 리셴룽이 민주화에 소극적이라는 점도 보여준다. 2018년 국경 없는 기자회reporters without borders는 싱가포르의 언론자유를 세계 151위라고 발표할 정도로 싱가포르의 언론의 자유 수준은 상당히 낮다. 대표적으로 「국가보안법」은 공식적 기소나 재판 없이도 무제한 구류indefinite detention를 허용하고 있어서, 실제로 치아타이포Chia Thye Poh의 경우처럼 23년간의 수감 생활을 마치고도 추가로 9년간 가택연금 상태에 있었던 사례도 있으며, 「선동법Sedition Act」은 종교나 계급 간 갈등을 부추기거나 정부의 행정을 파괴하는 행위에 대한 처벌을 규정하고 있어 이 법 역시 표현의 자유 및 정치의 자유를 억압할 위험이 크다. 이 밖에도 2009년 제정된 「공공질서법Public Order Act」은 정치적 목적의 집회나 행진을 경찰이 거부할 수 있도록 하고 있으며, 2019년 10월 발표된 「온라인상 허위정보 및 조작방지법Protection from Online Falsehoods and Manipulation Act, POFMA」은 인터넷상의 허위 정보 유포를 처벌하기 위해 제정되었지만, 야당의 정치적 탄압에 이용된다는 주장이 제기되고 있다. 실제로 이 법이 적용된 첫 사례는 브래드 보여Brad Bowyer라는 야당 의원이 페이스북 등에 게시한 테마섹Temasek과 싱가포르 투자청GIC의 투자 결정에 정부가 개입했다는 내용의 게시물이 허위라고 정정명령을 내린 경우이다.[27] 이처럼 언론과 정치 자유를 저해하는 각종 법률이 여전히 존재하고 있으며, 최근까지도 그와 유사한 법률을 새롭게 제정하고 있는 싱가포르의 상황을 보면 리셴룽 역시 싱가포르의 민주화에 적극적이지 않음을 알 수 있다.

싱가포르의 또 다른 도전은 리셴룽 이후의 지도자를 어떻게 뽑을 것인가의 문제이다. 2015년 총선 이후 리셴룽의 후계자가 누가 될 것인지에 대한 논의가 본격적으로 표면화되기 시작하였다. 특히 2016년 8월 리셴룽이 독립기념일 연설 도중 심장 발작으로 잠깐 쓰러진 이후 후계자 문제는 더욱 표면화되기 시작하였다. 그 이후 재무부 장관 헹스위킷Heng Swee Keat이 유력한 후보로 등장하였으나 헹스위킷이 심장 발작으로 입원하면서 후계자 문제는 더욱 불확실한 상황으로 발전했다. 그러나 2019년 헹스위킷이 단독 부총리로 임명되면서 그의 입지가 확고해진 것 같았지만 2020년 총선에서 인민행동당이 압승에 실패함에 따라 후계자 문제는 다시 불명확해지기 시작했다.

27 http://overseas.mofa.go.kr/sg-ko/brd/m_2510/view.do?seq=1327201

한편, 2017년에는 리콴유가 자신에 대한 우상화를 막기 위해 자택을 허물어버리라고 유언한 것을 두고 리콴유 아들들 간에 그것의 집행 여부에 대한 갈등이 발생하게 된다. 리셴룽은 이 자택을 유지하기를 바랐지만 다른 형제들은 그가 이 자택을 정치적 목적으로 사용하고자 한다는 비판을 제기하기도 하였다. 이러한 점들을 고려해보면, 비록 인민행동당의 내부 결속력이 강하더라도 후계자 결정 문제는 정치적 불안 요소가 될 가능성이 크다는 것을 부인하기 어렵다.

국제 정세에서도 싱가포르는 새로운 전략의 채택을 요구받고 있다. 특히 미국과 중국의 패권 경쟁 속에 싱가포르의 입장을 어떻게 설정할 것인가가 중요한 문제로 대두되고 있다. 이에 대한 상징적 사건이 싱가포르 군대의 화물이 홍콩에서 억류된 사건이다. 2016년 타이완에서 군사훈련을 마치고 돌아오는 싱가포르 군대의 화물이 홍콩에 억류되는데, 이는 타이완과 교류하는 국가에 대한 중국의 제재 정책이 그 원인이었다. 중국은 점점 더 싱가포르에게 명확한 태도를 보이도록 요구하고 있고, 싱가포르 처지에서는 친미 정책을 유지하기가 더욱 어려워지고 있다. 2017년에는 중국의 일대일로One Belt One Road 국제협력 정상포럼에 리셴룽 총리가 불참하였고, 싱가포르에서 열린 2017년 아시아안보회의에는 중국이 급이 낮은 대표단을 파견하는 등 중국과 싱가포르 간에는 미묘한 긴장 관계가 형성되고 있다.

경제성장에도 많은 도전이 있다. [그림 3-2]와 같이 싱가포르의 경제성장률은 주기적으로 변동하고 있는 것을 확인할 수 있는데, 2010년을 정점으로 지속하여 경제성장률이 하락하고 있으며, 특히 2019년에는 0.73%의 경제성장률에 그쳐 전년 대비 −2.7%p의 하락을 기록하였다.

| 그림 3-2 | 싱가포르의 경제성장률 추세(1961~2019년)

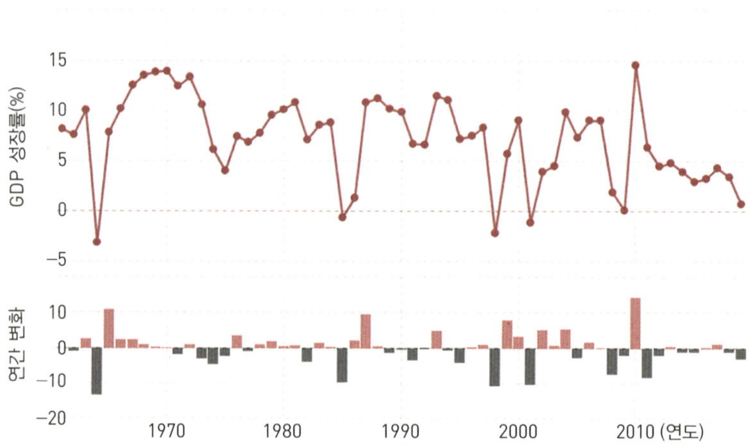

출처: https://www.macrotrends.net/countries/SGP/singapore/gdp-growth-rate

그리고 이러한 경제 상황은 2020년 코로나 사태로 더욱 악화 일로를 걷고 있다. 특히 2% 정도였던 2015년의 경제성장률 중 제조업의 성장률은 −5.2%로 마이너스 성장을 기록하고 있어, 주로 건설업과 서비스업에 의해 경제성장이 이루어지고 있음을 알 수 있다. 따라서 관광산업을 위주로 한 싱가포르의 경쟁력이 지속되기 위해서는 지속적 혁신이 필요한 시점이라 할 수 있으며, 싱가포르가 이에 대응하기 위해 경제 정책에 있어 어떤 변화를 꾀하는지는 우리에게도 매우 많은 시사점을 제공해줄 수 있을 것이다.

제 4 장

싱가포르의 가치란 무엇인가?

SINGAPORE

SINGAPORE

미국에서 행정학을 개척했다고 불리는 우드로 윌슨Woodrow Wilson은 19세기 말 「행정의 연구The Study of Administration」라는 논문에서, "서로 다른 정치체제를 가진 유럽의 행정으로부터 미국이 과연 무엇을 배울 수 있을 것인가?"라는 질문을 던진다. 이 논문에서 윌슨은 칼을 잘 가는 잔인한 사람으로부터 칼 가는 기술만을 배우고 잔인함은 배우지 않으면 된다는 비유를 사용한다. 즉 비교의 목적은 '수단'이라는 것이다. 미국식 실용주의의 단면을 잘 보여주는 생각이라고 할 수 있다. 이 책 역시 싱가포르가 옳다 혹은 그르다는 식의 가치 판단이 아니라 싱가포르라는 사회가 가진 가치체계를 이해하고 우리가 배울 수 있는 것을 찾아가는 것을 목적으로 한다.

우리는 다른 나라로부터 수단을 배울 때 가치의 문제는 깊게 생각하지 않는 경향이 있다. 예컨대 싱가포르는 부강하고 청렴한 나라이기 때문에 그 나라가 취하는 정책은 좋을 것이라는 생각을 암묵적으로 갖게 되는 것이다. 이런 긍정의 효과 때문인지 우리나라의 많은 관료는 싱가포르의 반부패 정책, 환경 정책, 인사 정책 등 여러 정책과 행정 시스템을 배우려고 한다. 하지만 싱가포르 사회가 어떤 가치를 가지고 움직이는지를 이해하지 못한 상황에서 싱가포르의 정책을 도입한다면 긍정적인 결과를 기대하기 어렵다.

이 장에서 논의하는 싱가포르의 가치를 살펴보다 보면 놀랍게도 싱가포르 사회를 지배하는 가치가 우리나라의 1970년대 박정희 정부 체제에서의 가치와 매우 유사하다는 것을 확인할 수 있다. 국가 우선주의, 국가안보 우선주의, 언론이나 정치의 자유보다 우선되는 경제발전, 다수의 시민에 의해 운영되는 사회가 아닌 엘리트 그룹의 지도에 의한 사회, 강력한 권위에 바탕을 두고 질서 유지를 강조하는 병영 사회의 모습은 우리나라의 1970년대와 1980년대를 묘사하는 바로 그 모습이었다. 그리고 놀랍게도 이것은 2000년대 중반부터 이명박 정부와 박근혜 정부를 통해 한국 정치에서 부활했던 가치이기도 하다. 더군다나 최근 문재인 정부의 상황을 보면 정권의 이념적 순수성을 강조하면서 복지, 경제, 환경, 교육, 주택 등 모든 영역의 문제를 국가가 풀 수 있다는, 새로운 형태의 국가 개입주의 신념을 보여주고 있다. 어쩌면 국가, 엘리트, 권위의 문제는 끊임없이 되새김질해야 하는 주제라고 할 수 있다.

우리나라는 민주화를 통해서 국가 주도의 보수적인 가치에 대한 비판적 성찰을 해왔지만, 싱가포르는 독립 이후 지난 50년 동안 단절 없이 계속 유지되어 왔다. 우리 마음속에 남아 있는 과거의 가치가 싱가포르의 현실 사회에서는 어떻게 작동하며, 살아 있는지를 살펴보도록 하자.

한 나라가 추구하는 가치가 무엇인지를 규정하는 것은 매우 어렵다. 그것은 사회 구성원에 따라 가치를 바라보는 관점이 매우 다르기 때문일 뿐 아니라, 가치가 시대에 따라 변하기 때문이다. 싱가포르를 여행한 주변의 친구에게 싱가포르 사회의 중요한 가치가 무엇인지를 한번 물어보면 왜 그런 것을 물어보냐고 반문하는 사람도 있을 것이고 그들 나름대로 생각한 가치를 이야기해주는 사람도 있을 것이다. 또 싱가포르에서 오랫동안 살았던 경험이 있는 사람들의 의견을 물어보면 그들 나름대로 확신에 찬 목소리로 "싱가포르 사람들은 이러이러한 가치를 갖고 있어."라고 이야기하는 것을 들을 수 있을 것이다. 이처럼 싱가포르가 어떠한 가치를 지향하느냐에 대해서 다양한 의견이 존재하지만,

이에 대한 여러 논쟁을 파고 들어가다 보면 몇 가지에 대해서는 어느 정도 동의가 형성되어 있음을 알 수 있다.

싱가포르는 1970년대 후반을 거치면서 서구 문화의 유입, 가족 의식의 약화, 국가에 대한 정체성의 미확립 문제가 심각하다는 점을 인식하기 시작했다. 짧은 역사와 다인종·다문화·다종교의 환경으로 인하여 하나의 국가를 형성하지 못하고 지리적 공간을 공유하는 사람들의 모임에 불과하다는 극단적인 우려까지 제기되기도 했다. 이에 싱가포르 정부는 국가 형성nation building, 즉 싱가포르의 국가적 정체성을 수립하는 것이 중요하다고 판단하고 1980년대 중반부터 본격적으로 '싱가포르의 가치'가 무엇인지를 찾고자 노력하기 시작한다. 1988년 당시 수석 부수상First Deputy Prime Minister이었던 고촉통의 주도하에 싱가포르 정체성을 공식화하는 작업을 시작하고, 1991년 『싱가포르의 공유된 가치들Singapore's Shared Values』이라는 백서를 공식적으로 의회에 제출한다. 이 백서에서 제시되는 다섯 가지 가치는 싱가포르 '정부'가 중시하는 가치를 반영하는 것이기는 하지만 싱가포르 사회의 가치를 이해하는 중요한 단서를 제공해준다. 이 다섯 가지 가치는 다음과 같다.[1]

첫째, 국가는 커뮤니티보다 우선되고 사회는 개인보다 우선된다Nation before community and society above self.

둘째, 가족은 모든 사회의 기본 단위이다Family as the basic unit of society.

셋째, 커뮤니티는 개인을 돕고 존중해야 한다Community support and respect

1 Lee, B. G. (1991). Why We Stress Communicatarian Values. *The Straits Times*, January 15, p.24, http://infopedia.nl.sg/articles/SIP_542_2004-12-18.html

for the individual.

넷째, 갈등보다는 동의를 추구한다Consensus, not conflict.

다섯째, 인종 및 종교 간 조화를 추구한다Racial and religious harmony.

가족에 대한 강조, 다인종 · 다종교에 대한 강조는 어렵지 않게 이해할 수 있다. 싱가포르의 다수를 차지하는 것이 중국계 화교이고 이들이 가족에 대한 유교적 가치를 강조한다고 해석할 수 있으며[2] 다인종 · 다문화인 싱가포르 사회의 특징을 고려하면 인종 및 종교 간 조화를 추구하는 것은 당연한 가치로 이해될 수 있다. 하지만 국가와 사회를 우선시하는 집단주의 관점은 박정희 정부 시대에는 어렵지 않게 받아들일 수 있었을지 몰라도 21세기의 우리에게는 상당히 낯선 이념이다.

싱가포르의 가치가 정부에 의해 만들어진 관변 이념임을 고려해볼 때 그것은 단순히 선언적인 정부의 이념인 것일까, 아니면 정말 싱가포르 국민이 국가가 개인보다 우선되어야 한다는 것에 대해서 동의를 하는 것일까? 저자는 2000년부터 2008년까지 싱가포르 수상의 독립기념일 연설문National Day Rally Speech을 분석한 적이 있다. 그런데 흥미로운 것은 싱가포르 수상의 연설문에서는 '민주주의'라는 단어가 단 한 번도 사용되지 않고 있다는 점이다. 의도적이든 의도적이지 않든 싱가포르가 추구하는 정치 형태는 민주주의라기보다는 싱가포르식의 정치 형태이며 그 형태는 싱가포르의 공유된 가치에서 나타나는 국가와 사회 중심의 가치를 반영하는 정치체제임을 알 수 있다. 결론적으로 국가와 사

2 한편으로 이러한 해석은 매우 잘못된 해석일 수 있다. 가족의 가치를 중시하는 것이 결코 유교적 전통에서만 비롯되는 것은 아니다. 하지만 가족적 가치를 유교적 가치의 고유한 특징으로 잘못 이해하는 경우가 많다.

회를 개인보다 우선시하는 가치는 단순하게 관변 이념이라기보다는 싱가포르 시민들에게도 공유되고 있는 가치라고 할 수 있다.

정부 우선주의에 대한 시각은 설문조사 결과에서 나타난다. “정부는 사회에서 어떠한 생각들이 논의될지 여부를 결정해야 한다The government should decide whether certain ideas should be allowed to be discussed in society.”라는 질문 문항에 대한 응답 결과는 흥미롭다. 2005년 아시아 바로미터 서베이Asian Barometer Survey 결과를 보면 놀랍게도 싱가포르 응답자(n=972) 중에서 74%가 ‘매우 혹은 어느 정도 동의한다’라고 답변하였다. 이에 비해 타이완의 경우(n=1,464) 77%가 ‘어느 정도 동의하지 않는다’ 혹은 ‘전혀 동의하지 않는다’라고 대답하였다. 이것은 싱가포르 시민들의 정부에 대한 높은 지지를 보여주는 사례일 수도 있지만, 정부를 우선시하는 싱가포르 시민들의 인식이 잘 나타난 예라고 할 수 있다.

싱가포르의 가치는 유력 정치인들의 발언에서도 간접적으로 확인할 수 있다. 리콴유는 1993년 아프리카 국가가 싱가포르의 경험으로부터 배울 수 있는 것들을 지적하면서 청렴한 정부, 국가적 단결national solidarity, 가족계획, 실용주의, 투자 유치, 보편적 교육, 결과 지향going for results 등을 제시하고 있다(Tong & Lian, 2002: 28). 이 중 실용주의[3], 국가적 단결, 결과 지향은 싱가포르의 가치와 밀접하게 연결되어 있다고 할 수 있다.

학술 연구에서도 싱가포르의 가치는 다양하게 제시되고 있다. Somjee

3 이때 실용주의의 의미가 무엇인지는 제대로 제시되고 있지 않다. Tong과 Lian(2002: 28)은 실용주의의 예를 설명하면서 Neptune Orient Shipping Line 회사를 창립할 때 해당 업무를 잘 아는 파키스탄인을 고용했다는 일화나 외국 경제고문단의 조언을 받아들여 경제개발국을 만들었고 이 경제개발국이 경제발전에 기여했다는 일화를 소개하고 있을 뿐이다.

와 Somjee(1995)는 아시아 국가들의 성공적인 발전 원인 가운데 싱가포르의 특징을 다음의 다섯 가지로 제시하고 있다. 첫째, 싱가포르는 정설orthodoxy이나 이데올로기ideology 혹은 특정 파워블록power block에 가입하는 거시적인 차원의 문제보다는 현실에 직면하고 있는 미시적 문제들을 해결해나가면서 부수적으로 거시적인 문제들을 해결해나간다. 이것은 이념을 지향하기보다는 문제 해결을 지향하는 싱가포르의 실용주의적 가치와 관련이 있다고 할 수 있다. 즉 민생의 문제가 이념의 문제보다 중요하다고 생각하는 것이다.

둘째, 싱가포르는 항상 시민들로 하여금 새로운 기술을 배우도록 하며 그것을 빠르게 변하는 경제환경 속에서 생존하는 데 활용하도록 한다. 싱가포르는 기술 혁신이나 전략산업의 선택에서 국가가 방향을 제시하고 자원을 배분하는 것을 매우 자연스럽게 생각한다. 따라서 국가전략을 중심으로 산업의 방향이 결정되는 시스템을 적극 지지한다.

셋째, 규범적인 판단도 실용적인 관점에서 행한다. 국가는 실용적인 관점에서 무엇을 해야 할지, 하지 말아야 할지를 정하고 이것이 다시 규범적으로 정당화된다. 이러한 실용성의 핵심적인 내용 중의 하나는 사회 이동성을 높이고 경제 수준을 높이는 데 있다. 2020년 세계경제포럼World Economic Forum이 발표한 세계사회이동성지수Global Social Mobility Index 2020를 살펴보면 싱가포르는 세계 20위 정도로 나타나고 있는데[4] 실제로 그들은 평등한 교육기회 제공을 통해 사회 이동성을 향상시키고, 공공주택을 통해 자산을 축적하며, 안정을 통해 사회 유동성을 유

4 참고로 한국은 25위, 미국은 27위다.

지하고 있다.

넷째, 정치체제의 자유화에 대해 제약한다. 지나친 정치적 자유는 무질서를 초래할 수 있기 때문에 대규모 집회나 사회 불안을 조장할 수 있는 행동은 통제해야 한다. 뛰어난 엘리트들이 잘해나가고 있는 한 굳이 자유주의식의 접근은 필요하지 않다고 본다. 대신 정부가 시민의 의견을 구하는consultive approach 절차들은 확대해나가고 있다.

다섯째, 능력주의meritocracy, 훈련, 그리고 동원 등을 통해 매우 효율적이고 실용적인 정부를 만들어 발전을 이룩한다.

이 견해를 모든 학자가 동의하는 것은 아니지만, 실용주의, 능력주의, 권위적인 정치체제authoritative regime 등이 중요 가치라는 점에 대해서는 어느 정도 동의가 존재한다고 볼 수 있다. 싱가포르 행정을 오랫동안 연구해온 존 콰Jon Quah 교수는 싱가포르 행정의 8가지 특징으로 ① 마초 능력주의macho-meritocracy, ② 최고 인재를 얻기 위한 민간과의 경쟁, ③ 낮은 부패율, ④ 지속적인 제도와 행태 변화를 통한 행정개혁, ⑤ 법정산하기관statutory board[5]의 집행 역할, ⑥ 효율적인 정책 집행, ⑦ 국민들에 대한 서비스 개선, ⑧ 다른 나라의 경험을 이용한 문제 해결 등을 제시하고 있다(Quah, 2010: 5-8). 이 중 ③~⑧은 모두 행정의 효율성과 관련된 결과론적 특징이기 때문에 싱가포르 행정의 본질적인 특징이라고 보기는 어렵지만, 효율성이 싱가포르 행정의 핵심적인 가치라는 점은 확인할 수 있다. 또한, ①, ②는 능력주의와 관련되어 있다.

5 법정산하기관은 주로 정부부처의 법률에 따라 규정된 기능, 특히 정책집행 기능을 담당하는 기관으로 대표적인 기관으로는 주택업무를 담당하는 주택개발국(Housing Development Board, HDB)이 있으며 대부분 특정 부처 소속의 산하기관 형태로 되어 있다.

한편, 청렴은 싱가포르의 가치에서 매우 주목해야 할 가치이다. 권위적인 싱가포르 정부에 대한 국민의 높은 지지가 가능했던 것은 그동안 싱가포르 정부가 이루어왔던 경제성장과 청렴한 정부의 이미지 때문이다. 1965년 싱가포르의 독립 이후 싱가포르 정부는 매우 강력한 반부패 정책을 실행해왔다. 인민행동당이 50년 이상 권력을 독점해왔음에도 불구하고 (최소한 대외적으로 알려진 바로는) 큰 부패 스캔들 없이 지내왔다는 것은 매우 경이로운 일이다. 이것은 리콴유 체제가 싱가포르에 물려준 매우 큰 도덕적 유산이며, 이 도덕적 유산은 사회 곳곳에 자리 잡고 있다. 싱가포르가 작은 도시국가여서 부패 가능한 거래를 효율적으로 통제할 수 있다는 주장도 가능하지만, 청렴이 사회적 가치로 자리 잡고 있지 않았다면 단순히 통제와 법만을 가지고 청렴한 사회를 달성하기는 쉽지 않았을 것이다. 청렴한 싱가포르의 이미지는 이미 우리에게 널리 알려져서 싱가포르의 핵심 가치로 제시하여도 큰 무리가 없다고 생각한다.

국가주의는 싱가포르의 정치 · 사회를 이해하는 또 하나의 가치이다. 여기서 국가주의라는 것은 정부에 대해 높은 신뢰를 보내면서 개인의 권리보다 국가의 이익을 우선시하는 것이다. 이때 국가라는 것은 과거 리콴유 전 수상과 같이 하나의 사람으로 대표되기도 하고, 인민행동당으로 대표되기도 한다. 그러나 본질적으로는 소수의 능력 있는(?) 엘리트의 집단으로 대표되는 실체라고 할 수 있다. 물론 이념적으로는 '모든 국민의 이익을 대표하는 집단'이라고 상징화되고 있는데, 이러한 국가주의 가치가 널리 퍼져 있는 결과, 여타 선진국에서는 찾아보기 힘들 정도로 국민들은 국가 정책에 대한 매우 높은 지지를 보인다. 우리나라나 미국의 경우처럼 정부에 대한 신뢰가 매우 낮고 개인의 권리를 국가의 이익에 우선시하려는 경향을 보이는 것과 비교해보면 상당한 차이가 있다고 할 것이다.

싱가포르 시민들의 국가와 제도에 대한 신뢰의 정도를 보면 매우 인상적이다. 〈표 4-1〉은 2006년 아시아 바로미터 서베이 자료를 분석한

| 표 4-1 | 국가기관에 대한 신뢰

	전혀 신뢰 안 함	별로 신뢰 안 함	꽤 신뢰함	매우 신뢰함	표본 수	가중평균
	수상이나 대통령에 대한 신뢰					
몽골	139(11.62%)	353(29.52%)	498(41.64%)	206(17.22%)	1196	2.64
필리핀	282(24.19%)	427(36.62%)	379(32.5%)	78(6.69%)	1166	2.22
타이완	297(20.23%)	711(48.43%)	389(26.5%)	71(4.84%)	1468	2.16
태국	79(5.55%)	340(23.89%)	698(49.05%)	306(21.5%)	1423	2.87
싱가포르	5(0.51%)	69(7.02%)	587(59.72%)	322(32.76%)	983	3.25
	법원에 대한 신뢰					
몽골	297(25.06%)	447(37.72%)	327(27.59%)	114(9.62%)	1185	2.22
필리핀	214(18.4%)	423(36.37%)	430(36.97%)	96(8.25%)	1163	2.35
타이완	173(12.3%)	747(53.13%)	432(30.73%)	54(3.84%)	1406	2.26
태국	32(2.36%)	254(18.72%)	835(61.53%)	236(17.39%)	1357	2.94
싱가포르	8(0.81%)	75(7.62%)	605(61.48%)	296(30.08%)	984	3.21
	정부에 대한 신뢰					
몽골	137(11.55%)	363(30.61%)	541(45.62%)	145(12.23%)	1186	2.59
필리핀	238(20.61%)	448(38.79%)	404(34.98%)	65(5.63%)	1155	2.26
타이완	135(9.47%)	741(51.96%)	499(34.99%)	51(3.58%)	1426	2.33
태국	94(6.69%)	385(27.4%)	748(53.24%)	178(12.67%)	1405	2.72
싱가포르	7(0.7%)	85(8.56%)	619(62.34%)	282(28.4%)	993	3.18

결과이다. 이 표에서 살펴볼 수 있는 것처럼 싱가포르는 다른 어느 국가들보다도 수상이나 대통령, 법원, 정부에 대한 국민들의 신뢰가 높은 것을 알 수 있다. 거의 90% 이상의 응답자들이 이들 국가기관을 꽤 신뢰하거나 매우 신뢰하는 것으로 나타나고 있으며, 이러한 결과는 정당이나 행정부에 대한 신뢰도를 묻는 설문에서도 마찬가지로 나타나고 있다. 싱가포르 시민들은 국가에 대해 매우 높은 신뢰를 보내고 있다.

싱가포르의 사법제도는 인권 운동에 대해 매우 보수적 태도를 보였고, 친정부적인 입장을 견지해왔다. 예를 들어보자. 2015년 3월 리콴유가 사망한 직후 아모스 이Amos Yee라는 만 16세 학생이 유튜브YouTube를 통해 "리콴유는 모든 사람이 자신을 두려워하게 만들고 그들의 자유를 억압한 권위적인 독재자"라고 비판하였다. 그런데 그 영상에는 리콴유의 독재적이고 권위적인 태도가 예수와 비슷하다고 하는 장면이 담겨 있었다. 싱가포르 정부는 이 학생을 기소하였는데 첫 번째 죄목은 기독교에 반하는 내용을 이야기함으로써 기독교인들의 감정을 상하게 하였다는 것이었으며, 두 번째 죄목은 리콴유에 대해 언급한 부분이 다른 사람들을 비통하게distressed 만들었다는 것이었다. 그는 결국 유죄를 선고받았는데, 모든 것이 법과 절차에 따라 이루어졌다고는 해도, 국민들이 그와 같은 사법적 판단을 하는 법원에 대해 높은 신뢰를 보내고 있다는 것은 우리의 관점에서는 이해하기 힘들다. 흥미로운 것은 아모스가 유튜브에 올린 동영상에 대해 '좋아요'보다는 '싫어요'를 선택한 숫자가 더 많다는 사실이다. 이것은 여전히 현재 체제를 선호하는 사람들이 많다는 것을 보여준다고 할 수 있다.

비록 싱가포르 정치 환경이 여전히 인민행동당 체제에 머물러 있지

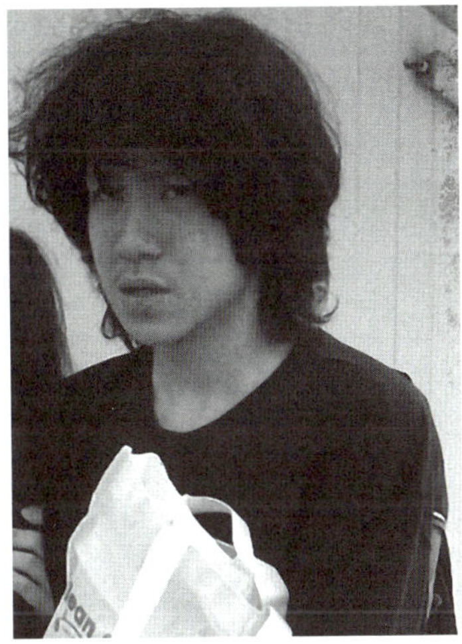

아모스의 법원 출석 전과 교도소 출소 후 모습

만, 젊은 세대를 중심으로 기존 체제를 비판하면서 새로운 대안을 찾고자 하는 노력이 진행되고 있고, 이들이 대중과의 뛰어난 소통 능력을 보이면서 성장하고 있다는 점에 주목할 필요가 있다. 하지만 아모스는 출소 이후 2015년 총선에서도 유튜브를 통해 자신의 정치적 견해를 적극적으로 밝히는 등의 활동을 계속하다가 결국 2016년 미국으로 정치적 망명을 신청하였다. 그것은 아마도 싱가포르 사회 내에서는 자신의 정치적 견해를 자유롭게 표현하기가 불가능에 가깝다고 느꼈기 때문일 것이다.

이런 배경에서 싱가포르에서의 정부 신뢰에 대한 의미를 한번 생각해볼 필요가 있다. 단순하게는 싱가포르 정부의 경쟁력이 높고 효율적이어서 정부 신뢰가 높을 것으로 생각할 수 있다. 하지만 타이완의 설문 응답 결과를 보면 몽골보다 정부나 대통령에 대한 신뢰가 낮은 것으로 나타나고 있는데, 이것은 1980년대 이후 타이완이 민주화 과정과 정권교체 과정을 거치면서 국가기관에 대한 절대적 권위가 해체되고, 국민의 기대 수준이 높아짐에 따라 국가기관에 대한 부정적인 견해의 정도가 자연스럽게 증가한 결과라 할 수 있다. 하지만 그렇다고 해서 과연 몽골이나 필리핀보다 타이완 정부의 효율성이 떨어진다고 할 수 있을까? 그렇지 않을 것이다. 이것은 정부에 대한 신뢰가 반드시 정부의 효율성을 반영한 것이 아닐 수 있다는 것을 시사한다. 싱가포르 국민이 정부에 대해 보내는 높은 신뢰의 진짜 의미가 무엇인지에 대해서는 논쟁의 여지가 있겠지만 그들이 국가에 대해 매우 높은 의존도를 가진 것은 사실이다. 국가를 가장 우월적인 조직체라고 주장하면서 국가권력이 경제나 사회 정책을 통제해야 한다는 국가주의는 국가에 대한 의존도를 심화시켜 시민사회의 자율성을 저해하는 걸림돌이 될 수도 있다.[6] 국가주의에 바탕을 둔 높은 정부 신뢰가 항상 바람직한 것이 아닌 이유이다.

싱가포르 국가주의의 가치는 공동체의 폐쇄성을 악화시키는 경향이 있다. 최근 싱가포르에 이민자들이 증가하면서 급격하게 반이민 정서가 강화되고 있는 것이 그 예라고 할 것이다. 또한, 소득 불평등이 심화되면서 싱가포르 국민 사이에서도 국가가 다수의 이익을 위해 봉사하는지 혹은 선택된 소수의 이익을 위해 봉사하는지에 대한 의문이 제기

6 참고로 우리나라는 국가의 적극적 역할에 상당히 익숙한 편이지만 그렇다고 하여 국가주의를 우리나라의 핵심적인 가치라고 부르지는 않는다. 국가주의에 익숙한 우리의 관점에서조차 싱가포르의 국가주의가 강하다고 인식한다면 미국인들이나 영국인들 입장에서는 더욱더 그것을 싱가포르의 특징적인 현상으로 느끼는 것이 당연하다.

되고 있다. 아무리 선진국이 되었다고 해도 그 혜택이 국민 모두에게 돌아가지 않는다는 사실을 느끼는 순간 국가주의의 가치는 급속히 도전받을 가능성이 크다.

싱가포르의 가치 중에 또 하나 주목할 만한 것은 가족과 공동체에 대한 가치이다. 1994년 당시 싱가포르 수상이던 고촉통은 싱가포르 성공의 열쇠는 윤리적 가치에 있다고 주장하면서 가족의 가치를 강조하는 글을 *Current History*라는 저널에 싣는다. 또한 그는 가정의 전통적 도덕 가치를 유지하고 인륜을 존중하는 것이 건전한 사회를 만드는 길이라고 주장하면서 「부모부양법Maintenance of Parents Act」을 도입하였다. 이 법은 생활이 어려운 부모에게 자식들이 의무적으로 생활비를 지급해야 하는 것을 명시하여, 가족에 대한 책임을 강조하고 있다. 가족에 대한 가치나 공동체에 대한 가치는 인류의 보편적인 가치이지만 아시아에서는 특히 유교적 가치의 핵심으로 이해되고 있는데, 다만 가족과 공동체의 가치를 정부가 정책이나 법을 통해 반복적으로 강조한다는 점이 싱가포르만이 가진 특징이다. 실제로 싱가포르에서는 자식이 부모가 거주하는 곳 근처에 집을 구하는 경우 혜택을 준다거나, 이혼을 어렵게 한다거나, 출산을 장려하는 등의 각종 정책이 시행되고 있다.

싱가포르는 다인종·다문화·다종교 사회이며, 이 가치를 매우 중시하고 있다. 싱가포르에서 다문화주의는 단지 사회적 가치로 그치는 것이 아니라 그것을 넘어서는 헌법상의 가치이다. 종교, 인종, 출신 지역에 따른 차별은 금지되며(제12조, 제14조), 인종 간의 갈등을 초래하는 행위는 국가 전복 행위로 간주된다(제149조 1C). 추아벵홧Chua Beng Huat(2003) 교수가 지적하듯이 싱가포르의 다문화주의multiculturalism는 국가의 사회적 통제 수단으로 작동하는 측면이 있는 것이 사실이지만, 그럼에도 불구하고 다른 종교, 인종, 문화에 대한 존중이 초등학교 교육부터 싱가포르 사회 전반에 걸쳐 뿌리 깊게 자리 잡고 있는 것 역시 사실이라 하겠다.

제 5 장

싱가포르의 능력주의와 엘리트주의

SINGAPORE

SINGAPORE

1. 능력주의 문화와 싱가포르

개인적으로 싱가포르 정부 시스템 중 가장 부러운 것은 싱가포르의 공무원들이 무능하지 않으면서도 청렴하다는 점이다. 간헐적인 부패 사건이 있지만 국민 대부분은 정부가 청렴하다고 믿고 있으며 다국적기업의 사업가들, 국제기구의 전문가들, 그리고 부패 연구자들 역시 싱가포르의 청렴성을 높게 평가한다. 물론 청렴하기만 하고 무능한 공무원은 칭찬을 받기 힘들다. 복지부동하는 공무원이 대표적이다. 하지만 싱가포르 공무원들은 능력도 뛰어난 것으로 알려져 있다. 공무원들은 자신들의 역할과 책임을 충분히 알고 있으며 장관들은 해당 업무뿐만 아니라 다른 부처의 연관 업무에 대한 전문성까지도 겸비하고 있다고 알려져 있다.[1] 그렇다면 이렇게 싱가포르 정부는 유능한 공무원들을 보유하고 있는 것일까? 싱가포르 사람들은 자신들의 성공이 능력주의meritocracy에 기반을 둔 정부 운영 때문이라고 주장하고 있다.[2]

1 싱가포르 공무원의 우수한 능력을 지적하는 연구는 많이 있다. 예를 들면 다음을 참고. Schein, E. H. (1996). *Strategic Pragmatism: The Culture of Singapore's Economic Development Board*. Cambridge, Mass.: MIT Press; Quah, J. S. T. (2010). *Public Administration Singapore-style*. Bingley: Emerald. 저자가 싱가포르 주재 한국 대사관 직원들과 개인적으로 인터뷰하거나 싱가포르의 여러 학자들과 이야기를 나누어보면 그들 역시 관리직 및 고위직 공무원들의 업무능력을 높게 평가하고 있음을 알 수 있었다.

2 싱가포르 능력주의의 정치철학적 맥락에 대해서는 다음을 참고. Tan, K. P. (2008). Meritocracy and Elitism in a Global City: Ideological Shifts in Singapore. *International Political Science Review*, 29(1), 7-27. 싱가포르 능력주의에 대한 또 다른 분석은 Vogel, E. F. (1989). A Little Dragon Tamed. In K. S. Sandhu & P. Wheatley (Eds.), *Management of Success: The Moulding of Modern Singapore*. 을 참고.

원래 능력주의는 인종, 성별, 혹은 사회적 계급과 같은 특성이 아닌 개인이 가진 능력merit에 의해 보상을 받는 사회 시스템을 의미하기 때문에 기회의 평등과 비슷한 의미로 사용되기도 한다. 능력에 따라 인재를 등용한다는 주장은 많은 사람이 수긍하는 가치이며 능력주의에 동의하는 정도는 싱가포르 국민뿐만 아니라 우리나라 국민 역시 큰 차이가 없다고 볼 수 있다. 많은 사람들에게 이 능력주의가 긍정적으로 받아들여지는 이유는 개인의 능력 자체에 이미 성별, 인종, 사회경제적 계급으로 인해 파생된 개인 간 '차별'의 속성이 있음에도 불구하고, 기회의 '평등'을 강조하면서 차별의 이미지에 대한 부정적 측면을 완화시키기 때문이다. 그러나 개인의 능력에 따른 차별의 측면이 두드러지면 능력주의는 결국 엘리트주의로 귀결될 수밖에 없다. 따라서 싱가포르의 능력주의를 균형 있게 이해하려면 엘리트주의적 측면을 함께 살펴볼 필요가 있다.

많은 학자들이 능력주의와 엘리트주의가 싱가포르의 정치, 경제, 사회 시스템을 관통하는 핵심적인 이데올로기라고 주장한다(Barr & Skrbiš, 2008; Tan, 2008). 따라서 우리는 이러한 능력주의와 엘리트주의가 어떻게 해서 싱가포르의 핵심적 가치로 자리매김했는지 살펴볼 필요가 있다.

첫째, 능력주의와 엘리트주의는 영국 행정 시스템의 유산이다. 영국의 공무원 제도는 인문학 분야[3]의 우등 졸업생honors graduates을 채용하여 이

3 일본은 법학과와 경제학과 졸업생이, 독일은 법학과 졸업생이, 우리나라는 행정학과 졸업생이 주로 공직으로 나간다는 점과 비교해보면 이는 영국이 가지고 있는 특징이라고 할 수 있다.

들이 평생 공무원으로 근무하는(즉 closed system) 제도를 채택해왔다(Peters, 2001). 학업 성취를 중요시하는 영국의 전통은 싱가포르에도 그대로 이어져 내려왔다. 1956년 만들어진 공직위원회Public Service Commission, PSC는 우수한 학생을 국가 장학생으로 선발하여 그들에게 공직에서 근무할 기회를 제공하였으며, 리콴유를 비롯한 지도자들은 싱가포르 국가 형성 초기 단계에서부터 연공제는 싱가포르 인사행정의 기본 원리가 아님을 천명하였다(Quah, 2007: 198). 특히 공직 선발 시 우등 졸업생에 대한 영국식 우대 전통은 싱가포르에도 여전히 남아 있어서 공직 선발뿐만 아니라 승진에서도 중요한 기준으로 사용되고 있다.

둘째, 학업 성취를 중시하는 중국계 문화의 영향이다. 교육과 학자를 숭배하는 전통적인 문화는 중국계에서 특히 강하게 발견되지만, 말레이시아나 인도 사람들 역시 이러한 전통을 가지고 있었다. 시험을 통해 개인의 능력이 공평[4]하게 평가되고 경제적 능력이 부족한 학생도 장학금 제도 등을 통해 고등교육의 기회를 가질 수 있도록 교육제도가 설계된 경우 학업 성취에 따른 차별에 대한 사회의 저항감은 최소화된다.

셋째, 싱가포르에서 가장 강력한 지배력을 행사한 리콴유 개인의 성향에서 비롯되었다(Barr & Skrbiš, 2008: 43-50). 영어를 사용하는 중국계 가정에서 태어나 싱가포르 래플스 인스티튜션Raffles Institution을 졸업하고 케임브리지 대학교에서 법학을 공부한 그는 창조적 소수creative minority에

4 여기서 공평하다는 것은 모든 사람이 다 고등교육을 받는다는 절대적 평등의 의미는 아니다. 2000년 이전까지 싱가포르 성인 인구의 20%에도 못 미치는 사람들만이 대학 교육을 받았다는 것은 교육 불평등이 생각보다 심각함을 보여준다.

의해 역사가 진보한다는 토인비Arnold Toynbee의 신봉자였다. 리콴유는 조그마한 나라 싱가포르가 말레이시아로부터 독립한 이후 생존을 위해서는 제한된 자원을 효율적으로 사용해야 하며 이를 위해서는 책임감 있고 교육받은 엘리트들이 사회 발전을 설계하고 지도해 나가야 한다고 보았다. 이는 사회공학social engineering의 관점과도 통한다고 할 수 있으며, 또한 가정에서의 아버지 역할처럼 엘리트가 일반 대중을 보호해야 한다는 온정적 간섭주의paternalism 역시 이러한 맥락에서 싱가포르의 중요한 정책 이념으로 사용되게 된다.

넷째, 능력주의의 도입은 사회 통합의 측면에서 의도하지 않은 긍정적 결과unintended positive consequence를 가져오기도 하였다. 교육받은 엘리트를 중시하는 정책은 싱가포르의 주류를 형성하는 중국계 싱가포르인들에게 환영을 받아왔다. 전통적으로 교육열이 높은 중국계 싱가포르인들은 다른 민족에 비해 그들의 자녀들을 더 많이 대학으로 보냈고, 능력주의를 기반으로 한 관료선발 제도는 이들이 다시 사회의 지도층으로 성장하는 것을 가능하게 하였다. 또한, 국가가 학업 성취가 아닌 인종적인 요인에 의해 소수 인종에게 특혜를 베푸는 것을 중국계 싱가포르인들이 역차별로 생각할 위험이 있었다. 따라서 인종적인 요인에 의해 소수 인종에 대한 특혜를 베푸는 것이 아니라 학업 성취에 따른 공평한 기준에 따라 관료를 선발하는 방식은 중국계 싱가포르인들이 그들의 지배적인 위치를 공고히 할 수 있게 하는 요인이 되었다.

한편, 소수 인종의 입장에서도 기회의 평등이라는 이념에 대해 특별히 이의를 제기할 근거를 찾기 어려웠다. 초등학교부터 대학교에 이르기까지 모든 시험제도가 투명하게 운용되고 있다는 점, 형식적인 면에서 교육의 기회가 공평하게 제공되고 있다는 점은 싱가포르 사회에 실존하는 실질적 불평등과 관계없이, 소수 집단이 싱가포르를 실질적으로 이끌어가는 형대의 엘리트주의를 받아들이게 하는 요인이 되고 있다.

2. 싱가포르 능력주의의 현실

싱가포르의 능력주의는 사회 전반에 걸쳐서 발견된다. 초등학교에서는 4학년 때부터 우열반 프로그램Primary Gifted Education Programme을 통해 교육을 한다. 싱가포르 정부의 공직위원회Public Service Commission, PSC는 미래의 유능한 공직자들과 싱가포르의 리더를 양성하기 위해 고등학생과 대학생을 대상으로 다양한 장학금 제도를 운용한다. 이 장학금을 받은 학생들이 대학 졸업 후에 정부에서 일하게 되면 빠른 승진을 보장받는다. 싱가포르 정부의 핵심 인력들이 이 장학금 수혜자들이라고 볼 수 있는데, Yu(2015: 134-135)에 따르면 2012년 62명의 공직위원회 장학금 수혜자와 5명의 대통령 장학금 수혜자 중에 단지 2명만이 소위 명문 고등학교 출신이 아닌 것으로 나타나고 있다. 장학금 선발 절차에서는 학업 성적 이외에 여러 과외활동이나 인성 평가 그리고 면접 결과 등도 고려되지만, 기본적으로는 그것은 학업 성취에 바탕을 둔 능력주의에 의한 선발이라고 할 수 있다.

싱가포르의 능력주의는 CEO 채용에서도 나타난다. 싱가포르에서 기업, 그중에서도 특히 은행의 CEO 자리에는 능력 있는 외국인의 고용을 장려할 정도이다. 예를 들어 싱가포르의 가장 큰 은행 중 하나인 DBS에서 2009년부터 현재(2020년)까지 CEO로 재직 중인 피유시 굽타Piyush Gupta는 인도 사람이면서 시티은행에 근무했던 경력을 갖고 있다. 2012년부터 OCBC 은행의 CEO로 재직 중인 사무엘 티엔Samuel N. Tsien 역시 중국 상하이 출신이며 홍콩에서 자란 외국인이다. 2009년 금융위기 당시에 싱가포르 최대 국부펀드 중의 하나인 테마섹 홀딩스Temasek Holdings의 CEO였던 호칭Ho Ching을 대신할 CEO로 고려되었던 칩 굿이어Chip Goodyear도 마찬가지로 미국 출신의 사업가였다.

싱가포르의 능력주의는 비영리단체의 운영에서도 나타나고 있다. 싱가포르에서는 비영리단체들조차도 그들 단체에 능력 있는 우수한 인재를 영입하기 위해 관리자층에 높은 임금을 주어야 한다고 주장한다. 실제로 2011년 2월 8일 자 *The Straits Times*에 따르면 비영리단체인 전국콩팥재단National Kidney Foundation의 경우 관리자 중 6명은 1억 원에서 1억 5,000만 원 사이의 임금을 받았고, 4명은 2억 2,000만 원에서 3억 원 사이의 임금을 받은 것으로 나타났다. 민간기업 최고경영자의 평균임금이 3억 1,000만 원인 것에 비해 큰 차이가 없는 것이다. 대졸 초임자의 연봉이 3,600만 원 수준에도 못 미치는 싱가포르의 상황을 고려한다면 이는 매우 높은 임금이라고 할 수 있다. 흥미로운 것은 비영리 단체들이 이런 높은 임금을 정당화하는 이유가 바로 능력주의라는 점이다. 즉 비영리단체에 능력 있는 관리자를 끌어오려면 당연히 민간기업과 같은 수준의 임금을 주어야 하고, 이것은 능력주의 입장에서 큰 문제가 될 것이 없다는 것이다. 모든 싱가포르 사람들이 이러한 논리를 수긍하는 것은 아니지만, 능력주의는 싱가포르에서 관리자의 높은 임금을 정당화하는 논리로 큰 영향력을 발휘하고 있는 것이 현실이다.

싱가포르에서 능력주의는 국적이나 정치 이념을 넘어서기도 한다. 저자가 근무했던 싱가포르 국립대학교 정치학과의 경우에는 25명의 교수 중 싱가포르 출신은 10%도 안 될 정도로 교수를 채용할 때에도 국적보다는 능력이 우선시된다. 또한 집권 여당인 인민행동당의 경우, 젊은 대학생들이나 우수한 인재들이 반정부적 성향을 가지고 있다 하더라도 그 능력이 뛰어난 경우에는 그들마저 인민행동당 내부로 포섭하고 정부의 관료로 채용하는 적극적인 태도를 보인다. 이러한 현상은 싱가포르가 수많은 우수 외국 인력을 받아들이고 있음에도 상대적으로 싱가포르 사람들의 정치적 저항이 작은 이유를 잘 설명해주고 있다.

한편 서구에서는 능력주의 대신에 엘리트주의라는 용어를 더 자주 사용한다. 엘리트주의라는 말이 가지고 있는 느낌은 능력주의가 가지고 있는 느낌에 비해서는 다소 부정적이다. 능력주의와 엘리트주의의 차이를 이해하기 위해서는 먼저 엘리트주의가 무엇인지를 생각해보는 것이 필요하다. 엘리트주의에 대해서는 다양한 정의가 있지만 여기서는 Dye와 Zeigler(1996: 4-5)의 견해를 가지고 살펴보고자 한다. 그들은 엘리트주의를 다음과 같은 7가지의 특징으로 정의하였다(Anderson, 2011: 22-23).

엘리트주의의 7가지 특징

1. 사회가 권력을 가진 소수와 그렇지 않은 다수로 나누어져 있으며
2. 권력을 가진 소수는 통치를 받는 다수와 달리 사회경제적 지위를 가진 상위 집단에게서 나오고
3. 비엘리트가 승진하여 엘리트 그룹에 소속되기가 쉽지 않으며
4. 엘리트 간에는 사회 시스템에 대한 기본 가치를 공유하는 가운데 어느 정도 컨센서스가 형성되어 있으며
5. 정책은 다수인 대중의 요구를 반영하는 것이 아니라 소수인 엘리트들의 가치를 반영하며, 그것은 점진적으로 변하고
6. 자신들의 이익을 지키기 위해서 대중의 지지에 반하는 행동도 할 수 있으며
7. 대중에 의해 영향을 받기보다는 대중에게 영향을 준다.

여기서 발견할 수 있는 엘리트주의의 중요한 특징은 엘리트 그룹이 폐쇄적이며, 대중들의 이해와 요구보다는 엘리트들의 가치가 우선시된다는 점이다.

싱가포르 엘리트 그룹에서 흥미로운 것은 교수들이 엘리트 그룹에서 제외되어 있다는 점이다. 우리나라에서는 정부의 정책 문제에 대해 교수들이 정부의 자문에 응해 조언하고, 각종 연구를 통해 정부의 정책 의사 결정에 참여하는 통로가 마련되어 있다. 하지만 싱가포르의 관료들은 교수들에게 깊이 있는 자문을 구하는 경우가 많지 않고, 정부 내의 연구 인력을 활용하여 자체적으로 연구하는 경우가 많다. 그 결과 정부의 각종 정책에 대한 비판적 검토가 어렵고 학계와 시민사회의 접근 역시 어려워지고 있다. 이에 따라 정부 정책의 투명성을 높이고 비

판적 견제와 균형을 기대하기는 어려운 상황이다. 물론 일부 교수들은 정치 현장에 참여하기도 하지만 우리처럼 학계와 정부가 상호 협력하면서 정책을 만들어가는 것을 기대하기는 어렵다.

싱가포르 엘리트의 폐쇄성으로 인해 깊이 있는 연구는 매우 드물지만, 마이클 바Michael Barr는 싱가포르 엘리트에 대한 광범위한 분석을 시도하고 있다. Barr(2014)는 싱가포르 엘리트주의를 정부 장학생, 군인 출신, 중국계, 그리고 리콴유 가족과의 연결 등을 핵심 요소로 들어 설명하고 있다. 그리고 그들이 이렇게 동질적인 엘리트 그룹으로 구성됨에 따라 자체 응집력은 높아질지 몰라도 집단사고group thinking에 빠져서 그들의 생각과 다른 의견들을 간과하는 심각한 문제가 발생할 수 있다고 주장하고 있다. 흥미로운 것은 엘리트 그룹 내부에서 왜 지금까지 가시적인 권력투쟁이 일어난 경우가 드문가 하는 점이다. 싱가포르 정부로서는 인민행동당 내부에서 권력투쟁이 일어날 이유도 없으며 의견 차이가 있더라도 내부적으로 충분히 잘 소정해나간다고 주장할 수 있다. 또한, 경제발전이나 사회안정을 고려해본다면 싱가포르 엘리트들은 싱가포르 사회가 추구하는 바를 이룰 수 있는 매우 뛰어난 능력을 갖추고 있다고 주장할 수 있다. 하지만 우리의 입장에서 본다면 이 주장을 어렵지 않게 비판할 수 있을 것이다. 독재 체제에서도, 민주 정부 체제에서도 우리나라는 엘리트 그룹의 분열을 경험해왔고, 인류 역사에서도 이런 현상은 반복되어 왔다. 어쩌면 싱가포르 엘리트 간의 분열이 없는 것처럼 보이는 것은 권력을 잃거나 잡은 사람이 누구인지조차도 알 수 없게 베일 속에 감춰져 있는 싱가포르 엘리트 그룹의 특징 때문일 수 있다. 유능함의 상징이었던 일본의 통상산업성Ministry of International Trade and Industry, MITI의 신화는 1990년대 일본 경제의 침체기를 통해 무너져 내렸고, 우리나라 경제기획원 관료들의 신화도 결국 아시아 금융위기 과정을 통해 사라져버렸다. 또한, 엘리트에 의한 계획경제 체제를 추구하던 공산주의 사회도 붕괴하였다. 싱가포르만이 유능하고 무결점의 엘리트 관료를 갖고 있다고 믿기에는 어려운 점이 많다. 하지만 사실이 어떻든 싱가포르 정부는 능력주의와 엘리트주의가 싱가포르에서 아주 잘 작동하고 있다는 것을 항상 강조해왔고, 시민들은 이 주장을 믿고 있다는 점이 중요하다. 그리고 그 신화는 먼 바다를 건너 우리에게마저도 사실로 받아들여지고 있다.

하지만 무엇보다 싱가포르 엘리트 그룹의 결속력에도 최근 분열 현상이 나타나고 있는 것 역시 사실이다. 그중 대표적인 것이 리콴유 자식 간의 분쟁이다. 리콴유의 아들인 리셴양Lee Hsien Yang은 그의 형이자 총리인 리셴룽에 대해, 국가권력을 개인적으로 이용하려고 한다는 비판을 제기하면서 우상화 방지를 위해 자신의 생가를 허물라는 아버지의 유언을 제대로 지키지 않고 왕조정치를 꿈꾼다며 비판하였다. 그러나 이런 분열에도 불구하고 Barr(2013)가 지적하듯이 리콴유 가족과 중국계를 중심으로 한 엘리트 네트워크에 도전할 수 있는 세력이 아직까지 명확하게 나타나지 않고 있다는 점에서 싱가포르의 엘리트주의는 앞으로도 지속될 가능성이 크다고 할 수 있다.

3. 능력주의에 대한 반론

학업 성취 중심의 능력주의는 장점만 있는 것은 아니다. 그것의 문제점은 곳곳에서 발견할 수 있다. 싱가포르 학생들은 "어떻게 문제를 해결할 것인가?"How to get things done?라는 점에 대해서는 매우 탁월한 능력을 보인다. 실제로, 저자가 수업시간에 구체적으로 문제를 제시해 과제를 내주면 많은 학생이 훌륭한 결과물을 제출하는 것을 경험할 수 있었다. 그러나 문제가 추상적이라면 상황은 달라진다. 대부분의 학생이 "도대체 문제가 무엇인가?"What is a problem of a problem? 혹은 "왜 이 문제가 중요한가?"Why does this problem matter?와 같은 기본적인 질문을 스스로에게 던지는 데 익숙하지 않다. 즉, 많은 학생이 주어진 문제를 푸는 데는 익숙하지만, 문제를 스스로 정의하는 데는 서툴다. 실제로 많은 다국적기업의 고용주들도 싱가포르 학생들의 문제 해결 능력은 높게 평가하면서도 '왜?'라는 질문을 던지는 데는 익숙하지 않다는 점을 지적한다(Ngiam & Tay, 2006).

싱가포르에서의 능력주의는 전근대적 차별, 특히 인종, 국적, 성별, 혈연과 같은 요인에 의한 차별을 극복하는 데 매우 유용했다. 하지만 능력주의가 근대적 차별주의로 전환되면서 매우 심각한 문제들이 등장하고 있다. 과거에 능력을 평가하는 핵심적 기준이었던 교육, 특히 대학 졸업장과 학점이라는 기준이 더는 타당한 기준이 되지 못하고 있으며 적지 않은 싱가포르 시민들은 교육 기회의 평등이 실제로는 존재하지 않는다고 주장한다. 부모의 학력 및 경제력이 하나의 계급을 형성하고 그 계급이 자식들에게 세습되면서 교육 격차로 나타나고 있기 때문이다. 싱가포르 능력주의는 무엇이 능력인지, 그리고 그 능력을 획득하기 위해 모든 사람이 동등한 기회를 갖고 있는지에 대해 대답하지 못하고 있는 상황에 직면해 있는 것이다. 이런 문제에도 불구하고 무조건적으로 싱가포르식 능력주의를 찬양하는 것은 그 한계가 크다고 할 것이다.

싱가포르와 마찬가지로 박정희 정부 시대를 살아온 우리나라에서 능력주의와 엘리트주의의 신화는 여전히 강력한 영향력을 행사하고 있다. "개천에서 용 난다."는 말은 교육을 통한 신분 상승과 우리나라의 능력주의 향수를 자극하는 말로 널리 회자되고 있다. 만일 우리나라가 박정희 정부 체제에 머물러 있었다면 엘리트주의는 능력주의라는 이름으로 더욱 강화되었을 것이다. 그리고 학생들의 능력을 평가한다는 핑계로 교육 현장은 지금보다 훨씬 더 심각한 학점과 점수 경쟁의 공간에 놓여 있었을 것이다. 하지만 우리는 변화해왔다. 서울대 · 연세대 · 고려대의 졸업장이 더 이상 출세를 보장하는 것이 아니다. 외국 대학의 학위 역시 능력의 상징이 되지 못하고 있다. 이러한 현상은 1980년대 후반 민주화 이후로 가속화되어 왔고, 연례행사처럼 되풀이되는 서울대 폐지론은 학벌에 기반을 둔 능력주의에 대한 문제제기가 꾸준히 제기되어 왔음을 보여준다. 특히 더 이상 교육을 통한 신분 상승 기회가 보장되지 않으며, 학력은 기회의 평등을 통해 얻은 공정한 결과가 아니라고 믿는 사람들마저 증가하고 있다. '금수저', '흙수저' 논쟁은 이런 현상을 잘 보여준다.

이 같은 이유로 최근 우리 사회는 능력 평가의 다양한 기준들을 탐색해나가고 있다. 이러한 탐색 노력은 과거의 기준에 익숙한 사람들에게는 오히려 불필요하게 생각되어 매우 거추장스럽고 불편한 것이지만 그것이 없다면 우리 사회의 도약은 불가능하다. 이러한 점에서 능력주의와 엘리트주의의 신화를 극복하려는 노력이 먼저 시작된 우리나라는 지나치게 전근대적인 능력주의를 벗어나지 못하는 싱가포르보다 더 많은 기회가 있다고 할 것이다. 우리가 아직 박정희 정부 체제에 머물러 있었으면 차별이 훨씬 더 심하지 않았을까? 과연 얼마나 많은 한국인이 그런 사회에 살고 싶어 할지 반문해본다.

비정규직 차별은 '가시성'이 결여될 수도 있다는 차원에서 심성적으로 약간 다릅니다. 도대체 비정규직은 무엇인가요? 예컨대 학교 비정규직 교원은 정규직 교원과 같은 학교를 나오고, 같은 레벨의 학위(박사)를 받고 같은 학술지에 글을 내고 같은 학회에 다니는 사람일 가능성이 농후합니다. 차이는? 필기 계약 유무 및 무기한·유기한의 여부일 뿐. 그 차이는, 어디 이마에다가 낙인처럼 찍혀 있는 것도 아니지 않습니까? 현대차 비정규직과 정규직은 옆집에서 살고 초교부터 서로를 잘 알고 평소에 가속늘끼리 잘 지내는 동갑내기일 가능성이 큽니다. ... 도대체 이런 차별을 행하는 이들의 머릿속에서 어떤 생각이 흘러가고 있을까요?

제 생각 같으면, 비정규직 차별의 근저에 깔려 있는 이데올로기들을 아주 대략적으로 '유사 전통적 이데올로기'와 '근대적 차별주의'로 구분할 수 있을 듯합니다. 전자는 전통 사회의 적자·서자, 문중 내외, 문중 내 계통 등을 이어가는 거고, 후자는 대체로 박정희 시대의 '능력주의'를 계승하고, 더 깊이는 최남선류의 '자조론'과 연결돼 있습니다.

박노자의 글방, 2013. 8. 13.
http://blog.hani.co.kr/gategateparagate/61100

4. 능력주의와 교육 정책

싱가포르의 능력주의와 엘리트주의는 교육제도와 밀접하게 연결되어 있다. 명문 대학을 우수한 성적으로 졸업한 사람이 능력 있는 엘리트로 인정받는 것은 다른 나라들과 크게 다르지 않다. 교육 정책은 주택 정책과 함께 싱가포르가 상당히 성공한 분야라고 알려져 있다. 실제로 2000년대 중반부터 더 좋은 교육 환경을 찾아 싱가포르로 이주한 우리나라 가정들이 상당히 많이 있다. 소위 기러기 가정이 그들이다. 싱가포르로 떠나는 기러기 가정의 특징은 ① 높은 교육열과 ② 중상위 이상의 경제력이 갖추어져 있다는 점이다. 자식에 대한 높은 교육열 없이 외국 생활의 외로움을 감수할 수 있는 부모들은 그다지 많지 않다. 또 싱가포르의 높은 물가수준과 생활비[5], 그리고 추가적인 교육비를 고려한다면 부모의 경제력은 필수적이다. 많이 배우고 경제력도 높은 우리나라의 엘리트들은 왜 자신들의 자녀를 싱가포르로 보내는가? 한국의 열악한 교육환경을 벗어나 좋은 교육기회를 제공한다는 것이 명분이 될 수 있다.

싱가포르 사람들은 교육에 대해 우리나라 사람들이 보이는 이러한 위선적인 태도를 보이지 않는다. 교육을 성공의 수단으로 솔직하게 받아들이고 있다. 즉 교육은 그 자체로서만 중요한 것이 아니라 개인의 성공과 직결되어 있고, 사회적인 인정과 직결되어 있다고 본다. 매년

5 예를 들어 2020년 현재 우리나라 사람들이 주로 거주하는 3개의 방이 있는 콘도의 경우 월세가 350~650만 원에 달한다.

11월이 되면 싱가포르는 초등학교 졸업시험의 열풍에 휩싸인다. 초등학교 졸업시험 점수를 잘 받아야 명문 중학교에 입학할 수 있기 때문이다. 한국의 경우 직장여성이 육아휴직을 사용하는 시기가 출산 직후나 초등학교 입학 시기에 집중되는 것과 비교할 때, 싱가포르에서는 초등학교 6학년 자녀를 둔 일부 어머니는 자식을 뒷바라지하기 위해 다니던 직장을 1년간 휴직할 정도다. 또 중간고사와 기말고사 시기가 되면 부모들까지 시험 모드에 돌입하게 되는데 이것은 싱가포르에서 낯선 풍경이 아니다. 우리나라 서점에 대입 관련 문제집들이 가득하다고 한다면 싱가포르 서점에는 초등학교의 각종 문제집이 서가를 메우고 있다. 교육은 성공을 위한 지름길이고 싱가포르 사람들은 이것을 솔직하게 받아들인다.

모든 사람이 성공할 수는 없다. 따라서 개인의 능력을 동일한 기준으로 판단하되 능력에 따른 차이를 인정한다는 것이 싱가포르 교육 정책의 기본 방향이다. '능력주의'에 바탕을 둔 싱가포르의 교육제도는 2009년부터 학생 선발권을 초등학교에까지 부여하기 시작하였다. 이 제도는 더 많은 자율성을 학교에 부여함으로써 교육의 질을 증진하고자 하는 일차적인 목적이 있다. 명문 초등학교로 알려진 곳에는 더 많은 학생이 지원하게 되고 그 학교의 정원이 채워지면 다른 학교에 지원할 수 있게 하는 방식으로 진행되며 교장의 학생 선발 재량권은 충분히 보장된다.

싱가포르는 초등학교 3학년부터 국가 차원에서 영재를 선발하여 초등학교 4학년부터 이들을 체계적으로 관리Gifted Education Program한다. 또한 초등학교 4학년 말 시험을 통해 우수반EM1, 일반반EM2, 기초반EM3으로 나누어 5학년부터 수준별 수업을 실시한다. 이 과정을 마치면 초등학교 6학년 말에 영어, 수학, 과학, 모국어의 4과목으로 구성된 초등학교 졸업시험Primary School Leaving Exam, PSLE을 보고 그 성적에 따라 4개 유형의 과정에 배치된다.[6] 먼저 익스프레스express 과정은 4년짜리 과정으로 이 과정을 마치면 Singapore-Cambridge GCE 시험과 O-레벨 시험을 보게 된다. 노멀normal 과정은 아카데믹academic 과정과 테크니컬technical 과정으로 구분되는데 후자는 직업학교와 비슷한 성격을 갖는다. 한편 가장 우수한 성적을 거둔 학생은 통합 교육intergrated program으로 진학할 수 있는데 O-레벨 시험 없이 6년 중등과정을 마치고 A-레벨 시험을 볼 수 있도록 하고 있다. 이처럼 시험 성적에 따라 전혀 다른 중등교육 프로그램을 받게 되고 성적이 낮은 학생은 대학 진학의 기회조차 갖지 못하는 상황이기 때문에 부모와 학생들은 PSLE 시험에 집착할 수밖에 없다.

한편, 최근에는 초등학교에서의 지나친 점수 경쟁의 문제점을 인식하고 2021년부터는 점수제에서 등급제로 전환하여 몇 점을 더 받기 위한 과도한 경쟁을 피하도록 정책을 수정하고 있다. 또한 중등교육의 수준별 교육도 2024년부터는 G1, G2, G3로 구분하되 하나의 중등교육 프로그램에서 과목 선택의 폭을 달리하는 방식으로 바꿀 예정이다.

이러한 경쟁을 뚫고 명문 중고등학교에 진학한 학생들의 대학 진학률은 높으며 높은 수준의 교육을 받을 수 있다. 예를 들면 중학교를 거쳐 고등학교에서 대학 입학시험에 전력투구하는 우리나라와 달리 싱

6 이것을 싱가포르에서는 '스트리밍(streaming)'이라고 부른다.

싱가포르 학생들의 시험 보는 모습
출처: https://qz.com/780752/singapore-is-rethinking-high-stakes-tests/

가포르의 통합 교육을 운영하는 명문 학교는 중고등학교 과정이 통합되어 있다. 따라서 학생들은 고등학교에 가기 위한 시험에 매달릴 필요가 없다. 또한, 명문 학교에 진학하는 학생들의 수가 제한적이기 때문에 명문 학교 학생이 대학에 입학할 가능성은 매우 크다. 즉 싱가포르식 엘리트 교육은 일찍 학생들의 가능성을 평가하여 능력 있는 학생들을 집중적으로 교육하는 형태라고 할 수 있다.

중등학교 역시 더 많은 재량권을 갖도록 변화하고 있다. IPIntegrated Program, 통합 교육과정 학교들, 싱가포르 국립대학교National University of Singapore, 싱가포르 과학기술학교School of Science and Technology, Singapore 그리고 싱가포르 기술 및 디자인 대학교Singapore University of Technology and Design 등의 경우에는 학교가 전적으로 재량권을 가지고 학생을 선발할 수 있게 되어 있다. 그리고 이 외에 자치학교나 독립학교independence school도 각각 10% 및 20%의 학생을 재량권을 가지고 선발할 수 있다. 중등학교 교육 역시 성적 경쟁이 심하며 학생들이 다양한 특별활동을 한다.

저자가 싱가포르 국립대학교에 근무할 때 대학으로부터 고등학생junior college student들에 대한 연구 지도를 의뢰받은 적이 있다. 고등학생들은 그들에게 흥미로운 연구 주제가 있을 때 이 주제를 지도해줄 교수를 찾아 한 학기 동안 지도를 받으면서 이를 발전시켜 나갈 수 있다. 싱가포르 국립대학교에서 열리는 각종 학술 세미나나 토론회에서 교복을 입은 고등학생들을 찾아보는 것은 어렵지 않다. 또 중고등학생들은 자신들이 흥미를 느끼고 있는 분야의 각종 국내 및 국제 대회에 참석하면서 관심 분야를 발전시켜 나간다. 일부는 싱가포르식 엘리트 교육을 창의력이 부재한 주입식 교육이라고 이야기하지만 이렇듯 다양한 교육 서비스들이 제공되고 있음을 간과해서는 안 된다. 그리고 그것은 성적이라는 명확한 기준에 근거하여 기회를 제공하고 있는 것이다.

대학에 입학하기 위해 시험을 치르는 우리나라와 마찬가지로 싱가포르 역시 대학 입학시험이 있고, 이 시험 성적에 따라 대학 입학이 결정된다. 싱가포르에는 싱가포르 국립대학교, 난양 공과대학교, 그리고 싱가포르 경영대학교밖에 없기 때문에 대학 입학 경쟁은 치열하다. 특히 의과대학에 대한 경쟁은 매우 치열한데 우수한 학생조차 입학을 못 해 일부는 호주 대학에 있는 의과대학으로 유학을 가기도 한다.

싱가포르 국립대학교의 경우에는 대학 장학생 프로그램University Scholar Program, USP이 운영되고 있다. 이 프로그램을 통해 대학은 우수한 대학생들을 선발하여 장학금 지원뿐만 아니라 특별한 교육 프로그램을 통한 체계적인 교육을 제공한다. 또한, 성적이 우수한 대학생들은 우등생 프로그램Honours program이라는 4학년 과정을 이수하게 되고[7] 이들 중 성적 우수자는 1급 우등생first honors 학위 혹은 2급 상위 우등생second upper honors 학위를 가지고 졸업하게 된다. 이렇게 우등생honors 학위를 가지고 졸업한 학생들은 손쉽게 정부기관이나 좋은 민간기업에 취직할 수 있으며 연봉협상이나 승진에서도 큰 혜택을 받게 된다.

대학 졸업 후 정부나 회사에 취직할 때 학점은 매우 중요한 기준이기 때문에 학생들은 대학에 입학한 후에도 끊임없이 경쟁해야 한다. 능력이 부족한 학생은 대학을 3년 동안만 다닌 뒤 졸업해야 하며, 능력 있는 학생은 4년 동안 학교에 다니는데 각기 등급을 다르게 부여받아 졸업하게 된다. 학점이 중요하기 때문에 대학의 학점 관리는 매우 엄격하다.

모든 학생을 만족시키기 위해 학생 모두에게 A 학점을 준다고 가정해보자. 이것이 학생들을 즐겁게 만들고 그들이 학점이 아닌 스스로의 지적 호기심을 충족하는 데 더 많은 시간을 보내도록 만든다고 생각할 수도 있을 것이다. 하지만 그렇게 되면 기업이나 정부의 채용 담당자가 학생의 능력을 판단할 수 있는 자료가 없어지게 된다. 이 세상의 아무리 훌륭한 면접관이나 시험제도라도 지원자의 능력과 미래를 정확하게 예측할 수는 없다. 누군가를 선발해야 한다면 공평한 기준에 따라 선정해야 한다는 것이 싱가포르의 능력주의에 기반한 교육 정책이다. 학점은 바로 대학이 채용 담당자에게 제공할 수 있는 최소한의 공평한 기준

7 우등생 프로그램에 포함되지 못한 학생은 대학 3학년 때 졸업을 하게 된다.

이다. 이 최소한의 공평한 기준을 충족한 지원자들을 대상으로 다양한 관점에서 그들의 능력을 추가로 판단하는 것이 채용을 담당한 면접관들이 해야 할 일인 것이다.

싱가포르 대학은 학생이 얼마나 성실하게 대학 교육과정을 이수했는지 또 그 학문적 성취의 수준이 절대적 혹은 상대적 기준에 비추어 얼마나 되는지에 대한 정확한 자료를 보내주기 위해 매우 많은 노력을 한다. 이러한 신호 기능이 유효하기 위해서는 학생의 학문적 성취 판단에 대한 객관적인 절차가 전제되어야 하는데 이 객관적인 절차는 엄격한 학사 관리에서 시작된다.

싱가포르 대학에서는 모든 시험 일정을 학교에서 결정하기 때문에 교수가 자의적으로 시험 장소와 시간 등을 정할 수 없다. 또 우리나라처럼 시험 감독을 조교에게 맡기는 것은 상상할 수 없다. 시험 문제를 담은 파일은 반드시 암호화된 곳에 보관해야 하고 시험지의 인쇄는 다른 사람들이 접근할 수 없는 폐쇄된 곳에서 해야 한다. 해당 시험 과목 담당 교수는 최초 30분 동안 시험장에 입실하여야 하고 보통 시험장마다 1~2명의 교수와 1~2명의 행정 직원이 감독하도록 되어 있다. 학생의 신분증은 철저히 확인되고 시험을 보지 않은 학생의 정보는 시험을 관리하는 단과대학 본부에 통보하게 되어 있다. 답안지는 여러 번에 걸쳐 검토되고 교수가 답안지를 분실하는 경우에는 상황에 따라 다르지만, 그 처벌 수준이 매우 높다.

학생들의 성적 처리 과정을 보자. 교수들은 매 학기말이 되면 학교로부터 성적 분포에 대한 일반적인 가이드라인 공문을 받게 되며 가이드라인은 예컨대 A⁻ 이상의 학점은 전체 학생의 20% 전후에 분포하게 되어 있다. 개별 교수들이 채점한 학생들의 성적은 각 학년 책임교수level coordinate가 일차적으로 확인한다. 이때 가이드라인을 벗어나 지나치게 점수를 후하게 주는 경우, 각 학년 책임교수는 해당 교수와 협의하여 그 이유를 확인하고 정당한 이유가 있는 경우에는 이를 명시한 보고서를 준비하여 성적에 첨부한다. 학년별 책임교수의 검사가 끝나면 이것은 최종적으로 해당 학과의 학과장에게 보고된다. 이때 학과장이 형식적으로 성적 분포를 확인하는 것은 아니다. 학과장은 단과대학에 해당 과의 전체 성적 분포를 보고해야 하고 과 전체의 성적 분포가 단과대학에서 제시한 기준을 벗어나면 그 이유를 충분히 설명해야 한다.

또한, 이 모든 절차들이 잘 지켜지고 있는지 정기적으로 감사를 받는다. 그리고 감사 결과에 따라 흔히 위반되는 절차에 대해서는 모든 교수에게 공지하여 해당 절차들이 지켜지도록 독려한다. 이렇게 철저한 학사 관리는 학생들에게 학점이 객관적인 절차를 통해 부여되고 있다는 믿음을 심어준다. 또한, 기업이나 다른 사회 구성원들도 대학 학점에 대한 신뢰를 갖게 된다.

싱가포르 대학의 행정 인력들은 교수들의 행정 업무 부담을 절대적으로 줄여주는 데 크게 이바지한다. 이들은 대내외 행사 진행에 필요한 일부터 내부 행정 처리까지 많은 일들을 훌륭히 수행해낸다. 이런 유능한 행정 인력이 있기 때문에 엄격한 학사 관리가 교수의 교육이나 연구에 지장을 주지 않는다. 오히려 그들은 무책임한 일부 교수들이 개인적 편의를 핑계로 학사 관리를 게을리하는 것을 방지해준다.

신호 기능이 정상적으로 작용하기 위한 또 하나의 조건은 신호가 학생의 실력에 대한 정확한 정보를 전달해야 한다는 점이다. 이것은 시험을 통해 무엇을 측정하려고 하는지에 대한 교수들의 판단과, 시험이 과연 학생들의 실력을 판단하는 유용한 수단인지가 결부된 문제이다. 이에 대해서는 우리나라와의 심층적인 비교 연구가 필요한 부분이지만 다음과 같은 몇 가지 측면에서 학점이 완전히 부정확한 정보를 전달하지는 않는다고 할 수 있다. 첫째, 교수에 대한 압력이다. 학생들은 학점이 중요하기 때문에 거기에 많은 신경을 쓸 수밖에 없고 이는 교수에게 큰 압력으로 작용한다. 또 교수 자의적으로 대부분의 학생에게 높은 학점을 줄 수 없으므로 교수는 보다 우수한 학생과 그렇지 않은 학생을 가려야 하는 내적인 부담을 갖게 된다. 둘째, 다층 평가이다. 저자가 근무했던 정치학과의 경우에는 1학년부터 3학년 과목의 수업은 100% 기말고사 성적만으로 학점을 부여할 수 없도록 하고 있다. 중간 평가continuous assessment와 기말고사의 두 단계로 학생을 측정하게 되어 있고 중간 평가는 일반적으로 출석률, 보고서, 발표 등의 여러 평가 항목으로 구성되어 있다. 따라서 학생에 대한 평가를 단지 종이 시험지로만 하지 않기 때문에 학생을 다양한 측면에서 평가할 수 있다. 당연히 사지선다형 시험은 학과장의 허락하에 제한적으로만 이루어진다.

능력주의하에서 지속적으로 우수한 성과를 내야 한다는 부담감은 학생에게만 적용되는 것이 아니다. 싱가포르 대학의 교수 이직률은 매우 높다. 7년의 기간을 주어 종신 교수tenured professor 신청을 할 수 있도록 하는데 연구나 교육 실적이 낮으면 당연히 학교를 떠나야 한다. 이것은 교수들에게 매우 큰 부담이 된다. 물론 이 테뉴어(종신) 제도가 항상 투명하고 정직하게 운영되는 것은 아니다. 교수의 학문적 능력을 평가하는 객관적 잣대가 없기 때문이다. 능력이 있으면서도 테뉴어를 받지 못한 교수는 다른 대학으로 자리를 옮기는 것이 어렵지 않다. 경쟁의 압력이 매우 심한 싱가포르에서 대학 교수의 이직률은 높다. 또한 테뉴어를 위한 연구들이 많아지다 보니 긴 호흡을 가진 연구는 부족하다는 비판도 제기된다. 하지만 우수한 신진 학자들에게 좋은 조건을 제공하면서 끊임없이 새로운 인력을 받아들이는 싱가포르의 대학 시스템이 세계적인 경쟁력을 갖고 있다는 점은 부인하기 어렵다.

5. 능력주의의 신화와 교훈

싱가포르의 능력주의는 학업 성취도에 기반을 두고 있으며 이 능력주의는 능력에 따른 차별을 정당화해왔다. 하지만 과연 학업 성취도가 개인의 능력을 평가하는 척도로서 최선인지에 대한 비판들이 제기되어 왔고, 그것이 엘리트주의를 강화해왔다는 비판도 제기되고 있다. 이러한 비판은 우리의 상황과도 유사하다. 하지만 우리와 싱가포르는, 사람들 사이의 '차이'를 솔직하게 인정하는지의 여부와 그 차이에 대한 판단 기준의 명확성에서 서로 다른 모습을 보인다.

싱가포르에서는 초등학교 학생이 명문 중고등학교에 진학하면 그 학생은 능력이 있다고 판단하며 그 결과를 존중한다. 대학에 진학해서도 학생의 학점이 높으면 그 학생에게 더 많은 기회를 준다. '차이'가 있음에도 불구하고 없는 것처럼 주장하지 않는다. 그 대신 차이를 평가할 때는 매우 엄격한 기준을 적용함으로써, 국민은 그 최소의 기준이 적용되는 과정에 대해서는 어느 정도 합의와 신뢰를 하고 있다.

이에 비해 우리는 능력의 다양성을 강조해오면서 '차이'를 줄이는 평등 정책을 함께 써오고 있다. 하지만 다양한 능력을 판단할 수 있는 투명한 기준이 제시되지 못하고, 학생들은 끊임없이 새로운 능력을 증명해야 하는 경쟁의 압력에 놓이게 되었다. 우리 사회에서 우수한 학생의 기준은 너무 다양하다. 수많은 대학 입시 전형이 바로 그렇다. 그 결과 학생들은 자신의 직업과 꿈을 일찍 선택하도록 강요받고 스펙 갖추기에 매몰되고 있다. 경쟁을 통해 명문 대학에 들어가서도 성취를 인정받기보다는 또 다른 능력을 증명해야 한다. 이 모든 과정에서 능력이 무엇인지, 판단 기준은 무엇인지, 그것에 따른 보상은 무엇인지가 모호해질 뿐이다. 그 결과 강요된 다양성은 학생들의 미래에 대한 불안감만 증폭시키고 '도대체 무슨 기준'을 따라야 하는지 혼란스럽게 한다. 이 모든 것의 원인은 대학이나 기업이 어떤 인재를 필요로 하는지를 제대로 제시하지 못하고 있기 때문이다. 최소한의 명확한 기준이 제시되지 않는 이상 학생들은 끊임없이 경쟁에 내몰리게 되고 이들을 선발하는 무능력한 기성세대, 대학, 기업이 이 미래세대를 착취하는 구조가 공고해질 뿐이다. 반면 싱가포르의 교육 정책은 개인의 능력 차이를 솔직히 인정하고 '시험'이라는 제도화된 시스템을 사용하여 명확한 기준에 따라 개인의 학업 성취에 대해 보상하도록 한다. 한국과 싱가포르 모두 높은 수준의 경쟁이 교육현장에 투영되어 있지만 한쪽은 이 현실을 외면하고 바꿀 수 있다고 생각하고, 다른 쪽은 그것을 있는 그대로 받아들이면서 개선하고자 하는 접근을 취하고 있는 것이다.

제 6 장

싱가포르의 실용주의(Pragmatism)

SINGAPORE

SINGAPORE

"흔히들 '싱가포르에는 이념ideology이 없다.'라고 이야기한다. 실용주의는 그저 습관적으로 반복되는 주문 같은 것으로 생각하기도 한다. 하지만 '국가에 대한 맹세national pledge'를 자세히 살펴보면 그 맹세가 국가의 이념임을 알 수 있다. 즉 양도할 수 없는 가치와 실용주의의 매력에 바탕을 두도록 하는 가르침으로 이루어진 이념이다."[1]

많은 연구에서 실용주의를 싱가포르를 이해하는 핵심 키워드 중의 하나로 간주해왔다(Somjee & Somjee, 1995; Schein, 1996). 실제 싱가포르의 실용주의는 정치이념이기도 하며, 정책결정의 기준이 되기도 하고, 일반 시민의 의식 속에까지 자리 잡은 가치이기도 하다. 이들 연구에서는 싱가포르의 정치·행정·사회를 설명하는 데 실용주의가 매우 중요하다는 점에는 동의하면서도 그 내용에 대해서는 단편적인 설명을 제시할 뿐이었다.[2] 그 결과 싱가포르의 실용주의는 리콴유와 같은 지도자의 리더십을 설명하는 데 머무르거나 단순히 효율성 지향의 행동 방식으로 이해되는 경향이 지배적이었다. 또 한편으로는 긍정적인 결과를 가져온 정부의 정책을 싱가포르 실용주의의 결과로 보는 사후적 정당화 경향을 보이기도 하였다. 그 결과 싱가포르의 경험을 배우고자 하는 많은 국가들이 싱가포르 실용주의의 실체를 제대로 이해하기가 쉽지 않았다. 이러한 배경에서 이 장에서는 '싱가포르의 실용주의란 무엇인가?'라는 연구문제를 제시하고자 한다.

1 지명 국회의원(Nominated Member of Parliament, NMP) 비스와 사다시반(Viswa Sadasivan)의 국회 첫 연설, 2009. 8. 18.

2 싱가포르의 유명한 사회학자 추아벵홧(Chua Beng Huat) 교수는 실용주의를 싱가포르의 중요한 사상 중의 하나라고 이야기하면서도 실용주의의 정의와 범위는 구체적으로 제시하지 않고 있다(Chua, 2002).

실용주의의 사전적 의미는 "실제 생활에 가장 효과가 있는 지식이 진리라고 주장하는 철학" 혹은 "어떤 관념에서도 그것이 유용한 결과를 가져오면 곧 진리라고 보는 견해"로 제시되고 있다. 실용주의 입장에서는 어떤 것이 규범적으로 바람직한지는 상대적으로 덜 중요하다. 대신 어떤 것이 효율적인지 혹은 도움이 되는지가 더 중요한 질문이다. 물론 규범적으로 바람직한 것과 효율적인 것이 항상 상충하는 것은 아니다. 그러나 일반적으로 이념이나 규범, 도덕적 가치보다는 효율성, 생산성, 성장과 같은 가치들을 우선시하는 태도를 실용주의라고 볼 수도 있다. 실용주의가 가진 이러한 현실주의적 측면 때문에, 실용주의를 합리적 의사결정을 위한 노력으로 보아야지 하나의 이념으로 보아서는 안 된다는 주장도 가능하다. 이번 장에서는 실용주의가 싱가포르 사회의 행태적 특징만을 가지고 있는 것에서 나아가 이념적 특징까지 가지고 있음을 보여주고자 한다. 특히 싱가포르에서 실용주의는 엘리트주의, 관료주의, 능력주의, 경제우선주의 등과 결합된 독특한 이념이라는 점을 지적하고자 한다.

아울러 '싱가포르식 실용주의'를 연역적으로 정의하기보다는 귀납적 접근을 통해 그것이 어떻게 경제 정책 및 각종 정책에 반영되고 있는지를 살펴볼 것이다. 이러한 접근이 유용한 것은 싱가포르의 실용주의가 계획되어 주어진 것이 아니라 사회발전 과정에서 자연스럽게 형성된 가치관이기 때문이다. 그리고 이와 같은 접근을 통해 싱가포르의 실용주의가 직면하고 있는 여러 한계를 비판적으로 살펴보고자 한다.

1. 실용주의에 대한 일반적인 관점

싱가포르의 실용주의는 매우 다양하게 해석되기 때문에 이를 단일한 개념으로 설명하기는 어렵다. 하지만 그와 관련한 인터뷰와 문헌연구를 수행해보면 적지 않은 사람들이 몇 가지 특성에 대해서는 동의하고 있음을 확인할 수 있는데, 그를 열거하면 다음과 같다.

첫째, 탈이념과 경제적 효율성에 기반을 둔 실용주의이다. 아래의 연설 내용은 싱가포르의 지도자가 민주주의에 대해 어떤 태도를 가졌는지를 잘 보여준다.

> "무엇이 우리의 우선순위인가? 첫 번째는 복지와 국민의 생존이고, 그다음이 우리가 때로는 보류해야만 하는 민주적인 규범과 절차이다."[3]

> "아주 예외적인 경우를 제외하고는 민주주의가 새로운 개발도상국에게 혜택을 가져다주지 못해왔다. 아시아적 가치라는 것은 미국식이나 유럽식의 가치와 같을 필요가 없다. 서양인들은 개인의 자유를 가치 있게 본다. 중국 문화에 바탕을 둔 한 명의 아시아 사람으로서 나의 정부에 대한 가치는 정직하고 효과적이며 효율적인 정부를 위한 것이다."[4]

리콴유의 연설이 공통적으로 제시하는 것은 개인의 자유와 같은 기본적인 민주적 규범을 우선시하는 정부보다는 국민의 현실적인 문제들을 해결해줄 수 있는 효율적인 정부가 바람직한 정부라는 것이다. 리콴유가 국민의 복지와 생존을 민주주의보다 우선시한다고 해서 사회주의

---

3 리콴유의 국정 연설(1986) 중에서 발췌함.

4 리콴유의 Democracy, Human Rights and the Realities 연설(도쿄, 1992. 11. 10.) 중에서 발췌함.

나 공산주의와 같은 이념을 중요시한다는 것은 아니다. 그는 일찍이 공산주의의 한계를 알고 있었고, 또 사회주의에 대한 심정적 동조는 있었지만, 그것이 국민의 복지와 생존에 반하는 경우에는 과감히 배격하였다.[5] 그에게는 민주주의, 공산주의, 사회주의, 혹은 자유주의 같은 기존의 정치이념들이 중요한 것이 아니며, 이들의 궁극적인 목적이 국민의 복지와 생존에 있다는 점에 주목할 필요가 있다. 즉 자유나 권력분립과 같은 것은 그 자체로 가치가 있는 것이 아닌 도구적인 것이며, 궁극적인 가치는 국민의 의식주 및 복리를 증진시키는 데 있다는 것이다. 따라서 자유나 권력분립과 같은 추상적인 가치에 매몰되지 말고 직접 국민의 의식주 및 복리를 증진시키는 효과적인 정부를 만드는 것이 필요하다는 주장이다. 이것은 의식주가 개인의 자유와 권리를 위한 도구적 가치로 이해되는 일반적인 민주주의 이론과 사뭇 배치된다고 할 수 있다.

둘째, 싱가포르의 실용주의에서 경제성장이나 물질적인 성공은 수단이 아니라 목표로 간주된다. 리콴유는 신생국가에게 중요한 것은 민주적 정당성이나 국민 참여와 같은 것이 아니라 국민의 삶의 수준을 높이고, 풍족한 교육과 주택, 그리고 사회 서비스들을 시민들에게 제공하는 것이라고 굳게 믿어왔다. 따라서 싱가포르에서는 인간의 삶과 사회문

5 리콴유의 이러한 태도는 1960년대 인민행동당 내의 권력투쟁 과정에서 공산주의 및 사회주의와 결별하는 모습으로 잘 나타난다. 또한, 1978년 당시 중국의 부수상이던 덩샤오핑(鄧小平)이 싱가포르를 방문했을 때, 리콴유가 그에게 중국이 동남아시아의 화교를 대상으로 공산주의를 선전하던 방송을 중지할 것을 요구한 것도 이념을 배제한 경제적 관계를 우선시하는 리콴유의 관점을 잘 보여준다. 이러한 관점은 또한 중국과 타이완이 상호 교류를 하도록 주선하는 과정에서 탈이념의 양안(兩岸) 관계에 입각하도록 조언한 것에서도 잘 드러난다.

화를 풍요롭게 하는 수단이 아닌 국민의 삶의 질 증진 그 자체가 실용적인 목표로서 설정되어야 한다고 생각해왔다(Somjee & Somjee, 1995). 실제로 그와 그의 지지 정당인 인민행동당은 실용적인 목표를 달성함으로써 정당성을 획득하였고, 리콴유는 그 정당성을 도구적인 정당성이 아니라 본질적인 정당성으로 간주하였다. 이러한 초기 싱가포르 정부의 입장은 지금까지도 크게 바뀌지 않고 있다.

물질주의와 성공이 목표가 된 대표적인 예는 주택개발국에서 추진한 주공아파트 정책이다. 1960년대 주택 부족으로 고생하고 있던 싱가포르는 고층 아파트 중심의 주택 정책을 입안한다. 국민에게 집과 일자리를 제공한다는 것은 집권당인 인민행동당의 슬로건이 되고 이것은 싱가포르의 국가 목표가 되었다. 그 결과 국민의 85%가 주공아파트에 살 수 있게 되었으며, 2000년대 후반까지만 해도 결혼을 하려는 싱가포르의 예비부부들은 3,000만 원 정도의 자금만 있어도 정부의 주공아파트를 구입할 수 있었다. 지금도 싱가포르에서 주택 정책은 정부의 가장 중요한 정책 중의 하나이며, 싱가포르 정부의 정당성을 끊임없이 확인시켜 주는 성공적 정책사례로 남아 있다.[6] 주택 소유는 싱가포르 성공의 상징으로 간주되고 있고, 이것은 싱가포르 실용주의의 대표적인 사례로 받아들여지는 것이다.

셋째, 리콴유식 실용주의는 능력주의와 엘리트주의에 기반을 둔다.

6 싱가포르 주택 정책은 싱가포르의 정치 · 경제 시스템의 핵심적인 위치를 차지한다. 2013년 현재 가계부채는 GDP 대비 77%에 달하고 있으며 이는 우리나라의 80% 수준보다 약간 낮은 수준이라고 할 수 있다. 이 가계부채는 대부분 싱가포르 민간은행으로부터의 대출 형태로 되어 있으므로 부동산 가격의 불안정은 싱가포르 금융 시스템의 불안정과 직결되게 된다. 또한, 고용 불안정은 대출상환능력에 영향을 주어 사회의 불안 요소가 될 가능성이 매우 크다.

리콴유는 효율적 의사결정은 다수가 하는 것이 아니라 현명한 철인philosopher king이 한다고 주장하고 있다.

> "나는 자본주의자도, 시장경제 신봉자도, 밀튼 프리드먼Milton Friedman도 아닌 실천practice 그 자체를 중시하는 사람입니다. 내 관심사는 늘 내가 추진하는 정책, 제도, 기구가 제대로 작동하는지 여부입니다. 가치 있는 일이라고 판단되면 시도를 합니다. 만일 현실에 부합되지 않거나 작동되지 않는다면 원인을 규명하고 방법을 연구하며 필요하다면 내 소신도, 제도도 바꿉니다. 국민들의 반대도 무릅쓰고 다시 시도합니다. 그래서 결국 실행에 옮기는 것, 그것이 가장 중요하다고 봅니다." (이상수, 2003)

위 인용문에서 나타나고 있듯이 리콴유는 포퓰리즘을 경멸하고 있다. 1959년 선거 승리 이후 계속된 인민행동당의 승리는 정치권력이 시민의 위임을 받은 것이라는 개념 자체를 약화시켜 버렸다. 이런 상황에서 리콴유에게 선거는 정부가 무엇을 할 것인지를 시민들에게 알리는 행위에 불과한 것이다(Somjee & Somjee, 1995). 이 같은 생각은 싱가포르의 3대 국부 중의 한 명으로, 초대 외교장관을 지낸 라자라트남에게서도 발견된다. 아래 인용문에서 볼 수 있듯이 그는 단일정당 체제가 가지고 있는 위험성보다는 그 장점을 강조하면서 강력한 권력을 바탕으로 한 정부의 의사결정의 필요성을 강조하고 있다.

> "단일정당으로 이루어진 정부는 야당이나 다른 대리인들이 귀찮게 하는 정부에 비해 훨씬 독립적으로 행동할 수 있는 역량을 갖출 수 있다는 것은 명백하다. 마치 주교bishop나 성castle이나 기사knight인 양 행동하는 졸병pawn이 자꾸만 체스보드에 끼어들면 어떤 경우에는 매우 불편하고 짜증나는 상황이 되어버린다."(Rajaratnam, 1975)

위 인용문에는 의사결정을 할 현명한 철인이 누구인가에 대한 싱가포르 지도자들의 잠재적 가정이 담겨져 있다. 일차적으로는 현재 집권 여당이 그 철인이며, 그 집권 여당의 인사들은 능력주의를 바탕으로 유능한 인재를 확보하고 있다고 가정하고 있다. 또한 철인이 가져야 하는 품성personality and attitude, 지식knowledge, 그리고 지도력leadership에 관한 판단이 쉽지 않음에도 불구하고 싱가포르는 교육적 성취를 엘리트의 기준으로 제시하고 있다.

싱가포르는 모든 사람이 초등학교 입학의 기회를 동등하게 갖고 있다고 가정하고, 학업 성취 결과를 통해 엘리트 코스와 그렇지 않은 코스를 밟을 학생들을 초등학교 과정에서 각각 선발한다. 이렇게 선발된 학생들은 명문 중학교와 고등학교를 거쳐 사회의 엘리트로 성장하게 된다. 특히 1990년대까지만 해도 대학에 진학할 수 있는 학생의 비율은 10%대에 머물렀으므로 학업 성취는 능력 평가의 기준으로 많은 사람에게 인정받을 수 있었다.

이러한 교육제도는 차별의 문제를 잠재우는 데도 기여했다. 즉 인종이나 국적과 관계없이 능력에 따라 채용되기 때문에 사회 불평등의 원인은 인종이 아니라 개인의 능력 차이에서 기인한 결과로 단순화된다. 결국, 실용주의에서 전제되는 능력주의의 본질은 소수의 교육받은 사람들에 의해 나라가 통치되는 엘리트주의의 변형일 뿐이다. 이와 같은 독특한 상황은 싱가포르에서 교육, 엘리트주의, 능력주의, 그리고 경제우선주의가 결합한 싱가포르식 실용주의를 형성하였다.

넷째, 문제 해결 중심의 접근이다. 다음 인용문에서처럼 리콴유는 변화를 일으키고 문제를 해결할 수 있는 것에 더 가치를 두고 있다. 이에 대한 그의 생각은 싱가포르 항공과 같은 국영기업의 사례에서도 잘 나타난다. 그는 싱가포르 항공이 말레이시아 항공으로부터 분리되어 나왔을 때 '싱가포르 항공은 경쟁력이 있고 자조self-supporting할 수 있어야만 하고, 만일 손실이 발생하는 경우 폐쇄시킬 수밖에 없다'라는 점을 경영자와 노조원들에게 명확히 하였다(Lee, 2000). 이와 같이 강력한 집행력을 바탕으로 문제를 해결할 수 있는 능력이 리콴유식 실용주의의 특징이라고 할 수 있다.

> "나는 아이디어 자체에는 관심이 없고, 지성적인 자극에 의해서 당신에게 줄 수 있는 심원한 감동에 관심이 있습니다. 나는 아이디어가 우리 사회의 변혁을 촉진시킬 수 있을 때 그 아이디어에 관심을 갖습니다."(Barr, 2000: 7)

싱가포르의 전직 외교관이자 싱가포르 국립대학교 행정대학원의 원장인 키쇼어 마부바니Kishore Mahbubani 역시 문제 해결 중심의 싱가포르식 실용주의를 강조한다. 그는 여러 연설문과 저서에서 싱가포르 실용주의를 설명하면서 덩샤오핑鄧小平의 '흑묘백묘黑猫白猫', 즉 '흰 고양이든 검은 고양이든 쥐만 잘 잡으면 된다'는 주장과, 메이지 유신明治維新을 통해 서양의 좋은 모범들을 모방하여 적용하려 했던 일본의 노력을 실용주의의 좋은 예로 든다. 또한, 싱가포르의 부수상이었던 고켕스위가 주장했던 것처럼 싱가포르가 어떤 문제에 직면한다면 이미 누군가에 의해 어디선가에서 해결점이 찾아져 있을 것이고, 이를 찾아 해결책을 모방하면 된다는 생각 역시 실용주의의 중요한 예라고 생각된다. 결국 싱가포르의 실용주의는 [그림 6-1]과 같이 교육, 능력주의, 경제우선주의, 엘리트주의가 결합된 사고 체계라고 할 수 있다.

| 그림 6-1 | 싱가포르의 실용주의의 주요 영향 요인

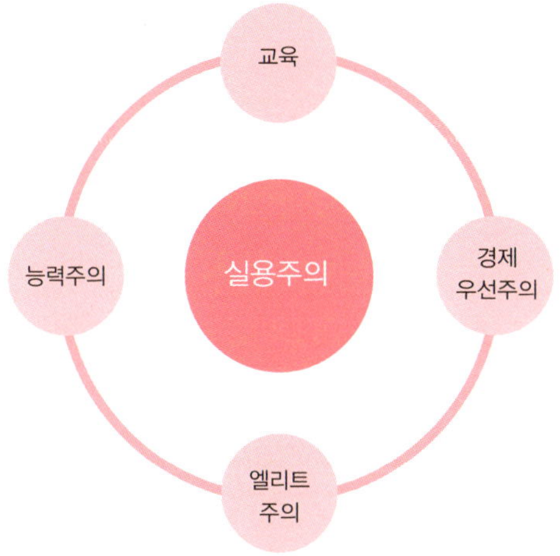

2. 싱가포르 실용주의의 사례

가. 국가전략 설정과 실용주의

국가전략 설정에서 싱가포르의 실용주의는 탈이념과 경제우선주의의 형태로 나타난다. 싱가포르의 국가전략은 매년 8월 독립기념일 기간에 수상의 국정연설national day rally speech에서 제시된다. 2007년 리셴룽 수상의 국정연설을 분석해보면 '교육'이라는 단어는 21번이나 사용되었고, '주택'은 무려 24번이나 사용되었다. 반면, 개인과 가족에 책임을 전가하고 있는 의료 서비스의 경우에는 그 빈도수가 1회밖에 되지 않는다. 그뿐 아니라 리셴룽은 '투명성transparency', '책임성accountability',

'참여participation' 그리고 '민주주의democracy'와 같은 단어는 전혀 사용하고 있지 않다. 그리고 이것은 비단 리셴룽에게만 국한되는 것은 아니다. 2000년부터 2008년까지 싱가포르 수상의 국정연설 원고를 분석한 결과 '민주주의'라는 단어는 단 한 번도 사용되지 않았던 반면, '경제economy'는 2001년 연설에서만 해도 60회 가까이 언급되었을 정도로 중요하게 사용되고 있음을 발견할 수 있다. 이는 싱가포르의 국가전략이 탈이념의 성격을 강하게 띠고 있으며 이념보다 현실적인realistic 목표에 초점을 맞추고 있음을 잘 보여준다.

이런 탈이념에 기초한 판단은 카지노 허가 문제에서도 잘 드러난다. 엄격한 사회 규율을 강조하는 싱가포르 사회에서 카지노를 허가하기는 쉽지 않은 문제였다. 도박을 금하는 이슬람교의 신도들에게는 카지노가 허가되는 것이 종교적으로 받아들이기 어려운 것이었으며 기독교 및 사회복지 단체들 역시 카지노 허가를 반대하였다. 그러나 관광산업, 특히 각종 국제회의를 통한 고부가가치 관광객을 유치하려는 싱가포르 정부의 전략과, 중국계 관광객의 유치, 그리고 인근 동남아 국가(특히 인도, 말레이시아, 인도네시아)의 카지노 수요에 대한 고려는 싱가포르 정부가 카지노를 허가하는 중요한 배경이 된다.

2005년 카지노 설립 계획이 발표되고 여론 수렴의 과정에서 많은 반대가 있었지만 리셴룽 수상은 두 개의 카지노 설립을 허가한다. 싱가포르의 집권 여당은 싱가포르의 관광산업을 전략적으로 발전시키기 위해 컨벤션센터, 종합 리조트뿐만 아니라 카지노까지 함께 제공되어야 한다고 판단한 것이다.[7] 특히 카지노로 인해 발생할 수 있었던 다양한 문

7 싱가포르의 카지노 설립 과정에 대해서는 배유일. (2020). 「'유니클리(Uniquely)'

| 표 6-1 | 싱가포르 카지노사업의 합법화와 안전망

구분	관련 정책적 조치들과 기대효과
경제적 측면	• 호텔시설, 고급쇼핑가, 셀러브리티(celebrity) 레스토랑(fine dinning), 그리고 극장 및 컨벤션센터를 겸비한 두 개의 복합리조트 건설(MBS, RWS). • 국민총생산(GDP)의 점진적 증가(매년 15억 달러 정도의 증가 예상). • 약 1만 개에 달하는 직접 고용과 좀 3만 5,000개의 간접적 일자리 창출 예상. • 정부의 직접적 투자 없이 민간투자 유치.
사회적 측면	• 공동체, 청년 및 체육부(MCYS)에서 지역공동체와 NCPG가 운영하는 공공 도박방지 교육 프로그램을 위해 100만 싱가포르 달러 투입. • 카지노 출입 나이 제한(21세-이전에는 18세) • 싱가포르 국민과 영주권자는 출입 시 입장료 100싱가포르 달러를 책정(혹은 연간 2,000달러 멤버십)하여 자국민의 카지노 출입을 장려하지 않는 정책 제시. 입장료는 자선사업에 사용. • 도박중독자 및 중독 가능성이 큰 출입자를 파악하여 출입제한조치를 취함. 중독 치료 비용은 카지노 수입과 상관없이 재원 마련토록 함. 본인 및 가족이 신청할 경우 출입이 제한될 수 있음. • 상담 프로그램이 제공됨. 또한 상담 프로그램의 효과성을 평가하기 위한 연구도 진행.
법 · 제도적 측면	• 카지노규제국(CRA) 설립-정기적으로 주요 카지노사업 주주, 이사진, 그리고 운영진 및 종업원들을 모니터링할 계획. • 카지노규제국에서 5,000싱가포르 달러를 초과하는 거래는 기록할 것을 요구하고, 1만 싱가포르 달러가 초과되는 거래 혹은 모든 의심스러운 거래는 보고를 의무화함. 모든 거래 기록은 최소 7년간 보관해야 함. • 카지노 지역에서 경비원과 감시카메라를 통해 만약의 사태에 대비토록 함.

출처: 배유일(2020: 229)

제에 대한 대책들도 〈표 6-1〉과 같이 설득력 있게 제시한다.

여기서 흥미로운 점은 경제적 효율성이 시민들의 윤리적 거부감이나 저항 문제보다 우선시되었다는 점이다. 오럴섹스oral sex 금지나 동성애와 관련한 정책에 대해서는 종교단체의 의견을 근거로 금지하면서도 경제적인 문제에 대해서는 종교단체의 의견을 크게 고려하지 않았다. 카지노를 반대했던 리콴유조차도 결국 리셴룽의 '복합리조트' 계획이

싱가포르의 관광 도시화 전략: 복합리조트, 카지노, 그리고 실용주의」. 『IDI도시연구』, 17, 207-246.을 참고하라.

확정된 이후부터는 실용적 관점에서 동의하였다.

> "나는 개인적으로 카지노를 싫어한다. 그러나 세상이 바뀌었고, 라스베이거스와 같은 복합리조트가 없으면 우리는 끝장이다. 카지노를 허용하는 대신 마피아도 없고, 매춘도 없고, 돈세탁도 없는 그런 국가를 계속 유지하고 싶다." (*The New York Times*, 2007. 8. 29.; 배유일, 2020: 226에서 재인용.)

탈이념과 경제우선주의는 싱가포르 정부의 국정관리governance 철학에도 잘 나타나 있다. Quah(2010: 209-229)는 싱가포르의 정책개입의 9가지 전략을 〈표 6-2〉와 같이 제시하고 있다. 이 원칙에서 시민들의 기본적인 욕구란 대부분 경제적 · 물질적 욕구 및 기본적 안정 욕구와 연관된 것으로, 이를 만족시키는 것을 정부의 핵심적인 역할로 이해하고 있다. 그리고 이러한 역할을 정치적 통제와 엘리트주의에 바탕을 둔 개입주의를 통해 달성하고자 한다. 이 지점에서 어떠한 이념적 가치가 개입될 여지가 줄어드는 것이다.

물론 싱가포르 정부가 시민 참여를 정치적으로 줄곧 무시해왔던 것

| 표 6-2 | 싱가포르의 정책개입의 9가지 전략

1. 시민들의 기본적인 욕구를 충족시킬 것
2. 능력주의의 전통을 유지할 것
3. 부패를 줄이고 청렴한 정부를 유지할 것
4. 교육 투자를 통한 시민 능력을 증진할 것
5. 종교적 · 인종적 갈등을 줄일 것
6. 「국가보안법」 등을 바탕으로 내부 혼란과 폭동을 예방할 것
7. 문제 해결을 위해 다른 나라의 경험으로부터 배울 것
8. 복지국가의 아이디어를 채택하지 않을 것
9. 선제적이고 개입주의적인 리더십에 바탕을 둘 것

만은 아니다. 1984년 12월 선거 때 야당의 득표율이 37%까지 올라가게 되자 싱가포르 정부는 시민의 정책과정 참여를 보장하는 여러 가지 시도를 하기도 하였지만 이 노력이 싱가포르 정부의 근본적인 변화를 초래했다고 보기는 어려웠고, 1990년대에는 고촉통이 시민 참여를 강조하는 정책을 취하는 것 같았으나 여전히 정치 영역에서의 시민 참여는 상당히 제한적이었다. 'OB 마커out of boundary markers'라고 불리는 시민 참여의 경계는 이를 상징적으로 보여준다. 특정 이슈에 관한 참여가 일정 한도를 넘어서게 되면 국가가 시민 참여를 통제하게 되는데, OB 마커는 이때의 경계를 나타낸다. 문제는 OB 마커를 구체적으로 누가, 어떻게, 어느 범위로 결정하는지를 알 수 없다는 점이다(Ho, 2000). 기본적으로 활발한 시민 참여보다 좋은 정치적 리더십을 우선시하는 엘리트주의가 싱가포르의 주요 가치로 인정되는 한 시민 참여가 제한적일 수밖에 없는 이유라고 할 수 있다.

나. 역사 인식과 실용주의

현실주의적인 관점에 기반을 둔 실용주의는 역사 인식에서도 잘 나타난다. 싱가포르는 우리나라와 마찬가지로 1942년부터 1945년까지 일본의 지배하에 있었다. 1942년 2월 싱가포르를 통치하고 있던 영국군이 일본군에 패배한 후 일본군은 중국계 싱가포르인 중 위협이 될 수 있는 청년들을 집단 숙청하기 시작하였다. 그 수는 자료에 따라 다르지만, 리콴유는 5만 명에서 10만 명의 중국계 싱가포르인들이 이 과정에서 희생되었다고 주장하고 있다(Lee, 2000: 558). 이러한 역사적 경험에도 불구하고 싱가포르는 1967년 일본과 국교회복협정을 체결하였고, 경제

협력과 역사 문제를 분리하여 다루어왔다. 일본의 식민지배 경험을 통한 잔악한 통치에 대한 혐오에도 불구하는 그는 "산업자본가들이 싱가포르에 투자할 수 있도록" 국교 수립을 추진했다(Lee, 2000: 559). 이것은 양국 간 관계에서 직접적인 문제(경제 문제)가 아닌 역사 문제는 핵심적인 쟁점으로 삼지 않는 싱가포르의 태도를 잘 보여주고 있다. 또한, 실용적인 역사 인식은 식민지 통치자였던 스탬포드 래플스Stamford Raffles를 기리고 식민지 시대의 유물을 관광자원으로 활용하는 것에서도 잘 나타난다. 즉 싱가포르인들에게는 식민지 역사 그 자체가 중요한 것이 아니라 그것이 현재에 주는 경제적 가치가 더 중요한 것이다.

다. 경제 정책과 실용주의

싱가포르 경제 정책에서 실용주의는 어떤 자본이든지 경제발전과 고용 증진 효과를 가져다준다면 이를 적극적으로 받아들인다는 것을 의미한다. 싱가포르의 산업구조는 매우 흥미롭다. 싱가포르 전문가를 자처하는 많은 외국인들에게 싱가포르의 중요 산업이 무엇인지를 물어보면 적지 않은 사람들이 금융산업, 석유화학산업, 서비스산업 등을 이야기하는 반면, 이에 비해 제조업의 규모는 미미하다고 주장한다. 실제로 싱가포르를 자세히 들여다보지 않으면 오차드 거리Orchard Road나 클라크 퀘이Clarke Quay 같은 쇼핑몰이나 관광지들만 보일 뿐 산업단지를 쉽게 찾아보기 어렵기 때문이다. 그러나 제조업은 싱가포르에서 핵심적인 산업이다.

〈표 6-3〉은 2020년 1/4분기 싱가포르의 산업 구성을 보여준다. 이 자료에서 확인할 수 있듯이 제조업은 20.32%를 차지하는 데 비해 금

| 표 6-3 | 2020년 1/4분기 싱가포르 산업 구성

산업 분야	비중(%)	GDP(백만 달러)
제조산업(Goods Producing Industries)	25.06	30,796.1
제조업	20.32	24,968.5
건설업	3.52	4,328.9
전기, 가스, 수도	1.19	1,463.3
기타 제조업	0.03	35.4
서비스산업(Services Producing Industries)	66.05	81,170.5
도매 및 소매	14.70	18,061.4
운수업	5.71	7,019.0
숙박 및 음식점업	1.61	1,974
출판, 영상, 정보 등	4.25	5,223.3
금융, 보험	14.42	17,726.5
사업시설, 사업지원	13.85	17,023
기타 서비스업	11.51	14,143.3
기타	8.90	10,933.7
주택임대업	3.72	4,571.1
추가: 제품에 대한 과세	5.18	6,362.6
계		122,900.3

출처: Ministry of Trade and Industry, Singapore

융 · 보험은 14.42%에 불과함을 알 수 있다. 싱가포르 제조업 비중은 다른 선진국과 비교해도 높은 편이다. 미국의 경우 GDP 대비 제조업의 비중이 2015년 현재 12% 수준이며 영국과 프랑스는 각각 10%, 11%, 독일은 23%, 일본은 19% 수준이다.[8] 이러한 제조업 중심의 산업구조는

8 브루킹스 연구소, https://www.brookings.edu/research/global-manufacturing-scorecard-how-the-us-compares-to-18-other-nations/

싱가포르의 자연 자원이나 지리적 협소성을 고려하면 매우 이례적인 것이라고 할 것이다.

제조업 활성화가 가능했던 배경에는 고용을 증대시키기 위한 싱가포르의 실용주의적 경제 정책이 자리하고 있다. 1980년대까지 성공적인 경제성장과 산업구조의 전환을 달성한 싱가포르는 1991년 「전략적 경제계획strategic economic plan」을 발표하면서 제조업과 서비스업의 두 가지 산업을 경제성장의 엔진으로 제시한다. 이 계획에서 제조업은 고용 증진을 위한 중요한 산업이므로 산업단지industrial cluster 전략 등을 통해 2000년까지 GDP 대비 25% 수준, 그리고 전체 고용 대비 20% 수준을 유지할 수 있도록 하는 방향을 제시한다. 이러한 제조업 중시 전략은 1998년 『국가경쟁력보고서Singapore's competitiveness report』에서도 재확인된다. 이후 2003년 『경제검토위원회economic review committee 보고서』에서도 제조업의 경쟁력 하락을 걱정하면서 제조업은 싱가포르 경제의 기초를 다양하게 할 뿐 아니라 외부적 충격으로부터 빠르게 회복할 수 있도록 하는 등 그 중요성이 여전히 크기 때문에 제조업과 서비스업을 바탕으로 한 성장전략은 여전히 유효하다는 점을 지적하고 있다(Chia, 2005). 실제로 2020년의 제조업의 규모는 2015년보다 증가한 수준이며 상당한 수준의 경쟁력을 갖추고 있다. 싱가포르가 여전히 제조업 경쟁력을 유지할 수 있었던 것은 제조업 중시 전략을 뒷받침할 수 있는 적극적인 외국인 직접투자Foreign Direct Investment, FDI 유치 정책이 있었기 때문이다.

제조업 분야의 비중이 높은 싱가포르 경제는 대외 시장으로부터 상당히 영향을 받는다. 2019년의 경우 미중 무역분쟁과 중국의 경기 둔화로 인해 싱가포르는 0.7%의 경제성장밖에 달성하지 못했는데 전기와 정밀기계 부문에서 마이너스 성장을 기록하였고, 전자제품 부진으로 제조업 수출이 전년 대비 1.5%가량 감소했다. 반면 2020년 2분기를 보면 코로나 상황에서 제조업 기준 전년 동기 대비 2.5% 성장을 하였는데, 이것은 의료 관련 제품의 생산이 크게 늘었기 때문이다. 반면 건설업은 전년 동기 대비 −54.7%라는 기록적인 감소세를 보였다. 이것은 코로나 상황에서 외국인 노동자들의 외출이 통제됨에 따라 건설 자체가 어려워졌던 측면이 있다.

싱가포르는 경제발전과 고용이라는 목표를 달성하기 위해 국내자본과 외국자본을 차별하지 않는 정책을 추진하였다. 2001년 현재 싱가포르 경제에서, 50% 이상의 지분을 외국인이 소유한 외국계 기업이 제조업 생산의 약 78.7%를 차지하고 있으며, 제조업의 부가가치 중 71.9%를 담당하고 있다. 외국인 지분이 100%인 외국기업은 각각 72%의 제조업 생산과 66.6%의 부가가치 생산을 책임지고 있다. 그리고 이들 기업은 약 41.2%의 제조업 고용을 담당하고 있었다(Chia, 2006: 207). 과거에는 외국인 직접투자의 규모가 제대로 공개되지 않고 있었으나 최근에 싱가포르 정부는 이를 적극적으로 공개하기 시작하였다. 그 결과를 보면 싱가포르가 외국자본에 얼마나 개방적인지를 잘 알 수 있다. 회사 지분의 50% 이상을 싱가포르 내국인이 소유한 기업을 국내기업이라고 분류한다면 2019년도의 경우 무려 63% 이상의 부가가치가 외국기업에 의해서 창출되고 있음을 알 수 있다.

| 표 6-4 | 싱가포르 기업 소유주별 경제활동 비율(2019년)

	기업 수	고용	명목 부가가치액
국내기업	81%	69%	37%
외국기업	19%	31%	63%

출처: 싱가포르 통계청, https://www.singstat.gov.sg/modules/infographics/economy

싱가포르로의 외국인 직접투자 수익의 추세를 보면 더욱 놀랍다. 2018년의 경우 FDI는 무려 1,920억 싱가포르 달러의 수익earnings을 올린 것으로 나타나고 있다.

이렇게 높은 외국인 소유 기업 비율은 내국인과 외국인의 투자를 차별하지 않은 싱가포르 정부의 정책 때문에 가능했다. 즉 싱가포르 정부

| 그림 6-2 | 싱가포르에 투자된 FDI의 수익액 (단위: 백만 싱가포르 달러)

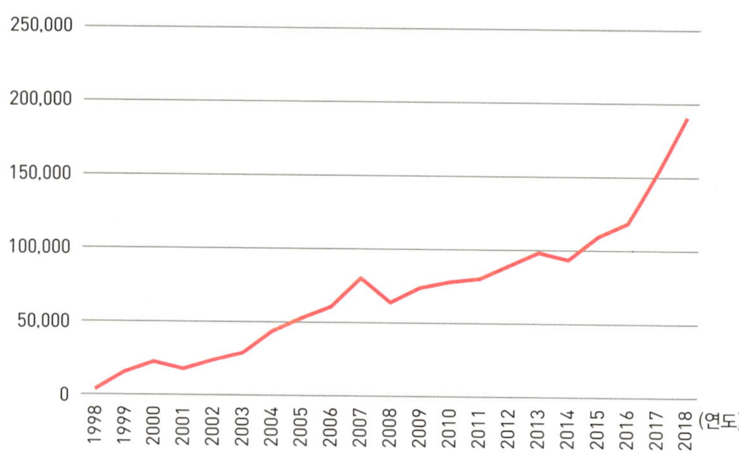

출처: 싱가포르 통계청, https://www.singstat.gov.sg/find-data/search-by-theme/trade-and-investment/foreign-direct-investment/latest-data

는 경제발전과 고용 증진을 위해서는 외국인 투자가 필요하며 이들에게 투자 유인을 제공하는 것은 문제가 되지 않는다고 판단한 것이다. 또한, 국가주의 성향이 강한 싱가포르임에도 불구하고 외국 경제에 종속될 수 있다는 걱정은 경제발전과 고용 증진이라는 목표 앞에서 부차적인 문제로 간주되었다.

싱가포르의 경제 정책과 관련된 실용주의의 또 다른 특징은 시장 기능에 대한 상당한 신뢰를 갖고 정책을 추진한다는 것이다. 정부는 공공이냐 민간이냐의 문제보다는 어느 것이 더 경제발전에 도움이 되는지에 관심을 기울일 뿐이다. 이러한 현상은 싱가포르의 산업 구조조정 과정에서도 잘 나타난다. 싱가포르는 중요한 해양 석유 수송로인 말라카 해협에 인접했다는 지리적 이점을 활용하여 석유화학 산업을 발전시켜 왔다. 하지만 원유 가격의 하락과 석유화학 시장의 경쟁 심화에 따라, 1970년대 중반까지는 전체의 50% 이상을 차지하던 석유 관련 수출 비중이 2000년대 들어서는 18.3%로 줄어든다. 내신 전사 관련 세품들의 수출이 1976년 16.5%에서 2001년 48%로 증가하게 된다. 이러한 변화

| 표 6-5 | 싱가포르의 수출 상품(commodity)별 구성 비율 (단위: %)

연도	석유	전기 · 전자	기계 및 운송장비	일반 제조	화학	기타
1976	50	16.5	10.2	6.7	2.9	13.7
1984	47.6	22.2	10.9	3.6	4.0	11.7
1991	26.1	42.4	9.9	3.4	6.4	11.8
2001	18.3	48	10	2.4	10.2	11.1

출처: Koh, W. T. H., & Mariano, R. S. (2006). *The economic prospects of Singapore*, Singapore: Pearson-Addison Wesley, p.126.

| 표 6-6 | 2018년 싱가포르의 수출 상품(commodity)별 구성 비율

(단위: 백만 싱가포르 달러, %)

상품 유형	수출액	구성 비율
식품	12,311.2	2.22
음료와 담배	5,385.6	0.97
원유	4,756.0	0.86
화석연료 및 윤활유	103,265.7	18.5
동식물 오일	258.1	0.05
화학 및 관련 제품	79,625.9	14.33
제조업 상품	19,170.7	3.45
기계 장비	263,615.6	47.44
기타 제조업	47,852.7	8.61
기타	19,423.6	3.50
총합	555,665.1	100

출처: *Yearbook of Statistics Singapore*. (2019), Table 15.8.

는 1970년대 중후반 싱가포르 정부가 산업구조를 전자산업 쪽으로 재편하려는 정책을 시도한 결과이다.

2018년 수출 상품의 구성을 보면 연료, 화학, 기계장비가 싱가포르의 주요 수출 상품임을 알 수 있다. 이것은 앞에서 지적한 바와 같이 싱가포르의 제조업이 생각보다 강함을 시사한다.

라. 공기업 정책과 실용주의

싱가포르의 공기업 정책은 민간이냐 공공이냐의 이념적 논쟁이 아닌 어느 쪽이 경제발전과 고용 증대에 보다 잘 기여할 수 있는지에 대한 실용주의적 문제로 귀결된다. 싱가포르 정부의 실용주의 경제 정책을 잘 보여주는 것은 그들의 국영기업에 대한 태도이다. 싱가포르는 공기업Government-Linked Companies, GLCs 비중이 크기 때문에 당연히 정부가 시장보다는 정부 관리에 의한 공기업 형태를 선호한다고 오해할 수 있다. 하지만 사회주의 및 발전국가론developmental state approach 입장이 상대적으로 강했던 1960년대에도 싱가포르 정부는 시장의 힘에 대한 중요성을 충분히 인식하고 있었다. 1969년 리콴유는 "자본과 기술은 민간 혁신 기업가에 의해서 가장 잘 축적되어 갈 수 있으며, 상업 회사의 주식 공유와 이사회를 통한 대표제 등을 통해서 잘 준비되어 갈 수 있다." (Turnbull, 2009: 326)고 하면서 공기업 중심의 접근 방법은 싱가포르식이 아님을 천명하였다. 이러한 인식이 가능했던 이유는 바로 공기업을 정치적 목적에서 접근하기보다는 이익의 창출이라는 실용적인 관점에서 접근했기 때문이다. 실제로 싱가포르 정부는 공기업의 이익을 다른 사회 개발 지출을 위해 사용하지 않았다. 일반적으로 적자가 발생하는 지하철이나 버스와 같은 공공 교통과 관련한 공기업도 싱가포르에서는 흑자를 유지할 정도로 공기업의 1차적 목표를 경제적 이익 창출에 두고 있다. 이런 싱가포르의 공기업관은 한국과는 상당히 다르다. 문재인 정부에서는 공기업이 사회적 가치를 창출해야 한다고 강조하면서 공기업이 적자가 나더라도 고용을 늘리고, 환경 관련 투자를 늘리며, 지역사회에 기여하는 것을 장려하고 있기 때문이다. 그 결과 공기업의 적자가 빠르게 늘고 이 적자는 결국 시민의 세금으로 메울 수밖에 없는 상황을 초래하고 있다.

싱가포르의 실용주의에서 경제적 효율성의 강조는 단순히 정부냐 시장이냐의 문제가 아니라 문제 해결 중심의 의사결정으로 나타난다. 1972년 싱가포르 항공Singapore Airlines은 말레이시아-싱가포르 항공Malaysia-Singapore Airlines으로부터 독립하여 설립되었다. 당시 인구 210만 명에 불과한 작은 나라 싱가포르에게는 국제 항공사를 설립하는 것 자체가 쉽지 않은 결정이었다. 리콴유를 비롯한 싱가포르 정부의 관료들은 수익성을 내지 못할 경우 싱가포르 항공이 존속할 수 없음을 명확히 하였다. 이 원칙은 항공사 경영자들(이들의 상당수는 전·현직 관료 출신이었음)에게 충분히 주지되었다. 이들은 기내 서비스의 혁신[9]에서부터 최신 항공기의 도입에 이르기까지 자율적이고 합리적인 경영의사결정을 하였고 그 전제에는 어떻게 경영을 하든 수익을 창출해야 한다는 실용주의적 접근이 자리 잡고 있었다.

공기업 민영화에서도 실용주의적 접근이 두드러진다. 1970년대 말 영국을 중심으로 거세게 몰아친 민영화의 바람은 싱가포르에서도 예외가 아니었다. 싱가포르는 정부가 20% 이상의 지분을 가지고 있는 공기업State Owned Enterprises, SOEs이 국민총생산의 13%를 차지할 정도로 많은 공기업을 갖고 있다. 신자유주의 이념이 급속히 전파되던 1980년대 중반부터 싱가포르에서도 민영화 논의가 본격적으로 시작되었다. 그런데 흥미로운 것은 싱가포르에서는 공기업이냐 민영화냐 하는 형식적 논의에 초점을 맞추기보다는 "어떤 소유 구조가 싱가포르에 적합한가?" 하는 실질적 질문에 초점을 맞추었다는 점이다. 이것은 1990년대 말 김대중 정부 초기에 우리나라에 거세게 몰아친 민영화냐 공기업이냐 하는

9 싱가포르 항공은 1970년대 기내 서비스에서 이어폰을 무료로 제공한 것을 시작으로, 음식과 승무원의 서비스 질에서 국제적인 명성을 얻게 되었는데, 경우에 따라서는 불필요한 국제항공기구의 규제를 따르지 않고 지속적으로 서비스 질을 개선함으로써 그 입지를 강화시켜 나갔다.

논의가 소모적인 이분법적 논쟁에 빠져들었던 것과 대비된다. 싱가포르는 급격한 민영화를 추구하기보다는 점진적인 민영화를 추구하였고 이는 덩샤오핑의 '흑묘백묘' 논리처럼 문제 해결을 중심으로 진행되었음을 보여준다.[10]

싱가포르 투자청Government of Singapore Investment Corporation, GIC은 그 자체로 싱가포르식 실용주의가 철저히 수익 창출에 관심을 두고 있음을 잘 보여주는 예이다. 1981년 고켕스위에 의해 만들어진 GIC는 싱가포르의 대표적인 국부펀드다. 그 규모가 정확히 공개되지는 않고 있지만 1999년에는 약 1,400억 싱가포르 달러 규모의 해외투자를 운영하는 것으로 알려져 있다. GIC 이사회 의장은 현재 싱가포르 수상인 리셴룽이 맡고 있으며 이사회 역시 정부의 장관 및 주요 여당 인사들로 구성되어 있다. 특히 리콴유는 GIC 운영에 대한 공개를 적극적으로 반대하였으며 지금도 이러한 운영상의 불투명성은 문제로 남아 있다. 그럼에도 불구하고 2014년 현재 싱가포르 본부 투자전문인력 중 34%는 외국인이고 해외 지사의 경우에는 투자전문인력의 98%가 외국인으로 구성되어 있다. 이것은 GIC 운영에서도 외국인이냐 내국인이냐를 구분하지 않고 오직 투자수익률 달성을 핵심 목표로 제시하고 있음을 알 수 있다.

[그림 6-3]에서처럼 GIC의 인플레이션을 고려한 실질 수익률은 점차 하락하고 있지만 2020년 현재 약 2.7% 수준을 유지하고 있다.

10 경제적 효율성을 핵심 가치로 강조하는 싱가포르식 실용주의는 싱가포르의 성공적인 국가 중심 경제발전을 설명하는 요소로 자주 이용된다(예를 들면, 장하준 교수(2008)의 『나쁜 사마리아인들』이라는 저서를 보면 싱가포르는 신자유주의적 경제정책에 반대되는 정책을 채택했음에도 성공적인 사례로 자주 인용되고 있다).

| 그림 6-3 | 지난 20년간 GIC 연 실질수익률

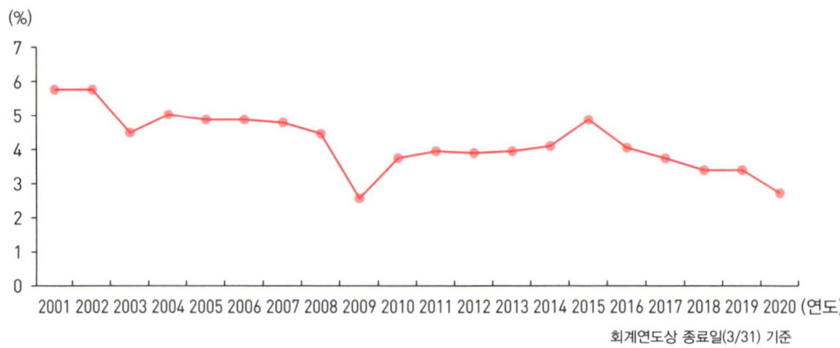

출처: GIC, https://www.gic.com.sg/investments/performance/ (검색: 2020년 9월 23일)

투자 대상도 선진국 주식, 신흥시장 주식emerging market equities, 명목채권과 현금nominal bond and cash, 인플레이션 연계 채권, 사모펀드 등으로 다양하며 투자 비율은 매년 변화하고 있다.

테마섹 홀딩스Temasek Holdings는 1974년 설립된 정부 상업 투자회사로 재무부Ministry for Finance가 전적으로 소유하고 있으며 배당금과 수익

| 표 6-7 | 싱가포르 국부펀드(GIC) 투자자산 포트폴리오 (단위: %)

자산 유형	2019년 3월 31일	2020년 3월 31일
선진국시장 주식	19	15
신흥시장 주식	18	15
명목 채권과 현금	39	44
인플레이션 연계 채권	5	6
부동산	7	7
사모펀드	12	13

출처: GIC, https://www.gic.com.sg/investments/perfomance/ (검색: 2020년 9월 23일)

에 대한 세금을 통해 싱가포르 정부에 재정적으로 기여한다. 원래 테마섹은 다른 민간회사와 달리 재무정보 공개를 면제받았으나, 2004년부터 개괄적인 재무 요약 정보와 포트폴리오 성과를 『테마섹 리뷰*Temasek Review*』라는 연간 보고서를 통해 공개하고 있다. 정보를 잘 공개하지 않는 싱가포르 정부의 특성으로 인해 테마섹에 관련된 깊이 있는 분석 보고서가 잘 발표되지 않다가 2014년 테마섹의 투자 성과 보고서가 발간되면서 그 운영 성과를 어느 정도 살펴볼 수 있게 되었다.

테마섹 홀딩스는 우리나라 국민연금과 같은 국부펀드로서 주로 싱가포르 국내기업에 투자하지만 해외로도 투자하고 있다. 투자는 주로 공기업government linked companies, GLCs과 정부 부동산 투자 트러스트Government Linked Real Estate Investment Trusts, GLREITs에 한다. 2008~2013년 기간 동안 싱가포르 주식시장에서 GLCs는 약 37%, REITs 시장에서 GLREITs는 54%에 달할 정도로 정부의 역할이 상당히 중요하다.

테마섹의 포트폴리오는 2020년 3월 현재 약 3,060억 싱가포르 달러에 달하는데 이 금액 중 중국에 29%, 싱가포르에 24% 정도 투자하고 있다. 투자는 주로 금융, 통신 및 기술, 소비 및 소매업 분야에 집중되고 있다. 20년 주주 연평균 수익률, 즉 명목 주주 총수익률return to shareholders은 약 6%인 것으로 나타나고 있다.[11] 인플레이션 등을 감안한다면 테마섹이 높은 수익률을 달성했다고 보기는 어렵다고 할 수 있다.

11 『2020 테마섹 리뷰』(*2020 Temasek Review*)를 참고하라. 다만 이것이 명목 수익률인지 실질 수익률인지는 명확히 밝혀지고 있지는 않지만, 재무부의 다른 자료를 보면 명목 수익률임을 알 수 있다. 이에 대해서는 다음 자료를 참고하였다. https://www.mof.gov.sg/Newsroom/Parliamentary-Replies/long-term-investment-returns-for-temasek-holdings-and-gic (검색: 2020년 9월 25일)

| 그림 6-4 | 테마섹 홀딩스 투자 포트폴리오

회계연도상 종료일(3/31) 기준

지역별(%)

	2020	2019	2018
중국	29	26	26
싱가포르	24	26	27
북아메리카	17	15	13
아시아(싱가포르, 중국 제외)	13	14	15
유럽	10	10	9
호주 & 뉴질랜드	5	6	7
아프리카 & 중앙아시아 & 중동	1	2	2
라틴 아메리카	1	1	1

분야별(%)

	2020	2019	2018
금융 서비스	23	25	26
통신, 미디어 & 기술	21	20	21
소비자 및 부동산	17	17	16
교통 & 산업	16	16	16
생명과학 & 애그리비즈니스	8	7	6
에너지 & 자원	2	3	3
다부문 펀드	8	8	8
기타(신용 포함)	5	4	4

출처: *2020 Temasek Review*

한편 투자청과 테마섹이 낸 수익의 일부는 순투자환수기여Net Investment Return Contribution, NIRC라는 항목을 통해 매년 예산으로 들어오게 되는데, 2018년 회계연도에는 약 159억 5,000싱가포르 달러가 정부수입으로 전입되었고 이는 싱가포르 정부의 가장 큰 세수항목이라고 할 수 있다.[12]

12 싱가포르 의회의 질의에 재무부가 답변한 자료에 근거하였다. 답변 자료는 다음을 참고하라. https://www.mof.gov.sg/Newsroom/Parliamentary-Replies/long-term-investment-returns-for-temasek-holdings-and-gic

마. 외교 정책과 실용주의

싱가포르의 실용주의가 가장 잘 반영된 분야 중의 하나는 외교 정책 분야이다. 싱가포르는 미국과 영국을 중심으로 한 외교관계를 유지하면서도 중국과도 긴밀한 외교관계를 유지하고 있다. 또한, 중국과의 관계 못지않게 타이완과 인도와의 외교적 관계 역시 유연하게 유지하고 있다. 말레이시아, 인도네시아와 긴장 관계에 있었음에도 1967년 아세안ASEAN을 함께 출범시켰고, 아세안을 바탕으로 소국으로서의 한계를 극복하고 싱가포르 외교력을 성공적으로 극대화하였다. 2018년에는 북한의 김정은 위원장과 미국의 트럼프Donald Trump 대통령 간의 북미정상회담이 싱가포르에서 개최됨으로써 국제 중재자로서의 싱가포르의 외교 역량을 전 세계에 보여주었다.

그중에서도 특히 중국과의 외교관계는 싱가포르의 외교 정책에 내재된 실용주의를 잘 보여준다. 싱가포르는 베트남전이 종료되면서 동남아시아에서 중국의 영향력이 증대될 것으로 예측하였으며, 이후 1976년에는 리콴유가 중국을 방문하게 된다. 싱가포르에 많은 화교가 살고 있다는 점을 고려한다면 리콴유의 중국 방문이 당연한 것처럼 보일 수 있지만, 다수의 화교로 구성된 싱가포르가 적극적으로 친親중국 정책을 표방하게 되면 주변 국가뿐만 아니라 미국 및 유럽 국가의 견제를 받을 수밖에 없다는 점을 싱가포르는 잘 이해하고 있었다. 따라서 인종적인 관점에서 싱가포르와 중국의 관계가 비춰지는 것을 극도로 경계하였으며, 리콴유가 1976년 중국을 방문했을 때에도 그 방문은 공식적인 외교적 방문이지 중국계로서의 방문이 아님을 명확히 하려고 애쓴 사실에도 이러한 배경이 자리하고 있다. 따라서 싱가포르의 대중국 외교가 실리가 아닌 인종적 유대감에 기반을 두고 있다고 보는 것은 지나치게 단순한 견해라고 할 수 있다.

싱가포르는 외교에 있어서 자국이 가지고 있는 카드가 무엇인지를 잘 알고 있었다. 1970년대 중국은 동남아시아에 외교관계의 교두보를 거의 갖고 있지 못한 실정이었다. 사회주의 국가인 베트남은 중국과 적대적이었던 러시아와 깊은 동맹관계를 유지하고 있었다. 캄보디아의 경우 베트남의 영향력하에 있었고, 라오스에 대한 중국의 영향력도 크지 않았다. 이처럼 중국의 남쪽 국경을 마주하고 있는 동남아 국가들은 비록 사회주의 국가이기는 했지만, 중국의 우방이라고 보기는 어려웠다. 한편 인도네시아나 말레이시아는 자국 내 화교 세력의 확장에 대한 경계심이 높았다. 화교에 대한 직 · 간접적인 정치적 차별은 동남아시아 국가에서 보편적인 현상이었다. 3,000만 명에서 4,000만 명(동남아 지역 인구의 약 6%)에 달하는 인구가 화교인 상황에서[13] 중국의 영향력 확대가 화교들의 영향력 확대로 이어지지 않을까 하는 동남아 국가들의 우려를 낳게 된다.

동남아시아에서 외교적인 교두보를 전혀 가지고 있지 못했던 중국이 빠른 속도로 동남아시아에서 외교적 영향력을 확장해나갈 수 있었던 배경에는 싱가포르의 역할이 컸다고 할 수 있다. 중국이 동남아시아

13 Zhiqun Zhu(2010: 184)는 이 숫자들만 제시할 뿐 통계의 정확한 근거를 제시하고 있지 않다. 그러나 화교의 수뿐만 아니라 경제적 영향력은 상당한 것이 사실이다. 예를 들면 중국의 개방 정책 초기에 외국인 대중국 투자의 대부분이 화교 자본이었다는 점, 중국과 인도네시아 교역의 90% 이상이 화교에 의해 이루어지고 있다는 것(같은 책: 185)은 화교에 대한 동남아시아 국가의 경계심에 충분한 근거가 있음을 보여준다.

국가들에 접근하기 위해서는 아세안의 지지가 필요했는데 싱가포르가 아세안에서 적극적인 조정자의 역할을 수행해왔기 때문에 중국으로서는 싱가포르의 협조가 필수적이었다. 싱가포르는 이러한 점을 잘 인식하고 있었고, 1970년대 후반부터 중국의 동남아 외교에서 중국과 동남아시아 국가 간의 외교문제를 조정해주는 역할을 해왔다. 실제로 리콴유는 1976년에 화궈펑華國鋒총리를 만났을 때에도, 또 1978년 그리고 그 이후에 덩샤오핑 주석을 만났을 때에도 이 점을 직접 언급하였고 중국 측도 싱가포르의 외교적 중요성을 충분히 인식하고 있었다.[14]

싱가포르는 경제적 실리를 추구하기 위해 중국과의 관계 개선에 적극적이었음에도 안보의 관점에서는 미국과의 외교관계를 강화하였다. 싱가포르는 동남아시아에서 미국이 전략적 균형자로서의 역할을 해야 한다고 꾸준히 주장하였고 이것은 아세안의 기본적인 입장이 되었다. 그뿐만 아니라 미국의 테러와의 전쟁에서 미국의 입장을 적극적으로 지지하였다.

싱가포르와 타이완과의 관계도 흥미롭다. 싱가포르는 1971년 UN 연설에서 "하나의 중국이 존재할 뿐이며 타이완은 중국의 부분일 뿐이고, 따라서 타이완 문제는 중국 인민이 결정해야 한다."는 입장을 표명하면서도(Lee, 2000) 매년 타이완과 군사훈련을 함께할 정도로 가깝게 지냈다. 이러한 싱가포르와 타이완의 밀접한 외교관계는 타이완에 대한 고립주의를 표방했던 당시 중국 정부의 입장에서는 받아들이기 어려운 것이

14 1970년대와 1980년대 중국과 싱가포르의 외교관계에 대한 것은 Lee, K. Y. (2000). *From Third World to First: The Singapore Story: 1965–2000*, pp.635-691.을 참고.

사실이었다. 하지만 리콴유는 1976년 중국의 화궈펑 총리를 만났을 때부터 싱가포르의 특수한 처지를 이해시켰고, 싱가포르는 명확히 '하나의 중국' 정책을 지지한다는 것을 지속적으로 천명하여 싱가포르와 타이완의 특수적 관계에 대한 양해를 얻어내게 된다. 또한, 타이완과 중국 간의 중계자를 자처하면서 덩샤오핑을 비롯한 중국 지도자의 정치적 의중을 타이완에 전달하고 양국의 교류를 촉진시키는 데 기여한다. 그 결과 1993년에는 1949년 내전 종식 후 처음으로 중국과 타이완의 고위급 회담이 싱가포르에서 이루어지게 된다.

반면 지나치게 이념적인 외교관계에 대해서는 항상 거리를 두었다. 싱가포르는 비동맹운동non-alignment movement에 대해서 오히려 부정적이었고, 1976년에는 국제사회주의international socialism에서도 탈퇴한다.

싱가포르의 실리외교는 최근 미중관계 악화에 따라 새로운 도전에 직면하게 된다. 2018년부터 본격화하기 시작한 미중관계의 악화는 싱가포르가 어느 한편에 서도록 강요받는 상황을 만들고 있다. 싱가포르 입장에서 미국은 최대 해외 투자 대상국으로 인도, 중국, 일본을 합친 것보다 더 많은 금액을 투자하고 있다. 반면 중국은 싱가포르의 최대 교역 상대국이면서도 싱가포르는 중국의 최대 해외 투자 대상국이다.[15] 이 양국 사이에 하나를 택하는 것은 싱가포르 입장에서는 상당히 난처한 상황이다. 이런 상황은 싱가포르뿐만 아니라 한국도 경험하고 있는 것이기 때문에 싱가포르의 외교 대응은 참고할 만하다. 싱가포르는 중

15 주싱가포르 대사관. 「싱가포르 정세」, 2020년 1월 28일, https://overseas.mofa.go.kr/sg-ko/brd/m_2510/view.do?seq=1327220&srchFr=&srchTo=&srchWord=&srchTp=&multi_itm_seq=0&itm_seq_1=0&itm_seq_2=0&company_cd=&company_nm=&page=15

국의 중요성은 인정하면서도 중국이 남중국해에서 군사적 영향력을 확대하고 주권을 위협할 가능성이 크다는 점을 잘 인식하고 있다. 미국의 오바마Barack Obama 전 행정부가 천명했던 아시아로의 귀환 혹은 '첫 태평양 대통령first Pacific president'을 싱가포르가 지지했던 것도 아시아에서 중국의 부상을 미국이 견제함으로써 힘의 균형을 맞추어야 한다고 생각했기 때문이다. 그러나 오바마 행정부의 생각과 달리 아시아 지역에서 중국의 부상은 급속도로 이루어졌고, 트럼프 행정부는 이러한 중국을 견제하기 위해 무역 문제를 제기하고, 중국의 고립을 시도하려는 노력을 하고 있다. 비록 싱가포르는 이념보다는 실리를 추구하겠지만 공산주의에 대한 싱가포르 엘리트들의 부정적인 생각을 고려해본다면 중국이 자신들의 내정에 간섭하거나 영향력을 행사하려는 것에 대해서는 적극 반대할 가능성이 높다고 할 것이다.

바. 싱가포르 실용주의의 한계

싱가포르의 실용주의는 초기 경제개발 단계의 유산이라고 할 수 있다. 앞선 논의를 통해 우리는 전통적인 싱가포르 실용주의가 탈이념주의, 경제우선주의, 엘리트주의, 성과주의 등에 기반을 두고 있음을 확인할 수 있었다. 이 실용주의가 싱가포르의 경제성장을 이루는 데 긍정적 기여를 하였음은 분명하며, 현재 싱가포르 정부의 각종 정책의 기본적인 철학이 되고 있는 것도 사실이다. 하지만 싱가포르의 실용주의는 다른 개발도상국들이 받아들이기에는 많은 한계를 갖고 있는 것도 사실이다.

싱가포르 실용주의의 첫 번째 한계는 정부가 추구하는 목표가 모호해지고 있다는 점이다. 초기 싱가포르 정부의 주요 지도자들은 당시 세 가지의 중요한 목표, 즉 시민들이 일정 수준의 생활을 유지할 수 있는 사회의 건설, 일하고자 하는 사람이 일할 수 있는 일자리 제공, 그리고 지속적이고 빠른 경제성장을 통한 임금 및 생활수준의 향상을 제시하였다(Goh, 1976). 이러한 목표의 달성 여부는 싱가포르 정부에 정당성legitimacy을 부여하는 데 매우 중요한 역할을 하였다. 그러나 경제우선주의는 그들의 의도와는 다르게 국민 삶의 가치관이 물질주의에 경도되도록 왜곡하기 시작하였다. 싱가포르에서 '5C', 즉 '현금cash', '차car', '민영주택condominium', '신용카드credit card', '경력career'이 좋은 삶good life과 성공의 상징이 된 것이다. 1999년 싱가포르 21세기위원회Singapore 21 Committee는 품성character, 용기courage, 헌신commitment, 열정compassion, 창조creativity와 같은 것의 중요성을 잃어가고 있다고 주장하면서(Quah, 2010: 202) 이를 바꾸려고 노력하고 있지만, 여전히 물질주의는 싱가포르에 만연하다. 정부 역시 개인적 이익 추구에 바탕을 둔 실용주의의 문제를 잘 인지하면서도 여전히 국가와 공동체의 이익에 봉사하도록 하는 시민상을 제시함으로써 개인보다는 국가를 우선시하는 실용주의의 틀에서 벗어나고 있지 못한 실정이다.

그러나 국민소득이 5만 달러(USD)가 넘는 사회에서 정부의 목표가 더 이상 경제적 효율성에만 머물러 있을 수는 없다. 정부는 사회의 다양한 가치를 반영한 새로운 목표를 제시해야 하며, 그러한 목표를 달성하기 위한 활동이 실용주의의 중요한 내용이 되어야 한다. 그런데도 싱가포르 정부는 국가의 중요한 목표로 복지나 국민의 행복을 제시하는 데 적극적이지 않다. 세계가 부러워하는 경제발전을 달성했으면서도 시민들은 그 경제발전의 혜택이 누구를 위한 것인지를 묻고 있다. 아직도 언론의 자유를 안정과 성장이라는 이유로 억누르고 있는 정부에 대해서, 시민들은 변화와 더 많은 자유를 요구하고 있다. 실용주의에서의 실용이 경제적 문제만을 의미하지는 않는다는 점을 감안하면 싱가포르 정부는 국민의 다양해진 욕구를 해결하기 위한 문제를 어떻게 풀 것인지에 대한 답을 명확히 제시하지 못하고 있는 실정이다.

두 번째 한계는 실용주의와 엘리트주의, 그리고 능력주의meritocracy의 관계 역시 모호해지고 있다는 점이다. 싱가포르의 실용주의는 교육을 통해 능력 있는 관료들을 선발하고 이러한 능력주의에서 비롯된 엘리트들에 의해 정책이 결정되는 시스템에 바탕을 두었다(Chua, 2002: 6-64). 그러나 대학 교육을 받은 사람들이 소수만 존재하던 이전과 달리 싱가포르의 대학 진학률은 2013년 현재 29.4%로 상당히 증가하였다.[16] 경제 수준 향상에 따라 고등교육을 받은 사람들이 늘어나고 있는 것이다. 이러한 상황에서 대학교 졸업장이 더 이상 개인의 능력을 평가하는 현저한 기준이 되기 어려워졌다. 또한, 단순한 학업 능력을 넘어선 다양한 능력을 요구하는 지식기반사회에서, 능력을 평가하는 기준의 모호성은 더욱 커지고 있다. 또한 개인의 능력보다는 집단지성의 중요성이 커지는 상황에서 능력주의를 통해 선발된 엘리트가 더 우월하다는 증거는 희박해지고 있다. 따라서 실용주의를 추구하더라도 능력주의와 엘리트주의에 바탕을 둔 정부의 권위 있는 의사결정과 집행은 점점 더 어려워지고 있는 현실이다.

16 싱가포르 교육부(MOE)는 대학에 입학하는 학생들의 초등학교 1학년 코호트(cohort) 자료를 이용하여 입학률을 평가하고 있다.

세 번째 한계는 결과 지향 행정에서 과정 지향 행정으로의 전환 문제이다. 현대 행정에서 투명성에 대한 국민의 요구는 매우 커지고 있다. 수상으로 임명된 지 2년도 안 되었을 당시 리셴룽은 카지노 건설과 관련한 논쟁이 심각하게 진행될 때 건설 허가에 따른 최종적 책임은 자신에게 있음을 명확히 밝혔다. 즉 정부 정책에 대해서는 결과로 심판받겠다는 것으로, 이는 싱가포르식 결과 지향적 행정의 특징 중 하나이다. 실제로 싱가포르 정부는 이러한 결과 지향적 행정을 추구해왔다. 국부펀드의 운용을 공개하지 않으면서도 그 운영 결과의 효율성을 과시함으로써 정당성을 확보해왔다. 행정부 내에서 능력주의를 적용할 때도 관료의 성과를 중심으로 평가함으로써 결과 중심의 관리를 해왔다. 그 결과, 통계와 구체적인 숫자 중심의 관리가 우선되고 각종 조직에서 성과지표Key Performance Indicator, KPI가 운영의 핵심적인 요소가 되었다.

하지만, 행정 환경의 불확실성이 커질수록 결과 지향의 실용주의를 적용하기는 더욱 어렵게 된다. 실제로 실용주의를 지향하는 싱가포르 정부도 많은 구조적인 실패를 경험했다. 1970년대 오일쇼크 및 각종 경제 충격에 대응하기 위해 선제적 개입preemptory intervention의 일환으로 노동자들의 임금을 통제한 결과 산업 분야의 혁신이나 기계화가 늦어지게 된 문제라든지, 국내 은행 산업에 보호주의 정책을 취하다가 은행의 경쟁력이 악화된 것, 미혼 여자 대학생들을 위해 국가가 임의로 결혼을 주선하는 정책을 취한 것, 노후 및 복지 준비를 개인과 가족에 전가함으로써 복지국가로의 전환을 어렵게 한 것, 효율성 중심의 의료 서비스 운영 결과 국민들의 의료 서비스 접근성이 오히려 떨어지게 된 것 등은 싱가포르에서도 정책 실패가 예외적인 것은 아님을 보여준다. 이렇게 정부 실패 가능성이 항상 존재하는 상황에서 결과 지향의 실용주의 입장을 취하는 것은 정부의 정치적 부담을 높일 수밖에 없다. 반대로 시민의 정책 과정 참여를 높이게 되면 의사결정 효율성이 떨어지고 과거의 결과 지향 중심의 실용주의와 갈등을 일으킬 가능성이 커지게 된다. 싱가포르는 이런 결과 지향 중심에서 과정 지향 중심으로의 변화에 적응해야 하는 도전에 직면하고 있다.

네 번째 문제는 탈이념에 기반을 둔 실용주의가 탈정치와 권위주의의 정당화를 초래하고 있는 문제이다. 싱가포르의 표현의 자유freedom of speech는 매우 제한되어 있다. 2000년에 들어서야 시내 중심부에 있는 조그마한 공원을 지정하여 정부의 허가하에 정치적 발언을 하도록 허용한 것은 싱가포르의 표현의 자유가 얼마나 제약되어 있었는지를 잘 보여준다. 싱가포르 정부는 이상적인 민주주의란 존재하지 않으며 여러 국가가 현실에 맞는 정치 시스템을 만들어나가야 한다고 주장하면서 실용주의적 접근을 강조한다. 그러나 실용주의와 민주주의가 서로 적대적인 개념이 아님에도 불구하고 다양한 가치관이나 이념을 부정함으로써 국민의 정치적 무관심을 증폭시키고 있다. 또한, 개인보다는 공동체를 강조하면서 국가의 권위에 개인을 종속시키려는 노력은 젊은 세대의 반발을 사고 있다.

다섯 번째 문제는 공동체 정신의 약화이다. 싱가포르의 실용주의는 정부를 정당화하는 근거로 사용되었지만, 역설적으로 개인주의를 강화시키는 결과를 초래하고 있다. 실용주의는 궁극적으로 효율적이면서도 직접적으로 실생활에 도움이 되는 것이 바람직하다고 보는 견해이기 때문에 지나치게 개인주의적이고 자기중심적인 사고를 갖게 한다. 이러한 개인주의적이고 자기중심적인 싱가포르 사람들을 지칭하는 말로 사용되는 것이 '키아슈Kiasu(낙오자가 되는 것에 대한 두려움)'이다. 키아슈 문화는 싱가포르가 강조해온 가족 중심, 커뮤니티 중심의 문화를 파괴하고 개인주의적 문화를 조장함으로써 싱가포르의 정체성을 해치고 있다. 국가 권위를 강조하는 싱가포르 정부의 입장에서는 이러한 개인주의를 국가의 효율성을 해치는 위협으로 간주하고 있다.

여섯 번째 문제는 싱가포르 실용주의의 기본 전제를 충족시키는 것이 어렵다는 점이다. 싱가포르의 실용주의는 기본적으로 탈이념과 탈정치가 가능할 수 있도록 정치체계가 매우 안정되고 정치 이념에 대한 논쟁과 갈등이 적어야 한다. 그러나 이러한 조건을 충족하는 국가는 많지 않다. 또 실용주의는 명확한 경제적 목표와 가시적으로 확인할 수 있는 정책결과에 대한 국민들의 동의가 있어야 하지만 많은 개발도상국들이 경제발전이라는 단일한 목표만을 가진 것은 아니다.

이를 종합해보면 싱가포르의 실용주의는 점차 그 유용성을 잃어가고 있는 개념이라고 할 수 있다. 1970년대와 1980년대 경제적 · 정치적 어려움에 처해 있던 작은 도시국가 싱가포르가 '생존'이라는 절박한 상황과 마주했을 때 여러 어려움을 극복할 수 있었던 힘은 문제 해결에 초점을 맞추는 적극적인 실용주의 정신에 있었다고 볼 수 있다. 그 결과 싱가포르는 20세기 동안 빠르게 경제를 성장시키고, 효율적인 사회 시스템을 구축할 수 있게 되었다. 이것은 싱가포르가 추구하는 실용주의의 목표가 어느 정도 달성되어 가고 있음을 의미한다. 하지만 싱가포르는 아직 "새로운 세대의 실용주의의 목표는 과연 무엇이 되어야 하는가?"라는 질문에 대한 대답을 찾지 못하고 있다. 적지 않은 싱가포르의 신세대들은 현재의 탈이념, 탈정치의 실용주의 시스템이 부적절하다고 생각하고 있다. 그러면서도 그들은 정치에 참여하거나 새로운 이념을 적극적으로 탐색하기가 쉽지 않다는 점을 잘 인식하고 있다. 지난 50년간 인민행동당의 권력 독점이 앞으로도 쉽게 바뀌지 않으리라고 생각하고 있다. 안타깝게도 실용주의는 신세대들에게 다시 탈이념과 탈정치를 암묵적으로 선택하게 하고 있다. 뿌리 깊은 실용주의적 사고는 신세대들로 하여금 현실성이 낮은 정치개혁에 관심을 기울이게 하기보다는 정치무관심주의를 심화시키는 부정적인 역할을 하고 있는 것이다. 여러 인종으로 구성되어 있고 다양한 동서양의 문화를 흡수해온 싱가포르가 싱가포르만의 예술(연극, 영화, 음악 등)과 창조적인 문화를 만드는데 성공적이지 못한 이유도 실용적인 목표를 강조하면서 창의성을 억압하는 싱가포르의 현실에 어느 정도 기인한다고 할 수 있다.

2015년 리콴유 사망 이후에도 인민행동당은 무려 70%의 지지를 받아 총선에서 압승하였다. 싱가포르의 탈이념, 탈정치의 실용주의 결과는 단순히 리콴유의 유산임이 아니라 여전히 현재진행형임을 보여준다. 북한의 위협과 경제적 불안정의 가능성에도 불구하고 촛불 시위를 통해 대통령을 탄핵하고, 평화로운 선거를 통해 민주적으로 정권을 교체하는 우리의 입장에서 정권의 변화를 두려워하는 싱가포르 시민들의 선택을 이해하는 것은 쉽지 않다. 어쩌면 이는 우리나라가 1980년대 이후 치러온 민주주의에 대한 시행착오의 비용을 지불하지 않은 싱가포르가 어쩔 수 없이 선택할 수밖에 없었던 결과인지도 모른다.

제 7 장

싱가포르의 국가주의의 가치

SINGAPORE

SINGAPORE

국가주의는 개인과 국가의 이익이 충돌할 때 개인보다는 국가의 이익을 우선시하는 이념이다. 민주주의를 달성한 우리나라에서 국가주의는 시대에 뒤떨어진 반민주주의적 가치로 전락한 지 오래다.[1] 우리나라에서 국가주의는 독재, 자유에 대한 억압, 혹은 관료주의 등으로 상징되고 있다. 이러한 국가주의의 대척점에 있는 것이 시장주의이다. 흔히 신자유주의라고 표현되는 시장주의는 시장의 기능을 강조하면서, 국가가 시장에 개입하는 순간 사회에 문제가 발생하고, 국가는 궁극적으로 개인의 자유를 억압하기 때문에 그 역할을 최소화해야 한다고 주장한다.

이러한 국가주의와 시장주의라는 극단적인 생각 사이에, 개인의 자유는 보장하되 개인의 이익과 공동체의 이익을 일치시키려는 공동체주의가 존재한다. 공동체나 커뮤니티라는 단어가 긍정적인 느낌을 주는 단어이기 때문에 공동체주의에 호감을 갖는 사람들이 많지만 공동체주의는 여러 한계도 가지고 있다. 공동체 내부의 사람과 외부의 사람을 구분하는 경향을 보이기 때문이다. 학연 · 혈연 · 지연도 공동체주의의 일종이라고 할 수 있는데 공동체주의가 가진 폐쇄성이 잘 나타나는 부정적 특징이다. 공동체주의의 또 다른 이름은 집단주의인데 이는 왠

1 국가가 가장 우월한 조직이며, 시장과 시민에 대한 신뢰가 낮기 때문에 국가 권력이 사회 정책을 통제해야 할 뿐만 아니라, 복지 · 교육 · 문화 · 보건 · 경제 등의 문제 역시 국가 주도로 해결해야만 한다고 생각하는 현상이 한국에서도 다시 나타나고 있다. 특히 코로나 위기 극복 과정에서 대규모 재정지출 및 국가의 적극적 방역 대응이 요구되는 상황하에서 이러한 '큰 국가'로의 귀환이 보다 빠른 속도로 진행되고 있다. 이에 대해 단순히 가치판단을 내리기는 어렵지만, 여기에서는 국가가 과연 우리가 직면한 문제를 해결할 도덕적 정당성과 실질적 능력을 갖고 있느냐가 핵심적인 질문이 될 수 있을 것이다.

지 공산주의나 사회주의와 같이 부정적인 느낌의 단어와 가깝다. 싱가포르의 국가주의는 공동체주의, 집단주의, 국가사회주의의 성격이 혼재된 형태로 존재한다. 저자가 온화한 표현인 '공동체주의'라는 단어나 극단적인 표현인 '집단주의'라는 용어를 사용하지 않은 것은 싱가포르의 국가주의가 가진 복잡한 측면 때문이다.

싱가포르에서는 정치, 경제, 사회 문제가 발생할 경우 국가가 적극적인 역할을 해야 한다는 점을 의심하지 않는다. 또한, 그 국가의 역할에 반드시 시민의 의견을 반영할 필요는 없다. 엘리트들로 구성된 국가의 지도자 그룹은 무엇이 국가와 사회에 가장 큰 이익인지를 판단할 뿐이다. 국가는 끊임없이 개인과 사회를 불안정 속에서 보호해야 하며 국민은 이 국가의 보호를 받기 위해 국가가 제시한 질서를 따라야 한다. 국가에 대한 무책임한 비판은 허용되지 않는다. 국가 정책에 문제가 있더라도, 국가가 자신들의 정책에 오류가 없음을 증명할 책임을 지기보다는 국가 정책을 비판하는 사람이 국가의 정책에 오류가 있음을 증명해야 하는 체제이다. 따라서 당연히 국가에 대한 비판은 줄어들게 되고 이런 입증책임 문제는 야당 정치인, 언론뿐만 아니라 종교인을 비롯한 일반 시민들에게도 엄격히 적용된다. 그 결과 수상이 언론사를 상대로 명예훼손 소송을 거는 일이 전혀 낯설지 않은 사회가 싱가포르이다.

물론 싱가포르의 국가주의를 부정적인 관점에서만 이해해서는 안 된다. 만일 우리가 국가의 역할과 기능을 극단적으로 부인하기 위해서는 충분한 대안을 제시해야 한다. 하지만 국가의 역할을 대신할 수 있는 대안을 제시하기는 결코 쉽지 않으며 싱가포르 역시 이 점을 잘 이해하고 있다. 따라서 싱가포르는 시장주의자의 비판을 수용하면서도, 국가가 우선이며 가장 중요하다는 가치는 확고히 지켜왔다.

다른 나라에서도 국가주의는 많은 긍정적인 역할을 해왔다. 독일은 철강산업을 중심으로 한 국가 주도의 발전을 통해 산업화가 가능했고, 우리나라 역시 국가 주도의 경제발전을 이루었다. 장하준(2008)이 지적하듯 많은 선진국들이 그들의 경제발전 초기에 보호무역주의를 통해 경제성장을 이루었다. 국가는 사회 안정에도 중요한 역할을 한다. 마키아벨리Niccolò Machiavelli는 『군주론Il principe』에서 "무질서한 상태보다는 차라리 독재 상태가 낫다."고 주장하였다. 리비아, 시리아, 이라크 등의 중동 국가들에서 독재자들이 축출되었음에도 불구하고 이후 국가 기능이 제대로 작동하지 못하는 무질서 상태로 전락하게 됨에 따라 국민의 삶이 심각하게 위협을 받는 것을 보면 마키아벨리의 말에 어느 정도 수긍이 간다. 무질서로 인해 다수에게 자유와 안전을 위협받기보다는 차라리 국가라는 하나의 리바이던Leviathan에게 위협을 받는 게 나을지 모른다는 토마스 홉스Thomas Hobbes의 생각도 같은 맥락이라고 할 수 있다.

역동적인 변화를 경험해온 우리나라에서는 끊임없이 박정희 정부 체제를 이념형으로 하여 국가주의로의 회귀를 꿈꿔 온 정치인들이 많이 있다. 국가관을 확립한다는 이유로 국정교과서 채택을 밀어붙이던 박근혜 정부의 정책이 그렇고, 강력한 정부를 바라는 국민의 희망도 국가주의의 영향이라고 할 수 있다. 어쩌면 우리의 이런 정치 환경 아래에서 '가정에서 아버지가 자식을 돌보는 것처럼, 국가가 국민을 보살피고 이끌어야 한다'라고 주장하는 싱가포르를 매력적으로 생각하는 사람들이 많은 것은 당연한 것인지도 모른다.

강력한 국가에 대한 시민들의 희망은 소위 진보를 자처하는 정부 아래에서도 마찬가지로 나타난다. 국가가 진보의 이념에 봉사할 수 있도록 관료들을 통제하고 이념에 맞는 정책을 강력하게 시행하기를 바란다. 그리고 국가 정책이 실패하더라도 이념은 정당했으나 실행상의 문제나 반대세력의 방해 때문이라고 정당화한다. 이 과정에서 '국가가 무엇인가'라는 질문을 던지게 되면, 그것이 국가를 이끌어가는 이념적 집단을 의미하는지, 행정부나 입법부와 같은 헌법기관과 제도를 의미하는 것인지가 불분명함을 쉽게 알 수 있다.

싱가포르의 국가주의를 이해하기 위해서는 국가에 대한 극단적인 생각을 내려놓을 필요가 있다. 인터넷에서 싱가포르에 대한 『한겨레』와 『조선일보』 기사를 한번 찾아보면 두 신문이 싱가포르에 대해 얼마나 다른 관점을 가고 있는지 쉽게 확인할 수 있을 것이다. 『한겨레』는 언론의 자유를 억압하고 일당 독제체제를 유지하는 국가로 싱가포르를 묘사하는 경우가 많고, 『조선일보』는 강력한 정부에 의한 질서 유지와 경제성장을 통해 번영을 이룬 국가로 싱가포르를 묘사한다. 어쩌면 싱가포르의 국가주의에 대한 이 두 신문의 모습은 1970년대 박정희 정부 시대의 상반된 관점이 싱가포르에 투영되고 있는 좋은 예라고 할 수 있다. 싱가포르를 통해 박정희 정부 시대를 그리워하며, 개인의 자유와 언론의 자유는 어느 정도 포기하지만 강력한 국가지도자가 사회를 영도하고 질서를 유지하며 경제를 발전시켜 주는 그들의 모습에서 데자뷔를 느끼고 있는지도 모른다. 일부 사람들은 박정희 정부 시대가 유지되었다면 우리나라가 싱가포르와 같은 번영을 이룰 수 있다고 믿는다. 과연 그럴까?

1. 싱가포르 국가주의의 사례들

가. 껌, 흡연, 마약 그리고 각종 규제들

싱가포르에는 많은 규제가 있다. 예를 들면 정부는 가정집의 화분에 물이 고여 있으면 벌금을 부과할 수 있다. 이것은 사생활의 침해라고 볼 수도 있지만, 한편으로는 말라리아나 뎅기열을 옮기는 모기가 생겨나는 것을 방지하기 위한 공익의 관점에서는 정당화될 수 있다. 또 우리나라 관광객들에게 이미 널리 알려져서 새로울 것은 없지만, 싱가포르에서는 껌을 팔 수 없으며 싱가포르로 껌을 가지고 들어오는 것도 불법이다. 그 이유는 껌을 함부로 버리면 지저분하기 때문이라고 한다. 싱가포르에는 이 같은 화분의 물이나 껌과 관련된 금지 말고도 수많은

각종 금지 표지판들

금지 표지판들이 있다.

물론 우리나라에도 무수히 많은 경범죄 처벌 조항들이 있다. 싱가포르가 우리나라와 다른 것은 각종 금지 사항들을 시민들이 잘 볼 수 있도록 게시하고 있다는 점이다. 또한, 주기적으로 신문이나 방송을 통해 특정 경범죄에 대한 단속을 강화한다는 소식들을 시민에게 알린다. 2014년만 해도 거두어들인 교통범칙금traffic fine이 우리나라 돈으로 500억 원에 달한다. 규칙의 정당성과 관계없이 일단 만들어진 규칙은 매우 엄격하게 집행된다. 그리고 이런 집행이 국가 권력에 대한 순응을 유도하고 행동을 변화시킨다. 껌의 예를 살펴보자. 많은 싱가포르 사람들은 껌이 거리를 지저분하게 하는 물건이라고 인식하고 있다. 또 껌이 팔리지 않기 때문에 껌을 씹는 습관을 지니지 않은 사람들이 많다. 껌을 규제함에 따라 껌을 씹는 행위도 자연스럽게 변화시킨다. 따라서 껌을 씹지 못하도록 하는 데 정부가 큰 비용을 지불할 필요가 없다.

모든 국가는 그 나름대로 독특한 규제를 갖고 있다. 행정학에는 '온정적 간섭주의paternalism'라는 용어가 있다. 아이들이 바르게 행동하지 못할 때 아버지가 아이들에게 훈계하여 가르치듯이, 국가는 시민들이 부적절한 행동을 할 때 개인의 자유를 제약할 수 있다는 입장이다. 카지노 출입을 여러모로 제한한다든지, 흡연을 금지한다든지, 안전띠를 매도록 한다든지 하는 것이 그 예이다. 이 온정적 간섭주의는 대부분의 나라에서 발견되지만 시민들이 이 온정적 간섭주의를 허용하는 정도는 다르다. 싱가포르는 온정적 간섭주의가 매우 높은 사회일 뿐 아니라 규제를 강력히 집행하기 때문에 외부인으로서는 더욱 규제가 많은 나라처럼 보일 수 있다. 하지만 시민들이 이것을 자신들 생활의 일부로 받아들인다면 그것은 생활양식이 된다.

나. 예방적 체포 및 구금

싱가포르의 형법은 사회 안정을 해치는 범죄자의 경우에는 재판 없이 구금할 수 있는 권리를 싱가포르 정부에게 부여하고 있다. 1955년 도입된 「Criminal Law Temporary Provisions Act CLTPA」는 원래 한시법으로 제정된 것이었는데 조직범죄나 마약범죄, 그리고 중대한 사회질서를 해치는 행위를 예방하기 위한 것이었다. 그러나 문제는 사회 안정을 해치는 범죄의 범위가 매우 광범위하여 시민이 공정한 재판을 받을 권리를 침해하고 따라서 인권침해의 여지가 매우 크다고 할 수 있다는 것이다.

2012년 11월 중국으로부터 고용한 102명의 버스 운전사들이 말레이시아나 싱가포르 운전사에 비해 적은 월급을 받는 것에 반발하여 일하는 것을 거부하다가 얼마 후 다시 업무에 복귀한 사건이 발생했다. 이 파업 노동자들은 CLTPA에 의해 기소되는데 여기서 판사는 억제적 선고deterrence sentence를 하면서 파업 행위가 시민들에게 매우 중대한 영향을 줄 가능성이 있기 때문이라고 주장하였다. 그 결과 그들 중 4명은 감옥에 들어가게 되고 29명은 중국으로 추방되었다. 이처럼 CLTPA는 중요한 서비스 분야의 불법 파업과 직장폐쇄에 적용되는데 은행, 방송, 통신, 신문, 쓰레기 처리 등 광범위한 분야에 적용되고 있다. 저자는 싱가포르 노동자들이 우리나라나 프랑스의 노동자들에 비해 임금과 복지혜택이 너무 만족스럽기 때문에 파업을 하지 않는다고 생각하지는 않는다. 외국인 가정부와 같은 저임금 노동자의 경우에는 월급이 60만 원도 안 될 정도로 임금이 적다. 노동자들이 자신들의 권리를 주장하지 못하는 이유는 국가에 의해 결정된 임금수준을 그들이 그대로 받아들여야만 한다는 논리가 널리 수용되고 있기 때문이다. 또한 CLTPA와 같은 법이 있는 한 개인이나 특정 집단의 권리 주장은 사회질서와 국가의 이익이라는 이름으로 억압되기 때문이다.

CLTPA에 따른 예방적 구금이 아주 예외적으로 적용되는 것은 아니며 2004년과 2008년 사이에 366명이 구금되었고 272명이 석방되었다.[2] 물론 이 법이 조직폭력배 소탕과 같은 사회질서 유지에 사용되기도 한다. 2010년 11월, 19세의 학생이 칼에 찔려 숨진 사건이 발생하였는데 싱가포르 정부는 이것이 조직폭력집단과 관련이 있다고 판단하였다. 이에 싱가포르 정부는 대대적으로 조직폭력배 검거에 나서기 시작하였고 예방적 구금을 적극적으로 활용할 것임을 천명하였다. 실제로 2010년도의 범죄율은 전년 대비 4.5%p나 감소한 것으로 나타나고 있다.

예방적 구금preventive detention은 사회질서 유지만을 위해 사용되는 것이 아니라 정치적 반대파에게도 사용된다. 「국가보안법Internal Security Act」은 1960년 말레이시아 의회에 의해 제정되었던 것이 1963년 싱가포르가 말레이시아 연방에 편입하면서 싱가포르에도 적용되기 시작해서 그 이후에도 계속 적용된 법이다. 이 법에 따르면 사회질서를 어지럽히거나 위협하는 사람은 재판 없이 예방적 구금을 할 수 있도록 되어 있다. 이 법에 따라 야당이었던 사회주의전선Barisan Sosialis 당의 치아타이

2 이 법에 대한 개괄적인 배경과 싱가포르 정부의 입장에 대한 구체적인 논의는 http://en.wikipedia.org/wiki/Criminal_Law_(Temporary_Provisions)_Act_(Singapore)를 참고하라.

포Chia Thye Poh라는 정치범이 1966년부터 1998년까지 구금을 당하기도 했다. 1988년에는 청수안체Chng Suan Tze가 마르크스주의자로서 사회 안전을 해친다는 이유로 「국가보안법」에 의해 예방적 구금을 당하기도 했다. 이때 정부가 예방적 구금을 할 수 있는 한계에 대해 법원에서 다툼이 있었다. 쟁점은 예방적 구금의 판단에 대한 객관적 검증objective test이 필요한지 여부였고 그 이전까지는 정부의 주관적 검증만으로도 가능하다는 것이 판례였다. 1988년 판례는 객관적 검증이 필요하다는 입장을 취하면서 예방적 구금의 조건을 강화했다. 하지만 싱가포르 정부는 「국가보안법」을 개정하여 국가 보안과 관련된 문제는 법원의 판단judicial review의 문제라기보다는 대통령과 장관의 판단을 존중해야 한다고 주장하였다. 이처럼 국가보안 혹은 사회질서 유지라는 이유로 정치적 자유를 제한할 수 있는 법들이 아직도 유지되고 있다는 사실은 싱가포르가 정치적 안정을 이유로 국가에게 지나치게 많은 권한을 부여하고 있음을 시사한다.

다. 강력한 규제와 요금 정책에 바탕을 둔 교통 정책

싱가포르는 1975년부터 혼잡통행료를 도입했다. 교통 혼잡이 발생하는 혼잡 지역restricted zone을 설정한 후 이 지역을 통과하기 위한 허가증을 우체국이나 주유소, 혹은 혼잡 지역이 시작되는 입구의 허가증 판매소에서 구매할 수 있도록 했다.[3] 이 정책이 시작되자 혼잡 지역을 통

3 Menon, A. P. G., & Chin, K. K. (1998). The Making of Singapore's Electronic Road Pricing System. International Conference on Transportation into the Next Millennium, Singapore.

싱가포르의 전자식 통행료 징수 시스템

과하는 차량의 수가 혼잡 시간(오전 7시 30분부터 9시 30분까지) 평균 3만 2,500대에서 7,700대로 급격히 감소하였다.[4] 1998년에는 약 10년 동안의 시험 기간을 거쳐 전자식 통행료 징수 시스템Electronic Road Pricing system, ERP system을 도입하여 교통 혼잡을 피하도록 하였다. ERP를 위해 모든 차량에 의무적으로 단말기를 설치하도록 하여 혼잡통행료를 징수하고 있다. 싱가포르와 같이 작은 나라에서 이렇게 혼잡통행료를 부과하는 것은 교통 혼잡을 피하기 위한 당연한 선택이라고 생각할 수 있지만, 실

4 Spencer, A., & Sien, C. (1985). National Policy Towards Cars: Singapore. *Transport Reviews*, 5(4), 301-324.

제로는 국가의 정책에 대한 국민의 저항이 작기 때문에 가능한 일이다. 시민의 이동을 제한하는 정책이라고 비판하던 선진국조차도 최근에는 혼잡통행료 제도를 도입하고 있으며, 중국 상하이도 싱가포르의 ERP 시스템을 도입하여 도심 혼잡을 통제할 정도이다.

싱가포르의 적극적인 국가 중심적 교통 정책을 보여주는 사례는 자동차를 구매할 때 적용되는 각종 세금이다. 싱가포르에서 자동차를 사려면 많은 세금을 내야 한다. 예를 들면 7,500만 원짜리 차를 사려고 한다면 수입관세 31%, 등록비 14만 원, 그리고 물품세 1,500만 원(차 가격의 20%), 도로세road tax, 자동차 등록세Certificate of Entitlement, COE를 내야 한다. 이 COE는 차종에 따라 정부가 차량 대수의 쿼터를 정하여 높은 가격을 부른 사람이 차를 살 수 있도록 하고 있다. COE를 획득하면 10년 동안 해당 차 혹은 동급의 차를 소유하여 운전할 수 있는 권리를 갖게 된다.[5] 그런데 문제는 이 COE 가격이 매우 높다는 점이다.

〈표 7-1〉에서처럼 COE 가격은 내날 변할 뿐만 아니라 2010년 12월

| 표 7-1 | 싱가포르 자동차 등록세(COE) 가격 (단위: 싱가포르 달러)

차량 종류	2009년 3월	2010년 4월	2010년 12월	2020년 9월
A(1600cc 이하), 택시	5,116	34,001	46,129	37,776
B(1601cc 이상)	5,001	45,501	72,001	41,510
E(무제한)	5,982	49,000	76,102	40,790

5 싱가포르를 방문하는 외국인들은 도로의 차들이 매우 깨끗한 데다 대부분 최신 모델임에 놀란다. 이것은 COE 정책과 관련이 있다. COE 권리가 10년밖에 되지 않아 10년이 넘은 차는 중고차로 팔려고 해도 사람들이 잘 사지 않는다. 이 때문에 새 차 구입을 선호하고, 중고차는 해외로 파는 것이 일반적이다.

| 그림 7-1 | COE 가격의 추세

출처: https://coe.sgcharts.com/ (검색: 2020년 9월 23일)

1,601cc 이상 중대형 차량의 가격처럼 그 가격이 높을 때는 무려 7만 2,000싱가포르 달러에 달하고 있는데, 이렇게 높은 COE 가격은 차량의 소유를 억제하는 데 매우 효과적이다. 자동차를 살 때의 각종 세금을 모두 고려하면 우리나라 돈으로 1억 원이 훨씬 넘는 비용을 지불해야 하는데 이 때문에 자동차는 싱가포르에서 부의 상징으로 인식되고 있다.

[그림 7-1]은 2009년부터 2020년까지의 COE 가격 변화를 나타낸다. 이 가격은 시차를 두고 경제가 활황일 때는 증가를 하고 경제가 침체기일 때는 감소하는 경향을 보인다. 싱가포르는 2010년 GDP 성장률이 15%에 달할 정도로 급격한 경제성장을 지속하다가 이후 점차 경제성장률이 줄어들어 2018년 3.4%의 성장을 하게 되는데, COE 가격은 2013년에 최고점에 도달한 후 이후 점차 감소하는 추세를 보이고 있다.

한편 싱가포르는 자동차 등록 대수 제한 시스템vehicle quota system에 따라 전체 자동차 등록 대수를 제한하고 있으며 2015년 기준 전체 자동차 등록 대수를 매년 0.25%씩 증가시키도록 규제하고 있다. 하지만 개인들이 차를 소유할 수 있는 권리조차 정부가 통제한다는 것은 자유주의 관점에서는 받아들이기 힘든 현실이다. 또 실제 이렇게 차량 소유권을 제한해서 얻는 편익은 높은 COE값을 지불할 수 있는 고소득층에 집중된다는 비판도 가능하다. 만일 우리나라 사람들에게 싱가포르식의 높은 혼잡세나 COE 정책을 받아들일지를 묻는다면 아마도 우리는 그것을 정부의 과도한 간섭주의라며 비판할 것이다.

라. 공공주택 정책

싱가포르에서 가장 성공적인 정책이 무엇이냐고 물어보면 공공주택 정책이라고 대답하는 사람들이 많다. 1960년대만 해도 모든 국민이 자기 집을 갖도록 하겠다는 리콴유의 약속이 실제로 실현될 것으로 기대한 사람들은 많지 않았는데, 싱가포르는 공공주택 정책을 통해 이를 달성해낸 것이다.

초기 싱가포르의 주택 정책은 슬럼을 없애고 도시지역을 개발하며 공공주택을 제공해주는 데 초점을 맞추고 있었다. 이러한 목적에 맞추어 1960년 2월 싱가포르의 주택개발국Housing Development Board, HDB이 설립되었다.[6] 이 이름을 따서 싱가포르에서는 공공주택을 'HDB'라고 부른다. 당시 싱가포르가 공공주택 정책을 펼 수 있었던 것은 대부분 토지가 국가 소유였고 국가를 중심으로 한 개발 정책이 이루어졌기 때문이다. 초기에는 주택의 소유 기간이 정해져 있다는 것에 대해 반발이

6 HDB. (2020). HDB History and Towns. 8 February, https://www.hdb.gov.sg/cs/infoweb/about-us/history (검색: 2020년 11월 10일)

싱가포르의 과거 공공주택과 최근 공공주택

켰지만 99년 동안의 소유를 보장하기 때문에 국민들은 이를 수용하기 시작하였다. 주택의 소유기간을 제한하는 것은 홍콩이나 호주의 캔버라, 중국 등 다양한 국가에서 채택하고 있는 정책이기도 한다.

그 이후 다수의 국민에게 공공주택이 보급되면서 정부는 HDB를 자산 증진wealth enhancement 수단으로 보는 관점을 강조하기 시작하였다. 즉 공공주택이 주거의 목적 이상의 가치를 가지고 있음을 공식적으로 인정하기 시작한 것이다. 1995년 수상이었던 고촉통은 “정부는 싱가포르 국민이 주택 가치의 증가 혜택을 누리기를 바라며 또 가격이 상승하도록 할 것이다.”라고 주장하기도 하였다. 이것은 가격 상승과 구매 가능성affordability 간의 모순을 내포하고 있다.

싱가포르에서는 대다수 국민이 공공주택을 소유하고 있으므로 정부가 공공주택의 가격을 상승시켜 국민의 자산을 증진시키는 것이 정치적으로는 선호되는 선택이다. 하지만 이 정책은 새로 공공주택을 구입해야 하는 젊은 세대들에게는 높아진 주택 가격으로 인한 구매의 어려움을 초래한다. 주택 가격이 어느 정도 되어야 적절한지에 대한 정확

| 표 7-2 | 공공임대주택의 수요와 공급

(단위: 채)

연도	수요	공급	공급-수요	(공급-수요)/수요 (%)
1960~1965	2,967	53,777	50,810	1713
1966~1970	40,013	63,448	23,435	59
1971~1975	123,213	110,362	−12,851	−10
1976~1980	141,430	130,981	−10,449	−7
1981~1985	205,502	189,299	−16,203	−8
1986~1990	194,206	119,708	−74,498	−38
1991~1995	308,454	98,994	−209,460	−68
1996~2000	129,904	157,919	28,015	22
2001~2005	51,052	55,135	4,083	8
2006~2010	64,767	23,519	−41,248	−64
2011~2015	136,537	96,991	−39,546	−29
2016~2019	68,970	78,791	9,821	14
합계	1,467,015	1,178,924	−288,091	20

출처: 각종 HDB 연간 보고서, https://www.hdb.gov.sg/cs/infoweb/about-us/news-and-publications/annual-reports

한 규칙은 없지만, 일반적으로 주택유지비(주택융자 상환금, 세금, 난방비 포함)가 전체 수입의 30% 이상이 되지 않아야 한다고 한다.[7] 하지만 〈표 7-2〉에서와 같이 주택의 수요는 공급을 초과하는 것이 일반적이었다. 2006년부터 2015년까지의 주택공급 부족은 매우 심각한 수준이었다. 이런 공급 부족 현상은 주택 정책에 대한 국민의 불만을 증대시키는 요인이 되었으며 2011년 총선에서 집권당이 낮은 득표율을 얻은 것도 젊

7 Diane, R. S. (1995). *Manufactured Housing: An Affordable Alternative*. Washington, D.C.: Urban Land Institute, p.11.

은 세대의 이러한 불만 표출이 원인이었다는 주장도 있다. 하지만 2011년 이후 싱가포르 정부는 꾸준히 HDB 공급을 늘렸고 최근에는 공급이 수요를 초과하는 상황이 나타나고 있다. 〈표 7-2〉에서 확인할 수 있듯이 2011~2015년에는 약 9만 7,000채의 공급이 이루어졌는데 이는 2006~2010년 기간 동안의 공급에 비해 4배 이상 증가했다. 이러한 적극적 공급정책은 청년들이 주택 부족에 대한 반발을 줄이는 데 큰 기여를 하였다.

공공주택을 더 많이 공급하는 것이 항상 좋은 것일까? 싱가포르에서 정치적으로는 과소 공급이 바람직할 수 있다. 국가발전부Ministry for National Development 장관 마보탄Mah Bow Tan은 "공공주택을 많이 지을수록 공공주택의 가격은 계속해서 떨어지게 되는데, 이것은 여러분들이 원하는 결과가 아니다."라고 주장하고 있다.[8] 이것은 공공주택의 가격을 보다 높여야 한다는 기존 주택 수요자들과 신규로 더 많은 공공주택을 공급해야 한다는 잠재적 주택 수요자들의 상충되는 요구에 직면하고 있는 싱가포르 정부의 상황을 잘 보여준다.

하지만 싱가포르의 집값은 적극적인 공공주택 공급으로 인해 상대적으로 낮은 편이다. 공공주택 판매 가격을 보면 약 35평 정도 되는 5개 방five rooms을 갖춘 HDB의 가격이 2020년 현재 한국 가격으로 약 4억 원에서 6억 원 정도이며, 3개 방이 있는 신혼부부가 살 수 있는

8 마보탄은 1999년부터 2011년까지 국가발전부 장관을 역임했는데 그가 주택정책에 대해 언급한 것을 모아 놓은 Reflection on Housing a Nation은 싱가포르의 asset enhancement, 즉 주택 자산 가치 상승을 중요한 목표로 삼는 주택 정책의 방향을 잘 보여주고 있다. 이 문서는 다음 웹사이트를 참고하라.
https://www.mnd.gov.sg/Reflections%20on%20Housing%20a%20Nation/Reflections%20on%20Housing%20a%20Nation.pdf

집은 2억 원 미만이다. 이때 집값을 모두 지불하는 것이 아니라 우리나라 국민연금에 해당하는 중앙적립기금Central Provident Fund Board, CPF의 일반계좌Ordinary Account를 통해 주택가격의 약 10% 정도를 첫 선불금down payment으로 지불한 후 보통 30년에 걸쳐 나머지 집값을 갚아나가는 방식을 취한다. 따라서 2억 원짜리 집을 사려는 신혼부부는 2,000만 원만 있으면 집을 구입할 수 있는 것이다. 이렇게 구입한 공공주택은 영구 거주를 할 수 있지만 다른 사람에게 재판매할 때는 HDB를 통해서 재판매를 해야 한다. 일반적으로 부동산 가치가 상승하기 때문에 재판매 HDB 가격은 신규 분양 HDB보다 높다. 다만 정부가 HDB 공급을 적절히 하는 경우 자격 조건을 갖춘 구입자는 재판매 HDB를 살 유인이 없고, 재판매 HDB를 구입할 수 있는 자격도 부부 중 최소 1명이 싱가포르 시민권을 갖거나 2명 모두 영주권이 있어야 하기 때문에 재판매 HDB를 투기 목적으로 구입하는 것은 쉽지 않다. 특히 재판매도 평생 2번밖에 할 수 없기 때문에 투기의 유인이 더욱 낮다. 결국 지속적인 공공주택의 공급, 낮은 초기 주택 구입 자금, 투기 목적의 구매 유인 방지 등을 통해 싱가포르는 시민들에게 낮은 가격으로 공공주택을 공급할 수 있었던 것이다.

싱가포르의 공공주택 정책을 한국에 적용하기에는 몇 가지 문제가 있다는 점에 유의할 필요가 있다. 첫째, 싱가포르는 도시국가이기 때문에 거주 이동에 큰 문제가 없다는 점이다. 한국처럼 직장 위치의 변경이나 그 밖의 다른 이유로 거리가 멀리 떨어진 지역들을 옮겨 다녀야 하는 경우, 공공주택의 거래 횟수를 제한하여 영구 소유하도록 하는 정책은 많은 문제를 초래할 수 있다. 둘째, 토지공개념의 문제이다. 싱가포르는 토지가 국가 소유이고, HDB는 토지구입비로 큰 비용을 지불하지 않아도 되기 때문에 싼 가격으로 주택을 공급할 수 있는 것이다. 한국의 경우 토지구입비가 높기 때문에 아파트 원가가 높은 문제점이 있다. 셋째, 민간주택시장의 규모이다. 싱가포르에서 민간주택시장은 콘도미니엄이라는 고급 아파트를 중심으로 형성되어 있고 이 아파트들의 가격은 대부분 10억 원 이상이지만 국민의 86% 이상은 공공주택에서 거주한다. 반면 한국은 민간주택이 대부분이기 때문에 공공주택을 늘리기 위해서는 민간주택시장의 축소가 불가피해지게 되므로 민간 부문의 반발을 감수해야 한다. 저가의 공공주택을 급격히 공급하는 경우 민간주택의 자산가치가 하락하게 되어 심각한 경기 침체를 초래할 수도 있다.

싱가포르가 유지하고 있는 HDB라는 독특한 공공주택 제도는 결국 국가가 주도해서 주택을 공급하는 것에 대한 제도적 기반과 사회적 합의가 있기 때문에 가능한 것이다. 또한 정부가 지속적으로 공공주택의 공급이 가능하도록 시장에 기반한 가격 정책을 취해왔다는 점에 주목할 필요가 있다. 즉 무조건 낮은 가격을 책정하기보다는 시장 상황을 반영하여 가격을 매겨왔기 때문에 그 수익을 바탕으로 재투자가 가능했던 것이다. 그럼에도 불구하고 최근 매년 1조 원 이상의 적자가 나고 있는데 이는 정부보조금grant으로 충당된다.

마. 공기업 정책

혹자는 싱가포르가 개방경제나 국가의 개입이 없는 자유시장경쟁 정책을 추구한다고 잘못 생각할 수 있다. 하지만 실제 싱가포르 시장에서는 국가의 영향이 강한데 특히 공기업을 중심으로 한 국내 산업에서 국가의 영향력은 절대적이다. 싱가포르만의 독특한 점은 국가가 공기업의 상당한 지분을 갖고 있지만 경영에 있어서는 이익 극대화를 위한 시장주의적 접근을 하고 있다는 점이다.

1970년대와 1980년대만 해도 싱가포르 제조업 분야의 총생산에서 공기업Government Linked Companies, GLCs이 차지하는 비중이 14~16%에 달했으며(Sikorski, 1989: 75) 이 사정은 1990년대 말에 접어들어서도 크게 변화하지 않았다. GLCs가 경제에서 차지하는 규모가 얼마나 큰가에 대해서는 GLCs를 어떻게 정의하는가에 따라 달라질 수 있지만, 그것을 '정부가 지분을 20% 이상 소유한 기업'으로 정의한다고 할 때 GLCs는 GDP의 약 12.9%를 차지하고 있으며, 다국적기업은 무려 GDP의 42%를 차지하고 있다(Singapore Department of Statistics, 2001: 11). 정부 부문이 GDP의 8.9%를 차지하고 있는 것을 고려하면 공공 부문이 싱가포르 경제에서 차지하는 비중이 크다는 것을 잘 보여준다.[9] 최근의 자료를 살펴보면 2008년부터 2013년까지 싱가포르 주식시장에서 GLCs가 평균 37% 정도의 비중을 차지할 정도로 상당히 큰 규모이다(Sim et al., 2014: 6).

싱가포르 GLCs의 역사는 1960년대 중반부터 본격적으로 시작되었다. GLCs는 「회사법Companies Act」에 의해 만들어지지만, 의회의 통제를 받지는 않는다(Ramirez & Tan, 2003: 4). GLCs는 1960년대부터 각 부처의 정책적 필요, 다국적기업과의 합작 사업을 위한 필요, 특정 산업 분야의 전략적 육성 등의 다양한 필요에 의해 만들어지기 시작하다가 1974년

9 Singapore Department of Statistics. (2001). *Contribution of Government–Linked Companies to Gross Domestic Product*. Singapore Department of Statistics, p.8.

싱가포르 정부가 테마섹 홀딩스Temasek Holdings라는 국영지주회사State-Owned Holding company, SOH를 설립하면서 체계적으로 관리되기 시작한다. 여기서 주목해야 할 것은 SOH의 역할이다. 싱가포르 정부는 공식적으로는 테마섹 홀딩스가 국부펀드는 아니라고 부정하지만 실질적으로는 GIC와 함께 싱가포르의 국부펀드와 같이 운영된다. GIC는 주로 해외투자, 테마섹 홀딩스는 국내투자를 담당하며 특히 공기업GLCs에 많은 투자를 해왔다.

공기업은 경제적 가치를 창출해야 하는 경제적 목적과 공공가치에 이바지해야 하는 사회적 목적을 동시에 추구하도록 요구받고 있다. 특히 후자의 목적 때문에 정부의 관련 부처에서 공기업의 경영활동에 개입하는 일이 빈번하게 발생한다. 이러한 개입은 공기업의 대주주로서의 권리를 주장하고 공기업의 성과를 평가하고자 하는 노력이라는 측면에서 긍정적으로 바라볼 수 있다. 특히 주인-대리인principal-agent 관계처럼 공기업이, 대주주인 국민과 정부의 이익에 반하는 행동을 할 가능성이 크다는 점에서 공기업에 대한 적절한 감시 활동은 필요하다. 반면, 지나친 정부의 개입은 공기업의 또 다른 목표인 경제적 가치 창출을 방해한다. 특히 공기업이 대규모 적자를 발생시키는 경우 시민들의 조세부담은 커질 수밖에 없다.

이러한 공기업 관리 문제를 해결하는 방법의 하나는 국영지주회사SOH를 활용하는 것이다. 이 방법에 따르면 정부는 공기업에 대한 소유권과 통제권을 서로 분리하여 SOH에 통제권을 부여하고 SOH는 외부투자자의 관점에서 공기업의 경영활동을 감시하는 주인principal의 역할을 하는 동시에, 다른 한편으로는 정부와 관련 부처의 대리인agent 관점에서 공기업에 관해 책임을 지도록 하는 것이다(Sam, 2008: 64). Sam(2008)이 주장하듯이 싱가포르에서 테마섹 홀딩스는 기업의 소유 구조corporate governance를 튼튼히 하였을 뿐 아니라 공기업의 방만한 경영을 방지하는 데 크게 이바지하였다는 평가를 받는다.

싱가포르에서 GLCs의 민영화 논의는 실용주의에 기반한 정책 결정의 특징을 매우 잘 보여준다. 싱가포르에서는 민영화의 이념적인 측면(시장 중심이냐 정부 개입이냐)에 중점을 두어 GLCs냐 민영화냐 하는 논의에 초점을 맞추기보다는 효율적으로 서비스를 제공하고 더 많은 경제적 가치를 창출하기 위해서는 어떻게 해야 하는지를 문제 중심적 관점에서 접근해왔다. 이를 좀 더 구체적으로 살펴보면 다음과 같다.

먼저 싱가포르에서 민영화 논의는 다른 나라에서와 달리 '공기업은 비효율적inefficiency이다'라는 가정에서 출발하지 않았다는 점이다. 일반적으로 민영화 논의가 활발히 제기되는 국가에서는 '공기업이 정부의 비호하에 성장하고 관료들이나 정치인들의 영향력하에서 운영되기 때문에 비효율적'이라는 주장이 강력한 가설로 받아들여지고 있다. 하지만, 공기업이 비효율적이라는 주장은 최소한 싱가포르에서는 받아들여지지 않는다.

1987년 개통된 싱가포르의 지하철Mass Rapid Transit, MRT만을 보더라도 2016년 현재 약 54%의 지분[10]을 테마섹 홀딩스가 소유하고 있지만 2016년 회계연도만 보더라도 자기자본 수익률이 12.3%에 달하고 있다. 싱가포르 텔레콤Singapore telecom의 민영화 결과에 관한 실증연구를 보더

10 이 지분율은 2005년 현재 62%에서 줄어든 것으로 점차 정부 지분이 줄어들고 있음을 보여준다.

라도(Heracleous, 2001) 민영화 전후의 수익에서 큰 변화가 없을 정도로 싱가포르의 공기업은 민간기업과 견주어 뒤처지지 않는 성과를 내는 것으로 알려져 있다. 이 배경에는 첫째, 싱가포르 정부가 공기업에 특혜를 주는 것을 자제하고 있고, 적극적으로 시장경제에 초점을 맞추어 운영해오고 있다는 점, 둘째, 비록 정부가 이사회 임원의 임명 등에 영향력을 행사하고 전직 관료들이 공기업 운영에 관여하기는 하지만 정치적 동기에 의해 공기업이 운영되는 경우가 적다는 점을 들 수 있다. 싱가포르 지도자들은 GLCs는 시장경제의 원리에 의해 운영되고 있으며 정부의 개입이 적다는 점을 지속적으로 지적해왔고(Ramirez & Tan, 2003: 5-6) 실제 정경유착이라는 단어가 싱가포르에서 정치적으로 큰 문제가 되는 경우는 드물다. 또한, 전직 관료들이 공기업 운영에 참여하는 것 역시 사회적으로도 용인되는 실정이다. 이 배경에는 싱가포르가 뛰어난 인재를 의도적으로 양성하고 이들을 정부와 인민행동당의 지도자 그룹으로 끌어들이려는 엘리트주의, 그리고 그러한 엘리트주의에 의해 양성된 우수한 공직자의 공기업 참여에 대해 관대한 사회적 인식이 자리 잡고 있다.

이러한 GLCs의 긍정적인 역할에도 불구하고 민영화의 필요성을 주장하는 측에서는 싱가포르 GLCs의 높은 효율성은 결국 정부의 보호 덕분에 가능하다는 의구심을 제시한다. 그러나 1994~1998년의 재무 자료를 분석한 실증연구 결과에 따르면 비록 아시아 금융위기가 있었다고는 해도, 공기업과 비공기업은 동일한 수준의 유동성 제약에 직면하고 있을 정도로 정부가 GLCs에 특혜 금융을 제공하고 있는 것은 아닌 것으로 나타났다(Ramirez & Tan, 2003). 또한, 이 연구에서는 다른 조건들이 동일하다면 자본시장에서 공기업이 비공기업에 비해 약 20% 정도의 자산가치를 더 높게 평가받고 있음을 보여주고 있다. 이는 여러 측면에서 해석할 수 있지만 GLCs가 자본시장에 주는 안정적인 이미지가 높다는 점은 부인할 수 없다고 할 것이다. 이는 Sim 등(2014)의 연구에서도 뒷받침되고 있다.

이렇게 GLCs에 대한 부정적인 영향이 크지 않다면 왜 싱가포르 정부는 민영화를 시도해오고 있는 것일까? 이에 대한 답을 찾기 위해서는 1985년 시작된 민영화 논의를 체계적으로 계획하고자 설립된 공공부문 주식매각위원회Public Sector Divestment Committee의 보고서를 살펴볼 필요가 있다. 이 위원회의 이름에 쓰인 단어가 'divestment'인 것처럼 싱가포르 정부는 경제가 성장함에 따라 다양한 소유 구조를 갖는 기업이 필요함을 인식하고 있었다(Sikorski, 1989: 76). 실제로 1974년 35개의 회사를 소유하고 있었던 테마섹 홀딩스는 2013년까지 23개 회사를 매각하였다.

GLCs 자체가 민간기업보다 뒤떨어지는 성과를 보이지 않을 뿐 아니라 시장의 신뢰를 받는 상황에서 민간기업이 이들과 경쟁하기는 쉽지 않게 된다. 이러한 상황은 점차 국내 민간자본에 의한 기업활동을 구축crowd-out하게 되어 공기업 중심, 외국자본 중심이라는 싱가포르의 편중된 경제구조를 더욱 심화시키는 문제를 초래하게 된다. 또한, 지금까지 싱가포르 정부는 공기업을 정치적 목적으로 이용하지 않고 철저히 시장 수익을 중심으로 경영할 수 있도록 해왔지만, 싱가포르 정치 시스템이 변화하면서 이러한 중립적 입장이 지속될 수 있을지에 대한 비판이 제기되었다. 따라서 민간 부문을 좀 더 확장하고 공공 부문 중심의 경제구조를 다변화하기 위해 싱가포르에서 민영화 논의가 자연스럽게 제기된 것이다. 또한, 그것은 점차 시장개입을 줄이고자 하는 정부의 기본적인 정책 방향과도 일치하는 것이었다. 실제로 싱가포르 텔레콤의 민영화는 통신산업에 대한 규제 완화 노력의 결과이기도 하다. 싱가포르의 민영화는 세계화에 따라 다국적기업들과 경쟁해야 하는 싱가포르 기업들이 직면한 경영 환경과 맞물려, 공기업 형태보다 민간기업 형태가 경쟁에서 전략적으로 우세하다는 판단도 존재했다. 특히 주목할 점은 싱가포르의 금융시장 발전이다. 1980년대 중반의 경우에는 민영화를 시도했던 싱가포르 정부의 노력에도 불구하고 민영화된 기업의 주식을 사들일 만큼 국내 금융시장과 자본이 충분하지 못했다. 그러나 금융 부문이 싱가포르의 전략산업이 되면서 싱가포르 주식시장을 발전시킬 필요가 있었고, 민영화는 이러한 목적에도 부응한 것이다.

이러한 이유로 인해 싱가포르의 민영화는 정치적인 결단을 통한 급작스러운 방식으로 이루어지지 않았다. 즉 민영화가 비효율 때문이라면 민영화에 대한 정치적 압력이 클 가능성이 크지만, 싱가포르의 민영화는 비효율이 그 배경이 아니므로 민영화에 대한 정치적 압력이 높지 않았다. 따라서 싱가포르 정부는 정치적 압력으로부터 자유로울 수 있었으며 보다 유연한 민영화 전략을 설정하고 이를 추진해나갈 수 있었다.

반면, 싱가포르 공기업 민영화의 근본적인 한계는 바로 효율성에 대한 과신에 있다고 할 수 있다. 만일 민간기업과 공기업 간의 효율성에 차이가 없다면 민간기업에 그 활동을 맡기는 것이 바람직할 수 있다. 그러나 정부가 '안정적'으로 공기업을 운영하는 것을 선호하는 싱가포르 국민의 성향에 비추어본다면 정치인들에게 굳이 민영화를 추구할 정치적 동기가 많을 수는 없다고 할 것이다. 또한, 여전히 다국적 자본과 공공 부문이 싱가포르 경제의 핵심을 차지하고 있는 상황에서, 민영화를 시도한다고 하더라도 공기업을 사들일 만한 민간자본의 여력이 충분한지도 문제가 되며, 비록 충분한 민간자본이 존재하더라도 소유 집중의 문제를 보다 악화시킬 수 있다는 문제도 있다. 더욱이 소국경제를 극복하기 위해 국부펀드를 통한 적극적인 해외투자를 진행하고자 하는 싱가포르의 전략이 실행된다면 오히려 GLCs 형태로 덩치를 키운 대기업을 통해 국제시장에서 경쟁하는 것이 선호될 수 있을 것이다. 결론적으로 싱가포르의 민영화의 속도는 더딜 수밖에 없으며 그 결정은 철저히 경제적인 이유와 정치적 결단으로 이루어질 수밖에 없는 상황이라고 할 수 있다.

흥미로운 것은 국가주의 성격이 강한 싱가포르가 우리나라보다 직접적인 공기업 통제나 성과관리를 수행하고 있는 것은 아니라는 점이다. 우리나라는 싱가포르 못지않게 공공기관의 규모가 크다. 2020년 기준으로 42만 명이 고용되어 있으며 이 숫자는 2015년에 비해 11만 명 가까이 늘어난 숫자로, 이를 통해 공공기관이 팽창되고 있음을 알 수 있다. 그럼에도 불구하고 당기순이익은 2015년 12.5조 원에서 2019년 0.6조 원으로 무려 10조 원 감소하였다. 1989년 공기업 중 하나인 한국전력공사(한전)가 주식시장에 상장되었을 때 당시 주식 가격이 2만 5,000원 수준이었고, 민간기업인 삼성전자의 주식은 3만 2,600원이었으나 그로부터 약 30년이 지난 2018년에는 삼성전자 주식은 250만 원 수준으로 크게 오른 반면, 한전 주식은 여전히 2만 원대에 머물러 있게 된다.

더욱 놀라운 점은 싱가포르와 달리 한국은 1984년부터 매년 공공기관 성과평가제도를 운영해오면서 공공기관의 책임성과 통제를 강조해 왔다는 점이다. 한국은 공공기관의 투명성과 책임성을 높이기 위해 공공기관 관리를 강조했으면서도 왜 효율성 증대에 실패하고 있을까? 그것은 정치적 이유로 제기된 공공성을 우선시하다 보니 정부의 개입은 증대되고, 정책 방향에 맞는 공공기관 운영에 따라 공기업의 부채는 증가하는 반면에 효율성은 떨어지는 문제를 초래한 것이다. 싱가포르의 경우에는 우리나라와 달리 체계적인 공공기관 평가 절차를 갖고 있지 않다. 대신 시장을 통한 효율성 검증이나 이사회를 통한 관리를 선호하고 있다. 공기업은 효율성과 공공성을 함께 추구해야 하지만 시장의 가치평가를 통해 공기업 운영의 효율성을 높일 수 있으며, 공기업의 수익 창출이 결국 국가의 재정수입으로 환류되어 공공성까지도 높아지는 싱가포르의 접근 방식에서 교훈을 얻을 필요가 있다.

제 8 장

싱가포르의 소국의식, 국가안보, 그리고 위기의식

SINGAPORE

SINGAPORE

싱가포르에서 국가주의 가치를 강화해온 핵심적인 요소 중에 꼭 짚고 넘어갈 필요가 있는 것이 국민의 인식 속에 각인되어 온 위기의식이다. 이 위기의식은 소국의식에서 출발하여 국가안보의 문제와 깊이 연관되어 있다. 이 위기의식은 국가주의가 다른 사회 가치와 충돌할 때 국가를 우선시하는 것을 정당화하는 논리로 널리 사용된다. 반면, 싱가포르의 위기의식은 싱가포르가 끊임없이 변화와 혁신을 시도할 수 있게 한 원동력이며, 다민족·다종교·다문화 국가를 내부적으로 단결시켜 주는 요소로 작용해온 긍정적인 측면이 있다.

1. 경제 정책과 소국의식

부존자원이 없고, 인구도 적고, 영토도 작은 싱가포르가 1965년 독립 이후 세계 최고 수준의 1인당 국민소득을 가진 나라로 성장해왔다. 어떻게 작은 도시국가가 그와 같은 경제적 부흥을 이룩했을까? 이 질문에 대해 우리나라의 많은 언론들이 제시하는 대답은 리콴유의 리더십, 그리고 개방경제이다. 하지만 경제성장의 원인을 한 명의 지도자에게서 찾는 것은 매우 단순한 설명이다. 김대중 전 대통령은 우리나라를 IMF 구제금융 상태에서 단기간에 졸업시키는 업적을 달성했지만, 그것이 김대중 전 대통령의 지도력 덕분이라고 이야기하는 사람은 많지 않다. 또 1980년대 초 경제성장률이 급락하고 물가가 치솟는 위기 상황을 반전시켜 1980년대 지속적인 경제성장을 달성했지만, 이것을 전두환이나 노태우 전 대통령의 지도력 덕분이라고는 하지 않는다. 개방경제도 마찬가지이다. 세계의 수많은 나라가 개방경제를 추구하고 있지만 성공한 나라와 그렇지 않은 나라들이 존재한다.

싱가포르는 '아시아의 네 마리 호랑이'라고 불리는 우리나라, 타이완, 홍콩과 유사하게 국가 주도 발전전략을 사용해왔다. 특히 우리나라와 타이완은 부존자원의 부족과 안보 위협 속에서 국가 주도 경제 정책을 추진해왔다는 점에서 싱가포르와 매우 유사하다. 이들은 모두 '작은 나라가 생존하기 위해서는 국가가 강력한 지도력을 발휘하여 경제발전 전략을 수립하고, 이를 강력하게 집행하고, 제한된 자원들을 효율적으로 배분하기 위해 적극적으로 시장에 개입해야 한다'라는 인식을 공유하고 있다. 특히 안보 위협 속에 경제가 성장하기 위해서는 반드시 정치적 안정을 이루어야 하며 이 정치적 안정을 위해서 강력한 여당이 필요하다는 논리를 사용하였다. 그 결과 싱가포르에는 인민행동당, 타이완에는 국민당, 우리나라에서는 공화당과 민정당으로 이어지는 보수정당의 장기 집권이 경제발전 단계에서 가능했다.

싱가포르의 경제 정책은 소국주의를 강화하고 궁극적으로 국가안보라는 가치를 지나치게 확대 재생산시킴으로써, 우리나라, 타이완, 홍콩이 국가 개입주의적 경제 정책을 벗어난 데 반해 여전히 국가 중심의 경제 정책을 극복하는 것을 어렵게 만드는 요인이 되고 있다. 싱가포르 경제는 이중성을 가지고 있다. 대외적인 측면을 보면 수많은 다국적 기업과 은행들이 싱가포르에서 자유롭게 사업을 하고 있어 싱가포르가 시장경제에 매우 충실한 것 같이 보이지만 국내 제조업이나 산업을 들여다보면 토지를 국가가 소유하고 있는 등 주요 기업들이 국가 자본의 영향력 아래에 놓여 있음을 확인할 수 있다. 이하에서 이를 하나씩 자세히 살펴보자.

싱가포르 경제 정책의 방향은 1965년 독립 후 혼란기를 통해 확고해지기 시작한다. 1960년대 개방경제는 싱가포르의 유일한 대안이 아니었다. 당시 많은 동남아시아의 개발도상국들은 인도를 중심으로 한 제3세계 운동에 영향을 받았다. 제국주의로부터 독립한 다수 국가들은 정치적 독립뿐만 아니라 경제적 독립을 표방하면서 수입대체경제import substitute economy 정책을 적극적으로 채택하기 시작했다. 인도는 그 대표적인 예이고 그 외에도 동남아시아의 여러 국가가 수입대체경제 시스템을 채택하였다. 생활필수품에 대해서는 국가가 가격보조를 하고, 공기업이 우유나 빵 같은 필수 식료품을 생산하는 것까지 정당화하기도 하였다. 당시만 해도 대외개방경제가 선진국의 종속을 초래하여 다시 제국주의의 희생물이 될 것이라는 주장이 널리 받아들여지면서, 자급자족 경제 체제를 구축하는 것을 국가의 중요 경제 정책의 목표로 삼았다. 우리나라도 이러한 주장에 영향을 받아 이승만 정부는 미국의 소비재 중심의 원조보다는 '시설재' 중심의 원조물자 도입을 통해 사회기반시설을 복구·확충하고 민간산업을 활성화하고자 했는데 이것도 수입대체경제 전략에 기반을 둔 것이라고 할 수 있다.[1]

그렇다면 수입대체경제가 선호되던 국제적인 분위기에도 불구하고 싱가포르는 어떻게 개방경제, 수출 지향의 경제로 탈바꿈할 수 있었을까? 이 질문의 답은 소국의식과 밀접하게 관련되어 있다. 싱가포르는 1963년 9월 16일 말레이시아 연방에 참여하게 된다. 싱가포르는 영국으로부터 독립하여 자치권을 확보한 상황이었음에도 자발적으로 말레

1 최상오. (2003). 「이승만 정부의 수입대체공업화와 한·미간 갈등」. 『사회연구』, 6호, 129-161.

이시아 연방에 참여한 것이다. 당시 싱가포르의 집권 여당인 인민행동당은 중국계 사회주의 계열의 그룹을 이끌던 리시츄Lee Siew Choh와 림친송의 좌파 계열과 리콴류의 우파 계열로 분리되어 있었고 결국 1961년 좌파 계열이 사회주의전선당을 만들어 인민행동당을 탈퇴하게 된다. 당시 리콴유는 강력한 반공 정책을 추진하게 되었는데 말레이시아 역시 반공 정책을 강력하게 추진하고 있었다. 따라서 말레이시아 연방 가입은 리콴유의 입지를 강화시키고 좌파 계열의 야당을 약화시킬 수 있는 대안이었다.

그러나 싱가포르의 말레이시아 연방 가입은 정치적 고려보다 경제적 목적이 더 컸다. 작은 섬나라에 불과했던 싱가포르로서는 독립 이후 산업 기반을 발전시켜야 했으나 그들의 작은 내수시장만으로는 그것이 불가능한 상황이었다. 따라서 말레이시아의 내수시장이 싱가포르에게는 필수적이었다. 당시 수입대체경제 전략을 추구하던 리콴유는 소국이 가지고 있는 한계를 절감하며 과감하게 연방 가입을 추진하였다. 즉 말레이시아라는 내수시장을 바탕으로 경제성장을 하여 대외 경제로부터의 영향을 줄이고자 했다.

하지만 1965년 싱가포르는 말레이시아 연방으로부터 분리되고, 영국군의 철수를 통보받게 된다. 1967년 영국군 철수가 발표될 당시 영군군은 싱가포르 GDP의 20%에 달하는 경제적 기여를 하고 있었다.[2] 이러한 상황에서 영국군의 철수는 높은 실업률의 발생을 의미하였다. 당

2 Emery, F. (1968). Singapore's economic challenge as Britain pulls out. *The Times*(January 1, 1968), p.9. (검색: 2010년 10월 10일, The Times Digital Archive database)

시 국내의 혼란한 정치 사정으로 인해 강력한 정치 기반을 확보하지 못한 인민행동당으로서는 새로운 경제 전략을 선택할 수밖에 없었고 그 전략이 바로 외국자본의 유치와 개방경제를 통한 발전이었다.

이러한 상황에서 싱가포르는 저임금 노동력을 바탕으로 한 수출 중심의 경제 정책을 채택하게 된다. 리콴유의 회고록에서는 공장을 하나라도 유치하고자 하는 싱가포르의 눈물겨운 노력이 잘 묘사되어 있다. 이 노력의 결과 1987년에는 제조업에서의 고용이 총고용의 24% 정도를 차지하였고 제조업 총생산의 67%를 직접 수출이 차지하게 되었다. 또 실업률도 1970년대에 이르러서는 3%대로 감소하였다.[3] 그뿐만 아니라 1972년에는 수출 경쟁력을 유지하기 위해 임금위원회National Wage Council를 만들어 임금증가율에 대한 지침을 만들기 시작하였다. 이 임금통제 정책은 노동자들의 희생을 강요하는 것이었지만 국가의 수출 경쟁력 유지에 상당한 기여를 했다. 이 임금위원회는 현재까지도 운영되고 있으며 보통은 4월에 열려서 그해 7월 1일부터 다음 해 6월 30일까지의 임금 정책의 지침을 제공한다.[4]

저임금 노동에 기반을 둔 수출 중심의 산업 정책은 1970년대 말에 이르러 점차 한계에 부딪히게 되었다. 싱가포르 정부는 산업구조를 바꾸기 위해 '제2의 산업혁명Second Industrial Revolution'이라는 이름으로 외국

3 Wong, J. (1990). Singapore's Experience of Industrial Restructuring: Lessons for the Other Asian NIEs. In S. Naya & A. Takayama (eds.), *Economic Development in East and Southeast Asia: Essays in Honor of Professor Shinichi Ichimura*. (pp.58-59).

4 싱가포르에서는 최저임금 가이드라인이 제시되지 않는 대신에 임금위원회가 노동생산성과 기업이윤 창출의 규모에 따라 임금 상승분을 결정하도록 제안하는 경우가 일반적이다.

인 투자를 고부가가치 및 자본 집약적 투자로 바꾸고자 하였다.[5] 이를 위해 싱가포르 정부는 그동안 외국인 투자를 위해 의도적으로 낮게 유지해왔던 임금을 1979년부터 약 3년 동안 20% 이상 올려 노동 집약적 산업에 대한 투자를 의도적으로 줄이는 전략을 사용했다. 반면 조세 감면과 보조금 지급을 통해 생산설비를 확충하고, 공장 자동화와 전산화를 지원해주었다.[6] 또한, 고부가가치 및 자본 집약적 투자가 가능하도록 고급 인력을 양성하기 위해 대학 및 직업전문학교polytechnics를 점차 늘려나가기 시작했다. 그 결과 1976년과 1986년 사이 자본 집약적 산업 부문의 부가가치 증가율(33%)이 노동 집약적 산업 부문의 부가가치 증가율(21%)을 앞지르기 시작하였다.

이러한 상황에서 싱가포르 산업구조의 새로운 전환은 금융업에 대한 적극적인 투자에서 시작되었다. 싱가포르는 1973년 증권거래소Stock Exchange of Singapore, SES를 설립하고 1984년 싱가포르 외환거래소Singapore International Monetary Exchange를 설립하면서 금융산업의 기초를 닦아왔다. 1999년에는 이 두 기관을 통합하여 싱가포르 거래소Singapore Exchange, SGX를 설립하였다. 2010년에는 싱가포르 거래소가 호주 거래소를 107억 싱가포르 달러에 사들이는 거래를 성사시켜 싱가포르가 도쿄나 홍콩과 견줄 수 있는 금융의 중심지임을 다시 한번 확인시켜 주었다. 하지만 이 거래가 2011년 호주 정부의 반대로 실패하게 되고 해외 거래소와의 네트워크 확대 경쟁에서 뒤처지게 된다. 또한 2014년 11월 정전으

5 Wong, J. (2000). Singapore's Experience of Industrial Restructuring: Lessons for the Other Asian IEs. In S. Naya & A. Takayama (eds.), *Economic Development in East and outheast Asia: Essays in Honor of Professor Shinichi Ichimura*. (p.60).

6 위의 책. p.61.

싱가포르와 다리 하나 사이를 두고 인접한 말레이시아의 조호르바루

로 인한 거래 정지와 같은 해 12월 시스템 결함으로 인한 거래소 개장 지연 등 관리 문제가 발생하게 되고, 2014년 주식거래 대금이 2,094억 싱가포르 달러로 전년 대비 26% 감소하였을 뿐 아니라 32개 상장기업은 수변 국가들(태국 36개, 호주 66개, 홍콩 109개, 한국 110개)에 비해 실적 부진이 두드러지고 있다.[7] 특히 중국 금융시장의 발전으로 인해 싱가포르 금융시장의 역내 금융 중심지로서의 위상이 점차 하락하고 있다.

소국이라는 지리적 제약은 싱가포르 산업 발전의 큰 걸림돌이 되어 왔다. 특히 1980년대 후반에 들어 산업용지가 부족해지고 임금이 상승하면서 다국적기업에게 제조업 생산 기지로서의 싱가포르의 매력은 떨어질 수밖에 없었다. 또 아시아의 다른 국가들이 점차 경제발전 대열에 합류하면서 더욱 매력적인 투자 조건을 다국적기업에 제시하게 되자

7 국제금융센터, https://www.kcif.or.kr/front/board/boardView.do?intSection1=2&intSection2=5&intReportID=39525# (검색: 2020년 9월 25일)

싱가포르는 새로운 전략을 고민할 수밖에 없었다. 이때 싱가포르가 선택한 전략은 인도네시아의 바탐Batam과 빈탄Bintan, 그리고 말레이시아의 조호르바루를 잇는 성장 삼각형Growth triangle이었다.[8] EDB 책임자였던 필립 여Phillip Yeo에 의해 제시된 이 아이디어는 이 지역을 싱가포르 국내 기업의 산업생산 거점으로 삼는 것이었다. 바탐의 경우 싱가포르 남쪽으로 20km 정도에 위치해 있고 빈탄도 45km가량 떨어져 있는 가까운 섬들이다. 또 조호르바루는 싱가포르와 국경을 맞대고 있는 말레이시아에서 쿠알라룸푸르Kuala Lumpur 다음 두 번째로 큰 도시이다. 이처럼 이곳은 지리적으로 근접해 있을 뿐 아니라 풍부한 자원과 인력을 갖고 있어서 싱가포르의 자본을 이용하여 이 지역을 개발할 수 있는 충분한 유인이 있었다. 그러나 이 계획은 성공적으로 추진되었다고 보기 어려우며 오히려 중국에 대한 싱가포르의 직접적인 투자가 1990년대 이후 적극적으로 증가하여 현재는 싱가포르 제1의 무역 상대국이 되었다. 그럼에도 불구하고 지정학적으로 싱가포르 주변에 인도네시아와 말레이시아라는 큰 시장이 존재하는 것은 싱가포르 입장에서는 좋은 기회라고 할 수 있다.

2000년에 이르러서는 싱가포르 수출에서 약 80%가 외국자본에 의존하게 되었다.[9] 또 싱가포르는 농업 부문이 GDP에서 차지하는 비중이 0.5% 이하에 불과하여 소비하는 농산물 대부분을 수입하게 되고, 약

8 Murray, G., & Perera, A. (1995). *Singapore: The Global City-state*. Folkestone, Kent: China Library.

9 Dent, C. M. (2003). Transnational Capital, the State, and Foreign Economic Policy: Singapore, South Korea and Taiwan. *Review of International Political Economy*, 10(2), 255.

40% 정도의 물을 말레이시아로부터 수입해야 할 정도로 대외의존도가 높아지게 된다.[10]

싱가포르의 높은 대외의존도의 문제는 국민총생산에서 민간소비가 차지하는 낮은 비율로 나타난다. 2014년 싱가포르의 전체 GDP 390조 원 중에서 민간소비지출은 143조 원으로 전체의 약 37% 정도를 차지하고 있었다. 또한, 정부지출 부분도 10%에 불과하다. 2019년에는 민간소비지출의 비중이 36.4%로 줄어들었고, 정부지출 부분이 10.4% 수준을 유지하고 있다. 이것은 민간소비 비중이 미국의 경우 60%대 후반, 우리나라의 경우가 50%대 초반인 점을 고려하면 매우 낮은 수준이라고 할 수 있다. 또한, 우리나라의 정부소비 지출 비중이 15% 정도인 것과 비교하면 싱가포르의 정부지출도 많다고 보기 어렵다. 싱가포르의 민간소비가 낮은 것은 경제성장에도 불구하고 임금 수준이 높지 않고

10 싱가포르는 전체 지역 중 50% 정도의 토지를 담수를 위한 저수지로 지정하여 사용할 정도로 물 안보(water security)에 신경을 쓰고 있고 비록 비용이 더 들더라도 담수(desalination) 설비를 설치하고 물 정화(recycling) 시설들을 활용하고 있다. 또한, 물절약운동을 통해 2002년과 2004년 사이 1인당 하루 물 사용량이 165리터에서 164리터로 줄어들고 있다(한국수자원공사에 따르면 우리나라는 2006년의 경우 346리터 정도가 된다). 그렇다면 싱가포르는 수자원과 관련해서 말레이시아에 수세적인 입장이라고만 할 수 있을까? 싱가포르와 말레이시아는 물자원 사용에 관한 협정(agreement)을 1961년(Tebrau and Scudai Water Agreement)과 1962년(Johor River Water Agreement)에 체결하였고, 그 기한은 각각 2011년과 2061년이다. 이 협정에 따르면 싱가포르는 말레이시아(조호르 주 정부)에 1,000갤런당 3센트를 지불하고 물을 사 오며 조호르 주 정부는 싱가포르에서 정수된 물을 50센트를 지급하고 다시 오게 되는데, 25년마다 그 가격을 조정하기로 하였다. 2010년 5월 싱가포르와 말레이시아는 2011년에 연장하기로 한 물자원 사용에 관한 협정을 연장하지 않기로 합의하였다. 이 합의는 싱가포르가 해수 담수화 설비를 통해 물 자급률을 높임으로써 가능했는데, 이를 보면 담수화 설비의 준비가 비록 경제적 관점에서는 비용이 많이 드는 일이었지만, 그것을 통해 안보의 관점에서 과감한 선택을 내린 싱가포르의 고민을 엿볼 수 있다고 할 수 있다.

| 그림 8-1 | 싱가포르의 산업별 명목 부가가치

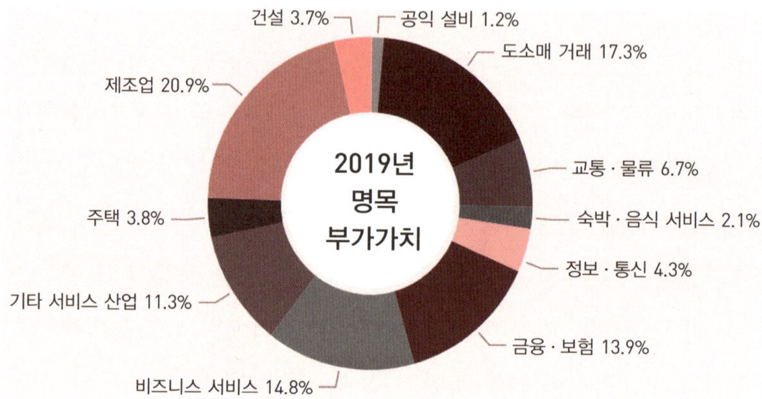

HDB 대출상환 부담으로 인해 가처분 소득이 감소하는 등의 문제들로부터 기인한다. 결국, 싱가포르는 GDP가 증가하더라도 그것이 민간소비를 통해 국민의 경제적 풍요로 이어지는 구조를 갖고 있지 못하다고 할 수 있다.[11]

한편 싱가포르의 산업 다양화 결과 [그림 8-1]과 같이 2019년 현재 경영 및 기타 서비스업(26.1%), 제조업(20.9%), 도소매업(17.3%), 금융 · 보험업(13.9%) 등이 그들의 주요 산업으로 자리 잡았다. 이렇게 다양하고 균형 잡힌 산업구조는 싱가포르의 경쟁력이 단순히 관광산업이나 금융산업에만 국한된 것이 아니라, 많은 부문에 걸쳐 있음을 말해준다.

11 싱가포르의 경제지표를 이해할 때에는 주의가 필요하다. 중계무역의 비중이 상당히 높고, 외국인 투자에 의한 수입과 수출이 높으며, 준공공 부문에 대한 민간과 정부 부문 분류, 그리고 국제금융시장에서의 자금 흐름 등의 문제들을 종합적으로 고려해야 실제 싱가포르 국민에게 혜택이 가는 정확한 국내총생산 수준을 이해할 수 있다.

2. 소국의식과 국방 및 안보 문제

2015년 9월 싱가포르의 총선이 끝났다. 지난 2011년 총선에서 야당의 약진이 두드러졌기 때문에 싱가포르의 많은 진보적 젊은이들은 싱가포르 정치가 다원화될 것으로 기대하였다. 그러나 결과는 그 반대였다. 오히려 여당이 2011년에 비해 9.8%p 더 득표하여 70%의 압도적인 지지를 얻은 것이다. 도대체 이런 현상이 왜 일어났을까에 대해 많은 학자들이 다양한 설명들을 내놓고 있는 가운데 싱가포르 정책연구소IPS의 탄언서Tan Ern Ser 박사는 그것을 '생존 이데올로기 2.0survival ideology version 2.0'이라는 이름으로 설명하고 있다. 2015년 싱가포르 정부가 싱가포르 건국 50주년을 대대적으로 홍보하면서 궁핍하고 힘들었던 1960년대 싱가포르의 모습을 반복적으로 보여주었는데 이것은 현재 여당이 이루어온 경제성장의 모습을 강조하고 한편으로는 위기의식의 강박관념을 국민에게 지속해서 주입시킴으로써 생존과 안전 이데올로기를 확산시켰고 그 결과 여당의 압승으로 이어지게 되었다는 설명이다.

하지만 2020년 7월 싱가포르 총선은 2015년 총선과는 다른 결과를 보여주었다. 국민행동당의 지지율이 61% 수준에 머무르게 되었고, 의석도 야당이 10석이나 차지한 것이다. 이 결과가 흥미로운 이유는 2019년 싱가포르 경제가 0.7%라는 매우 낮은 경제성장률을 기록하였고, 2020년 들어 코로나 사태로 경제상황이 매우 나쁜 상황에서 야당이 상당히 선전했기 때문이다. 이제까지 국가적 위기 상황에서 집권당을 중심으로 뭉치려는 성향을 보여왔던 싱가포르 사람들이 이번에는 야당에

게 상당한 지지를 보낸 것이다.[12]

싱가포르 사람들은 싱가포르가 작은 나라이고 항상 대내외적인 위협에 직면해 있다는 강박관념에 사로잡혀 있다. 이것을 '소국의식'이라고 부를 수 있는데 이 생각은 국가 지도층뿐 아니라 사회 전반에 널리 퍼져 있다. 싱가포르 소국의식의 출발은 화교와 이민자 사회의 특징에서부터 이해할 수 있다. 화교들은 국가로부터의 도움을 기대하기 힘들었고 이민자들 역시 자연스럽게 스스로를 지키고 열심히 일해서 생존해야 한다는 강박관념 속에 살아야만 했다. 이 생존에 대한 강박관념은 싱가포르 사회 전반에 걸쳐 뿌리 깊게 자리 잡는다. 사회 안전과 안보에 대한 싱가포르 사람들의 강박관념, 그리고 개인의 문제를 스스로 해결해야 한다는 생각은 국가가 복지를 개인 책임으로 돌리는 현실을 정당화하고 있다. 이는 싱가포르 정부가 대외적 위험에 직면해서는 강력한 국가를 선호하면서도 대내적인 문제에서는 국민의 복지에 대한 국가의 책임을 회피하는 이중적 형태를 보이는 것이다.

싱가포르에서 소국의식은 국가주의라는 이데올로기로 변화하는 과정을 거쳐왔다. 리콴유는 싱가포르가 가지고 있는 소국으로서의 한계를 강조하면서 국가 중심의 개발주의를 정당화한다. 즉 한정된 자원을 효율적으로 이용해야 한다는 강박관념은 국가 중심의 경제발전 전략을 강화한 것이다. 또 한편으로는 소국이 직면한 안보의 위험을 지속해서 강조한다. 그 결과 대국으로부터 자국의 안보를 지켜야 한다는 인식은

12 실제로 아시아 금융위기 초기 단계에서 치러진 1997년 총선에서 인민행동당이 1991년 총선보다 4%p가량 높은 65%의 지지율을 기록해서 위기 시 여당에 대한 지지가 높았던 경험도 있었다.

강한 군사력을 유지하도록 하여 엄청난 국방비 지출을 정당화하였다. 특히 싱가포르의 징병제도는 군대를 통해 사회규범 및 국가의식을 강화하고 공유하는 역할을 하게 한 것이다.[13]

싱가포르는 독립국을 이루기 이전에 영국의 식민지였기 때문에 우리나라처럼 국가의식이 강한 국가는 아니었다. 그러나 말레이시아 연방으로부터 독립한 이후부터는 상황이 달라지기 시작하였다. 싱가포르는 기근과 전쟁을 피해 이주해 온 사람들에 의해 건설되었다고 해도 과언이 아니다. 제2차 세계대전 중에는 일본에 의해 많은 중국계 싱가포르인들이 죽임을 당하였으며 전쟁이 끝난 뒤에는 공산주의와 자본주의 간의 이념갈등까지 경험하게 된다. 이러한 싱가포르 사람들에게는 안정과 번영보다는 생존이 더 중요한 가치였다. 특히 1960년대에 싱가포르가 말레이시아 연방으로부터 축출되면서 싱가포르에서 생존survival이 국가의 핵심적인 가치로 등장한 것은 어쩌면 당연하다. 물론 이러한 경험을 과거의 일로 치부해버릴 수도 있을 것이다. 그러나 중국계 싱가포르인들에게 안보 위협은 여전히 현재 진행형이다.

그 사례 중의 하나가 1998년 5월 인도네시아에서 일어난 화교 학살

13 특히 싱가포르에서는 징병제도가 국방의 역할뿐만 아니라 다양한 인종 간의 조화를 추구하는 역할을 한다는 주장이 있다. 그러나 1977년까지는 말레이 인종들을 징병에서 제외하고 그 이후에도 그들을 전투 병력으로 배치하기보다는 경찰이나 소방 관련 업무에 배치하여 가상의 적인 말레이시아와 충돌 시의 문제를 고려하였다. 이에 대해서는 "충돌이 생겨 우리 군이 조국을 지켜야 하는 부름을 받게 된다면, 우리는 우리 군인들이 조국에 대한 감정과 그들의 종교 간 갈등 사이에서 어려움을 겪는 상황에 놓이게 되는 것을 원하지 않습니다."라는, 1987년 당시 싱가포르의 국방부 차관이었던 리셴룽의 언급에서도 잘 나타난다. 그러나 이러한 잠재적 인종 문제에도 불구하고 기본적으로 군대가 여러 인종들이 병영생활을 통해서 그들 간의 이해를 높일 수 있는 공간을 제공한다는 긍정적인 측면은 여전히 존재한다고 할 수 있다.

사건이다. 아시아 금융위기로 고통을 겪고 있던 인도네시아 사람들이 수천 명의 중국계 인도네시아인을 공격하고 살해하는 사건이 발생하였다. 이 사건의 잔혹한 참상은 인터넷을 통해 빠른 속도로 퍼져나갔고 동남아시아의 화교들은 그들의 선조들이 경험한 온갖 박해와 위협을 다시금 떠올리게 되었다. 많은 인도네시아 화교들이 싱가포르에 부동산을 소유하고 자신의 금융자산을 옮겨놓는 것도 그들이 직면하고 있는 잠재적 위협과 밀접하게 관련되어 있다.

이러한 적대적인 환경에서 싱가포르 사람들이 느끼고 있는 안보 위협은 실질적이다. 싱가포르는 인구가 (시민권자와 영주권자 포함) 약 500만 명에 달하고 있지만, 말레이시아는 그 다섯 배 그리고 인도네시아는 그 50배에 달한다. 또한, 싱가포르에서는 중국계 인종이 주류라면 말레이시아와 인도네시아의 화교 비율은 2000년 기준 각각 27%와 3%에 불과하다. 또한, 종교 면에서도 종교 다원주의를 인정하는 싱가포르에 비해 말레이시아의 국교는 이슬람교이며, 인도네시아 역시 세계 최대의 이슬람교 신자를 지닌 국가이다. 주변 국가들은 정치적으로 안정되지 않아 정치적 혼란을 겪는 경우가 많고 종교갈등, 인종갈등이 그대로 존재하며 최근에는 극단적인 이슬람 세력들이 테러 그룹을 형성하여 주변 국가의 안보를 위협하고 있다. 이러한 주변 환경에서 싱가포르 정부가 안보를 중요한 문제로 간주하는 것은 새삼스러운 일이 아니다.

소국이 가지고 있는 이러한 위협의식은 싱가포르의 징병제에서도 잘 나타난다. 1967년 싱가포르 정부가 「병역의무법National Service Act」을 통과시키면서 징병제를 시행하기 전에는 싱가포르의 군인이 1,000명도 되지 않은 상태였으나 영국 정부가 싱가포르에 주둔하는 군인들을 철수시키는 계획이 확정되면서 싱가포르는 자주국방의 필요성을 절감하였다. 그 결과 이스라엘의 징병제도를 도입하여 지금까지 징병제를 유지해오고 있다. 싱가포르 대학생의 경우에는 일반적으로 대학교에 입학하기 전에 병역의무national service를 마치는데 공식적으로는 16세부터 지원이 가능하며 2년의 의무 복무 기간과 사병의 경우에는 40세까지, 장교의 경우에는 50세까지 예비군의 의무를 진다. 싱가포르의 텔레비전이나 라디오에서 암호 같은 이상한 기호들이 방송되는 것을 흔히 볼 수 있는데 이것은 군인이나 예비군 소집을 알리는 방송이며 해당자들은 집결지에 즉각 신고해야 한다.

우리나라의 경우처럼 싱가포르의 일부 부유층들이 병역의무를 회피하고자 하는 유혹을 느낄 수도 있을 것으로 생각할 수 있으나 싱가포르는 병역의무에 거의 예외를 두지 않고 이를 매우 엄격하게 적용하고 있다. 싱가포르 국적을 취득하게 되면 한국인이더라도 병역의무를 마쳐야 한다. 이러한 이유 때문인지 외국인들은 싱가포르 국적 취득을 꺼리고 특히 남자아이의 국적은 싱가포르로 바꾸지 않으려 한다. 일부에서는 이러한 징병제나 안보문제의 강조는 단순히 인민행동당 집권을 정당화하기 위한 도구라고 폄하할 수도 있다. 실제로 싱가포르 정부 입장에서는 병영국가를 만들어냄으로써 국가주의 사상을 주입하고 일당체제를 통한 정치적 안정을 정당화할 수 있는 이점을 누릴 수 있을 것이다. 그러나 몇 가지 사실을 살펴보면 싱가포르가 안보 문제를 얼마나 심각하고 진지하게 받아들이고 있는지 알 수 있다. 첫째, 싱가포르의 군대는 예비군을 포함하여 약 35만 명에 달한다. 반면 인구 규모가 2016년 기준 싱가포르의 5배, 40배가 넘는 말레이시아와 인도네시아는 군 규모가 각각 14만 5,000명, 70만 명에 그친다. 말레이시아나 인도네시아는 징병제가 없으므로 군대의 규모가 작은 것이 이해되지만 싱가포르의 절대적 가용 병력이 말레이시아보다 많다는 것은 싱가포르의 군대가 단순히 상징적인 규모가 아님을 암시한다. 둘째, 국방비 예산을 보면 싱가포르는 2000년 현재 약 43억 달러(USD)에 달하고 있는 데 비해 말레이시아는 2억 달러(USD), 인도네시아는 11억 달러(USD)에 불과하다. 전투기의 경우에도 싱가포르가 말레이시아와 비교하면 두 배(120대) 규모를 유지하고 있다(Huxley, 2000: 64).

그러나 2000년 중반부터 남중국해에서의 중국과의 갈등, 군 현대화의 필요성 등으로 인도네시아는 국방비 지출을 꾸준히 늘려오면서 2019년 현재 76억 달러(USD)를 지출하고 있으며, 싱가포르 역시 [그림 8-2]에서처럼 약 112억 달러(USD)를 지출하고 있어 국방비 지출의 규모

| 그림 8-2 | 2019년 동남아시아 국가의 국방비 지출 규모

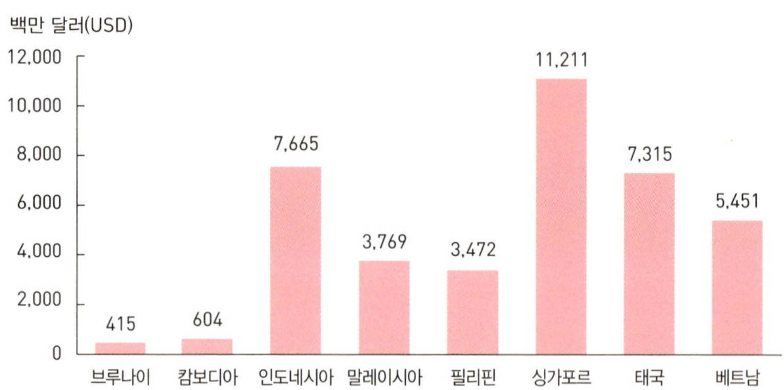

출처: SIPRI Military Expenditure Database, Trading Economics

| 그림 8-3 | 2019년 GDP 및 정부 총지출 대비 국방비 지출 비율

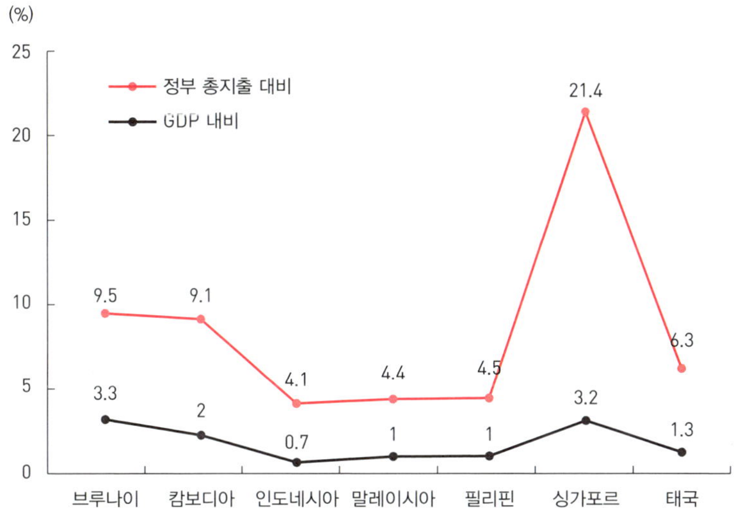

출처: SIPRI Military Expenditure Database

가 매우 큼을 알 수 있다. 반면 말레이시아의 국방비 지출은 2015년에 약 47억 달러(USD)에 달해 정점에 도달하였는데 이후 그 규모가 대폭 감소하여 현재 약 38억 달러(USD)를 국방비로 지출하고 있다.

싱가포르 국방비의 절대적 지출 규모가 큰 이유는 단순히 싱가포르 경제가 다른 국가들보다 우월하기 때문은 아니다. [그림 8-3]에서 볼 수 있듯이 싱가포르는 정부 총지출의 21.4%를 국방비로 사용하고 있어서 인도네시아의 4.1%와 비교해보면 매우 높은 수치이며 군부에 의해 통치되던 미얀마의 15%와 비교해도 여전히 높은 수치임을 알 수 있다.

싱가포르 정부는 주변 국가의 위협을 근거로 높은 국방비 지출을 정당화하고 있지만 위의 그림에서 볼 수 있듯이 주변 국가들이 군사적으로 위협이 될 만한 적극적인 군비 팽창을 하고 있다고 보기는 어렵다.

소국임을 강조하며 외부로부터의 위협을 경계하는 싱가포르가 높은 국방비 지출을 통해 얻는 장점도 있다. 각종 금융위기가 발생하거나 동남아시아 국가의 정치 · 경제 환경이 불안해지면 싱가포르의 가치는 역설적으로 증가한다. 주변국에 있는 많은 중국계 부자들이 싱가포르를 안전한 곳이라고 생각하면서 그들의 자본을 대거 싱가포르로 이동시키기 때문이다. 금융뿐만 아니라, 정치, 군사, 경제 측면에서 안전한 국가라는 싱가포르의 이미지는 싱가포르가 아시아의 각종 자금을 끌어들이는 데 크게 이바지하고 있다. 최근 홍콩의 민주화 시위와 보안법 통과로 인해 많은 홍콩 사람들과 기업이 싱가포르로 이주를 고려하고 있는 것도 싱가포르가 갖고 있는 안정성 때문이라고 할 수 있다.

하지만 이런 장점들을 위해 매년 엄청난 규모의 국방비를 지출하는 것을 정당화하기는 어렵다. 특히 국민의 안보에 대한 지나친 무의식적 강요는 국가를 우선시하고 개인의 권리와 행복을 상대적으로 덜 중시하는 문제를 초래하고 있다. 복지 수요가 증대하고 있는 미래에도 싱가포르가 국방비 지출 규모를 계속 유지할 것인지는 주의 깊게 지켜볼 필요가 있을 것이다. 북한 핵 위기로 긴장이 고조되던 2017년 우리나라의 현실이 싱가포르에 재현된다면 정권의 정당성을 강화하고 국가를 우선시하는 정책으로 인해 국민의 자유가 매우 크게 제약될 위험이 있다는 것을 어렵지 않게 상상해볼 수 있을 것이다.

제 9 장

싱가포르의 엘리트주의와 정치·행정 시스템

SINGAPORE

SINGAPORE

싱가포르의 정치 · 행정 시스템에 대해서는 긍정적 관점과 부정적 관점이 공존한다. 긍정적 입장은 싱가포르가 이룬 눈부신 경제성장, 안전하고 세계화된 도시국가, 청렴하고 유능한 관료제, 빠른 위기 대처 능력, 그리고 다민족 · 다종교 사회의 조화와 안정을 강조한다(Quah, 2007; Lee, 2000). 반면 부정적 입장은 특히 지난 50년 동안 유지되어 온 인민행동당의 권력 독점, 집회 · 표현의 자유에 대한 제약들(Haas, 1999), 권위적이고 폐쇄적인 정부 의사결정 과정(Worthington, 2003), 엘리트주의(Barr & Skrbis, 2008)와 같은 문제점을 강조한다. 하지만 이 두 가지 접근 모두 싱가포르가 엘리트 그룹을 중심으로 운영되는 강력한 국가라는 점을 공통으로 인정하고 있다. 정치적으로는 권위적이면서도 경제적으로는 개방된 싱가포르의 독특한 현실을 반영한다(Singh, 2007). 이번 장에서는 싱가포르의 정치 · 행정 체제를 살펴보면서 이 체제에 어떻게 싱가포르의 가치가 반영되고 있는지를 살펴보고자 한다.

1. 싱가포르의 권력기관

가. 의회

싱가포르는 영국 식민지 경험이 있기 때문에 정치체제가 영국의회체제Westminster system와 유사한 점이 있지만 1959년 영국으로부터 독립한 이후 그들 나름대로 독자적인 의회 시스템을 구축해왔다. 싱가포르의 선거제도와 의회 시스템은 집권 여당인 인민행동당 체제를 지속시키는 방향으로 유지됐으며 선거를 통한 체제 변화를 어렵게 함으로써 국민의 탈정치 현상을 강화하는 방향으로 유지됐다. 우리나라는 대통령제 중심 사회에 익숙해 있고 미국의 정치 시스템을 많이 참고하는 경향이 있으므로 의원내각제 형태를 보이는 싱가포르의 정치체제를 잘 이해하지 못하는 경우가 많다. 따라서 싱가포르의 의회 시스템과 선거제도를 살펴볼 필요가 있다.

싱가포르 의회는 5년 임기 단원제 의회unicameral parliament인데 바로 이 점이 양원제를 선택하는 영국식 내각책임제와 구분되는 점이다. 이 단원제 의회의 의원은 선출직 의원elected Members of Parliament, elected MP, 비지역구 의원Non-Constituency Members of Parliament, NCMP, 지명직 의원Nominated Members of Parliament, NMP으로 다양하게 구성되어 있다.

선출직 의원elected MP은 단일 대표 지역구Single Member Constituency, SMC에서 선출된 의원과 그룹 대표 지역구Group Representation Constituencies, GRC에서 선출된 의원으로 구성된다. 단일 대표 지역구에서는 1명의 선출직 의원이 뽑히고 그룹 대표 지역구에서는 규모에 따라 3명에서 6명의 의원이 뽑히게 되는데 이 중의 한 명은 반드시 말레이시아, 인도, 혹은 다른 소수 인종에서 선출되어야 한다.[1] GRC는 현직 장관이나 유력한 정치인을 많이 가지고 있는 인민행동당에 상대적으로 유리한 제도라고 할 수 있다.

한편 선출직 의원 이외에도 1991년부터 대통령이 임명하는 2년 6개월 임기의 지명직 의원 제도가 신설되었는데 2015년 현재 9명이 지명

1 인민행동당은 그룹 대표 지역구가 소수인종의 대표성을 강화한다고 주장하지만 비지역구 의원이자 노동자당(Workers' Party)의 의장인 실비아 림(Sylvia Lim)의 주장처럼 1988년 3명으로 구성된 그룹 대표 지역구를 왜 6명으로 구성된 대규모 그룹 대표 지역구로 확장하여 소수대표성을 약화시켰는지를 설명할 수 없다(http://www.spug.sg/forums/showthread.php?100545-GRC-and-gerrymandering).

국회의원이다. 원래 지명직 의원 제도는 어떤 정당에도 속해 있지 않으면서 의회 내에서 전문적인 목소리를 낼 수 있는 의원이 필요하다는 의도에서 시작되었으나 엘리트나 잠재적인 반대자를 포섭cooptation하고자 하는 의도도 담겨 있다. 이 지명직 의원은 실제로는 의회 대변인과 선출직 의원으로 구성된 추천위원회Special Select Committee에 의해 지명되어 인민행동당의 영향력하에 있다고 할 수 있다. 원래 이들은 정당에 소속되지 않은 독립적인 사회 각 분야의 전문가 중에서 선출되어야 하지만 지명되더라도 굳이 정당을 포기하지 않아도 된다. 이 지명직 의원들은 헌법 개정 및 예산 관련 법안 같은 일부 법안에 대한 투표권은 제한되어 있다.

세 번째 유형의 의원은 비지역구 의원으로 1984년 도입되었다. 비지역구 의원은 원래 야당의 의회 진출을 촉진한다는 명분을 가지고 있었으나 실제로는 인민행동당이 의회 내에 야당의 목소리도 반영한다는 것을 국민에게 보여주려는 상징적 의도가 강하다. 거기에는 야당을 원하는 싱가포르 국민의 정치적 열망을 잠재우려는 정치적 목적이 자리 잡고 있다고 할 수 있다(Singh, 2007: 30-31).[2] 이 비지역구 의원은 선거에서 패배한 야당 의원 중에서 지명되는데 그 숫자가 일정하지 않다. 2011년 이전에는 1명이, 2011년에는 3명이, 2020년에는 2명의 야당 의원이 지명되었다. 이 비지역구 의원이 선정되기 위해서는 의회 내에 9명 미만의 야당 의원이 당선되어야 하고, 선거구에서 15% 이상의 득표를 한

2 야당은 이 제도 도입 당시 도입에 반대했는데, 이는 자칫 자신들이 인민행동당의 들러리로 전락하고 말 것이라는 우려와, 그것이 단지 인민행동당의 정당성을 확보하기 위한 수단밖에 되지 않을 것이라는 이유 때문이었다.

야당 의원 중에서 최고 득표율을 보인 사람 순으로 선정되게 된다. 이 비지역구 의원도 선출직 의원과 거의 동일한 권한을 가지고 있지만 헌법 개정이나 대통령 불신임과 같은 몇 가지 법률안에 대해서는 투표 권한이 제한적이다.

싱가포르에서 선거 연령은 21세로 상당히 높다. 투표는 의무compulsory이며 투표권을 행사하지 않은 사람에게는 다음 선거에 참여할 권리가 제한되고 벌금이 부과된다. 2020년 총선에서의 투표율은 무려 95.81%에 달했다. 2020년 총선에서는 코로나 사태로 사회적 거리 두기를 위해 연령별로 투표 시간을 정하여 투표하도록 하였다. 예를 들어 오전 8~12시는 만 65세 이상, 12시~16시는 40세~64세, 16시 이후에 39세 이하 청년층이 투표하도록 한 것이다.

주목할 만한 것은 선거비용의 문제이다. 우리나라는 선거에 사용되는 정치자금이 각종 사회 문제의 근원이 될 정도로 심각한 문제점을 갖고 있었다. 다행히 2000년대 중반 선거공영제의 시행으로 이런 현상이 많이 완화되었지만, 선거비용 문제의 파급력은 단순히 선거에 머무르는 것이 아니다. 특히 지역구의 건설업자나 이익집단들은 국회의원에게 선거자금을 대거나 자신들이 직접 출마를 하는 등 자신들의 이익을 보호하는 행위를 통해 각종 정책에 직접 영향을 주게 된다. 반면 싱가포르의 선거제도에서는 금권선거의 가능성이나 선거 과열의 가능성을 찾아보기 힘들다. 리콴유는 동남아시아 국가의 부패 원인이 고비용의 선거 구조에 있다고 보고 정치자금의 문제를 투명하게 하고자 노력하였다. 「정치자금법Political Donation Act of 2001」에 따르면 외국기업은 정치자금을 기부할 수 없으며 정치자금에 관한 엄격한 회계 관리를 제시하고 있다. 그러나 정치자금 기부에 관한 자료는 일반인에게 공개되지 않을 뿐 아니라 선거자금에 대한 구체적인 통계를 찾기 어려운 실정이다. 그러나 10일 남짓한 짧은 기간 내에 선거가 치러진다는 점과 싱가포르의 지리적 협소성을 고려한다면 금권선거의 여지는 작다고 할 수 있다. 정치인과 기업의 유착 문제에 대해서 사회적으로 공론화된 것이 없으므로 선거자금의 문제가 정치적인 쟁점으로 드러나지는 않고 있다.

싱가포르에서는 선거일이 법으로 일정하게 정해져 있지 않으며 선거일의 결정은 인민행동당의 결정에 의존한다. 의원들의 임기가 5년이기 때문에 새로운 의원이 선출된 후 5년 이내에 총선을 실시하도록 헌법에 규정하고 있을 뿐 구체적인 날짜는 집권 여당이 결정할 수 있다. 또한, 의회 해산이 선언된 지 3개월 이내에 선거하기로 되어 있으므로 구체적인 선거일은 수상과 여당이 자유롭게 결정할 수 있다.

이것은 의원내각제 전통과 관련이 있다. 일단 수상이 선거일을 결정하면 대통령이 의회 해산을 발표하고 비로소 선거일이 대외적으로 공표되기 때문이다. 이런 상황에서는 선거일 결정이 지나치게 자의적이어서 선거일을 예측할 수 없을 뿐만 아니라 지나치게 여당에 유리한 방향으로 결정될 수 있는 문제가 있다. 2015년 3월 리콴유 사후 많은 사람들은 선거일이 언제가 될지 궁금해했다. 당시 싱가포르 정부는 동남아시안게임South-East Asian Game을 6월에 개최한 데 이어 국민에게 부가가치세general sales tax, GST 환급을 약속했으며, 싱가포르 국립대학교를 비롯하여 많은 정부산하기관과 정부기관 직원들에게 독립 50주년을 기념한다는 명목으로 돈을 지급해주었다.[3] 그뿐만 아니라 공공요금을 내리

3 참고로 싱가포르 국립대학교 직원들은 50만 원 상당의 보너스를 받았다.

겠다는 공약, 싱가포르 국민 우대 정책 등 다양한 선심성 정책들이 시행되었다. 이러한 정책들은 그것을 바라보는 싱가포르 시민들이 선거가 곧 다가올 것이라는 기대를 하게 만들기 충분하였다. 그 당시 인민행동당 당원들과 저자가 대화를 나누어보면 이미 인민행동당 내부에서 선거일이 결정되어 당원들이 선거운동의 기초 작업을 하는 상황이었고 야당들도 이에 대한 정보를 어느 정도 갖고 선거에 임하는 상황이었다. 실제로 2015년 8월 25일 대통령이 의회 해산을 선언하였고 선거일은 9월 11일로 공포되었다. 2020년 총선도 비슷한 상황이었다. 2019년 11월에는 개항 200주년 기념으로 싱가포르 국민에게 11억 싱가포르 달러 규모의 보너스bicentennial bonus를 세금환급, 현금지급, 국민연금CPF 추가 납입 등 다양한 방식으로 제공하였다. 이런 상황에서 선거를 2020년 상반기에 일찍 하려고 했으나 코로나 사태로 인해 6월에 선거를 진행하게 된다.

싱가포르에서는 선거구 확정의 투명성이 부족하다. 예를 들면 2011년 선거의 경우 의회 선거의 날짜가 전혀 확정되지 않은 상태에서 2011년 2월 24일 싱가포르 선거관리부Elections Department는 15개의 그룹 대표 지역구GRC, 12개의 단일 대표 지역구SMC로 선거구를 확정했으나, 2020년에는 14개의 단일 대표 지역구와 17개의 그룹 대표 지역구로 선거구를 바꾸었다. 그룹 대표 지역구는 다수득표정당이 모든 의석을 갖는 시스템이기 때문에 자금력이 풍부하고 강력한 리더십이 있는 후보자가 있는 정당이 유리하므로 이것은 여당에 유리한 제도라고 할 수 있다. 또한 승자 독식 시스템이기 때문에 야당의 득표율이 높아도 의석수는 여당이 독식하는 현상이 반복되고 있다.

선거구 확정 절차의 폐쇄성으로 게리맨더링gerrymandering으로 불리는 선거구의 자의적 조작 문제가 제기된다. 싱가포르 선거구검토위원회Electoral Boundaries Review Committee는 선거관리부의 수장 1명, 그리고 수상이 임명한 다른 4명의 위원으로 구성되는데 이들은 정부에 선거구 변경을 제안할 수 있으며 정부는 의회의 검토 없이 이 의견을 바탕으로 선거구를 변경한다. 여기서 문제가 되는 것은 선거구검토위원회라는 것이 헌법 혹은 다른 법률에 근거를 두고 있지 않을 뿐 아니라 일반 국민이나 야당이 그것의 결정 과정에서 배제되어 있다는 점이다.

야당으로서는 단일 대표 지역구 제도가 유리할 수 있다. 싱가포르의 각 단일 대표 지역구는 선거인이 2만 명에서 3만 명 수준으로[4] 야당이 적극적으로 선거운동을 하면 당선 가능성을 높일 수가 있다. 반면 그룹 대표 지역구 제도는 정부 여당의 유력 인사들이 그룹 대표 지역구의 후보자 그룹에 포함되고 넓은 지역에서 조직적으로 선거운동을 벌일 수 있으므로 여당에 유리할 수 있다. 그 때문에 당연히 여당으로서는 가능한 한 선거 열기를 줄이고 여당의 당선 가능성을 높이기 위해서 그룹

4 참고로 우리나라는 선출직 국회의원(246명)당 유권자 수가 16만 6,000명으로, 국회의원의 절대적 수만 본다면 다른 나라에 비해 적다고 할 수 있다. 일부에서는 의원내각제 국가는 제도 자체의 성격 때문에 국회의원 수가 많을 수밖에 없다고 하지만 국회의장 직속 선거제도개혁 국민자문위원회(2015. 3. 27.)의 자료에 따르면 OECD 국가의 국회의원 1명당 유권자 수는 평균 '9만 7,596명'이며 단원제 국가인 스웨덴이나 핀란드의 경우도 2만 7,000명 수준이고 헝가리도 4만 9,719명 수준이다. 우리나라보다 국회의원 1인당 유권자 수가 많은 나라는 멕시코, 일본, 미국 등이 있나(최태욱, 「중선위 선거제도 개혁안과 영남 정치지형의 변화, 그리고 새로운 민주체제의 발전」, 2015년 3월 19일, 〈새정치민주연합 영남 5개 시 · 도당 토론회〉 발제문을 참고함, http://www.prforum.kr/resources/10237). 우리나라에서는 잘못된 선거제도로 인해 지역 구도의 고착화가 심화되고 있고, 앞으로는 인구 고령화에 따라 청년층에 대한 상대적 과소 대표 문제가 심화될 가능성이 크기 때문에 선거구 개혁 문제를 심각히 고려할 필요가 있을 것이다.

| 그림 9-1 | 싱가포르의 선거구

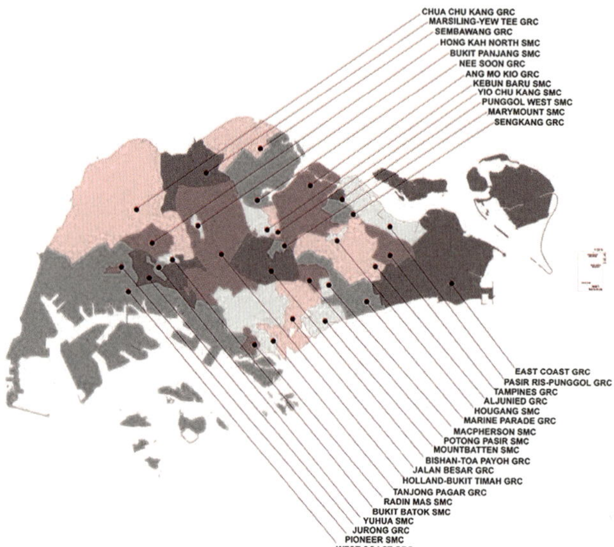

대표 지역구 제도를 선호한다. 실제로 2011년 선거 이전까지 그룹 대표 지역구에서 야당이 이긴 적은 한 번도 없었고 야당은 주로 단일 대표 지역구에서 여당과 경쟁하였다. 그러나 2011년에는 노동자당Worker's Party, WP이 알주니드 그룹 대표 지역구Aljunied Group Representation Constituency에서 승리함으로써 5석의 의석을 확보한 데 이어 그 이외 2개의 단일 대표 지역구에서 승리하기도 했다.

의회 선거 후보자 등록은 피선거인 등록일nomination day의 정해진 시간에 이루어진다. 2011년 선거의 경우 4월 20일로 선거일을 공표하였고 일주일 후인 4월 27일 오전 11시부터 12시 사이에 후보자 등록을 마쳐야 했다. 2020년 선거의 경우도 6월 23일 의회가 해산되고 9월 1일 후보자 등록을 하도록 하여 매우 신속하게 선거가 진행되었다. 후보자는 후보 등록을 위해 1,600만 원을 기탁한다. 워낙 일정이 촉박하다 보니 2011년 선거에서는 전임 수상이었던 리콴유의 지역구인 탄종파가르 그룹 대표 지역구Tanjong Pagar GRC에서 후보자 등록을 하려던 야당이 피선거인 등록일의 정해진 시간에 몇 초 늦어서 후보자 등록을 하지 못하는 사고가 발생하기도 하였다. 이 피선거인 등록일에 각 출마 후보자가 짧은 시간 동안 자신들의 정견을 발표할 수 있으므로 이때부터 선거가 본격적으로 시작된다고 할 수 있다. 2020년에는 6월 30일 학교에 설치된 9개의 등록소에서 후보자들이 등록을 하였는데 코로나 사태로 지지자 동반 없이 조용히 등록이 치러졌다.

싱가포르의 선거기간은 매우 짧다. 1972년부터 2020년 14대 의회 선거에 이르기까지 2001년을 제외하고는 겨우 10일이 채 안 되는 기간 동안 선거운동을 하게 되어 있다.[5] 선거운동에 대한 제약도 심하다. 선거유세는 정부가 지정한 시간과 장소에서 해야 할 뿐 아니라 여당 지도자들의 명예를 훼손했다며 제기되는 명예훼손 소송defamation sue이 야당 탄압의 수단으로 흔히 사용되기 때문에 자유로운 정치의사 표현도 쉽지 않다. 그러나 이러한 경향은 2011년 선거부터 많이 약화되었는데, 이는 온라인을 통한 선거운동이 가능해지고 대규모의 옥외집회에 많은 시민이 참여하면서 야당이 선거운동 과정에서 각 정당의 정강 · 정책을

5 참고로 우리나라의 국회의원 선거운동 기간은 14일이다.

야당(Singapore Democratic Party)의 도심 선거유세에 참석한 시민들

널리 알릴 기회를 갖게 되었기 때문이다.

싱가포르 사람들이 선거집회에 참여하는 것을 점차 자연스럽게 생각하면서 2015년에는 여당과 야당의 선거집회에 많은 사람이 참여하여 높아진 정치적 관심을 반영하였다. 최소한 선거유세 과정에서라도 정부 정책의 문제점을 직접 시민들에게 알릴 수 있으므로, 여당으로서는 대규모 옥외집회가 상당히 부담스러운 것이 사실이다. 2020년 선거의 경우에는 코로나 사태로 유세가 더욱 힘들었기 때문에 야당으로서는 불리했던 선거였다.

그렇다면 싱가포르에서는 국민이 자유로운 정치적 의사를 표출한다고 이야기할 수 있을까? 형식적으로 싱가포르의 선거는 다른 민주주의 국가의 선거와 마찬가지로 보통, 평등, 직접, 비밀 선거의 원칙이 지켜지고 있다. 비록 투표가 의무이고, 투표의 의무를 이행하지 않은 채 다음 선거에 참여하기 위해서는 벌금을 내야 하지만 전체적으로는 싱가포르 선거제도의 형식적 문제는 크지 않다고 저자는 판단한다.

그러나 미국이나 영국의 언론들은 싱가포르 정부가 미디어들을 통제하고 있고 각종 명예훼손 소송 등으로 자유로운 의사표현을 어렵게 할 뿐 아니라 야당이 적극적으로 국민을 만나기 어려운 상황이라며 이를 비난하고 있다. 실제로 정치, 특히 여당에 대해 반대 목소리를 내는 것에 대한 국민의 두려움은 상당히 높다. 2011년 선거에 참여한 한 야당 인사는 출마 기자회견에서 자신의 장인과 부인이 선거에 참여하는 것을 적극적으로 반대한 사실을 이야기하며 눈물을 흘리기도 하였다. 또 야당인 노동자당의 실비아 림은 싱가포르에서 비밀투표가 보장된다는 점을 강조하면서 시민들에게 적극적으로 투표에 참여하도록 부탁하는 연설을 하였다. 이것은 국민이 야당에 표를 던질 때 생길 수 있는 불이익에 대한 걱정을 줄이려는 방편이었다. 다행히 2011년 선거를 통해 정치에 대한 두려움이 줄어들었고 2015년 선거에서는 그 두려움이 많이 사라진 것으로 보인다. 다만 인민행동당이 미디어들에 강력한 영향력을 행사하기 때문에 후보자들의 의견을 방송하는 것을 보면 인민행동당의 입장을 훨씬 많이 내보내고 있는 것을 알 수 있다.

한편 인민행동당의 장기 집권이 곧 야당에 대한 지지가 없다는 것을 의미하지는 않는다. 〈표 9-1〉은 지난 11차례 선거에서 여당과 야당이 얻은 득표율을 보여준다. 이 표에서 살펴볼 수 있듯 야당은 적잖은 선거구에 후보를 내지 않는 열악한 선거 환경 속에서도 30~40% 정도의 득표율을 보여주고 있는 반면 의회에서의 의석은 3%도 차지하지 못하고 있다. 이런 현상을 가장 극적으로 보여준 것이 2011년 선거였는데 야당은 40% 가까이 득표했음에도 의석은 7%에도 못 미치는 6석을 얻었을 뿐이다. 이것은 인민행동당의 장기 집권이 단순히 무능한 야당 때문이라는 견해와 달리 잘못된 선거제도 자체에서도 상당히 기인하고

| 표 9-1 | 싱가포르 의회 선거 결과

연도(년)	인민행동당 의석수(석)	야당 의석수(석)	인민행동당 득표율(%)
1963	37	14	46.9
1968	58	0	86.7
1972	65	0	70.4
1976	69	0	74.1
1980	75	0	77.7
1984	77	2	64.8
1988	80	1	63.2
1991	77	4	61.0
1997	81	2	65.0
2001	82	2	75.3
2006	82	2	66.6
2011	81	6	60.1
2015	83	6	69.9
2020	83	10	61.0

있음을 보여준다.

싱가포르 의회는 정부-의회 위원회government parliament committee와 특별 위원회selected committee로 구성된다. 특별위원회는 영국 시스템Westminster system에서 사용하는 용어로 이는 다시 상임위원회standing committee[6]와 임

6 2020년 현재 7개의 상임위원회가 있다. 의회의 의사규칙 심의 및 개정안을 담당하는 의사규정위원회(The Standing Orders Committee), 의원들의 편익 관련 사항을 담당하는 의회위원회(House Committee), 정부예산 및 각종 지출의 효과를 검토하는 예산지출위원회(Estimates Committee), 의회에 접수된 소청 등을 심의하는 소청위원회(Public Petitions Committee), 의회에 승인된 예산 사용에 대한 결산회계위원회(Public Accounts Committee), 의회의 특권 위반에 대한 민원 조사를 담당하는 의회특권위원회(Committee of Privileges), 그리고 각 상임위원회 위원의 선출 및 배정을 담당하는 선출위원회(Selection Committee) 등이다.

시위원회ad hoc committee[7]로 구성된다. 상임위원회는 구체적인 정책 분야에 따라 세분되지 않은 것이 특징이다.

의회의 핵심 기능은 다음과 같다.[8] 첫째, 입법 활동 기능이다. 법안bill은 우리나라나 일본처럼 행정부기초 법안government bills[9]과 의원기초 법안private member's bill으로 구분된다. 최초의 의원기초 법안이 1974년에서야 처음으로 제기될 정도로 싱가포르에서 대다수 법안은 정부기초 법안이다. 모든 법안은 3번의 심의readings를 거친 후 대통령에 의해 최종적으로 승인된 후 관보gazette에 게시하면 법law이 된다.

흥미로운 것은 법안에 인종, 종교 차별적인 요소가 있는 경우에는, 의회에서 심의한 법안이 대통령에 의해 최종 승인되기 전에 소수자권리위원회the Presidential Council for Minority Rights가 의회에 그 법안의 재심의를 요구할 수 있다는 점이다. 이 위원회의 위원장은 대법원장이 맡고 있으며, 위원들은 행정부의 주요 각료들로 구성되어 있다.

싱가포르에서 문제가 되는 것은 부속입법subsidiary legislation의 문제이다.[10] 행정부의 장관에게 광범위하게 부속입법을 허락함으로써 입법

7 2009년 현재 커뮤니티 개발 · 청소년 · 스포츠(Community development, youth and sports), 국방 · 외교(Defence and foreign affairs), 금융 · 무역 및 산업(Finance, and trade and industry), 보건(Health), 내무 및 법(Home affairs and law), 정보 · 통신 및 문화(Information, communications and the arts), 인력(Manpower), 국가 개발 및 환경(National development and the environment), 교통(Transport) 위원회가 있다.

8 이 3대 기능은 싱가포르 의회에서 제시한 기능이다(Singapore Parliament, http://www.parliament.gov.sg/AboutUs/Function.htm).

9 영국과 유럽의 전통에서 'government'는 행정부를 의미하는 경향이 강하고 행정부와 입법부 및 사법부를 포괄하는 국가를 의미할 때는 'state'라는 용어를 쓴다. 반면 미국에서는 government를 행정부(the executive)뿐만 아니라 다른 국가권력기관을 포괄하는 의미로 쓴다. 그러나 때로는 이 용어들이 혼용되기도 한다.

10 싱가포르에서는 의회가 제정한 법을 'statue'라고 부르고, 행정입법을 'subsidiary legislation, delegated legislation, 또는 subordinate legislation'이라고 부른다.

부의 고유 권한인 입법권을 행정부에 지나치게 양도하고 있다. 헌법 재판소가 없고 사법부의 독립성이 약한 싱가포르 상황에서 이 부속입법의 위헌 · 위법성을 통제하기는 쉽지 않은 상황이다(Worthington, 2003: 99-101).

둘째, 예산심의 기능이다. 예산편성권은 행정부에 있으므로 행정부 제출 예산은 의회가 심의하게 된다. 예산서가 의회로 넘어오면 의회는 이틀간에 걸쳐 예산서budget statement에 대해 질의를 하고 7~10일에 걸쳐 개별 부처 장관들에게 지출 항목에 관한 질의와 토론을 하게 되는데 이 토론이 끝나게 되면 예산법안supply bill이 통과되게 된다. 그러나 의회 질의응답시간이 매우 짧을 뿐 아니라 이때 의회는 행정부 예산의 삭감이나 조정에 적극적인 역할을 하지 못하고 있다.

마지막 중요한 기능은 대정부 질의 기능이다. 의회가 시작되면 1시간 30분 정도 질의시간이 주어지는데 이 시간을 통해 의원들은 장관들에게 질의할 수 있다. 우리나라와 같이 의회의 국정감사 기능이 명확하게 규정되지 않은 싱가포르에서는 대정부 질의시간이 의회가 정부를 견제할 수 있는 수단이기는 하지만 대부분 인민행동당 소속 의원으로 구성된 의회의 현실을 감안한다면 정부에 비판적인 대정부 질문을 기대하기 어렵다.

또 하나 권력분립의 관점에서 주목해야 할 것은 의회가 행정부를 정책적으로 견제할 수 있는 정책 분석 및 평가 능력이 부족하다는 점이다. 의원 보좌관에 대한 국가 차원의 지원이 없고 의회 내에 도서관 및 연구부library/research department가 있지만, 그것이 미국 의회예산국Congressional Budget Office, CBO이나 회계감사국General Accountability Office, GAO같이 적극적인 정책 활동을 보조해줄 수 있는 연구기관이라고 보기는 어렵다. 또 싱가포르에서는 의원의 겸직을 허용하는 대신에 의원의 월급을 다른 고위직 공무원보다 낮게 책정하고 있다. 또한, 의원보좌관제도도 발전되어 있지 않다. 이것은 의원을 전문 지업인으로 바라보지 않는 싱가포르의 특징을 보여준다. 특히 의원의 주된 역할이 지역구 주민들의 여러 민원을 들어주고 해결하는 것이기 때문에 상대적으로 법률과 정책을 만드는 기능은 약하다고 할 수 있다. 물론 일부 의원들은 인민행동당의 핵심 엘리트 그룹에 속하며 의원과 행정부의 장관 등을 겸직하면서 강력한 권력을 행사하기도 한다. 이러한 점 때문에 의원들은 의회 내에서도 핵심 엘리트와 그렇지 않은 의원으로 구분된다고 할 수 있다.

싱가포르 의회제도는 그 나름대로 현실을 반영하면서 진화해왔다고 평가할 수 있다. 선거를 의무화하는 제도는, 유권자의 수가 적고 인민행동당이 선거에서 이길 수 있나는 확신이 있기 때문에 시속 가능한 것이지만 우리나라와 같이 투표율이 점차 낮아지는 나라에는 도입을 고려해볼 수도 있는 제도라고 할 수 있다. 또한, 금권선거의 문제가 심각하지 않다는 것도 무엇보다 큰 장점이다.

반면, 싱가포르 의회제도가 가진 한계는 인민행동당에 의한 권력 집중과 그 인민행동당 내부의 핵심 엘리트 그룹에 의한 권력 집중 문제이다. 1965년 제1대 의회에서부터 2006년 제11대 의회까지 인민행동당 소속 의원 250명의 재임 기간을 분석한 결과 평균 3.28(표준편차: 1.9)대에 걸쳐 재임하며 이를 연도로 계산하면 평균 13.4년(표준편차: 7.84) 동안 의원직을 유지하는 것으로 나타났다. 이와 대조적으로 야당 의원들의 재임 기간은 참시통Chiam See Tong이 1985년부터 의원직을 유지해오고 있는 것을 제외하고는 대부분 1대 이상을 넘기지 못하는 것으로 나타나고 있다. 물론 인민행동당도 1997년과 2001년 선거에서는 새로운 의원들을 의회로 진출시킴으로써 세대교체를 시도하고 있다. 1997년 및 2001년 선거에는 전체 의원 중 43.4% 및 46.4%가 새로 의회로 진출한 인민행동당 및 지명직 의원NMP이다. 이러한 세대교체의 노력에도 불구하고 2010년 현재 재임 기간이 긴 상위 25% 의원은 18년 이상을 의원직에 있었던 것으로 나타나고 있어, 핵심 인민행동당 의원들에 대한 권력 집중 현상이 두드러짐을 알 수 있다. 결국, 인민행동당 정당의 권력 독점은 단순히 특정 정당의 권력 독점이라는 제도적 차원을 넘어서 인민행동당 엘리트로의 권력 집중 형태를 가지게 되는 것이다.

인민행동당의 장기 집권과 인민행동당 엘리트로의 권력 집중이 싱가포르 정치체제의 연속성을 유지하는 기능을 수행하고, 정책의 일관성을 확보하는 긍정적인 역할을 해온 것이 사실이다. 하지만 이것이 시민과 국가권력 간의 비대칭적인 관계를 형성하기 시작하고 정부 내부 의사결정의 참여를 어렵게 만드는 역기능을 초래하고 있다는 사실도 간과할 수 없다. 특히 인민행동당의 엘리트들은 단순히 의회에서만 영향력을 발휘하는 것이 아니라 행정부와 각종 법정산하기관statutory boards과 GLCs와 같은 산업 분야에까지 그 영향력을 미쳐 국가주의를 정치적으로 공고히 하는 데 결정적인 역할을 해왔다고 할 수 있다.

나. 대통령

전통적으로 싱가포르의 대통령은 상징적인 위치에 머물러왔다(Singh,

| 그림 9-2 | 싱가포르 초대 대통령의 초상화가 그려진 10달러(SGD) 지폐

2007: 33). 싱가포르의 대통령은 1965년 초대 대통령인 유소프 빈 이삭Yusof bin Ishak 이후 1993년까지 의회에서 간선제로 선출되다가 1991년 헌법 개정 후 6년 임기의 직선제 대통령이 선출되었다.

싱가포르의 대통령은 형식적으로는 국가의 수반이고 연임 제한이 없지만, 그 권한은 매우 제한적이다. 대통령은 형식상 총리 임명권, 총리의 제청에 의한 각료 임명권, 의회 견제의 권한과 예산안 거부권, 국가 유보금national reserve 사용 승인 권한[11], 그리고 주요 공직자 임명 거부권이 있으나 이 권한은 행정부와 의회에 의해 견제된다. 이 견제 장치는

11 싱가포르는 적립식 연금제도(Central Provident Fund)를 채택하고 있어 국가 유보금 규모가 매우 크고 이것이 국부펀드의 자본금을 형성한다. 이 국가 유보금의 사용 권한을 총리와 대통령이 서로 견제하며 나누어 갖도록 함으로써 자의적인 사용을 예방하는 장치를 마련하고 있다

헌법과 법률에 따라 광범위하게 적시되고 있어(Worthington, 2003: 72-75) 싱가포르에서 대통령이 상징적인 국가수반으로 남아 있을 수밖에 없는 가장 큰 이유가 된다.

이론적으로는 대통령이 의회를 견제할 수 있는 영향력이 있다는 점에서 권력분립의 원리를 실현하기 위해 대통령의 역할은 매우 중요하다고 생각할 수도 있다. 하지만 인민행동당은 대통령을 통제 가능한 국가기구로 두기 위해서 출마 단계부터 제약을 가하고 있다. 대통령 선거에 출마하기 위해서는 싱가포르 「헌법」 제18조에 의해 설립된 대통령 선거위원회Presidential Election Commission의 자격 심사를 받아야 하지만 이 위원회의 구성원들은 주로 행정부 인사이다. 더욱 심각한 문제는 대통령 후보자의 자격을 장관, 대법원장, 인사위원회 위원장, 중요 국가기구의 위원장, 혹은 이러한 유사한 경험을 가진 사람으로 제한하고 있다는 점이다(싱가포르 「헌법」 제19조 제2항). 현실적으로 이러한 자격 요건을 실질적으로 충족시킬 수 있는 사람들은 인민행동당 측 인사로 제한될 수밖에 없다(Worthington, 2003: 71). 이러한 자격조건 제한은 싱가포르에서 1993년 대통령 직선제가 도입되었음에도 불구하고 왜 1999년과 2005년에 후보자가 없이 자동으로 대통령이 선출되었는지를 설명해준다. 야당으로서는 40% 정도의 지지율을 고려한다면 대통령 선거를 중요한 정치적 수단으로 사용할 수 있음에도 불구하고 이러한 제약 때문에 후보자를 내지 못하는 것이다. 1993년 싱가포르 대통령 선거는 이에 대해 매우 큰 시사점을 제공해주는데, 대통령 후보 중 한 명이었던 좌킴요우Chua Kim Yeow는 적극적인 출마 의사를 가진 후보는 아니었지만(Singh, 2007: 34) 인민행동당에 대한 반감을 보인 유권자들로 인해 무려 41%의 지지를 얻기도 한 것이 그것이다.[12] 결국, 실질적 권력분립을 제한하는 제도가 변화하지 않는 이상 싱가포르에서 대통령이 행정부와 의회의 견제자로 기능하는 것은 어렵다고 할 것이다.

그런데 주목해야 할 것은 2011년의 대통령 선거이다. 이 선거에서는 전례 없이 4명의 후보가 입후보하였다. 인민행동당에서는 1980년대에 당내에서 권력을 두고 고촉통과 경쟁했던 토니 탄이 사실상 여당의 대표 후보로 출마하였다. 그런데 인민행동당 소속 의원을 역임했던 탄쳉복Tan Cheng Bock 역시 출마했는데 당선자인 토니 탄과의 표 차이가 0.3%밖에 나지 않은 34.9%의 지지를 받았다. 또 한 명의 후보였던 탄지사이Tan Jee Say는 야당 출신 인사였는데 무려 25.4%의 지지를 받았다. 따라서 2011년의 선거는, 여당 내부에서도 정치적 경쟁이 표면화될 가능성이 존재하며 여당이 분열될 경우 야당 후보가 강력한 지지를 받을 수 있음을 보여준 선거라고 할 것이다. 그러나 이러한 변화에도 불구하고 지금까지 싱가포르 대통령은 인민행동당의 엘리트 그룹과 연결되어 있어 의회에 대한 견제나 다양한 정치적 의견의 반영과 같은 역할을 충분히 수행해오지 못했다고 할 수 있다.

2016년 6월에 싱가포르 정부는 헌법을 수정하여 5년 연속 특정 인종이 계속 대통령직에 있게 되면 다른 인종이 대통령으로 선출되어야만 하도록 하였다. 이 수정 헌법 조항에 대해 2011년 치러진 대통령 선거에 출마했던 탄쳉복은 위헌 여부를 다투었으나 결국 합헌으로 결정이 났다. 이에 관해 일부에서는 2011년 선거에서 인민행동당 후보였던 토

12 http://www.thinkcentre.org/article.cfm?ArticleID=2626

니 탄과 경쟁했던 탄쳉복이 대통령으로 당선되는 것을 막기 위한 헌법 개정이었다는 비판도 제기하였다. 그 결과 2017년에는 중국계가 아닌 말레이시아계 할리마 야콥Halimah Yacob이 대통령 단일 후보로 출마하여 싱가포르 제8대 대통령으로 선출되었다.

다. 사법부

싱가포르의 사법부는 영국 사법 전통에 깊게 영향을 받았다. 1990년까지만 해도 판사와 변호사들이 법정에 가발을 쓰고 'My Lord'나 'Your Lordship' 같은 용어를 쓴 것을 보면 영국 사법 전통의 영향을 간접적으로 확인할 수 있다. 실제로 싱가포르에서 변호사로 활동하기 위해서는 싱가포르 국립대학교 법과대학의 졸업생이 아닐 경우 영국, 호주, 뉴질랜드 등의 영연방국가의 법과대학 졸업장을 요구하고 있다.[13]

싱가포르 법원은 상급법원Supreme Court[14]과 하급법원State Court으로 구성되어 있다(싱가포르 「헌법」 제93조). 상급법원은 고등법원High Court과 항소법원Court of Appeal으로 구성되어 있다. 항소법원은 고등법원의 민사 및 형사 사건에 대한 항소를 담당하며[15] 이 항소법원은 1994년 영국 추밀

13 이런 학력 조건 이외에도 싱가포르 시민권 혹은 영주권의 소유 여부는 싱가포르에서 변호사 활동을 할 수 있는 자격의 필수조건이다.

14 우리나라는 고등법원과 대법원을 구분하지만, 싱가포르는 2심제를 선택하고 있어서 싱가포르의 Supreme Court는 우리의 대법원과는 다르다. 또 Supreme Court가 항소법원(Court of Appeal)과 고등법원(High Court)으로 구성된 기구를 의미하기 때문에 상급법원이라고 번역하였다. 하급법원은 2014년에 이름을 Subordinate Court에서 State Court로 바꾸었다.

15 1993년 민사를 담당하는 Court of Appeal과 형사를 담당하는 Court of Criminal Appeal이 합쳐져 항소법원이 되었다. 이 항소법원을 만든 배경에는 영국의 추밀원 법사위원회의 최종심 판단을 요구하는 제도를 폐지하려는 의도가 있었다. 추밀원 법사위원회는 자치령 기타 영국제국 내 각지의 최고법원에 대한 항소재판소이다.

원 법사위원회Judicial Committee of the Privy Council에 대한 항소제도를 폐지한 이후로 싱가포르 법원의 최종적인 법률 판단을 담당하고 있다. 대법원장chief justice은 항소법원의 판사와 함께 항소법원의 심리에 참여하며 고등법원의 판사도 대법원장의 요청 시 항소법원의 심리에 참여할 수 있다. 고등법원은 중대한 민사 및 형사 사건의 1심을 담당하며 지역법원District Court 및 치안법원Magistrates' Court의 항소사건을 담당하기도 한다.[16] 대법원장을 비롯한 항소법원 그리고 고등법원의 판사들은 총리prime minister가 추천한 후보를 대통령이 임명하게 되어 있다.

하급법원은 10년 이하의 징역 혹은 2억 5,000만 원 미만 벌금의 소액사건을 다루는 지역법원District Court, 그리고 지역법원보다 더 경미한 사건을 다루는 치안법원Magistrates' Court, 이혼 및 입양과 같은 가족 문제를 다루는 가정법원Family Court, 청소년 법원Juvenile Court, 검시법원Coroner's Court 등이 있다. 이 하급법원의 판사는 대법원장의 제청으로 대통령이 임명하게 되어 있다. 전체 35만 건의 심리사건 중 90~95%가 하급법원에서 이루어질 정도로 하급법원은 싱가포르 사법부에서 핵심적인 역할을 담당한다(Worthington, 2003: 111).

다른 영미법 계열의 국가와 달리 싱가포르는 재판에서 배심원제도를 채택하고 있지 않다. 리콴유는 1959년 배심원제를 폐지한 이유가(사법부나 사회적 합의를 통해 폐지한 것이 아니라) 배심원제가 지나치게 인정에 호소하거나 관대한 처벌을 초래하기 때문이라고 밝히고 있다(Lee, 2000: 241-243).

Tan, K. (2005). *Essays in Singapore Legal History,* Marshall Cavendish Academic and the Singapore Academy of Law, p.21.

16 자세한 사항은 Singapore Supreme Court 홈페이지 참고. http://app.supremecourt.gov.sg/default.aspx?pgID=43

| 그림 9-3 | 싱가포르 법원 구조

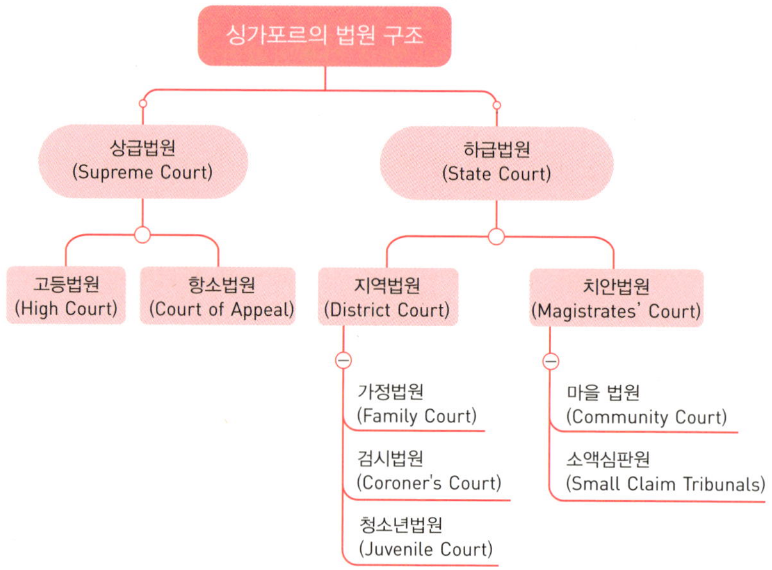

싱가포르 사법부에 대해서는 긍정적인 관점과 부정적인 관점이 공존한다. 먼저 국제지표를 보면 싱가포르의 법에 의한 통치rule of law와 재판의 효율성, 그리고 청렴성에 대해 높은 평가를 내리지만 정치적 독립성에 대해서는 우려를 표명하고 있다.[17] 또 주목할 만한 특징은 엄격

17 국제지표도 싱가포르 사법부의 독립성 문제를 어느 정도 인식하고 있다. 2009년 세계경제포럼의 국가경쟁력지수 자료를 보면 싱가포르는 정치사회제도 부문 경쟁력이 세계 1위임에도 불구하고 사법부 독립성은 18위에 머물러 있다(우리나라는 58위). 흥미로운 것은 리콴유가 그의 자서전을 통해 1990년대 국제경쟁력지수에서 싱가포르 사법제도의 효율성이 세계적 수준으로 인정받았다고 주장(Lee, 2000: 249)하고 있다는 점이다. 그 주장은 그가 은행가 출신인 용풍호(Yong Pung How)를 대법관으로 임명한 것에 대한 비판을 방어하기 위한 것으로 이해된다.

한 법의 집행이다. 1993년 마이클 페이Michael Fay라는 미국인 교환학생에 대한 태형canning 사건에서 살펴볼 수 있듯이 사회질서 교란에 관한 처벌 수준과 집행이 매우 엄격하다. 이것은 곧 낮은 범죄율을 초래하고 사법부의 업무 부담을 줄여주는 긍정적인 역할을 하게 된다. 그러나 2015년 리콴유를 비판하는 동영상을 유튜브에 올려 기소된 아모스 이Amos Yee 사건처럼 기계적인 법 해석을 시도하여 친정부적 판단을 하고 있다는 비판에서 자유롭지 못하다.

한편 싱가포르 사법부는 몇 가지 심각한 문제를 가지고 있다. 첫째, 전문적인 재판 인력의 양성이 이루어지고 있지 못하다. 지역법원과 치안법원의 경우를 보면 1995년부터 1998년까지 3년 동안 각각 57% 및 95%의 판사가 이직하였으며 이러한 현상은 대법원에서도 나타나고 있는데 이렇게 높은 이직률은 전문적인 판사 인력을 양성하기 어렵게 만들고 있다.

둘째, 법관의 임면 과정에서 행정부로부터의 독립성이 보장되어 있지 않다. 약 75%(1998년 현재)에 달하는 하급법원 판사가 싱가포르 법률행정처Singapore Legal Service에 속한 행정부 직원civil service official이고 종신 고용이 보장되어 있지 않은 실정이다(Worthington, 2003: 107-111). 따라서 행정부가 하급법원 판결에 영향을 미칠 가능성도 크다고 할 수 있다.

셋째, 법조 인력의 폐쇄성이다. 싱가포르 법률협회Singapore Law Society의 통계에 따르면 2009년 3,697명의 법조인이 활동하고 있었으나 2019년에는 5,920명의 법조인이 활동하는 것으로 나타났다. 이것은 1명의 법조인당 인구가 약 950명 정도로 10년 전 1,352명에 비해 많이 개선되었다. 하지만 여전히 변호사 1명이 담당하는 인구가 미국(249명)과 영국

(437명), 독일(496명)보다 매우 높다고 판단할 수 있다. 물론 2017년 현재 한국의 변호사 1인당 인구수가 1,969명인 것에 비해서는[18] 싱가포르의 변호사 수 비율이 높지만 도시국가인 싱가포르의 특성상 소수의 변호사와 판사, 그리고 행정부가 폐쇄적인 관계를 형성할 가능성도 존재한다.

넷째, 사법부의 정치적 영향력으로부터의 종속이다. 싱가포르 사법부의 신뢰가 의심받는 이유 중의 하나는 정치인에 대한 명예훼손 소송에 대해 싱가포르 사법부가 지나치게 정치적 태도를 보이기 때문이다.[19] 리콴유나 리셴룽과 같은 유명 정치인은 정적을 견제하거나 정부에 비판적인 의견을 내는 것을 통제하려는 수단으로 명예훼손 소송을 활용하고 있다. 이러한 명예훼손 소송은 이미 오래전부터 사용되어 왔는데, 야당 당수였던 JBJ가 회계 보고를 허위로 기재했다는 고소사건에서 5건 중 4건을 무죄로 판결한 판사가 경질된 사건이나, 건강보험법안 법률안의 내용에 허위 기재가 있다는 이유로 야당 의원에게 5,100싱가포르 달러의 벌금을 부여한 1996년 판결, *Asian Wall Street Journal*이나 *Far Eastern Economics*와 같은 잡지가 인민행동당과 리콴유의 명예훼손에 대한 판결에서 높은 벌금을 부과받은 사실 등은 사법부가 정

18 『시사저널』, http://www.sisajournal.com/news/articleView.html?idxno=174871 (검색: 2020년 9월 26일)

19 야당 당수였던 JBJ가 회계 보고를 허위로 기재했다는 고소사건에서 5건 중 4건을 무죄로 판결한 판사가 경질된 사건이나, 건강보험법안 법률안의 내용에 허위 기재가 있다는 이유로 야당 의원에게 5,100싱가포르 달러의 벌금을 부여한 1996년 판결, *Asian Wall Street Journal*이나 *Far Eastern Economics*와 같은 언론사가 인민행동당과 리콴유의 명예를 훼손했다며 제기당한 판결에서 높은 벌금을 부과받은 사실 등은 사법부가 정치적으로는 독립되지 못했음을 보여주는 사례라고 할 수 있다.

치적으로는 독립되지 못했음을 보여주는 사례라고 할 수 있다. 최근 2014년에도 로이 은경Roy Ngerng이 중앙적립기금CPF 사용의 투명성에 문제를 제기하는 글을 인터넷에 올렸다는 이유로 리셴룽 총리로부터 명예훼손으로 고소당한 바 있다. 증거도 제시하지 못하면서 악의적인 글을 올렸다는 이유에서였다. 2019년에는 야당인 노동자당 국회의원인 로 티아 키앙Low Thia Khiang과 실비아 림Sylvia Lim이 적절한 경쟁절차 없이 지역 의회 시설 관리자를 변경했다고 수백만 달러 소송에 휘말리기도 했다. 이러한 소송이 주로 야당 인사와 반정부적 견해를 표출하는 사람을 대상으로 반복될 때마다 사법부에 대한 부정적인 의견이 증가하게 된다.

라. 행정부

싱가포르의 행정부는 영국식 시스템처럼 의사결정 조직과 집행 조직이 분리된 형태를 띠고 있다. 의사결정 조직은 부ministry가, 집행은 법정산하기관statutory board[20]이 담당하고 있으며, 2020년 현재 총리실 포함 16개의 부ministry와 50개의 법정산하기관이 운영되며 약 14만 6,000명의

20 행정학에서 책임운영기관은 일반적으로 영국의 Executive Agency를 의미하는데 싱가포르의 Statutory Board(SB) 역시 이와 성격이 유사하다. 2010년 현재 싱가포르에는 63개의 책임운영기관이 있는데 그곳들은 의회가 제정한 법에 따라 자율성이 부여된 준정부기구이다. SB는 공식적인 정부기구로부터 분리되어 있으며 PSC(Public Service Commission)에 임명된 공무원(civil servants)이 아니므로 이를 구분하기 위해서 싱가포르에서는 이들을 'public servants'라고 부른다. 봉급 체계도 자율적으로 결정되며 봉급 역시 자체 펀드에서 조달한다. 대표적인 SB로는 Housing and Development Board(HDB), Central Provident Fund(CPF), the Port of Singapore Authority(PSA) 등이 있다. 각 부의 법정산하기관은 다음을 참고하라. https://www.careers.gov.sg/build-your-career/career-toolkit/public-agencies.

| 그림 9-4 | 싱가포르 행정부의 조직 구조

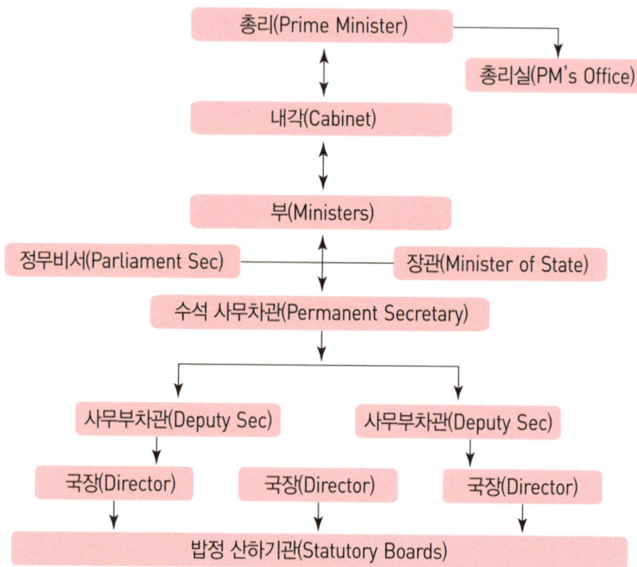

공무원이 행정부에서 일을 하고 있다. 행정부는 정치적 임명직인 장관minister of state과 정무비서parliament secretary의 밑에 각 부의 행정 책임자인 수석 사무차관permanent secretary과 사무부차관deputy secretary 및 국장director을 두고 있다. [그림 9-4]에서 볼 수 있듯이 협의의 행정부는 의사결정을 담당하는 기구만을 포함하며 법정산하기관이 여러 집행 기능을 담당한다.

행정부의 직급체계는 2016년 이전에는 Division I부터 Division IV까지 구분되어 있었는데 그 이후에는 사무직senior executive or above과 준사무직junior executive으로 구분하기 시작하였다. 흔히 관리자의 업무는 사무직senior executive 이상에서 담당한다. 주로 정책결정을 담당하는 행정부civil service의 사무직 부문에서 여성은 3만 491명으로 약 60%를 차지한다(2018년 말 현재). 반대로 준사무직junior executive의 경우에는 남성이 56% 정도를 차지하고 있어 남성이 더 많다.

또 하나 주목할 부분은 행정부 직원의 연령으로, 약 48% 이상의 직원들이 35세 이하일 정도로[21] 싱가포르는 젊은 행정부를 가지고 있다고 할 수 있다. 최근 고령화로 인해 공무원의 은퇴연령을 63세로 늘렸고, 2021년부터는 은퇴한 공무원도 68세까지는 매년 다시 재고용을 할 수 있도록 하는 제도를 도입하기도 하였다. 그러나 전반적으로 싱가포르 공무원은 20대까지 입직을 했다가 30대부터는 점차 민간으로 직장을 옮기기 때문에 평균연령이 젊은 것이다.

이 점은 의회에서도 나타나는데 2015년 현재 선출직 의원 중에서 13명(약 15%)이 40대 미만이고, 최연소 국회의원도 31세인데 2011년 선거에서 당선될 당시에는 27세였다. 2020년에는 26세의 국회의원이 당선되기도 하였다. 이것은 싱가포르 정부가 끊임없이 차세대 지도자들을 영입하려고 노력하고 있음을 시사한다.

행정부는 법안을 기초할 뿐 아니라 부속입법을 통해 강력한 입법 기능을 행사하고 있다. 이는 행정부가 입법과 집행 권한을 동시에 가지고 있음을 의미한다. 또한, 하급법원 판사의 인사와 봉급에 대한 행정부의 영향력이 강하기 때문에 사법부에도 강력한 영향력을 행사하고 있다.

21 Public Service Division, http://www.psd.gov.sg/PublicService/SingaporePublicService/

2. 싱가포르의 청렴 기구와 정책

엘리트주의는 민주사회에서는 지지를 받기 어렵다. 많은 경우 엘리트들이 무능하거나, 자신들의 이익만을 추구하거나, 혹은 부패하여 시민들의 지지를 얻지 못하기 때문이다. 하지만 싱가포르의 엘리트주의는 능력주의와 청렴이라는 가치를 전면에 내세우고 싱가포르가 이루어낸 경제성장을 정당성의 원천으로 하여 지난 50년 동안 유지됐다. 무엇보다도 청렴한 정부 이미지는 인민행동당이 오랫동안 정권을 유지할 수 있는 근본적인 힘의 원천이기도 하다. 청렴은 엘리트주의에 따라 싱가포르의 국가체제가 운영될 수 있는 핵심적인 요소라고 할 수 있다. 다음은 우리나라에서 일반적으로 이해하고 있는 싱가포르 반부패 정책의 성공 요인을 잘 나타내주고 있다.

반세기 전에만 해도 싱가포르에는 부패가 만연했었다. 그 요인은 공무원의 저임금, 높은 인플레이션, 부적절한 감독, 낮은 검거율을 들 수 있었다. 1951년, 1억 5,000만 원 상당의 아편 강취 스캔들에 형사와 경찰 간부 여러 명이 연루된 사건을 계기로, 경찰청 범죄수사국 반부패과課를 대신할 독립 반부패 기관을 설립한 것이 탐오조사국의 모태이다.

1959년 리콴유 수상이 취임한 뒤 재량권 남용으로 사익을 추구하는 것에 주목하면서, 예방 · 수사 · 억지 수단을 강화하여 깨끗하고 효율적인 정부를 추구하였고, 이듬해에는 부패방지법을 제정하게 되었다. 탐오조사국에 체포·압수수색·은행 계좌 조회 권한을 부여하였고, 수입에 비해 과다한 재산을 소유한 자가 그 출처를 충분히 설명하지 못하면 부패의 증거로 간주하는 것으로 법을 개정하였다. 1959년 8명뿐이었던 인력은 2011년 138명으로 17배 증가하였다. 예산은 1959년 약 9억 원에서 2011년 304억 원으로 무려 33배나 증가하였다.

지속적인 법 개정으로 부패 허점을 차단하는 노력도 병행하였다. 1966년에는 수뢰 의사가 있으면 실제 뇌물을 받지 않아도 유죄로 판결할 수 있게 한 데 이어, 재외공관 또는 외국 정부에서 근무하는 싱가포르 국민의 부패도 처벌할 수 있도록 하였고, 1989년 들어서는 부패 범죄 벌금을 10배 인상하고, 사망한 부패 범죄자의 재산에 대한 몰수도 가능하게 되었다.

또한 부패에 해당하면 대형이건 소형이건, 공공 및 민간 부문, 증뢰사 및 수뢰자, 부패 수사 과정에서 적발된 기타 범죄까지 취급함으로써 전면적으로 법 집행에 나섰다. 더불어 부패 범죄 형량을 강화하고, 부패 이익을 환수한 후에도 벌금을 이중으로 부과하였다.
부패 예방 활동에 힘을 쏟아서, 부패가 발생한 정부기관의 행정절차와 관행을 검토하여 부패 관련 허점과 취약점을 제거하기 위한 권고 활동과 학생·교사·공무원·주요 민간기업 직원을 대상으로 교육 및 홍보 활동도 지속하였다.

싱가포르의 부패 척결 요인을 요약하자면, 정부의 강력한 의지와 정책 실천이 중요하며, 상대적으로 좁은 면적(남한의 140분의 1), 정치적 안정, 높은 국민소득(1인당 GDP 5만 9,900달러), 적은 인구(470만 명)가 뒷받침되었다고 보인다.

출처: 국민권익위원회. (2012). 「해외 반부패 및 옴부즈만 동향」.

위의 설명은 상식적으로는 타당해 보이지만 지나치게 자의적인 해석이라고 저자는 판단한다. 위에서 제시된 싱가포르의 반부패 정책은 이미 우리나라에서도 도입하고 있으므로 단순히 제도 때문에 싱가포르가 청렴한 국가가 되었다고 보기는 어렵기 때문이다. 이하에서는 싱가포르의 반부패 정책과 기구의 특징을 살펴보도록 하자.

가. 법률에 의한 반부패 통제

싱가포르의 반부패 관련 법률은 상대적으로 단순한 편이다. 1960년 제정된 「부패방지법Prevention of Corruption Act」, 1992년 처음 제정된 「부패, 마약밀수 등 중대 범죄(이익의 몰수)에 관한 법률Corruption, Drug Trafficking and Other Serious Crimes Confiscation of Benefits Act」, 「형사공조법Mutual Assistance in Criminal Matters Act」 등이 뇌물수수 및 기타 부패에 관한 조사 및 처벌과 관련되어 있다. 가장 기본이 되는 법은 「부패방지법」이다. 이 법이 특징적인 점은 법 적용 대상이 정부, 기업, 공적 조직을 위해 일하는 수탁자, 행정인, 집행인을 포괄하고 있다는 점이다. 따라서 「부패방지법」은 공무원뿐만 아니라 민간인도 동등하게 처벌하고 있다.[22] 이 법이 정한 여러 유형의 뇌물 수수 및 알선 · 청탁 등을 포함하는 여러 부정행위gratification를 저지르는 경우 1억 원 이하의 벌금 혹은 5년 이하의 징역, 또는 두 가지 형벌을 병과하도록 하고 있고, 정부 계약과 관련된 부정

22 「부패방지법」 제2조: “agent” means any person employed by or acting for another, and includes a trustee, administrator and executor, and a person serving the Government or under any corporation or public body, and for the purposes of section 8 includes a subcontractor and any person employed by or acting for such subcontractor;

행위에 대해서는 징역 기간을 7년 이하의 징역으로 높여 처벌하고 있다.[23] 공무원이 연루되거나 공무와 관련된 뇌물 사건은 뇌물의 액수에 상관없이 벌금형보다는 징역형을 부과하고 있다. 「부패, 마약밀수 등 중대 범죄(이익의 몰수)에 관한 법률」에 따른 범죄 행위에 대해서는 유죄판결을 받은 혐의로부터 얻은 이익 이외에도 범행으로부터 얻은 모든 이익에 대해 몰수가 적용되며 피혐의자가 수사 기간 중 사망 또는 도주한 때도 유죄판결이 없이도 부패 수익을 몰수할 수 있도록 엄격하게 규정되어 있다.

나. 반부패 기관을 통한 통제

싱가포르 반부패 정책의 상징으로 부패행위조사국Corruption Practice Investigation Board, CPIB을 꼽을 수 있다. 1952년 수립된 부패행위조사국은 홍콩의 염정공서廉政公署, ICAC와 더불어 세계에서 가장 널리 알려진 독립적인 반부패 기구이다. 부패행위조사국은 공공 부문의 부패뿐만 아니라 민간 부문의 부패까지 담당하고 있으며 부정부패에 연루된 경우 누구든지 철저히 조사 · 처벌할 수 있도록 권한을 부여받고 있다. 우리나라의 경우 원래 「부패재산의 몰수 및 회복에 관한 특례법」이 제정될 때 반부패 업무를 담당하는 국민권익위원회가 독립적인 수사권을 갖는 독립 기구로 출발하려고 했으나 당시 검찰과 한나라당의 반대로 인해 청렴위원회로 출발하였다가, 이명박 정부가 들어서면서 행정심판을 담당하는 기구와 통합하여 현재의 기구 체제를 갖추게 되었다. 그 때문에

23 「부패방지법」 제5조 및 제6조.

| 그림 9-5 | 부패행위조사국 조직도

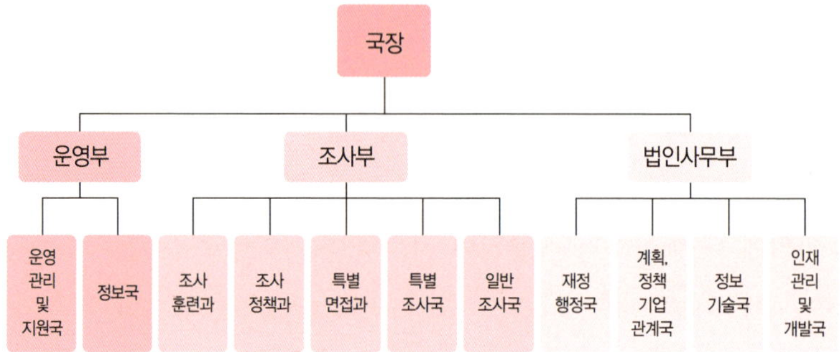

출처: http://klri.re.kr:9090/bitstream/2017.oak/4638/1/62405.pdf/

부패 사건에 대한 실질적인 조사 권한이 없다는 한계를 가지고 있다.

이와 달리 싱가포르의 부패행위조사국 수사관은 체포권을 갖고 있다. 따라서 「부패방지법」에 의거 범죄 혐의가 인정되거나 신빙성이 있는 정보가 접수되었을 때, 상당한 의혹이 존재하는 경우에는 부패행위조사국 국장 또는 부패행위조사국 수사관은 영장 없이 혐의자를 체포할 수 있고(「부패방지법」 제15조) 경찰서나 부패행위조사국 사무실에 구금할 수 있다. 「부패방지법」 관련 사건 수사상 필요 시 검사의 허가에 따라 개인 은행 계좌, 구매 내역, 회계 구조, 개인의 은행 안전금고, 은행 장부 등 제반 사항을 열람 · 수색할 수 있다(「부패방지법」 제8조, 제19조, 제20조).

부패행위조사국 조직은 총리 직속 관할로 운영부(정보 수집과 정보 분석 지원), 조사부, 법인사무부(행정 · 재정 · 인사 · 컴퓨터 정보시스템 관리)로 구성되어 있다.

한편 부패행위조사국의 예산이 크다는 점을 지적하기도 하는데, 부패가 낮은 싱가포르에서 왜 많은 예산을 사용하는 부패행위조사국이

| 그림 9-6 | 부패행위조사국 연도별 고발 접수 건수

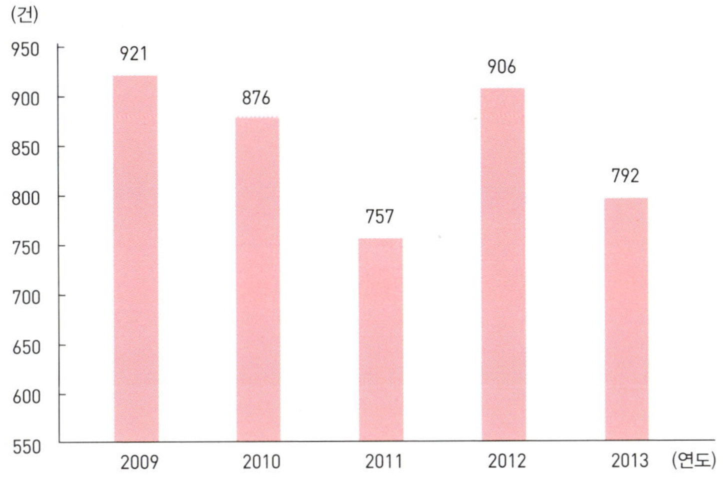

출처: 『CPIB 2013년 연차보고서』.

필요한지 의문이 들 수 있다. [그림 9-6]은 연자별 부패행위조사국에 접수된 고발 사례의 수인데 2013년은 792건의 고발이 접수되었다. 물론 이 고발된 사항 일부는 사기cheating나 공금 유용misappropriate of public funds 등의 내용이 포함되어 있어 부패와 관련이 없는 사항이라고 부패행위조사국의 보고서는 지적하고 있는데[24] 이러한 행위도 부패 행위로 간주하는 나라들이 많다고 본다면 적지 않게 부패 행위에 대한 고발이

24 "Although CPIB's primary responsibility is to investigate into corruption complaints, the Bureau does receive many other complaints which may pertain to other offences, such as cheating, misappropriation of public or company funds, etc. CPIB will refer all non-corruption related complaints received to the relevant authorities for their necessary actions." (『CPIB 2013년 연차보고서』, 4쪽)

| 그림 9-7 | 부패행위조사국 연도별 공공-민간 고발 접수 건수 및 비율 (단위: 건)

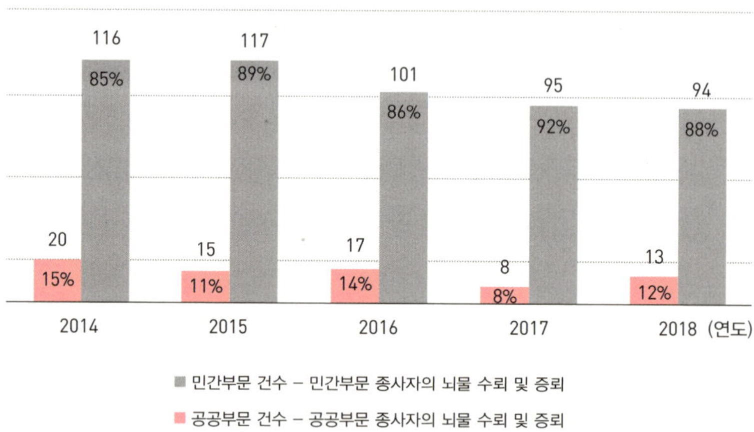

출처: 『CPIB 2018년 연차보고서』.

접수되고 있음을 알 수 있다. 이렇게 고발된 사건 중에 일부만 실제로 부패행위조사국이 조사하게 되는데 부패행위조사국이 조사한 사건 건수를 보면 2013년만 해도 152건의 사건을 조사하고 있어 이 정도 조사에는 상당한 인력과 예산이 필요함을 알 수 있다. 따라서 부패행위조사국과 같은 독립적인 반부패 기구는 청렴 수준이 높은 싱가포르 같은 나라에서도 여전히 그 기능 면에서 필요하다고 할 수 있다.

주목해야 할 것은 [그림 9-7]과 같이 부패행위조사국이 조사한 사건 중에서 90% 내외가 민간부문에서의 부패라는 점이다.[25] 이것은 우리에게도 시사하는 점이 매우 크다. 우리나라의 경우 공공부문은 끊임없는

25 https://www.cpib.gov.sg/sites/cpibv2/files/CPIB%20Press%20Release_Corruption%20Statistics_2018.pdf

| 그림 9-8 | 부패행위조사국 연도별 접수 건수와 실제 조사 건수 (단위: 건)

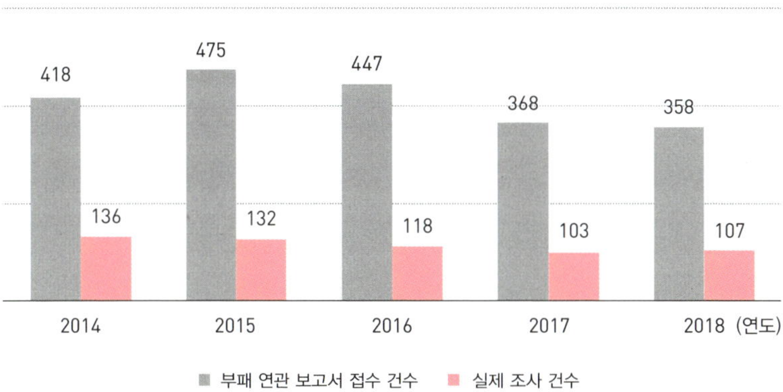

출처: 『CPIB 2018년 연차보고서』.

반부패 노력으로 부패가 줄고 있지만, 민간부문의 부패 심각성은 잘 알려지지 않고 있다. 실제로 갑질 논쟁, 각종 담합 비리처럼 민간 부문에서 발생하고 있는 불공정 행위와 부패 행위는 심각한 수준이다. 민간부문의 부패를 통제하기 위한 노력이 필요함을 시사하는 부분이다.

한편 부패행위조사국이 조사한 사건이 혐의가 있다고 판단되어 기소되는 경우 유죄판결률은 매우 높은 것으로 나타났다. [그림 9-9]와 같이 일단 기소된 사건에서 유죄판결은 90%를 훨씬 상회하고 있다. 이것은 부패행위조사국 조사의 신뢰성이 높다는 것과 법원의 적극적인 반부패 사범 처벌 의지를 보여주고 있다고 할 수 있다. 기소를 남발하여 반부패 기구의 신뢰성을 떨어뜨리는 일이 싱가포르에서는 벌어지지 않고 있음을 시사한다.

| 그림 9-9 | 유죄판결 비율

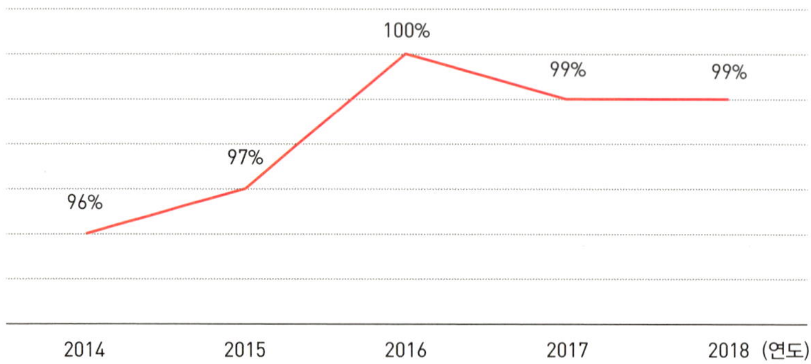

출처: 『CPIB 2018년 연차보고서』.

다. 반부패 예방 정책을 통한 통제

싱가포르의 부패행위조사국은 부패의 예방을 위한 활동으로 크게 업무처리 재검토, 재산 및 부채 신고 제도, 그리고 선물 수수 금지 제도를 소개하고 있다.[26] 싱가포르의 이러한 제도는 우리나라에서 훨씬 더 정교하고 광범위하게 적용되고 있으며, 일부에서는 싱가포르의 반부패 제도가 잘 마련되어 있으므로 싱가포르의 부패가 적다고 주장하지만, 싱가포르의 반부패 정책은 오히려 행정의 투명성에 의존하기보다는 주로 관료 내부의 통제와 처벌에 초점을 맞추고 있는 것이 현실이다.

26 CPIB 웹사이트 참고.

업무처리 재검토(Review of Work Methods)

'업무처리 재검토'란 인허가와 관련된 불합리한 방법이나 절차를 개선함으로써 부패의 원인을 제거하려는 활동을 강화하는 것을 말한다. 우리나라에서는 「부패방시 및 국빈권익위원회의 설치와 운영에 관한 법률」 제28조에 따라 법령, 행정규칙, 자치법규를 대상으로 부패영향평가를 시행하고 있는데 싱가포르의 업무처리 재검토는 부패영향평가의 매우 기초적인 단계라고 할 수 있다. 우리나라의 경우 부패영향평가는 국민권익위원회가 지침을 내려 각 부처가 수행하고 있는데 아래와 같이 준수의 용이성, 집행 기준의 적정성, 행정절차의 투명성을 기준으로 평가하고 있다.

다만, 싱가포르에서는 업무절차의 재검토와 관련된 활동을 연례보고서 형태로 제시하지 않고 있어서 실질적으로 이 활동이 부패 예방에 어

| 그림 9-10 | 우리나라의 부패영향평가 기준

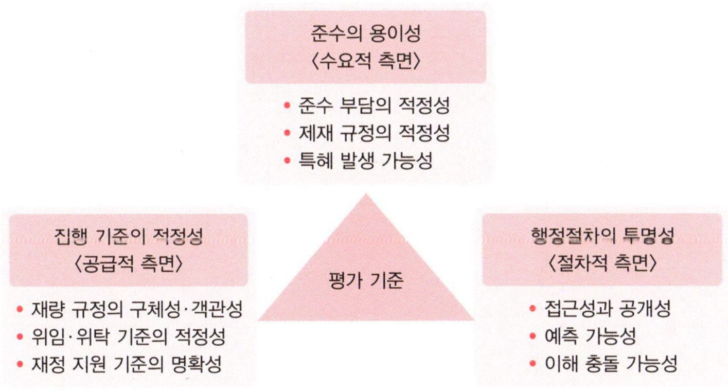

떤 도움을 주는지는 알 수 없다.

재산 및 부채 신고 제도

재산공개financial disclosure제도는 "공직자의 책임 및 권한 행사와 자신의 재산 관리 간의 이해 충돌conflicts of interest을 방지하기 위해 재산을 미리 신고 및 공개하도록 한 제도"이다.[27] 흔히 재산공개제도는 사후적으로 권한을 남용하거나 부패 행위를 통해 부를 축적했는지를 확인하는 것으로 오해되고 있으나 실제로는 공직자 스스로 "법률에 의해 부여받은 권한을 행사할 때, 자신의 재산상 이익 증대를 위해 사용하거나 그러한 유혹에 노출될 수 있는 상황을 미리 검토해 사전에 부적절한 행동을 차단하는"(박홍식, 2009) 사전적인 예방 효과에 더 중요한 목적이 있다. 또한, 재산공개를 통해 정부와 공직자에 대한 신뢰의 개선, 공직자의 책임성 확보를 기대할 수 있다.

재산공개제도는 크게 재산 신고financial reporting와 신고 내용의 일반인에 대한 공개disclosure 절차로 구성된다. 싱가포르에서는 크게 재산 신고와 부채 신고 의무를 부과하고 있다. 재산 신고 의무Declaration of Assets and Investments는 모든 공직자(배우자, 미성년 자녀 포함)에게 적용되며 매년 재산과 투자 내역을 신고해야 한다. 특히 개인 부동산을 취득하는 경우 구입일로부터 일주일 이내에 신고하도록 하고 급격한 재산 변동에 대해서는 취득 과정에 대해 해명하도록 하고 있다. 한편 직접 또는 간접을 불문하고 싱가포르 공무원은 싱가포르 내 회사로부터 이자소득을 얻거나

27 박홍식. (2009).「재산공개제도」.『온라인 행정학사전』.

투자하지 못하도록 하고 있다.[28] 부채 신고Declaration of Non-Indebtedness는 모든 공직자가 부채 내역을 신고하도록 하는 제도로, 공무원의 채무 한도를 법정화하여 무담보 채무가 월 급여의 3배를 넘지 못하도록 하고 있다. 이 제도는 과도한 채무에 시달리는 공무원이 부패할 가능성이 크다는 점을 염두에 두고 도입된 제도이다.

흥미로운 것은 이 재산 신고와 부채 신고 정보가 일반인에게는 공개되지 않는다는 점이다. 우리나라에서는 각종 선거직 후보자나 고위 공직자의 재산공개가 제도화되어 있지만 청렴한 국가로 알려진 싱가포르에서는 이런 정보가 공개되지 않고 있다. 공무원의 청렴 여부에 관한 판단은 오직 정부만이 할 수 있으며, 일반 시민들은 공무원들이 청렴하다는 정부의 말을 믿을 수밖에 없는 상황이다. 이것은 싱가포르의 재산 신고 제도가 행정부 내부 통제의 수단일 뿐 시민들이 정부를 통제하는 수단이 되지 못하고 있는 본질적인 한계가 있음을 의미한다.

선물 수수 금지(Non Acceptance of Gifts) 제도

선물 수수 금지 제도는 부패행위조사국이 부패 예방을 위해 중요하게 생각하는 제도 중의 하나다. 이 금지에 따르면 공직자는 금전적 형태, 혹은 이와 유사한 어떤 선물도 공무로 거래관계에 있는 사람으로부터 받을 수 없다고 규정하고 있다. 또한, 실제적인 혹은 명백한 책임 상태에 놓이게 하는 유흥도 받을 수 없도록 하고 있다. 만일 선물이 바로 거부하기 어려운 기념품 등일 때에는 소속 기관장에게 신고하고 제출

28 이선우 외. (2009). 「재산등록 및 취업제한제도 개선방안」. 『안전행정부 보고서』, p.130.

해야 한다. 동 선물을 소유하고 싶을 때는 동 선물에 대하여 회계원장이 평가한 액수의 금액을 내고 가져갈 수 있다.

3. 싱가포르 국가권력의 융합

싱가포르는 플라톤의 철인philosopher king 정치가 표방하듯 인재를 일찌감치 체계적으로 교육하고 이들 중에서 지도자를 뽑아 교육하는 엘리트주의적인 시스템을 추구해왔다(Singh, 2007: 177-178). 일찌감치 리콴유가 주장하였듯이 대중들에게 인기 있는 대중 정부popular government보다는 일관되고 강력한 리더십을 선호해왔다.[29] 실제 싱가포르 정치에서 리콴유의 카리스마적 리더십이 차지하는 비중을 보면 싱가포르 정치·행정 시스템이 '사람에 의한 통치rule by man'라는 특징을 가지고 있음을 알 수 있다. 여기서 주의할 것은 다른 독재국가와 다르게, 싱가포르가 단지 리콴유라는 한 사람에 의해 통치된 국가가 아니라는 점이다. 1990년 고촉통이 제2대 총리로 취임한 이후에도 싱가포르의 정치 시스템이 안정적으로 유지됐다는 것은 리콴유 개인에 의한 통치보다는 안정된 집단권력체제가 싱가포르에 존재한다는 점을 시사한다. 이 집단권력체제는 궁극적으로 엘리트주의라는 정치 이념과 결합하게 된다.

29 이러한 점에서 리콴유가 제시한 여섯 가지 좋은 거버넌스(good governance) 원칙은 시사점을 제공하는 바가 크다. 이 여섯 가지 원칙은 다음과 같다(Lee, 1979: 42; Singh, 2007: 178에서 재인용). ① 명확하게 의사를 전달하여, 국민들을 혼돈하게 하지 않을 것, ② 일관되어야 하며 자꾸 바꾸지 말 것, ③ 청렴하며 부패를 멀리할 것, ④ 대중적 인기가 아닌 존경을 추구하며 대중적 유화책에 의존하지 말 것, ⑤ 혜택을 나누며, 대중으로부터 빼앗지 말 것, ⑥ 성공을 위해 노력하며 포기하지 말 것.

| 표 9-2 | 행정부 장관급 고위 관료 경험이 있는 의회 의원 비율

연도	현재 장관급 고위 관료인 의회 의원 비율	행정부 장관급 고위 관료 경험이 있는 의회 의원 비율
1988	36%	51%
1989	32%	40%
1990	32%	41%
1991	32%	41%
1992	37%	47%
1993	38%	46%
1994	38%	49%
1995	34%	48%
1996	37%	51%
1997	37%	51%
1998	36%	42%
평 균	35%	46%

출처: Worthington(2003: 86), 장관급 고위 관료는 장관 이상(각료의 장관, 정무장관(parliament secretary), 정치장관(political secretary)).

입법부와 행정부 간 장관급 고위 관료의 관계를 살펴보도록 하자. 〈표 9-2〉는 1988년부터 1998년까지 현직 행정부 고위 관료이거나 과거 고위 관료의 경험이 있는 의회 의원의 비율을 보여준다. 표에서 살펴볼 수 있듯이 평균 46% 정도의 의원이 행정부의 고위 관료로 일한 경험이 있다. 이것은 의회와 행정부가 인적으로 밀접하게 연결되었음을 보여준다.

의회와 행정부가 인적으로 연결되어 있다면 의회가 행정부를 장악하고 단순하게 결론을 내릴 수는 없다. 그러나 인민행동당 핵심 엘리트들을 보면 이 그룹들이 오랫동안 형성되어 왔음을 알 수 있다. 1990년부터 2004년까지 제2대 싱가포르 총리를 역임한 고촉통도 1976년 36세의 나이로 인민행동당에 의해 선택되어 의회에 진출하게 되었고 이후 행정부의 여러 부처의 장관을 역임하였다. 제3대 총리인 리센룽은 32세의 나이에 싱가포르 군대의 준장이 되었고 이후 33세 나이에 총선에 출마하여 의회로 진출한 후 역시 여러 부처의 장관을 역임하였다. 제4세대의 리더로 알려진 헹스위킷Heng Swee Keat은 22세의 나이에 싱가포르 경찰에 근무하면서 싱가포르 경찰 해외장학금Singapore Police Force overseas fellowship을 받아 공부를 마치고 난 후에 26세에 싱가포르 행정부Administrative Service 공무원이 된 후 통상산업부 차관 등 중요 공직을 경험하게 된다. 헹스위킷은 2011년 50세의 나이에 총선에 참여하여 당선되었는데 이때 고촉통의 지지가 있었다.

의회의 의원들 역시 정부 부처에서 일한 경험이 있는 사람들이 다수를 차지한다. 2010년 현재 83명의 의원 중 62명(75%)이 과거 행정부에서 일한 경험이 있는 것으로 나타나고 있다. 실제로 인민행동당은 우수한 행정부 관리들[30] 중 차세대 후보를 선발하여 이들의 업무 능력을 평가하고, 대중과의 소통 능력을 평가하기 위해서 총선에 출마하도록 한 후 각종 부처의 장관으로 근무시키면서 차세대 지도자의 능력을 평가하는 방식을 취해왔다.

30 싱가포르는 우수한 관리를 선별하여 체계적으로 관리하고 있는데 이 선별된 관리들을 'Administrative Service Officer'라고 부른다. 누가 Administrative Service Officer인지, 그 규모가 얼마나 되는지는 알려져 있지 않지만(저자가 싱가포르 주재 한국 대사관 관계자와 인터뷰한 결과에 따르면 350명 정도로 추측하고 있으나 Public Service Division의 2007년 자료에 의하면 약 200명 정도로 추정된다) 뛰어난 근무성적과 학업성적(second honors and upper level degree)을 가진 관리 중에서 선발된다.

또 주목할 만한 특징은 겸직 제도를 통한 권력의 집중이다. 1970년대 초반의 경우 6명의 관료가 무려 40개 자리의 관리자로 임명될 정도로 엘리트 관료의 권력 독점이 심하였다(Barr & Skrbis, 2008: 239). 이러한 현상은 현재는 완화되어 있지만, 여전히 여러 부처의 장관직이나 차관직을 겸직하는 경우를 흔히 볼 수 있다. 법정산하기관이나 정부 관련 기업government-linked companies의 이사회 일원으로 겸직하는 예도 흔히 찾아볼 수 있으며 1998년 자료에 따르면 74%의 정부 관련 기업GLCs 이사회 일원이 전 · 현직 공무원인 것으로 나타나고 있다(Sam, 2008: 81). 또 싱가포르 정부 관련 기업의 지주회사인 테마섹 홀딩스만을 보더라도 대다수가 정부와 민간의 이사회 일원으로 겸직하고 있으며 일부 연구에 따르면 싱가포르의 상장기업 임원 중 57%에 달하는 임원들이 겸직을 하고 있는데(Mak et al., 2003) 이는 미국의 12%보다 매우 높을 뿐 아니라 겸직을 허용하지 않는 영국과는 매우 대조적이다(Sam, 2008: 79). 이것은 싱가포르의 엘리트 그룹이 단지 각자 자신이 일하고 있는 기관 내부에 머물러 있는 것이 아니라 입법부, 행정부, 정부 관련 기업, 그리고 민간기업에 걸쳐 광범위한 인적 네트워크를 구성하면서 이 네트워크에 권력이 집중되고 있음을 보여준다.

그렇다면 누가 싱가포르를 이끌어가는 핵심적인 엘리트 그룹이 되는가? 이를 분석하기 위해 의회에서 제공하는 의원들의 약력을 분석해보았다. 그 결과 2010년 현재 84명의 의원 중에 약 31명(37%)이 대통령 장학생president scholarship을 비롯한 각종 장학생scholar 출신으로 나타났다. 이 장학생 출신 의원 중 64.5%인 20명은 다시 행정부 각료의 업무를 맡고 있다. 이는 전체 각료의 55%를 차지할 정도로 높은 비율이다. 이 결과는 행정부와 의회의 핵심 엘리트 그룹들이 장학생 출신임을 보여준다. 그렇다면 장학생 출신들이 직접 의회에 진출한 후 각료로 발탁되는 것일까? 아니면 다른 직업 경험이 있으면서 각료로 진출하는 것일까? 이를 살펴보기 위해 장학생 출신 31명 의원의 직장 경험을 조사한 결과 31명 중 30명이 전직 관료 출신임을 알 수 있었다. 이를 보면 장학생 출신 엘리트들은 공직에 근무하여 경험을 쌓은 후에 인민행동당을 통해 의회로 진출하는 경로를 따르고 있음을 알 수 있다.

엘리트 그룹으로 성장하는 또 한 가지 방법은 관료로 성장하는 것이다. 장학생이 아닌 14명의 각료 중에서 12명의 각료가 전직 관료 출신인 것은 직업관료가 각료로 진출하는 기회 역시 열려 있음을 보여준다. 이렇게 각료로 성장하는 관료는 선택된 관료 그룹, 즉 Administrative Service OfficersASO 중 경쟁에서 살아남는 사람들이다. 1990년대까지만 해도 ASO는 주로 대학졸업자 중에서 성적이 우수한 사람이 선발되었지만, 현재는 일정 기간 근무를 통해 근무 성적의 우수성이 확인된 경우 선발하고 있다. 한편 최근에는 일반 공무원에게도 기회를 넓히려는 시도가 있지만, 여전히 대학 성적 우수자 중심의 선발 방식이 지배적이다.

싱가포르 국가권력의 융합은 매우 오랫동안 지속해왔다. 하지만 "절대 권력은 절대 부패한다."는 금언에 비추어본다면 어떻게 이런 체제가 유지됐을까 하는 자연스러운 의문을 갖게 된다. 싱가포르가 이루어온 정치 안정과 경제발전은 너무도 눈부실 뿐만 아니라 청렴한 정치권력을 유지하고 있다. 싱가포르는 과연 엘리트주의에 따른 권력 융합이 초래하는 부정적인 결과들을 어떻게 통제하고 있을까?

첫째, 싱가포르의 권력 융합은 개인에 대한 권력 집중과 구분되어야 한다. 비록 리콴유가 총리로 오래 재직하였지만 1970년대 인민행동당 권력은 행정(특히 국방, 교육, 그리고 경제 정책) 전문가 고켕스위, 외교의 라자라트남, 그리고 인민행동당 정당의 창시자였던 토친체, 그리고 리콴유에 의해 공유된 권력이었다(Tilman, 1989: 54-57). 권력 승계의 과정도 리콴유가 전권을 행사하지 않았다. 제2대 총리인 고촉통의 경우 이미 1970년대 인민행동당에 의해 선발된 미래 지도자 그룹의 한 명이었고 1985년 내각의 미래 지도자 그룹 내 7명의 장관들에 의해 만장일치로 미래의 총리로 결정되었다. 흥미로운 것은 리콴유가 지지했던 후보는 토니 탄이었기 때문에 그가 내각의 결정을 재고해달라고 요청했던 사실이다. 그러나 1988년 내각은 리콴유의 요청에도 불구하고 고촉통을 다시 선택하였다(Mauzy & Milne, 2002: 114-115). 단적인 예이지만 이러한 집단권력 체제의 특징 때문에 싱가포르를 개인에 의한 독재국가라고 보기는 어렵다. 물론 비록 사법부와 입법부가 소수의 엘리트 인민행동당 리더에 의해 종속되어 있지만, 법에 의한 통치 자체는 존중됐으며 자의적 권력 행사가 제한됐다.

둘째, 부패가 없는 권력 융합이다. 권력 집중에 따라 이 권력이 사유화되면 부패는 최고 지도층에서부터 하급 관료와 일반 시민들에 이르기까지 확산된다. 싱가포르의 반부패위원회는 정부뿐만 아니라 민간의 부패를 광범위하게 조사하여 엄격하고 투명하게 법을 적용하고 있다(Quah, 2010). 부패에 대한 시민들의 저항감도 커서 최근 대부분 부패 사례는 시민들의 제보로 적발될 정도로 반부패 문화는 싱가포르에 깊게 자리 잡았다고 할 것이다. 고위층의 부패가 적은 것은 여러 이유가 있겠지만[31] 공무원에 대한 높은 임금이 중요 이유 중의 하나로 주장된다(Quah, 2010). 참고로 싱가포르 장관 임금 결정 방식은 매우 특이하다. 1994년 전까지는 비공식적으로 민간 월급 수준을 참고하여 장관의 임금을 결정하다가, 1994년부터 민간의 비교 대상 그룹을 정한 후 이에 연동하여 장관 월급을 정하는 방식을 취했다. 장관의 월급이 어떻게 결정되는지 투명하지 않다는 비판과, 월급이 지나치게 높다는 비판이 계속 제기되고 있는 상황에서 2011년 수상은 투명하게 장관 월급 결정 방식을 공개하겠다고 선언한 후 2012년 위원회를 구성하여 *Salaries for a Capable and Committed Government*라는 보고서를 발간하게 된다. 현재의 임금체제는 이 보고서에 기반하고 있다. 먼저 장관의 임금은 그 경력에 따라 MR4(초임)부터 MR1(최고 경력)까지 4단계로 구분한다. MR4의 임금은 싱가포르에서 1,000명의 최고 고소득층의 임금의 중윗값을 계산한 후 이 임금의 60% 수준을 장관의 임금으로 결정하는 것이다.[32] 이 수준의 임금이 참고해야 하는 임금이며 실제 임금은 다음과 같은 공식으로 결정된다. 먼저 13개월치 월급이 고정급으로 결정되고, 좋은 성과를 내면 장관의 성과급 월급으로 일반적으로 3개월 월급이 추가되며, 국가가 달성해야 하는 경제성과를[33] 달성하면 3개월 정도의 월급이 추가된다. 결국 MR4의 임금은 약 20개월분의 임금이 된다. 2012년 보고

31 참고로 리콴유는 그의 자서전에서 노태우 전 대통령에게 싱가포르가 청렴한 이유로 ① 우수한 정보력(intelligence), ② 자의적이지 않은 접근(not subjective approach), ③ 그리고 반부패 정책에 대한 고위층의 정치적 지지를 제시하였다(Lee, 2000: 594).

32 참고가 되는 민간의 고소득 연봉자는 변호사, 의사, 최고경영진 등이다.

33 이 경제성과는 싱가포르 중위소득자의 소득 증가율, 하위 20% 소득자의 소득 증가율, 실업률, 실질 GDP 증가율의 목표치 달성으로 측정된다.

서 시점에서 MR4의 한 달 월급은 약 5만 5,000싱가포르 달러 정도였다. 이 금액은 과거 월급보다 약 31% 정도 줄어든 금액이라고 한다.[34] 또한 과거에 특별히 제공하던 연금pension 제도도 폐지되었고, 의료보험 혜택도 일반 공무원들이 받는 MediSave/Subsidised Outpatient scheme을 따르도록 되었다. 총리의 임금은 MR4 임금의 두 배로 고정되었고, 대통령의 임금은 총리 임금의 70%로 결정된다. 2019년 대통령의 연봉은 220만 싱가포르 달러 정도로 나타나고 있다. 장관이 여러 직책을 동시에 맡는 경우에는 그중 하나의 직책에서 월급을 받는다.

한편 국회의원의 연봉은 낮은 수준이다. MP의 연봉은 MR4의 약 17.5% 수준으로 2019년 연봉이 약 19만 2,500싱가포르 달러 정도이다. 명목상으로는 국회의원이 국민에게 봉사해야 한다는 점을 내세우지만 실제로는 대부분의 여당 국회의원은 행정부의 장관을 하는 경우가 많기 때문에 높은 연봉이 필요하지 않고, 야당 의원들의 경우 전문적으로 국회의원만을 해서는 생계를 유지하기 힘든 상황을 개선할 필요성을 느끼지 않고 있기 때문이다.

높은 월급을 싱가포르 청렴의 원인이라고 보는 견해가 항상 타당한 것은 아니다. 실제 많은 반부패 정책이 성공적으로 집행되었던 1970년대만 해도 공무원들의 임금은 높지 않았다. 또 높은 공무원 임금의 신화는 오직 고위층 관료와 ASO와 같은 엘리트 공무원에게만 적용될 뿐이며 일반 공무원들의 임금은 그다지 높지 않다. 저자가 싱가포르 공무원들과 인터뷰를 해보면 ASO 그룹이 아닌 대부분 공무원의 임금은

34 https://dollarsandsense.sg/heres-much-singapores-president-cabinet-ministers-paid-salary/

민간 부분과 비교해 높지 않았고, 직업에 대한 만족도도 높지 않아 젊은 싱가포르 공무원들은 3~4년 이내에 이직하는 경우가 많았다. 민간에서 경험을 더 쌓고 나중에 다시 공직으로 돌아올 기회가 있기 때문이다. 싱가포르 공무원들의 나이가 젊은 것은 이것을 반영한다.

엘리트 그룹들이 높은 임금과 정치권력으로 보상을 받으면서 뇌물수수와 같은 직접적인 부패 행위를 저지를 유인이 높지 않다는 점은 사실이지만 이것을 싱가포르 공무원 조직 전체가 청렴한 이유로 보기는 어렵다.

그렇다면 싱가포르의 공직 이미지는 어떻게 청렴하다는 인식이 가능해졌을까? 조금은 동어 반복적인 이야기지만 싱가포르 공무원들은 사회·문화가 그렇게 바뀌었다고 이야기한다. 뇌물을 주어야 일이 된다고 생각하는 사람들이 사라졌으니 당연히 공무원들이 요구하지 않는 이상 뇌물 사건이 발생할 이유는 없는 것이다.

둘째, 정치권력이 집중되어 있고 공무원의 일탈 행위에 대한 내외부의 감시가 일반화되어 있는 상황에서 부패 발생 가능성은 적다고 할 수 있다. 그렇지만 엘리트 그룹에 대한 접근성이 낮고 정부의 의사결정에 대한 투명성이 낮은 상황에서 싱가포르의 부패 문제가 표면화될 가능성은 그대로 남아 있다고 할 수 있다.[35] 실제로 싱가포르의 반부패 기구인 부패행위조사국의 고위 관료였던 에드윈 여Edwin Yeo가 2008~2013

35 대표적인 예가 싱가포르의 중앙적립기금(CPF)이다. 중앙적립기금 규모는 그 절대적인 크기만 하더라도 일본, 노르웨이, 한국, 캐나다, 중국에 이은 세계 6위 수준이다. 문제는 이 연기금이 어떻게 사용되는지에 대해 밝혀진 바가 많지 않다는 것이다. 그 폐쇄성과 비효율성에 대한 문제는 지속해서 제기되고 있고 2015년 선거에서도 쟁점이 되고 있다. 로이 은겅(Roy Ngerng)과 같은 블로거는 리 총리가 중앙적립기금을 횡령했다는 문제를 제기했다가 피소되었다.

년 기간 동안 176만 싱가포르 달러를 도박을 위해 횡령한 사건은 싱가포르와 같이 청렴한 나라에서도 부패 사건이 발생할 위험이 여전히 존재함을 보여준다.

셋째, 능력주의meritocracy를 가능하게 하는 교육제도이다. 싱가포르의 능력주의는 내용상으로는 엘리트주의로 변질하고 있다는 비판이 가능하지만(Tan, 2008) 절차적 측면에서는 정당성을 확보하고 있다. 싱가포르 능력주의의 핵심 근간은 교육제도로, 모든 국민이 능력만 있으면 경제적 능력과 관계없이 고등교육을 받을 수 있다는 기본 원칙이 충실히 지켜지고 있다. 저자가 싱가포르 국립대학교 경영대학 및 인문사회과학대학 학생을 대상으로 한 설문조사 결과(n=768) 부모의 학력이(둘 중 높은 학력을 기준으로) 대학교 졸업 이상(전문대 포함)인 비율이 30%에 불과한 것으로 나타나고 있다. 이는 부모의 경제적 배경과 학력이 대물림되는 우리나라와 비교해보면 큰 차이가 나는 결과라고 할 수 있다. 또 싱가포르는 대학생에 대한 학자금 세도, 그리고 초등학교 난세에서 학생의 능력을 평가하여 부모의 경제력이 학업성취에 영향을 줄 여지를 줄이는 교육제도를 가지고 있다. 이는 싱가포르 사람들이 교육제도의 공평성을 신뢰하게 하는 이유가 된다. 이러한 교육제도에 근거하여 엘리트를 선발하는 능력주의 원칙은 집단지도체제에 정당성을 부여하는 중요한 근거가 되고 있다.

마지막으로 새로운 인재를 지속적으로 받아들이려는 인민행동당의 노력이다. 인민행동당은 지난 60년 동안 싱가포르의 권력을 장악해왔음에도 불구하고 내부적으로는 연속성과 변화를 동시에 추구해왔다. 2010년 현재 82명의 인민행동당 의원 중에서 19명(23.1%)이 4선 이상(약

20년 이상 재임)의 의원으로 구성되어 연속적인 권력 유지가 가능하도록 하고 있다. 반면 2006년 총선에서 나타났듯이 24명(29.2%)의 현역 의원을 은퇴시키고 새로운 후보로 이를 채워 넣는 노력도 게을리하지 않고 있다. 2020년 총선에서 당선된 93명의 선출직 의원 중에서 31명이 초선의원이다. 또한 전체 의원 중 14명이 40세 이하 의원이었고 이 중에서 12명이 초선의원이었다. 의회 경력이 11년 이상 되는 의원도 26명밖에 되지 않았다.[36]

물론 초선의원의 비율은 우리나라의 초선율(18대 국회: 47.8%, 299명 중 144명)보다는 훨씬 낮지만, 미국과 같은 민주주의 국가에서 90% 이상의 재선율을 보이는 것에 비해서는 높은 수준이라고 할 수 있다. 지난 20년간 초선의원의 비율이 계속 높아져 왔다는 점에서[37] 싱가포르의 엘리트주의에 기반한 집단권력체제는 새로운 인재의 수용에 적극적임을 알 수 있다.

그러나 이러한 장점에도 불구하고 싱가포르의 엘리트주의에 기반한 집단권력체제는 여러 도전에 직면하고 있다. 먼저 시민들의 탈정치 경향으로 인해 많은 엘리트가 의회의 의원직에 출마하기를 꺼리거나 정부의 ASO가 되기를 꺼리는 경향을 보인다. 또한, 권력 기구의 권한을 규정하고 있는 헌법과 각종 선거제도가 야당의 성장을 인위적으로 막고 있으므로 이에 대한 반대 의견도 역설적으로 점차 커지고 있다. 이

36 https://www.straitstimes.com/multimedia/graphics/2020/08/singapore-14th-parliament/index.html?shell

37 각 총선에서 은퇴를 선언한 인민행동당 의원의 수는 1972년 4명, 1976년 6명, 1980년 11명, 1984년 20명, 1988년 14명, 1991년 11명, 1997년 18명, 2001년 23명, 2006년 24명, 2020년 20명이다.

는 엘리트 중심의 집단지도체제를 유지하기 위한 인재들을 찾아내는 것이 더욱 어려워지고 있음을 의미한다. 또한 리콴유의 강력한 카리스마는 사라지고, 리셴룽 역시 퇴임을 앞두고 있는 상황에서 싱가포르 엘리트들의 구심력이 될 만한 지도자를 찾는 것은 쉽지 않다. 권력이 집중되어 있다는 것은 권력을 장악할 때 기대이익도 크다는 것을 의미한다. 엘리트 그룹이 분할되기 시작하면 한정된 자리와 부를 차지하기 위해 결국 파당정치로 변질될 위험이 크다.

싱가포르는 리콴유라는 지도자의 카리스마에 바탕을 둔 권력집중 시스템에서 엘리트에 의한 집단지도체제로 차분히 전환되어 왔다. 그러나 중국의 집단지도체제가 시진핑이라는 강력한 지도자에 의해 위협을 받고 있는 것처럼, 싱가포르의 집단지도체제도 강력한 지도자의 부재로 허약해진 지도체제가 될 위험과 강력한 지도력을 표방하는 지도자의 등장으로 독재체제로 변화할 위험도 함께 갖고 있다. 현재 싱가포르는 전자의 위험에 직면하고 있다. 2015년 총선이 끝났을 때는 당시 재무장관 겸 부총리였던 타르만 샨무가라트남Tharman Shanmugaratnam과 내무장관 겸 부총리였던 테오치히언Teo Chee Hean이 유력한 후계자로 거론 되었지만 2020년 총선 이후에는 헹스위킷이 유력한 후계자로 거론되었다. 하지만 헹스위킷은 리셴룽처럼 강력한 카리스마를 갖고 잇지 못한 상황이었고 그가 2020년 선거에 출마했을 때 마지막 순간 자신의 원래 선거구가 아닌 다른 선거구에 차출되었을 정도로 권력기반이 강하다고 보기 어려운 상황이다. 2020년 총선에서도 야당 후보들에 겨우 승리를 했기 때문에 그의 정치적 기반은 더욱 약화된 것이 사실이다. 또한 리셴룽과 그의 부인이 다른 정치인을 지지한다는 주장도 계속 제기되고 있어서 후계자를 둘러싼 싱가포르 정치의 불확실성은 상당히 크다고 할 수 있다.

4. 싱가포르 행정 체제의 도전

싱가포르의 권력구조는 개인 중심에서 집단지도체제 중심으로 변화했으며 미래에는 제도화된 권력분립체제로 나아가야 하는 기로에 서 있다. 이러한 상황에서 싱가포르 행정은 엘리트주의의 재정립이라는 핵심적인 도전에 직면하고 있다. 싱가포르 공무원의 평균연령은 약 38세(Singapore Public Service Division, 2010)로 타이완 공무원의 평균연령인 43.3세보다 훨씬 낮다(Su, 2010: 611). 이것은 공무원들의 높은 이직률과 관련이 있는데, 채용과 승진에서 일부 선택된 엘리트들이 갖는 여러 가지 특혜는 일반 공무원들의 불만을 일으키고 이직률을 높이는 원인이 되고 있다.

[그림 9-11]은 싱가포르 행정부civil service의 관리자 이상executive & above 직위의 입직자와 퇴직자의 추세를 분석한 결과이다. 30세 미만까지는 입직자의 수가 많다가 30세가 넘어가면 퇴직자가 더 많아지는 추세를 보여준다. 권력이 집중되어 있고 국가에서 공직의 이동성이 매우 낮으면 관료제의 병폐가 심화될 가능성이 크다. 하지만 싱가포르 공직은 나이 어린 젊은이들이 유입되었다가, 곧 민간으로 이직해가는 형식을 보임으로써 새로운 사고를 가진 인재가 공직으로 들어올 수 있는 장점을 잘 살리고 있다. 물론 높은 퇴직율은 싱가포르 정부로 하여금 어떻게 유능한 인재를 정부에 머무르게 할 것인가라는 문제를 고민하게 하는

| 그림 9-11 | 행정부의 입직자와 퇴직자의 추세 (단위: 명)

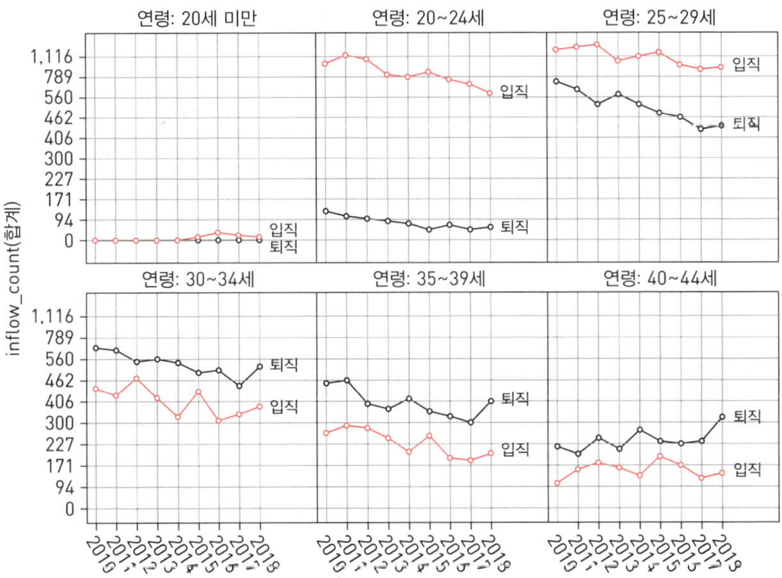

출처: 싱가포르 통계청, https://data.gov.sg/dataset/public-service-inflow-outflow-profile?view_id=cf87fcfa-0f99-4c2e-9cf8-32c8517ad346&resource_id=59c9f892-4e64-49b9-b11a-a32a2a301511 (검색: 2020년 9월 27일)

것도 사실이다.

또 다른 한편으로는 엘리트의 지식 독점이 약화되고 있다. 2000년 초반만 하더라도 25~39세 사이의 싱가포르 거주자(시민권자 및 영주권자 포함) 중에서 41.5%만이 중등학교 이상의 교육을 받았던 것에 비해 2009년 기준 70.5% 정도가 중등학교 교육 이상을 받은 것으로 나타나고 있다.[38] 또 싱

38 http://www.singstat.gov.sg/stats/charts/lit-edu.html#litB

가포르 국립대학교와 난양 공과대학교, 그리고 싱가포르 경영대학교에 진학하는 비율도 2003년 22.4%에서 2009년 기준 25.4%(Education Statistics Digest of Singapore, 2010)로 꾸준히 늘고 있다. 이러한 교육 수준의 상승은 다수의 교육받은 시민들의 권리의식과 문제의식의 성장으로 이어지고 있다. 특히 국민소득 수준의 상승으로 인해 국민이 점차 다양한 가치를 추구해나가게 됨에 따라 엘리트들이 제시한 가치에 순응하는 정도가 점차 약해지고 있는 것이 사실이다.

또한, 정책과정 역시 내각 관료가 정책의제를 독점하던 방식에서 벗어나기 시작하였다. 과거에는 의도적으로 정책의제에서 배제되었거나, 중요하게 다루어지지 않았던 다양한 정책문제에 대해 시민사회가 문제를 제기하고 있다. 동성애 문제, 표현의 자유 문제, 인종 문제, 카지노 문제, 이민자 문제 등에 대한 시민들의 적극적 관심 표명에 싱가포르 정부 역시 적극적으로 대응했던 것은 이러한 변화를 보여주는 좋은 예라고 할 것이다. 또 정책 의사결정과 집행에서도, 과거에 선진국의 사례를 모방하여 강력하게 정책을 결정하고 집행하던 것과 달리 의사결정 단계에서 시민사회의 반응을 먼저 확인한 후 중요한 정책의사결정을 하는 방식이 점차 확대되어 가고 있다. 이것은 정책과정에 대한 투명성 요구와 시민의 참여 요구가 점차 커지고 있다는 것을 의미한다. 그러나 여전히 중요 행정정보는 정부에 의해 독점되고 있으므로 이것이 정부 정책에 대한 불신을 키워가는 요인이 되기도 한다. 이에 비해 우리나라의 경우 정보공개법에 의해 행정정보 공개가 제도화되고 있다는 점은 매우 긍정적이라고 할 수 있다.

민관 유착 문제에 대한 싱가포르 사회의 비판적 인식이 확대될 가능성도 있다. 우리나라에서는 관피아 논쟁이 벌어지면서 공무원들의 민간기업 재취업 문제가 부패의 일종으로 이해되고 있다. 기획재정부와 금융감독기관 출신 퇴직공직자들로 이루어진 모피아, 해양수산부 출신 퇴직공직자들로 이루어진 해피아, 원자력발전과 관련한 원전마피아, 국토교통부 출신 퇴직공직자들의 건설업계 진출로 이루어진 국피아, 법조계의 법피아, 교육부 출신 교피아, 코레일 간부들이 재취업하는 코피아, 한국철도공사 직원들의 철피아 등 다양한 재취업 문제가 쟁점이 되는 것이다. 싱가포르에서는 정부 관료가 법정산하기관의 장을 겸임하는 것이 낯설지 않으며 민간기업의 대표가 정부기관으로 취업하는 예도 많고, 공무원을 그만두고 민간기업에서 일하다 다시 공무원으로 일하는 예도 많이 존재하고 있다. 긍정적인 관점에서는 공공 부문과 민간 부문의 전문성을 활용한다는 장점이 있지만, 민간과 공공 부문 엘리트 그룹의 유착을 심화시켜 정책의 경직성과 부패 가능성을 높일 위험이 충분하다.

지난 50년 동안 싱가포르의 역사는 성공의 역사라고 해도 과언이 아니다. 싱가포르는 경제적으로 눈부신 성장을 달성하였고, 낮은 문맹률과 실업률, 공정하고 경쟁력 있는 교육제도, 높은 주택보급률을 달성하였다. 또한, 강력한 안보 정책과 정치 안정, 부패 없는 정부, 그리고 정책에 대한 국민의 높은 신뢰 역시 싱가포르의 장점이다. 싱가포르는 의원내각제를 채택하고 있으면서도 정치가 행정의 전문성을 존중하여 유능한 관료들을 양성하고 이들이 다시 정치 시스템에 참여하는 형태를 발전시켜 왔다. 행정개혁을 보더라도 싱가포르 정부는 1980년대 이미 정유회사인 셸Shell의 인사 시스템을 받아들였으며 자율운영기관화

agencification 역시 지속해서 진행해왔다. 싱가포르는 자신들의 이러한 변화를 특정 이론에 맞추어 해석하지 않는다.

하지만 현재 싱가포르의 고민은 높아지는 국민의 정치의식과 민주주의 열망을 어떻게 정치와 행정 시스템에 반영할 것인지에 있다. 혹자는 싱가포르의 권위주의 체제가 무질서한 민주주의 체제보다 더 효율적이라는 것을 보여주는 사례라고 생각할 수도 있을 것이다. 그러나 민주적 정당성이 없는 행정 시스템은 궁극적으로 또 다른 문제를 초래할 수밖에 없다. 이러한 점에서 우리나라의 행정이 효율이라는 명목으로 싱가포르의 권위주의를 지향하는 것은 민주적 정당성을 훼손하여 더 큰 문제를 초래할 수 있을 것이다. 민주주의와 행정개혁을 함께 추구한 우리나라의 지난 역사는 비록 많은 비용을 지불했지만 장기적으로는 민주주의 부재에 따른 더 큰 문제를 줄이는 데 크게 기여했다고 판단할 수 있다.

싱가포르의 엘리트주의는 소수의 엘리트에 권력이 집중된다는 한계가 있다. 하지만 선택된 엘리트들에게는 많은 교육 기회와 경험, 빠른 승진, 높은 보수 등의 다양한 혜택을 줌으로써 전문 관료로 성장할 수 있는 충분한 지원을 해준다. 또한, 젊은 인재들을 일찍 발굴하여 행정 경험과 의회 경험을 쌓게 함으로써 차세대의 지도자 역시 경쟁을 통해 키우는 데도 적극적이다. 이에 비해 우리나라의 경우 고위직 관료에 대한 정부의 체계적인 지원과 관리가 충분하지 못한 상황이며 연공서열 체제에서 능력을 인정받은 우수한 젊은 사무관이나 서기관의 승진 기회와 보상은 매우 적다. 공직을 경험한 유능한 젊은이들이 민간에서 다시 자신들의 능력을 발휘할 수 있는 기회를 갖지 못하고 공직을 떠나지 못하는 것도 다양한 경험과 지식을 갖은 인재가 공직에서 일할 기회를 갖지 못하게 하는 문제를 초래한다. 그 결과 한국의 관료제는 엘리트주의를 추구하는 싱가포르에 비해 오히려 더 경직적일 뿐만 아니라 유능한 인재가 능력을 발휘할 기회 또한 제공하지 못하고 있다.

한편 엘리트에 의한 권력집중주의 체제가 싱가포르에서 지속될 수 있을까? 이 질문에 대한 대답은 싱가포르 정치구조의 변화에 달려 있다고 할 수 있다. 첫째, 새로운 정치권력이 등장하게 되면 능력주의보다는 엽관주의spoils system를 선호할 가능성이 크다. 이러한 엽관주의는 단기적으로는 정치와 행정의 관계를 밀접하게 만들겠지만, 장기적으로는 행정 내부에 다양한 견해를 가진 세력들을 만들게 되어 정치로부터 행정을 분리하는 원동력이 될 수 있다. 미국 엽관주의의 역사는 일반 시민이 공직에서 일하기는 어려우므로 정치적인 방법을 통해 이들에게 더 많은 공직 참여 기회를 부여하고자 하는 목적으로, 그것을 주장했던 앤드류 잭슨Andrew Jackson[39]에 의해 시작되었다. 인민행동당의 오랜 집권

39 앤드류 잭슨(Andrew Jackson, 1767~1845)은 미국 20달러 지폐에 얼굴이 그려진 대통령으로도 유명하다. 그는 귀족 중심의 미국 정치를 개혁하고 시민의 정치권력을 획기적으로 증대시키기 위해 노력하였다. 그러한 노력의 일환으로 기존의 귀족정치에서 일반 시민이 공직에 들어가기 어려웠던 폐단을 고치기 위해 엽관제를 도입하였다. 이 당시 엽관제는 특정 정당의 정치적 목적만을 위한 편협한 제도가 아니었다. 잭슨의 시민 중심의 민주주의 철학을 이해하는 좋은 사례는 제2차 합중국은행(The Second Bank of the United States) 승인 연장에 대한 그의 태도이다. 그는 제임스 메디슨(James Madison)에 의해 승인된 이 제2차 합중국은행이 궁극적으로는 국가의 금융 권력이 단일한 기관에 집중되는 문제를 초래하고, 외국인의 이해에 따라 정부가 움직이게 되고(당시 합중국은행 주식의 1/4이 외국인 소유였다), 부유한 자들을 더욱 부유하게 하며, 산업자본의 북부가 남부를 통제하는 문제를 초래할 수 있다고 보았다. 결론적으로 이 승인 연장 거부는 대부 기능을 합중국은행에서 각 주의 지방은행으로 확대되게 하여 투자를 확대하는 기능을 하였지만, 한편으로는 당시 1835년 서부 지역의 흉작과 함께 시작된 미국 불황의 과정에서 여러 문제점을 노출하기도 하였다. 자세한 내용은 이구한. (2006). 『이야기 미국사: 태초의 아메리

을 통해 관료들은 이미 인민행동당의 정책 방향에 익숙해져 있으며, 야당이 정권을 잡고 새로운 정치세력이 등장한다 해도 이들이 관료를 통솔하는 데는 어려움을 겪게 될 것이다. 기존의 능력주의에 의해 임명된 많은 관료는 새롭게 등장한 정치세력과 소통하는 데 어려움을 느끼게 되고 결국 새로운 정치세력에 동조하는 그룹과 그렇지 않은 그룹으로 나누어질 가능성이 커지게 된다. 이렇게 되면 관료제는 결국 엽관주의에 의해 진입한 세력, 새로운 정치세력에 동조하는 기술관료, 그리고 친인민행동당 성향의 기술관료로 나누어지게 되어 관료제의 정치적 분화가 일어나게 될 것이다. 따라서 싱가포르 행정기구의 효율성은 인민행동당에 대한 집권이 지속된다는 전제하에서는 효율적으로 작동할 가능성이 크지만 민주주의의 발전과 정치 경쟁이 심화할 때는 지속하기 어려운 체제라고 할 수 있다.

카부터 21세기 미국까지』. 청아출판사, pp.234-248; Wikipedia. "Andrew Jackson", http://en.wikipedia.org/wiki/Andrew_Jackson#Opposition_to_the_National_Bank 를 참고.

제10장

싱가포르의 다문화와 다양성의 가치

SINGAPORE

SINGAPORE

싱가포르 학생들의 체육활동
출처: Singapore MCCY

싱가포르의 거리를 걷다 보면 다양한 문화가 공존한다는 것이 어떤 것인지를 어렵지 않게 확인할 수 있다. 피부색이 다른 사람들은 물론이고 히잡을 쓴 무슬림 여성들, 머리에 검은 터번을 두른 인도인 등 다양한 문화를 가진 다양한 인종들이 싱가포르에 살고 있다. 학교에서는 여러 인종의 학생들이 모두 어울려 함께 공부하며 지내면서 자연스럽게 다문화를 경험한다. 히잡을 쓴 무슬림 여성이 한복을 입은 우리나라 여성처럼 보이고, 다양한 영어 발음이 정답게 들리고, 마칸Makan('식사'를 뜻하는 말레이시아 말)과 찌단鷄蛋('달걀'을 뜻하는 중국말)이 무슨 뜻인지 알게 되면 싱가포르 문화에 어느 정도 적응이 되었다고 할 수 있다.

싱가포르는 다양한 종교를 가진 다양한 인종이 조화롭게 살아가는 나라로 우리에게 알려져 있다. 권위적인 정치체제를 가진 싱가포르가 종교와 인종 그리고 문화에 대한 다양성을 존중하고 있다는 것은 매우 흥미로운 일이다.

문화는 매우 포괄적인 개념이다. 문화는 한 사회가 발전해오면서 그 사회의 지식 체계, 이념, 가치, 법, 그리고 일상적인 의식ritual에 반영된 실체를 의미하기도 하고(Morgan, 2006: 116), 사회나 조직 구성원들이 공유하는 가치, 규범, 신념, 이해 등의 집합으로 구성원들에게 가르쳐지는 실체(Daft & Armstrong, 2009: 335)를 의미하기도 한다. 또 피터스(Peters, 2001: 34)는 정치적 문화political culture를 정의하면서 공유된 심리적 성향psychological orientations을 의미한다고 보기도 한다. 하지만 문화는 다름을 쉽게 파악할 수 있도록 하는 개념이기도 한다. 사람들은 다름을 보여주기 위해 '동양과 서양', '기독교와 반기독교' 혹은 '기독교와 이슬람교', '유교문화와 가톨릭문화', '농경문화와 유랑문화' 등의 명확한 이분법적인 구분을 선호한다. 하지만 이 이분법조차도 실제 무엇이 기독교이며 무엇이 동양문화인지를 명확하게 설명하지 못한다. 아시아는 유교문화 때문에 경제발전이 어려울 것이라는 노벨 경제학상 수상자 뮈르달(Myrdal, 1968)의 주장이 한때 받아들여지기도 했다. 하지만 1980년대 일본과 2000년대 중국의 급부상의 원동력으로 유교문화가 긍정적으로 제시되었다. 그러나 유교문화가 무엇인지는 여전히 모호하다. 이분법적으로 문화 간의 '다름'을 보여주려는 노력은 문화 간의 갈등을 초래하곤 한다.

싱가포르 문화에서 가장 중요한 키워드는 역시 다원주의라고 할 수 있다. 싱가포르에는 다수의 인종이 살고 있다. 중국계가 인구의 75% 이상을 차지하고 있는 싱가포르지만 말레이시아계, 인도계, 그리고 코카시안으로 불리는 유럽 및 아메리카계 인종들이 공존하고 있다. 이 인종적 다원성은 다시 종교적 다원성과 연결된다. 불교와 도교, 이슬람교, 힌두교, 기독교가 공존하며 타 종교를 배척하는 행위는 엄격히 제한된다. 또한, 논란의 여지는 있지만, 서구적 문화와 동양적 문화가 공존하는 것도 어렵지 않게 찾아볼 수 있다. 주목할 것은 이러한 다원성이 상호 배타적으로 존재하는 것이 아니라 상호 결합하여 존재한다는 것이다. 중국계로 보이지만 실제는 말레이시아계와 혼혈인 경우처럼 인종 간의 결합도 존재하고, 중국계이면서 기독교나 이슬람교를 믿는 사람도 있다. 또한, 서점에 가면 싱가포르 작가의 책들보다는 수많은 서양 작가들의 소설이 훨씬 더 많이 진열되어 있을 정도로 서구문화는 싱가포르에 깊게 침투해 있다.

다양성은 양날의 검과 같다. 차이를 강조하면 사회는 분열된다.[1] 하지만 차이가 창조력의 원천이 된다는 것을 인정하면 다른 문화에 대한 이해를 바탕으로 삶을 풍부하게 하고 국가의 경쟁력을 높일 수 있다. 싱가포르 사회는 다원주의적 문화의 긍정적 측면을 강조하고 있지만, 그 위험성을 간과하고 있는 것은 아니다. 놀랍게도 싱가포르는 다인종·다문화 사회를 매우 안정적으로 유지해왔다. 그뿐만 아니라 이러한 다인종·다문화 사회의 전통은 싱가포르 성장의 또 다른 동력으로 작용해오고 있다. 특히 전 세계가 종교 및 인종 분쟁에 직면하고 있는 현실을 고려하면 싱가포르의 조화로운 다인종·다종교주의 정책은 우리에게 많은 교훈이 될 수 있다.

1 사실 차이를 강조하여 갈등을 초래하는 사람들은 주로 자신들의 정치·경제적 이익을 강화하기 위한 정치인들이나 지배층인 경우가 많다.

1. 인종구성의 다양성

싱가포르 헌법에서는 싱가포르가 중국계, 말레이시아계, 인도계의 3개 주요 인종으로 구성되었음을 천명하고 있으며 「헌법」 제7장에는 대통령 직속 소수자인권위원회Presidential Council for Minority Rights가 입법, 행정, 사법부와 함께 독립적으로 규정되어 있다.[2] 이것은 싱가포르가 인종과 종교의 문제를 얼마나 중요하게 다루고 있는지를 보여주는 단적인 사례라고 할 수 있다.

인종 구분은 행정적 편의와 사회적으로 구성된 자의적 측면이 있음을 부인하기 어렵지만(Chua, 2005: 4-6) 싱가포르에는 크게 중국계, 말레이시아계, 인도계의 인종이 살고 있다. 중국계 그룹은 중국의 여러 지역(특히 남부 지역) 출신들로 구성된다. 이들은 각 출신 지역별로 호키엔Hokkiens, 복건인, 福建人(약 40% 정도), 테오츄Teochew, 조주인, 潮州人(약 20% 정도), 캔토니즈Cantonese, 광동인, 广东人(약 15% 정도), 하카Hakka, 객가인, 客家人(약 11% 정도)로 구분할 수 있다. 원래 이들은 매우 상이한 각각의 방언을 사용하였다. 말이 방언이지 현재 중국의 공식 표준 중국어Mandarin와는 매우 상이하고 하나의 독립적인 언어라고 해도 과언이 아닐 정도다. 독립 이후 싱가포르 정부는 이들 언어를 방언dialect이라고 부르면서 표준 중국어를

2 여기서 소수자 인권이라고 하면 여성이나 성적 소수자 등으로 오해하기 쉽다. 하지만 싱가포르 「헌법」 제76조 제1항을 보면 위원회의 일반적 기능이 인종이나 종교 갈등과 관련된 문제에 초점이 맞추어져 있음을 다음과 같이 명시하고 있다. "위원회의 일반적인 기능은 의회 또는 정부에 의해 위원회에 회부될 수 있는, 싱가포르의 모든 인종 또는 종교 공동체 사람들에게 영향을 미치는 문제들을 고려하고 보고하는 것이다."

사용하도록 하게 함으로써 중국계의 언어적 차이를 줄이기 위해 노력해왔다. 한편 바바baba라고 불리는 남성과 뇨냐nonya라고 불리는 여성으로 구성된 말레이시아계와의 혼혈 계통인 페라나칸Peranakan 계통과 최근 중국 본토에서 이주해 오고 있는 중국계들도 싱가포르의 중국계 그룹을 구성하고 있다.

말레이시아계 싱가포르인은 중국계 다음으로 많은 인종이다. 사실 싱가포르는 역사적으로 영국의 식민지가 되기 전에 말레이시아의 조호르 지역을 다스리던 술탄의 영향력하에 있었기 때문에 말레이시아계가 더 높은 비율을 차지해야 한다. 이러한 역사에도 불구하고 실제로는 중국계의 인구가 싱가포르 전체 인구의 75% 이상을 차지하고 있다. 그렇다면 싱가포르에서는 어떻게 중국계가 말레이시아계보다 더 많을 수 있을까?

싱가포르 식민지 역사를 살펴보면 그 질문에 대해 어느 정도 답을 찾을 수 있다. 1819년 동인도 회사의 장교였던 래플스는 싱가포르에 도착한 이후 1824년 말레이시아 조호르 지역의 술탄으로부터 공식적으로 싱가포르를 사들였다. 당시 싱가포르는 소수의 어부나 해적이 살고 있던 섬에 불과했다. 하지만 래플스가 무역항을 열자 무역을 위한 인구들이 대량 유입되었고 이들이 싱가포르의 주류를 형성했던 것이다.

이러한 사실은 1824년 인구센서스를 처음 시행했을 때, 말레이시아 계열은 약 50%에 불과했다는 통계에서도 잘 나타난다. 또한, 식민지 시대에는 말레이시아로부터 독립되어 있었기 때문에 말레이시아의 영향력이 직접적이지 못했다.

중국계들은 말레이시아계들이 부지런하지 않고 말레이시아와 전쟁이 나면 어느 편을 들지 모르기 때문에 말레이시아계를 군대 지휘관으로 임명해서는 안 된다고 주장하기도 한다. 하지만 말레이시아계의 페라나칸의 경우는 중국계와 혈연적으로 연결되어 있고, 싱가포르에 정착한 지 상당한 시간이 흘렀기 때문에 말레이시아계로 규정하는 사람들은 거의 없다.

인도계 싱가포르인들 역시 다양한데 그들 역시 싱가포르에 노동자로 주로 이주해왔다. 20세기 초만 해도 대부분의 남자가 싱가포르에서 일하면서 인도에 있는 가족에게 송금하는 단기 거주의 형태로 싱가포르에 이주했다. 그 결과 1931년 통계를 보면 인도계의 경우 여자 1,000명당 남자 5,189명으로 심각한 성비의 불균형을 보일 정도였다. 싱가포르로 유입된 인도계들은 약 2/3 정도가 인도 남동부 타밀 나두Tamil Nadu주나 스리랑카 북부에 거주하는 타밀족 사람들이었다. 그 외에도 인도의 다양한 지역과 버마 등지에서 인도계 사람들이 싱가포르에 유입되었다. 인도인들의 다양성은 종교에서 나타난다. 힌두교도가 50% 이상을 차지하지만, 회교도, 기독교도, 시크교도, 불교도들 역시 존재한다. 특히 이슬람교도인 인도계들은 말레이시아계 이슬람교도들과 결혼도 활발히 하고 있다.[3] 인도계, 특히 힌두교도들에게 민감한 문제는 카스트제도이다. 싱가포르에서는 공식적으로 제2차 세계대전 후에는 카스트가 인정되지 않아 하층민 출신도 사원에 가서 종교의식을 행할 수 있었다. 하지만 여전히 동일 계급끼리 결혼을 선호하는 사람들이 있으며 직업 선택에까지 영향을 미치기도 한다.

3 Lepoer, B. L. (1989). *Singapore: A Country Study*. Washington: GPO for the Library of Congress., http://countrystudies.us/singapore/18.htm

2. 인종 정책

동남아시아 역사와 정치행정을 연구하는 학자들이 꼭 던지는 질문 중의 하나는 왜 싱가포르는 다른 동남아 국가에 비해 잘사는지이다. 문화를 강조하는 연구자들은 그 질문에 대한 답을 화교의 비중에서 찾곤 한다. 〈표 10-1〉에서처럼 실제로 싱가포르를 다른 동남아 국가와 비교하면 화교의 비중이 월등히 높다.[4]

중국인들의 동남아시아로의 이민은 1405~1433년에 걸친 정화의 항해Zheng He's voyage를 시발점으로 본격적으로 이루어진다. 말레이시아의 유서 깊은 항구인 믈라카Melaka에는 정화의 사당과 동상이 세워질 정도로 정화는 말레이시아, 인도네시아, 싱가포르, 스리랑카, 인도 등 동남아시아 각지에 영향을 미쳤다. 그 결과 푸젠성福建省, 하이난성海南省, 그리고 광둥성廣東省의 광저우廣州 해안 지역에 거주하던 중국인이 상인이나 노동자로 동남아시아에 진출하는 일은 점차 빈번해졌다.

| 표 10-1 | 동남아시아 국가의 중국계 비중

	말레이시아	인도네시아	태국	베트남	캄보디아	싱가포르
중국계 비중 (%)	23 (2015년)	1.1 (2010년)	16 (2015년)	<1 (2019년)	1 (2014년)	76.2 (2015년)

4 화교 비율에 관한 자료를 수집하다 보면 정확한 통계를 구하기 어렵다는 사실을 발견하게 된다. 이것은 중국인이 동남아 국가로 이주하기 시작한 것은 이미 16세기 이전부터였고 다른 인종과의 혼혈화 과정을 겪었기 때문이다. 또 중국계가 차별을 받는 국가(예를 들면 인도네시아)에 거주하는 화교의 경우에는 자신이 중국계라는 것을 밝히기 꺼려하는 경향이 있기 때문이다. 여기서는 아래 『위키피디아』 자료를 이용하였다. https://en.wikipedia.org/wiki/Overseas_Chinese (검색: 2020년 11월 10일)

말레이시아 말라카에 있는 정화의 동상

중국계 이주에 큰 영향을 미친 또 다른 사건은 아편전쟁과 2차 중일전쟁이다. 전쟁을 피해 혹은 생계를 위해 동남아시아에 이민을 온 중국계들은 동남아 국가들에 의해 크게 환영받지 못했다. 제2차 세계대전 중에는 필리핀, 말레이시아, 싱가포르 등 일본의 점령 지역에 있었던 국가에서 일본군이 중국계를 학살하고 탄압하였다. 일본의 지배를 받지 않았던 태국의 경우 태국 국왕이 중국계를 '동양의 유대인'이라고 부를 정도로 중국계에 대한 탄압이 컸다. 필리핀과 태국의 중국계는 소수였으며 대부분은 현지인들과 거의 동화되었다. 반면 말레이시아와 싱가포르에서는 많은 중국계가 현지인들과 잘 동화되지 못하는 모습을 보였다.

제2차 세계대전이 끝난 후 인도네시아, 말레이시아 등지에서는 자국민 우대 정책을 취하면서 중국계가 공직에 진출하는 것이나 중국어나 중국 문화를 교육하는 활동을 금지하는 반화교 정책을 취하곤 하였다. 1969년 말레이시아에서는 중국계 정당의 일부 후보가 총선에서 당선되자 중국계 부유층에 대해 적대적이었던 말레이시아계들이 폭동을 일으켰고, 이후 말레이시아계 우선 정책인 부미푸트라Bumiputra: native sons가 채택되어 중국계에 대한 체계적인 차별이 이루어졌다. 1979년 중국과 베트남 간의 전쟁은 45만 명의 중국계 베트남인들의 베트남 대탈출과 추방을 초래하기도 했다. 또 1998년에는 인도네시아에서 중국계에 대한 잔인무도한 학살 사건이 발생하기도 하였다.[5] 이런 역사를 보면 중국계는 동남아시아에서 오랫동안 무역과 상업에 종사하면서 그 경제적 영향력을 키워갔지만, 정치적으로는 각 국가의 토착민에 의해 항상 위협받는 처지라고 할 수 있다. 이것이 중국계의 문제인지 아니면 해당 국가의 토착 인종의 문제인지는 깊이 고민해봐야 하겠지만 중국계들이 다른 인종과 쉽게 동화되지 못했다는 사실은 중요하다. 그 결과 주변 동남아 국가의 정치·경제적 여건이 불안정해지면 이 지역의 중국계들이 싱가포르를 안전지대로 생각하고 자산을 이동시키는 현상도 보인다.

싱가포르가 영국으로부터 독립하면서 인종 문제는 싱가포르 발전의

5 「날고 싶은 눈먼 돼지(Blind pig who wants to fly)」라는 인도네시아 영화는 중국계의 차별을 상징적으로 보여준다. 커서 무엇이 되고 싶으냐고 하는 물음에 "그저 중국인만 아니면 돼.(Anything but the Chinese.)"라고 이야기하는 주인공의 독백은 인상적이다. 한편 이 중국계에 대한 대학살에 대해 중국 정부는 그것이 인도네시아 내부의 일이라고 이야기하면서 공식적인 대응을 하지 않았고, 중국 국내의 언론을 통제하기까지 하였다.

핵심적인 문제로 대두되었다. 싱가포르의 인종 정책은 정치적으로 매우 민감하다. 싱가포르의 독립 초기에 일부 중국계 지도자(림친숑이나 리슈초)는 중국계 싱가포르인에 의한 통치를 지지하기도 하였다.[6] 하지만 싱가포르가 선택한 것은 다수 인종에 의한 독재가 아니라 인종 간 균형과 동등한 대우를 제공하는 정책이었다. 인종 균형에 대한 단적인 예가 싱가포르의 3대 국부이다. 라자라트남은 스리랑카 출신이고, 고켕스위는 말레이시아의 믈라카에서 태어났으며 리콴유는 싱가포르에서 태어났다.

싱가포르에서 인종 간 분리가 아닌 융합을 추구하는 정책을 적극적으로 도입한 것은 1960년대 초반이다. 먼저 공공주택HDB 분양에서 특정 인종이 아파트에 집중적으로 거주하는 것을 방지하기 위해 인종별 쿼터를 두는 정책을 취했다. 싱가포르는 도시국가이기 때문에 거주지의 이동이 빈번한 편이 아니다. 80% 이상의 싱가포르 주민들이 공공주택에 거주하고 그 거주 기간도 길다는 점에서는 이웃 주민들 간의 사회적인 교류가 상당히 빈번한 편이다. 2008년 싱가포르 가구표본조사 Sample Household Survey 2008 결과에 따르면 98% 이상의 공공주택 거주자들이 자신들의 거주 지역에 대한 소속감을 느끼고 있는 것으로 나타나고 있으며, 실제 인종 간의 교류도(동화 수준은 아니지만) 활발히 일어나고 있다. 공공주택 거주자들의 인종 구성을 다양화하는 싱가포르 정부의 정책은 인종 간의 교류에 어느 정도 효과를 발휘했다고 할 수 있다.

한편 인종차별적 발언에 대해서는 「선동법Sedition Act」을 통해 엄격하게 처벌하는 정책도 적극적으로 도입하였다. 2005년에는 말레이시아계

6 Aspinall, E. (2007). The Construction of Grievance: Natural Resources and Identity in a Separatist Conflict. *Journal of Conflict Resolution*, 51(6), 950-972.를 참고.

사람들에게 부정적인 글을 온라인상에 올렸다는 이유로 17세 된 학생에게 「선동법」을 적용하기도 하였다. 그 처벌의 정도도 벌금형부터 징역형까지 엄격한 수준이다. 강력한 처벌 정책의 결과로 실제 싱가포르 사람들은 인종 관련한 이야기를 할 때 매우 조심스러워한다. 「선동법」을 통한 인종차별의 처벌은 표현의 자유를 제약한다는 문제가 있지만 다른 한편으로는 인종갈등의 문제에 대한 정부의 적극적인 해결 의지를 보여준다고 할 것이다.

1970년에는 대통령 직속으로 위원회를 설치하여 1973년부터 '대통령 직속 소수자인권회의Presidential Council for Minority Rights'라는 이름으로 지금까지 유지해오고 있다. 이 위원회는 정부가 새롭게 입법하고자 하는 법률에 대해서 인종과 종교, 그리고 커뮤니티에 대한 차별이 있는지를 심사한다. 또한, 인종과 종교 차별과 관련된 각종 투서나 보고에 대해 조사하기도 한다. 이 위원회는 1990년에 설립된 종교 간 조화를 위한 대통령위원회Presidential Council for Religious Harmony와 더불어 싱가포르의 다인종·다문화 정책을 뒷받침해주는 핵심적인 역할을 하고 있다.

살펴보았듯이 1988년에는 소수 인종의 대표성을 높이기 위해 의회에서 그룹 대표 지역구Group Representation Constituency, GRC 제도를 도입하기도 하였다. 물론 이 제도는 싱가포르 여당의 정치적 이익을 고려하는 측면이 강하였지만 6~9명으로 구성된 각 정당의 후보군 중에서 반드시 한 명은 말레이시아계나 인도계 혹은 기타의 소수 인종 출신의 후보를 포함하도록 하고 있다. 2020년 총선의 경우에는 17개의 그룹 대표 지역구가 있었으므로 이론상으로는 총 93개의 의석 중 최소한 17개의 소수 인종 출신의 국회의원이 선출된다. 물론 소수 인종이 약 25% 정도를 차지하고 있는 현실을 고려할 때 17명의 하한선이 높다고 보기는 어렵다.

싱가포르 정부는 인종갈등의 소지가 있는 문제에 대해 매우 단호하고 적극적으로 대처한다. 2009년 싱가포르의 국회의원인 비스와 사다시반Viswa Sadasivan은 헌법상에 제시되고 있는 인종 간의 특혜 문제를 제기하였다. 그는 직접적으로 인종차별이라는 문제를 제기하지는 않았지만, 싱가포르 군대 내 말레이시아계 및 무슬림들의 위치와 역할, 영어와 모국어에 뛰어난 학생들을 위한 학교 제도special assistance plan school, 인종에 따른 다양한 자조 그룹self help group, 그리고 현재 유지되고 있는 인종 간 비율 등이 과연 바람직한지 그리고 앞으로도 계속 유지되어야 하는지를 다시 생각해보아야 한다고 주장하였다. 일부 언론은 그가 말레이시아계에 대한 특혜의 철폐를 원한다고 주장하고 있으나 그런 주장은 실제 그의 연설에서 찾아볼 수 없었다. 그런데도 2007년부터는 의회에서 연설하지 않았던 리콴유까지 나서서 그의 인종 관련한 연설을 비판하기 시작하였다. 리콴유는 말레이시아계에 대한 특혜는 이미 헌법에 규정된 것이라고 못 박으면서도 인종 간의 평등은 앞으로 계속 달성해야 할 현재 진행형의 문제이지 완성형이 아니라고 주장하였다. 리콴유의 주장이 타당한지는 차치하더라도 인종 문제가 일단 정치적으로 공론화되는 순간 싱가포르 정부는 이 문제가 확산되는 것을 신속하게 차단하였다. 그 대신 현재의 상태를 유지하면서 점진적으로 정책을 변화시켜 나가는 싱가포르식의 실용주의 방식으로 인종 문제를 다룬 것이다. 이처럼, 인종 문제는 정치적으로 터부taboo의 성격을 가지고 있고, 표면적으로 다루어지지 못하도록 억눌려 있는 상황이다. 그러나 싱가포르 정부는 인종 문제가 등장할 때마다 신속하고 적극적으로 관련 정책을 제시함으로써 문제의 확산을 방지하고자 노력하고 있는데, 이 점은 참고할 만하다.

총선에서 인종 문제가 등장하기도 한다. 중국계들은 서구화되는 싱가포르 사회가 결국 자신들의 고유한 언어와 문화를 영어와 서양식 문화로 대체한다는 두려움을 표출하기 시작한다. 1997년 총선에서 노동자당 소속으로 출마한 탕량홍Tang Liang Hong은 유교적 전통과 중국어 사용을 확산시키겠다는 공약으로 청산Cheng San 그룹 대표 지역구에서 45%의 지지를 끌어내기도 하였다. 이 경우에서도 리콴유를 비롯한 인민행동당 지도자들은 이러한 주장이 인종차별적이라고 주장하면서 적극적으로 대처해나갔다. 변호사였던 탕량홍은 선거가 끝난 후 13개의 명예훼손 및 세금회피 관련 소송에 휘말린다. 결국, 그는 호주로 피난을 가게 되고 파산선고를 받게 되었다.

이러한 여러 다인종 정책과 제도는 단순히 기계적인 대표관료제representative bureaucracy와는 구별된다. 대표관료제를 채택하고 있는 인도의 경우에는 정부 및 공공 부문의 충원에서 49.5%를 소수 계층(카스트 계급 및 지역)에게 할당하고 있는데 싱가포르의 경우에는 이런 인위적 할당을 지지하지 않는다. 싱가포르는 일찌감치 능력주의meritocracy를 행정의 핵심 원칙으로 간주하고 공무원을 선발해왔다. 이런 싱가포르에서는 형식적인 기회의 평등은 오히려 소수 계층에 불리하다고 주장한다. 싱가포르는 공교육 시스템과 국가의 지원을 통해 교육 기회의 평등을 바탕으로 소수 계층에게 기회의 평등을 제공한다고 주장하고 있다.

싱가포르에서의 다인종주의는 단순히 혈연적 인종만을 의미하는 것이 아니라 다국적의 의미까지도 포함한다. 최근 우리나라에서도 외국인이 많아지는 것을 걱정하는 사람들이 많다. 2020년 현재 우리나라에 체류하는 외국인의 비율은 전체 인구의 4.9% 정도에 해당한다. 이에 비해 싱가포르는 전체 거주인구 중 이미 시민권을 가진 사람들을 제외한 영주권자와 단기체류 외국인 노동자의 비율이 25%를 넘고 있다.

하지만 다인종 가치를 주장하는 싱가포르 정부의 정책은 몇 가지 점에서 모순을 보여주고 있다. 첫째는 의도적이든 의도적이지 않든 싱가포르의 다수 인종인 중국계 싱가포르인들이 점차 '중국계'와 '중국 문화'를 강조함으로써 다른 소수인종이 비주류라는 사실을 더욱 자각하게 만들고 있다는 점이다. 싱가포르는 수상을 비롯한 여러 지도자들이 공공연하게, 인도계 수상을 받아들일 준비가 되어 있지 않다든지, 이슬람교도가 대부분인 말레이시아계가 같은 이슬람교도와 전쟁을 벌이는 일을 방지하기 위해서라도 말레이시아계를 싱가포르 군대에 받아들여서는 안 된다든지, 최소한 중국계가 76% 이상의 인구를 유지하도록 해야 한다든지 하는 식의 인종차별적인 발언을 쏟아내고 있는데 이는 매우 역설적이다. 이런 이유로 싱가포르의 다인종가치는 궁극적으로 중국계의 지배력을 인정하는 범위 내에서 보장되는 가치가 아닌가 하는 의구심을 갖게 한다. 특히 중국이 점차 강국으로 부상하고 싱가포르가 친중국적인 정책을 펼칠수록 인도계와 말레이시아계의 소외감은 커질 수밖에 없다.

둘째, 인종 문제와 종교적 차이, 소득격차 문제의 결합이다. 인종의 구분은 종교의 차이 문제를 확대시키고 또한 소득격차까지 초래한다. 말레이시아계의 경우는 이슬람교도들이면서 다수가 저소득층을 구성하는데 이들은 오직 3% 정도만이 대학교육을 마칠 수 있고 1% 정도만

이 정부의 관리직에 임용되고 있다(Mutalib, 2004: 71). 이러한 환경에서 주류 계층을 구성하는 인종은 타 인종을 게으르다거나 범죄자가 될 가능성이 크다거나 혹은 지적 능력이 떨어진다거나 하는 식으로 깎아내리는 일을 주저하지 않는다. 싱가포르의 인종차별은 제도적인 것이라기보다는 문화적 편견에 바탕을 둔 것이 많다. 인도계는 냄새가 나거나 운동을 잘 못한다든지, 말레이시아계는 게으르고 학업 능력이 떨어진다든지, 중국계는 탐욕스럽다든지 하는 것과 같은 편견이 그것이다. 검은 피부를 가진 말레이시아계와 인도계에 대한 부정적인 편견도 존재하는데 이것은 인종과 외모에 대한 편견이 결합한 사례라고 할 수 있다. 이 문화적 편견은 편견 내용의 사실 여부를 떠나 편견의 대상이 특정 개인이 아니라 인종 전체라는 점에서 그 대상이 매우 광범위하다. 이렇게 광범위하게 적용되는 편견은 빠른 속도로 사회 구성원들에게 공유되고 이것은 인종 전체뿐 아니라 개인들에게까지 적용되게 된다. 사회적으로 낮은 위치에 있는 다른 인종에게 부정적인 원인을 끼워 맞추어 손쉽게 정치적 · 사회적 · 문화적으로 배제하는 것이다.

셋째, 최근 심각하게 등장하는 문제는 중국의 급속한 성장이다. 중국이 동남아시아에서 영향력을 키워가면서 중국 정부는 동남아시아 화교들을 정치적으로 이용하려는 유혹을 지속해서 받고 있고 실제로 화교들을 향한 동남아시아 국가들의 탄압에 대해 경고하기도 하였다. 2015년 말레이시아에서 중국계 말레이시아인들을 비난하는 시위가 발생하였을 때는 말레이시아 주재 중국 대사가 중국 정부는 화교에 대한 탄압을 방관하지는 않겠다는 발언을 하게 되는데, 이 발언은 1990년 인도네시아에서 화교에 대한 탄압이 일어났을 때 그것은 자신들과 무관한 일이라고 밝힌 중국 정부의 입장과는 매우 배치되는 것이다. 이러한 상황들은 중국이 경제력 신장을 바탕으로 화교에 대한 영향력을 보다 적극적으로 키워가려는 것이 아닌가 하는 의구심을 갖게 한다.

동남아시아 국가들은 그들의 나라에서 오랫동안 살아온 중국계들이 자신들과 동화되지 못하고 중국과 연결되는 것을 두려워하고 있다. 이러한 위험이 자리 잡고 있으므로 싱가포르의 지배층을 형성하는 중국계 싱가포르인들은 자신들의 정체성을 어떻게 규정할지에 대해 혼란스러워하고 있다. 과연 싱가포르에서도 비중국계가 수상의 자리에 오를 수 있을 것인가에 대한 물음은 이 점을 극명하게 드러내준다.

싱가포르에서 인종갈등은 순수하게 인종 문제뿐만 아니라 사회계급 간 갈등의 한 유형으로 이해할 필요가 있다. 인종과 사회경제적 계급의 구분은 일치하는 경우가 많은데 실제로 말레이시아계는 싱가포르에서 사회적으로나 경제적으로 낮은 위치를 차지하고 있다. 소득 불평등이 심화할수록 말레이시아계는 더 고통을 느끼게 되고 이로 인해 사회경제적 계급과 인종의 문제가 상승작용을 일으켜 부정적인 결과를 초래하게 된다. 일자리를 찾아 싱가포르에 온 중국인들을 향해 중국계 싱가포르인들은 그들로 인해 자신들의 일자리가 사라지고, 임금이 낮아져 자신들의 위치가 불안해진다고 불평하며, 그들이 공중도덕도 지키지 않는 무례한 사람들이라고 비난한다.

싱가포르 인종 정책은 우리에게 여러 가지 시사점을 주고 있다. 첫째, 이민자에 대한 혐오증이 커지고 있는 싱가포르의 모습을 통해 인종 문제에서는 인종 자체가 중요한 것이 아니라 이들 갈등을 표면화시키는 정치 · 경제 · 사회적 불평등이 핵심이라는 것을 알 수 있다. 따라서 인종갈등을 해결할 수 있는 지름길은 그와 같은 불평등을 줄이는 것이라고 할 수 있다. 둘째, 차이를 인정하되 차별과 갈등은 용납하지 않아야 한다는 점이다. 프랑스나 미국 등의 서구 국가에서는 흔히 나라 안의 모든 사람을 국가의 시민으로 통합하려는 정책을 취해왔는데 이는 이민자 간의 차이는 무시하고 국가의 시민으로서의 공통점을 강조한 것이다. 싱가포르에서도 이러한 움직임이 있었다. 2010년에 일부 국회의원들이 인종 구분에 있어 '싱가포르인Singaporean'이라는 항목을 도입하자고 주장하였다. 이후에도 'Chinese, Malay, Indian, OthersCMIO'로 인종을 분리하는 것이 과연 필요할 것인지에 대한 주장이 계속 제기되고 있다.[7] 이 주장에 따르면 여러 인종 간의 혼인이 빈번해지고 있는 상황에서 인종 구분이 쉽지 않을 뿐만 아니라, 국가의식을 키우기 위해서는 부모 양쪽이 모두 시민권자일 때는 그 자녀들도 싱가포르인으로 구분하는 것이 바람직하다는 것이다. 이에 대해 싱가포르 정부는 비록 싱가포르인의 항목을 도입하더라도 인종 간 혹은 문화 간의 차이가 사라지는 것은 아니라고 주장하였다. 즉 싱가포르 정부는 인종 간의 차이와 그 다양성을 존중하면서(이를 통합하기보다는 각각의 다양성을 유지하면서) 인종 간 갈등을 최소화하고 조화를 이루는 정책 방향을 가지고 있다. 현재와 같은 인종 구분을 하지 않게 되면 소수 인종을 보호하는 것이 더욱 어렵게 된다는 주장도 존재한다. 이상주의자처럼 인종 간의 차이를 무시한 채 절대적인 인종 평등을 주장하는 접근보다는 차이를 인정하는 싱가포르의 정책이 자연스러워 보인다. 다만 인종 구분이 절대적인 것이

7 Straits Times, 2016년 1월 19일 자, https://www.straitstimes.com/singapore/debate-on-whether-race-classification-model-is-still-relevant (검색: 2020년 9월 27일)

아니라, 어디까지나 상대적인 것이라는 점을 점차 많은 사람들이 인식하는 것은 필요하다. 중국계라고 해서 그 사람의 모든 인격이나 문화적 배경을 중국계의 일반적인 특성으로 단순화하는 오류를 범해서는 안 되는 것이다. 비록 서로 다른 인종적 배경으로부터의 차이는 존재하지만 이 차이보다는 같은 국가의 국민으로서 공유하는 문화나 공통성이 훨씬 크기 때문이다.

3. 다종교 정책

길거리에서 다른 사람의 의사와 관계없이 불쾌감을 줄 정도로 특정 종교를 선교하는 행위는 우리나라에서 낯선 모습이 아니다. 어쩌면 이것은 우리 사회가 이런 종교 활동에 대해 관대하다는 증거로 볼 수도 있을 것이다. 하지만 우리나라 사람들이 싱가포르에서도 여기서와 똑같이 행동한다면 매우 심각한 상황에 부닥치게 된다. 싱가포르에서는 이슬람교를 믿는 사람의 집 우편함에 성경책을 넣어두었다는 이유로 처벌을 받거나 교회 설교 도중에 도교의 조상숭배를 미신이라고 이야기한 목사가 정부의 조사를 받고 공개적으로 사과한 예도 있다.

싱가포르에서 종교 갈등에 대한 우려는 매우 크다. 싱가포르는 2019년 10월, 「종교화합유지법Maintenance of Religious Harmony Act」을 제정 후 30년 만에 개정하였다. 이를 통해 싱가포르 정부는 전 세계적으로 종교 관련 혐오범죄가 늘어나는 상황에서 종교 간 평화관계를 위협하는 공격적 발언이나 소셜미디어에 게재된 공격적인 게시물들을 즉각 삭제하도록 하는 조치를 취했다(임시연, 2020: 125).

다른 종교를 존중하는 싱가포르의 전통은 사회생활 전반에 깊게 뿌리내리고 있다. 저자가 근무했던 학과에서 연말 모임 시간을 금요일 점심시간으로 정하려고 한 적이 있었다. 외국인 교수들은 모임 시간에 관해 큰 신경을 쓰지 않고 있었는데 싱가포르 출신의 한 교수가 문제를 제기하였다. 금요일은 이슬람교도의 기도 모임이 있는 날이므로 싱가포르에서는 금요일 점심에 어떠한 행사 모임도 잡지 않는 것이 관례이며 학교의 시험 일정조차도 역시 이 관례를 따르고 있다고 지적한 것이다. 사실 무슬림들에게는 '주무아 Jumu'ah'라고 불리는 금요일 낮 예배를 매우 중시한다. 이런 이유 때문에 중동 국가들은 금요일과 토요일을 휴일로 하고 일요일은 정상 근무를 하는 곳이 많다.

싱가포르는 그 안에 다양한 인종들이 살아가고 있는 만큼이나 종교 역시 다양하다. 2000년과 2010년 인구센서스 결과를 보면 불교도의 감소와 기독교도의 증가가 현저하게 나타난다. 2000년의 경우 15세 이상의 전체 거주인구 중에서 약 42.5%가 불교도였지만 2010년에는 그 비율이 33.3%로 떨어진다. 반면 기독교도는 14.6%에서 18.3%로 증가하여, 불교, 이슬람교와 함께 싱가포르의 3대 종교를 형성하고 있다.

싱가포르에서 이슬람교는 특수한 위치를 차지하는데, 말레이시아계는 거의 100%가 수니파 이슬람교도이지만 중국계 이슬람교도는 거의 찾아볼 수 없다. 반면 기독교의 경우는 이와 정반대로 인도계나 말레이시아계는 매우 적은 반면, 중국계가 대부분을 차지한다. 따라서 종교 문제가 인종 문제와 결합하면 사회 불안정을 초래할 위험이 크다고 할 수 있다. 싱가포르에서도 이슬람교도의 특수성을 인정하여 이슬람교도와 관련된 각종 혼인 관계, 교육 및 여러 문제를 다루기 위해 「이슬람교도법Administration of Muslim Law Act, AMLA」을 제정하였다. 또한, 이슬람교를 믿는 학생의 종교학교인 마드라샤Madrasah(아랍어로 '학교'라는 의미) 역시 정부의 지원을 받으며 운영되고 있다. 이슬람 종교법(Sharī'ah, 샤리아)이 공법의 역할을 하고 있는 중동의 이슬람 국가들과 달리 인도네시아와 말레이시아에서는 이슬람 종교법에 비해 공법이 우선시되고 있다. 하지만 이슬람 종교법은 여전히 국민의 생활 전반을 지배하는데, 예를 들면 말레이시아에서는 이슬람교도들이 술을 마신다거나, 미혼이면서도 이성과 밀폐된 곳에 함께 있을 경우 이슬람 종교법에 따라 처벌받게 된다. 두 나라에서 이슬람 종교법이 위와 같이 적용되고 있다고는 해도 그것은 이슬람교도에게만 적용될 뿐 이슬람교도가 아닌 국민에게는 적용되지 않는다. 반면 싱가포르는 이들과 달리 종교와 정치를 분리하는 세속주의secularism를 견지하고 있다.

싱가포르 종교 정책의 가장 중요한 특징은 ① 타 종교에 대한 상호존중, ② 종교 갈등을 조장하는 행위에 대한 강력한 처벌, ③ 종교의 정치 간여 금지, 그리고 ④ 종교 문제에 대한 정부의 직접적 간여 등을 들 수 있다. 종교 및 인종적 갈등을 직접 규제하는 법은 「선동법Sedition Act」이다. 이 법은 인종race, 계급class, 혹은 종교 간의 갈등을 조장하는 행위를 처벌하기 위해 1948년에 영국 식민지 정부에 의해 제정되어 싱가포르와 말레이시아에 적용되기 시작했다. 흥미로운 것은 이 법이 1965년 말레이시아로부터 독립한 후에는 소극적으로 적용되어 오다가 2005년에 들어 점차 적용되는 사례들이 늘고 있다는 사실이다.[8] 이 법이 최초

8 AP press, 2005, http://www.singapore-window.org/sw05/ 051001ap.htm (검색: 2009년 12월)

로 적용된 사례는 2005년으로 블로거들이 말레이시아계에 대한 인종차별적인 내용과 이슬람교를 모욕하는 내용을 인터넷상에 게시한 사건이며, 이후 2008년에는 기독교도 부부가 이슬람교도에게 반이슬람 책자를 배포했다는 이유로 이 법에 따라 처벌받기도 했다.

2009년에는 소위 복음주의를 자칭하는 일부 기독교도들이 Association of Women for Action and Research AWARE라는 싱가포르 여성 인권 비영리조직의 이사회를 편법으로 장악하였다. 그 배경에는 AWARE가 그동안 수행해온 동성애자들의 인권 보호를 반대하는 집단의 조직적 행동이 자리 잡고 있었다. 이들은 AWARE의 동성애 지지가 기독교적 교리를 위반하고 있다고 주장하면서 AWARE의 이사회를 장악했던 것이다. 하지만 이내 종교적 목적으로 시민단체를 장악하여 영향력을 행사했다는 사실에 대해 싱가포르 내부에서 큰 비판이 제기되었다.

2010년 1월에는 맥도날드가 12간지를 상징하는 동물 인형을 선물로 주기로 했다가 그중에서 돼지 인형을 제외하고 이를 큐피드 인형으로 대체하였다. 그 이유는 이슬람교도들이 돼지라는 동물을 좋아하지 않기 때문에 이를 배려한 것이었다. 이러한 맥도날드의 결정에 대해서 중국계들은 자신이 태어난 해의 동물을 구할 수 없다며 불평을 쏟아내기 시작하였고 결국 맥도날드는 다시 돼지 인형을 제공하기 시작하였다.[9] 다행스러운 점은 싱가포르의 무슬림들이 이 문제에 대해 크게 민감하지 않았기 때문에 이를 확대하여 문제 삼거나 공론화하지 않았고, 이를 흔히 있을 수 있는 조그마한 인식의 차이쯤으로 생각했다는 점이다. 만

9 http://news.yahoo.com/s/nm/20100122/lf_nm_life/us_singapore_mcdonalds_pig_1

일 이 문제가 중국계와 비중국계 혹은 무슬림과 비무슬림 간의 갈등 문제로 비화되었다면 종교갈등과 인종갈등의 발생은 불을 보듯 뻔했을 것이다.

위 사례가 흥미로운 것은 맥도날드가 비록 소수 그룹인 무슬림의 문화를 존중했지만, 이것이 한편으로는 다수 그룹인 중국계의 문화와는 배치되는 문제를 발생시켰다는 점이다. 즉 종교 다양성을 지켜나가는 것은 단순히 소수 종교의 가치를 보장한다고 해서 해결되는 문제가 아니라는 점이다. 그 대신, 어떻게 다수와 소수 종교가 서로에게 주어진 차이점을 포용하고 불필요한 오해와 갈등을 최소화할 수 있도록 조정해나가는 것인지가 훨씬 중요한 문제인 것이다.

만일 종교갈등의 문제를 절대적인 믿음 혹은 양보할 수 없는 가치와 같은 벼랑 끝 접근 방식으로 이해한다면 앞서 보여준 사소한 일들이 사회 전체의 종교갈등으로 증폭되었을지도 모른다. 결국 종교갈등의 문제는 여타의 정책문제와 비슷하게 합리적 조정 과정으로 이해해야지, '종교'적으로 해결하거나 조직화된 종교 그룹의 독선을 존중하는 방식으로는 해결할 수 없다는 점을 인식해야 한다. 다종교 가치는 국가가 종교에 대해 자유방임을 허용한다는 것이 아니다. 모든 종교가 동등하게 중요하다는 생각은 유일신 신앙을 가진 종교로서는 받아들이기 어려운 가치이다. 정부가 타 종교를 비방하는 행위 혹은 종교적 신념으로 세속적인 질서를 파괴하고자 노력하는 행위에 강력하게 대처하지 않는다면 종교적 갈등으로 인해 사회가 혼란해지는 문제가 발생하고 말 것이다. 이러한 점에서 사회질서 유지라는 기준을 가지고 종교의 자유에 대한 한계를 설정하는 싱가포르 정부의 접근은 어느 정도 성공을 거두어왔다고 할 수 있다.

4. 이민 정책

이민 정책은 다인종사회에서 가장 중요시되는 정책 부문일 뿐 아니라 싱가포르 경제 정책의 중요한 부분이기도 하다. 싱가포르는 외국인 노동력을 적극적으로 활용하는 사회이다. 우리나라 사람들이 싱가포르에 갈 때면 감동하게 되는 싱가포르의 깨끗한 거리와 공원들은 저임금의 외국인 노동자들이 없이는 유지가 불가능하다. 많은 싱가포르 가족들을 가사노동과 육아로부터 해방시켜 주고 있는 가사도우미들 역시 인도네시아, 동아시아, 필리핀 등에서 온 저임금의 외국인 노동자들이며, 거동이 불편한 노인들을 부축하는 돌보미 역할을 하는 사람들 또한 외국인 노동자들이다. 나아가, 싱가포르의 도심을 가득 메우고 있는 수많은 금융회사의 직원들 중 상당수가 외국인이다. 2010년대 초반 활동하던 채널 뉴스 아시아Channel News Asia의 앵커 중 한 명인 수잔 정Suzanne Jung 역시 우리나라 출신이다. 싱가포르 국립대학교와 난양 공과대학교의 젊은 교수들 중 단지 25%만이 싱가포르 출신으로 알려져 있으며[10] 저자가 근무했던 싱가포르 국립대학교 정치학과의 경우에도 24명의 교수 중 5명만이 싱가포르 출신이었다. 금융위기가 한창이던 2009년에는 싱가포르의 가장 큰 국부펀드 중 하나인 테마섹Temasek의 CEO로 리센룽 총리의 부인인 호칭Ho Ching 대신 칩 굿이어Chip Goodyear라는 외국인을

10 Holden, P. (2014). Today, http://www.todayonline.com/singapore/spore-universities-foreign-talent-policies-need-change

초빙하려고 시도할 정도로 외국인은 미숙련 노동자로서뿐만 아니라 고급 노동자로서도 싱가포르에 많은 이바지를 하고 있다. 이러한 모습들을 보면 개방적인 이민 정책을 바탕으로 외국 노동력을 활발히 사용하는 것은 싱가포르의 큰 장점이라 할 수 있다.

싱가포르 정부의 인구통계를 보면 재미있는 것을 하나 발견할 수 있다. 인구통계에서 인구정보를 '싱가포르 거주자Singapore resident'와 '싱가포르 인구Singapore population'로 구분하여 제공한다는 점이다. '싱가포르 거주자'라고 하면 싱가포르 시민권을 가진 사람과 영주권을 가진 사람Permanent Resident, PR을 포함한다. 반면 '싱가포르 인구'라고 하면 싱가포르 거주자뿐만 아니라 취업비자 등을 가지고 싱가포르에 사는 모든 사람들을 포함한다. 저자 역시 2007년부터 2011년까지, 그리고 2015년에 싱가포르에 거주했는데 이때 취업비자employment visa를 받았다. 저자 같은 경우는 싱가포르 거주자 통계에는 포함되지 않고 싱가포르 인구통계에는 포함되는 것이다. 이렇게 인구통계를 내는 가장 큰 이유는 싱가포르 거주자들 중에서 처음엔 외국인이었다가 시간이 지나 영주권을 획득하는 사람들이 많고, 이러한 영주권조차 없더라도 취업비자만 가진 상태로 머무르는 사람들 역시 많기 때문이다.

[그림 10-1]에서 살펴볼 수 있듯이 2019년 현재 싱가포르 시민권자와 영주권자는 약 400만 명이고 싱가포르 인구는 570만 명으로 약 170만 명, 즉 싱가포르 인구의 30% 정도가 취업비자 형태로 머무르고 있는 외국인이다. 이처럼 싱가포르는 외국인 노동자의 규모가 아주 크다고 할 수 있다.

싱가포르 인구 추계 그림을 자세히 살펴보면 1990년에는 싱가포르

| 그림 10-1 | 싱가포르의 인구 추계(1990~2019년)

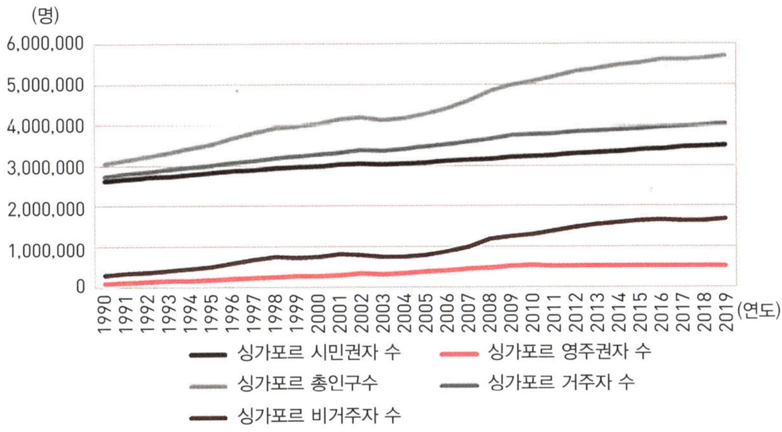

출처: DEPARTMENT OF STATISTICS

총인구수와 싱가포르 거주자 수의 차이가 크지 않음을 알 수 있다. 그러나 점차 시간이 가면서 그 차이는 커지고 있는데 이것은 싱가포르가 적극적으로 외국인 노동자를 받아들인 것이 최근의 일임을 보여준다. 이를 뒷받침하는 것이 1990년대 이전의 통계자료인데 1970년 인구센서스 결과를 보면 207만 4,507명의 싱가포르 인구 중에서 영주권과 시민권을 갖지 않은 사람은 채 3%도 안 된다. 물론 당시에는 영주권이나 시민권 부여가 관대했기 때문에 싱가포르 인구수와 거주자 수가 차이 나지 않을 수 있다.[11] 하지만 싱가포르 인구의 전년 대비 증가

11 관대한 영주권 및 시민권 부여 현상이 현저하게 나타난 때는 1990년대 초이다. 1990년에 싱가포르 거주자의 인구증가율이 전년 대비 3.3%로 매우 높은데 이것은 많은 외국인들에게 시민권이나 영주권을 부여했기 때문이다.

율을 보면 1970년대에는 1.2~1.9%대를 유지하고 있지만 1990년대에는 2.6~4.1%대를 유지하고 있다. 이것으로 급격한 외국인 노동자의 유입이 1990년대부터 시작되었다는 점을 알 수 있다. 참고로 1980년대는 싱가포르 영주권자와 시민권자의 전년 대비 인구증가율이 1.4~1.9% 사이로 안정되어 있는데 이것은 싱가포르 거주자의 자연 인구증가율 수준이 2% 미만임을 말해준다. 따라서 최근의 외국인 노동자의 급격한 증가는 역사적인 현상이 아니라 싱가포르의 경제 및 사회 발전과 밀접하게 관련된 결과로서 1990년대 초부터 시작된 현상이라 할 수 있다.

이는 싱가포르 이민의 역사를 간략히 살펴봐도 잘 드러난다. 싱가포르에서는 1900년대 초까지만 해도 거의 입출국의 제한이 없었고 이민에 대한 제한도 없었다.[12] 1930년 싱가포르 인구가 점차 증가하는 추세를 보이자 「이민제한조례Immigration Restriction Ordinance of 1930」를 공포하여 비숙련 남성 노동력의 이민을 제한하게 된다. 당시 대공황으로 인해 실업자들이 증가하는 상황에서 1930년 24만 2,000명의 중국 이민자 수가 1933년에는 2만 8,000명으로 급감하게 된다. 그리고 1933년에는 「외국인조례Aliens Ordinance of 1933」를 공포함으로써 외국에 대한 입국세landing fees와 쿼터 제도를 도입한다.[13] 그 이후 이민 정책은 점차 강화되기 시작하고 경제규모가 성장한 1980년대에 들어서야 이민 정책을 전향적으로 변화시켰다. 하지만 2010년대에 들어서 외국인의 급격한 유입을 우

12 싱가포르 이민국(Immigration & Checkpoints Authority), http://www.ica.gov.sg/page.aspx?pageid=208

13 Lepoer, B. L. (ed.) (1989). *Singapore: A Country Study*. Washington: GPO for the Library of Congress, http://countrystudies.us/singapore/7.htm을 참고.

려하는 싱가포르인들이 증가함에 따라 영주권 취득이나, 취업비자 발급이 점점 어려워지고 있는 실정이다.

1세대 이민은 주로 기아와 전쟁을 피해 중국이나 인근 지역에서 싱가포르로 유입된 경우가 많았다. 싱가포르가 영국으로부터 독립한 이후에도 인구의 증가는 주로 높은 출산율에 의한 것이었다. 그러나 2세대 이민은 다르다. 싱가포르 정부의 합계출산율Total Fertility Rate, TFR은 1960년대 이후 지속적으로 감소하여 1975년에는 2.1명에 그치게 된다.[14] 노동력 부족의 가능성이 발생한 것이다.

한편 고급 인력 확보 문제가 발생하기 시작하였다. 1980년대 초반까지만 해도 싱가포르의 고등교육 시스템이 잘 갖추어지지 못해서 싱가포르 전체에서 대학은 싱가포르 국립대학교National University of Singapore가 유일하였고, 입학생의 수는 3,002명에 불과한 실정이었다.[15] 하지만 당시 싱가포르의 산업구조는 생산과 제조업 중심에서 금융과 하이테크 산업 중심으로 이행되어 가는 시점이었고, 그 결과 [그림 10-2]에서 보는 바와 같이 1980년대에 들어오면서 2세대 이민자의 유입이 시작되었다. 실제로 1975년부터 연 인구증가율(시민권자와 영주권자 포함)이 1.4%에도 못 미치던 것이 1981년과 1982년에는 각각 4.9%와 4.5%로 급증하였다. 이와 같은 신규 노동력에 대한 수요는 취업비자를 가진 체류자non-resident의 수 역시 증가시켜 1980년대 13만 1,800명에서 1990년대 31만 1,300명으로 증가하였다. 이 추세는 계속되어 2000년에 이르러서는 그

14 The World Bank. Fertility rate, total(births per woman), http://data.worldbank.org/indicator/SP.DYN.TFRT.IN/countries/1W-SG?display=graph (검색: 2010년 10월 19일)

15 Ministry of Education. (2008). *Education Statistics Digest*, p.41.

| 그림 10-2 | 싱가포르의 이민자 추세

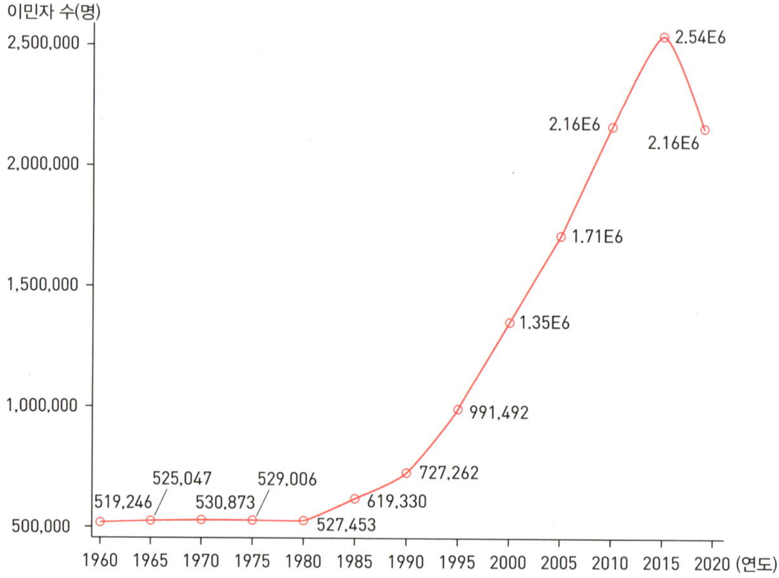

* 여기서 이민자는 싱가포르에서 태어나지 않은 사람을 의미.

출처: World Bank, Singapore Immigration Statistics 1960-2020, https://www.macrotrends.net/countries/SGP/singapore/immigration-statistics (검색: 2020년 9월 27일)

수가 75만 4,500명에 다다르게 된다.

2000년대에 들어서면서 시작되는 3세대 이민은 또 다른 경향을 띠게 된다. 이 3세대 이민은 단지 산업구조의 변화에서 시작되었다기보다는 노령화 사회에 진입하게 된 싱가포르가 절대적인 노동력의 부족을 겪을 가능성이 커지면서 시작되었다. 2000년 기준 만 65세 이상의 노인 한 명을 9.3명의 싱가포르 시민권자가 부양하면 되었던 것이 2010년에 들어서는 7.2명으로 낮아졌다. 그러나 이러한 급격한 노령화는 영주권자를 포함하는 경우 약 8.2명으로 증가하게 된다.[16] 즉 영주권자들은 노령화의 속도를 늦추는 데 큰 기여를 하고 있는 것이다. 반면 싱가포르의 GDP 증가율을 5% 정도로 가정하는 경우 약 2.9%의 신규 고용이 필요하다.[17] 합계출산율이 낮다는 점과 고령화 사회라는 점을 고려한다면 3세대 이민은 경제의 성장 동력을 유지하기 위해 필수적이라고 할 수 있다. 싱가포르의 출산율은 1999년의 1.5명에서 2009년 1.2명으로 떨어졌고 2020년 통계에 따르면 다시 1.14명으로 떨어졌다. 이같이 심각한 출산율 저하 역시 싱가포르가 적극적인 이민 정책을 선택하도록 이끈 원인 중 하나라고 할 수 있다.

한편 단기 외국인 노동력은 경기변동에 따른 노동시장의 급격한 변화에 대한 완충 임무를 수행하기도 한다. 싱가포르의 경우 외국인 비숙련 노동자의 월급이 1,800만 원 미만이면 고용허가Work Permits가 2년 이내로 제한된다.[18] 이런 단기 체류 기간의 제약을 두는 것은 결국 외국인 노동자가 일으키는 장기적 사회 및 정치 비용을 최소화하고 경기 상황에 따라 유연하게 노동력 규모를 통제할 수 있게 한다.[19] 최근에는 외국

16 Singapore Department of Statistics. Key Demographic Trends, http://www.singstat.gov.sg/pubn/popn/c2010acr/key_demographic_trends.pdf. (검색: 2010년 10월 19일)

17 Hui, W. T., & Hashmi, A. R. (2004). Foreign Labour and Economic Growth: Policy Options for Singapore. (paper presented at the CLMR Seminar Series, The University of Western Australia, Crawley, May 26, 2004).

18 Wong, D. (1997). Men Who Built Singapore: Thai Workers in the Construction Industry. in Thai Migrant Workers in East and Southeast Asia, ed. Supang Chantavanich et al. (Chulalongkorn: Asian Research Center for Migration, 1997).

19 Wong, D. (1997). Men Who Built Singapore: Thai Workers in the Construction Industry. in Thai Migrant Workers in East and Southeast Asia, ed. Supang Chantavanich et al. (Chulalongkorn: Asian Research Center for Migration, 1997).

인을 고용할 때 싱가포르 사람을 고용 못하는 이유를 소명하게 하는 정책을 도입하였고, 고임금의 노동자가 아닌 경우에는 동반 가족의 체류허가Dependant's Pass나 친척의 장기체류허가Long Term Visit Pass가 발급되지 않는다.[20]

싱가포르의 반이민자 정서는 최근 들어 심화하고 있다. 중국에서 온 학생이 수학이나 여러 과목에서 뛰어난 성적을 거두어서 싱가포르 학생이 좋은 고등학교Junior college나 대학교에 가는 것이 어려워졌다든지, 외국인들 때문에 지하철이 더욱 혼잡해지고 사회질서도 문란해졌다든지,[21] 코카시안(서양인)들이 싱가포르 사회에 공헌도 하지 않으면서 높은 임금을 받고 생활하다가 자기 나라로 돌아간다든지 하는 선입견들이 널리 퍼지기 시작하였다. 외국인 근로자들도 싱가포르의 이러한 태도에 대해 부정적인 반응을 보인다. 싱가포르의 공립학교에 외국인 자녀들을 보내기가 어려워졌고, 내국인과 달리 초등학교 때부터 상당한 수업료를 내고 있다. 일부 외국인들은 자조적으로, 싱가포르는 돈을 벌기 위해 잠시 머물러 있는 곳일 뿐, 가족과 함께 오랫동안 머물 수 있는 삶의 터전은 아니라고 생각한다. 이러한 환경 아래에서 우수한 외국인 인력들이 높은 이직률을 보이는 것은 어쩌면 당연한 일인지도 모른다.

---

20 Ministry of Manpower Singapore. Foreign Manpower: Visas and Passes. http://www.mom.gov.sg/foreign-manpower/passes-visas/Pages/default.aspxv. (검색: 2010년 10월 19일)

21 싱가포르에는 합법적인 홍등가 구역이 있는데 이 구역으로 급속히 유입되는 중국계 호스티스들에 대한 싱가포르 사람들의 거부감이 상당히 크다. 중국계 호스티스가 중장년의 남성을 유혹하여 가정을 파탄 냈다는 이야기들이 타블로이드 신문에 등장하곤 하는데 이것이 젊은 중국계 여성들에 대한 부정적인 선입관을 확산시키곤 한다.

| 그림 10-3 | 미국 이민자 연도별 추세

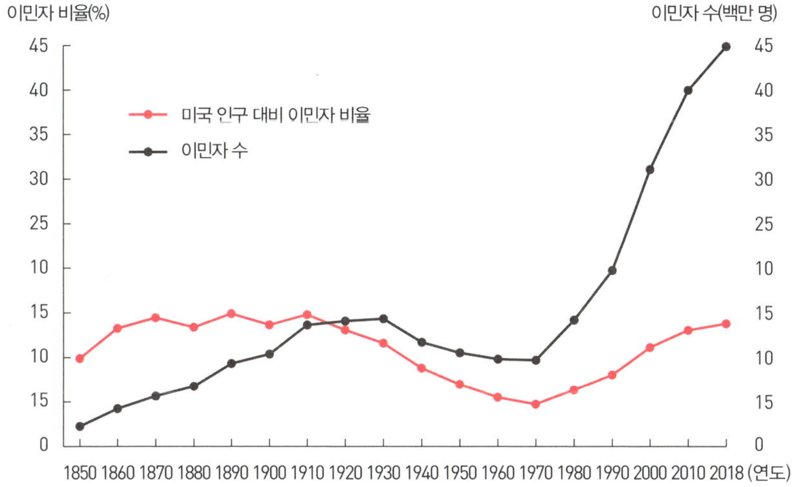

출처: Migration Policy Institute. (2020). Frequently Requested Statisatics on Immigrants and Immigration in the United States.

싱가포르의 이민 정책과 관련해서 우리나라 사람들이 흔히 오해하는 것이 하나 있다. 그것은 우리나라도 싱가포르처럼 외국의 고급 인력에 대한 이민을 적극적으로 받아들여야 한다는 것이다. 실제로 싱가포르가 고급 인력의 유치에 상당히 적극적이기는 하지만 대학 진학률이 70%대에 달하는 우리나라와 달리 싱가포르는 최근의 대학 진학률마저도 30%대에 미치지 못하고 있다. 즉 어쩌면 우리나라에는 일반적인 고급 인력이 넘친다고 할 수 있다. 단순히 외국 인력을 유치하고자 할 것이 아니라 우리나라가 유치하고자 하는 '고급 인력'의 의미를 다시 한 번 생각해볼 필요가 있다.

우리가 오해하고 있는 또 한 가지는 이민 문제가 싱가포르와 같은 특정 나라에서나 중요한 문제라고 생각하는 것이다. 하지만 이미 이민은 전 세계적으로 문제가 되고 있다. 인구 감소로 경제의 활력을 잃어가는 독일의 경우 이민을 받아들이는 정책을 적극적으로 추진하고 있다. 우리는 미국 역시 이민을 엄격히 통제한다고 생각하지만, 실제 [그림 10-3]처럼 2010년에는 100만 명에게나 영주권을 부여해줄 정도로 미국은 꾸준히 이민자들을 받아들이고 있다. 저출산 · 고령화 문제가 심각한 우리나라가 외국인 노동자에 대한 정책을 직시하지 않고 외면하게 되면 싱가포르보다 훨씬 심각한 경제적 · 정치적 문제에 직면하게 될 것이다.

5. 이중언어 정책

싱가포르에서 다인종사회를 통합해주는 중요한 수단의 하나는 영어라는 공통의 언어이다. 그러나 인종 간의 언어 사용 분포를 살펴보면 언어적 다양성이 여전히 높음을 알 수 있다. 앞서 싱가포르의 인종 구분은 자의적 측면이 있다고 주장하였다. 이러한 현상은 언어 사용에서도 잘 나타난다. 중국계가 영어를 사용하는 비중이 점차 높아지고 있지만, [그림 10-4]를 살펴보면 여전히 표준 중국어나 방언을 사용하는 비중이 높은 것으로 나타나고 있는데, 2005년 General Household Survey에 따르면 약 47.2%의 중국계 싱가포르 거주자가 그들의 가정에서 표준 중국어를 주로 사용하는 것으로 나타나고 있다. 또한, 흥미로운 것은 세대 간의 차이이다. 예를 들면 2000년에는 중국계 대학생 중

| 그림 10-4 | 인종별 언어 사용 분포

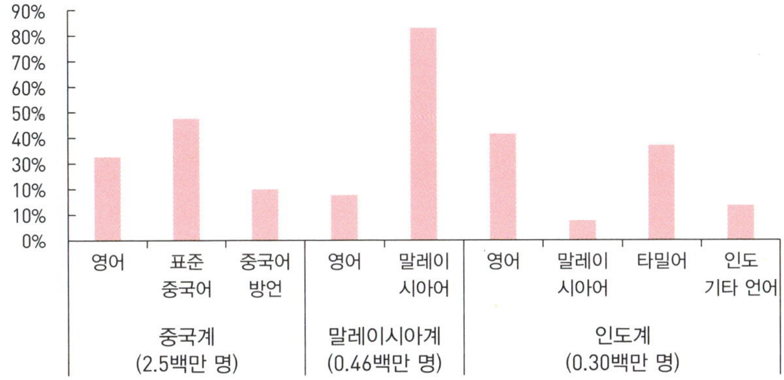

출처: 「2010년 인구총조사」

약 16.9%가 중국 방언을 사용하였지만 2005년에는 그 비율이 급격히 줄어 7.6%만이 방언을 사용하는 것으로 나타났다(General Household Survey, 2005: 19). 반면 가정에서 영어를 주된 언어로 사용하는 비율은 29.2%에서 39.2%로 늘어나 이는 교육 수준이 높은 중국계의 젊은 세대들이 언어적으로는 점점 영어와 표준 중국어로 동화되고 있음을 보여준다. 이와 유사하게 인도계 역시 점차 영어를 사용하는 비중이 높아지는 경향을 보인다(35.6% → 39%). 하지만 이들 중국계나 인도계와 달리 말레이시아계의 언어 사용은 매우 동질적인데 그들은 2005년 현재 86.8% 이상이 말레이시아어를 사용하는 것으로 나타나고 있다.

이러한 추세는 2010년 인구총조사에서도 유지되고 있다. [그림 10-4]를 살펴보면 중국계는 47.7%가 만다린이라는 표준 중국어를 사용하고 있고, 말레이계는 82.7%가 말레이시아어를 사용하고 있다. 인도계는 약 41.6%가 영어를 사용하고 있다. 이처럼 비록 영어가 싱가포르의 공용어라고는 해도 각 인종별로 자신의 모국어를 여전히 많이 사용하고 있어 싱가포르가 언어 다양성을 유지하고 있음을 알 수 있다.

싱가포르의 학교에서는 영어를 공용어로 사용하며, 인종별로 각기 자신들의 모국어를 배울 수 있도록 하고 있다. 이에 따라 공립 초등학교 학생들은 영어와 자신의 모국어로 선택한 언어를 공부해야 한다. 우리나라의 많은 사람들은 싱가포르의 경쟁력이 영어를 사용하는 데서 나오는 것이라고 생각한다. 일부 극단적인 사람들은 우리나라에서도 영어를 공용어로 사용해야 한다고 주장하기도 한다. 하지만 이것은 우리나라와 싱가포르의 사회적 상황이 매우 다르다는 점뿐만 아니라 실제 이중언어 정책이 상당한 문제를 초래하고 있다는 점을 간과하고 있는 주장에 지나지 않는데, 다음에서는 이를 구체적으로 살펴 확인해 보도록 하자.

일부 독자는 싱가포르가 영국의 식민지였기 때문에 당연히 영어를 공용어로 사용하고 있다고 생각할 수도 있다. 하지만 실제 싱가포르가 1959년 독립할 당시만 해도 영어 사용 인구는 매우 적었다. 싱가포르가 영국의 식민지 체제하에 있을 때 영국은 '분할하여 통치하라'라는 전략을 사용하였기 때문에 인종 간의 갈등과 차이를 조장하였고, 인종별로 거주 지역과 직업을 달리하였으며 교육에서도 각기 다른 교실에서 교육받도록 하였다. 또 각각의 인종은 자신들의 언어를 유지하기 위해 노력했는데 싱가포르 인구의 다수를 차지하는 중국계는 자신들의 정체성을 잊지 않기 위해 동남아시아의 중국인들을 중국어로 교육하고자 1954년 난양 대학교Nanyang University를 설립할 정도였다.

싱가포르는 영국으로부터의 독립 이후 국가의 정체성 확립이 시급하였는데 그중 가장 시급하게 대두된 것이 언어 정책이었다. 당시 만약 정치적 고려가 우선되었다면 싱가포르는 영어를 기본 언어로 하는 대신 중국어와 말레이시아어를 기본 언어로 채택하였을 것이다. 하지만 싱가포르는 기본 언어의 선택에서 정치적 고려가 아닌 싱가포르가 처한 경제적 여건을 가장 먼저 고려하였다. 여기서도 싱가포르의 실용주의가 발현된 것이다.

이중언어 정책이 정책적으로 고려되기 시작한 것은 1956년 전정당 위원회All-Party Committee가 중국어 교육에 관한 보고서를 제출하기 시작하면서부터이다. 이 위원회는 "싱가포르 내의 중국 학교를 조사하고 중국어 교육을 강화하고 개선하는"[22] 것을 목적으로 하였다. 이 보고서는 영어가 상업과 산업commerce and industry의 언어임을 인정하면서도 영어, 말레이시아어, 표준 중국어Mandarin, 그리고 타밀어Tamil 중의 최소한 두 개를 학교 교육의 기본 언어로 사용하여야 한다는 점을 표명하였다.[23] 즉 초기 이중언어 정책이 시작될 때에도 영어가 기본 언어가 되어야 한다는 사실, 그리고 그 이유가 상업과 산업적인 목적에 있다는 사실을 명확히 하고 있다.

한편 1961~1965년 5개년 계획이 수립되고 『1963년 싱가포르 교육질 연구보고서the Final Report of the Commission of Inquiry into Education in Singapore in 1963』에서 초등학교에서는 이중언어 정책을, 중등학교에서는 삼중언

22 All-Party Committee on Chinese Education. (1956). *Report of the All-Party Committee of the Singapore Legislative Assembly on Chinese Education*(Singapore: Govt. Printer, 1956), p.1.

23 위의 책, p.11.

어 정책을 시행하고, 말레이시아 중심의 교과서와 교과과정을 사용하는 원칙을 제시하였다.[24] 흥미로운 것은 1963년 말레이시아연방에 편입되어 말레이시아 중심의 교과서를 사용하는 것을 원칙으로 했지만, 여전히 영어의 중요성은 인정하고 있었다는 점이다. 싱가포르 정부는 영어가 가지고 있는 경제적, 그리고 기술적 가치를 일찌감치 간파하고 이를 공용어로 사용하도록 한 것이다(Mutalib, 2004: 59).

싱가포르 안에서도 이중언어 정책이 효과적인지에 대해서는 끊임없이 논란이 되어 왔다. 리콴유는 이중언어 정책의 현실이 어떤지에 대한 질문에 대해서 "여전히 매우 일관되지 못하고 깔끔하지 못한a very patchy, uneven achievement"[25] 상태임을 시인하기도 하였다. 실제로 1975~1977년 초등학교 졸업시험Primary School Leaving Exam, PSLE에서 62% 정도의 학생이 최소한 한 개 이상의 언어 시험에서 낙제하였으며[26] 서베이 결과에 따르면 15세 이상의 싱가포르 국민 중 오직 8%만이 중국어 신문과 영어 신문을 동시에 읽을 수 있었고 15~25세 연령층에서는 13% 정도만이 이중언어를 구사할 수 있는 것으로 나타났다.[27] 그뿐만 아니라 집에서 사용하는 언어에 대한 1980년 센서스 결과를 보면 영어나 중국 표준어를 사용하는 비율이 각각 8.9% 및 7.9%에 지나지 않았다. 반면 중국 방

24 Commission of Inquiry into Education. (1964). *Commission of Inquiry into Education Singapore: Final Report*(Singapore: [s.n.], 1964), p.1.

25 Publicity Division, Ministry of Culture. (1978). *Bilingualism in Our Society: Text of a Discussion on TV with Mr. Lee Kuan Yew, Prime Minister, Singapore, April 6, 1978*, p.2.

26 Goh, K. S., & the Education Study Team. (1979). *Report on the Ministry of Education 1978*(Singapore: Printed by Singapore National Printers), pp.3-4.

27 Goh, K. S., & the Education Study Team. (1979). *Report on the Ministry of Education 1978*(Singapore: Printed by Singapore National Printers), pp.3-4.

언(62.9%), 말레이시아어(15.5%), 그리고 타밀어(3.3%)는 여전히 각 인종별로 선호되었다.[28] 또 이 센서스 결과에 따르면 오직 5% 정도만이 이중언어를 효율적으로 구사할 수 있는 것으로 나타났다.[29]

그러나 이러한 초기의 어려움에도 불구하고 영어가 공용화되는 경향은 점차 강화되었다. 1979년 고켕스위의 보고서에 따르면 초등학교에서 중국어를 중심 언어로 사용하는 학생의 비율이 1959년 45.9%에서 1978년 11.2%로 줄어들었다.[30] 이것은 학부모들이 영어교육을 통해 좀 더 많은 직장을 잡을 수 있다는 사실을 자각하였기 때문이다. 실제로 싱가포르는 다국적기업의 자본 유입을 통해 경제발전을 해왔기 때문에 직장에서 영어의 필요성은 더욱 증가했던 것이 사실이다. 이러한 경향은 이후에도 강화되어 1983년에는 영어를 중심으로 하는 학교의 비율이 99%에 이르게 된다.[31]

또 한 가지 변화는 중국어에서 점차 방언이 아닌 표준 중국어를 사용하는 비율이 증가하기 시작하였다는 것이다. 이것은 리콴유를 비롯한 지도자들에 의한 지속적인 캠페인 및 교육 프로그램의 변화를 통해 달성된 것이다. 예를 들면 1990년 센서스 결과에 따르면 67.9%의 중국계

28 Tay, W. J. M. *Trends in Language, Literacy and Education in Singapore, Census Monograph No. 2*(Singapore: Department of Statistics, 1984), p.19.

29 Tay, W. J. M. *Trends in Language, Literacy and Education in Singapore, Census Monograph No. 2*(Singapore: Department of Statistics, 1984), p.21.

30 Goh, K. S., & the Education Study Team. (1979). *Report on the Ministry of Education 1978*(Singapore: Printed by Singapore National Printers), p.1.

31 Kuo, C. Y. E., & Jernudd, B. H. (1994). Balancing Macro- and Micro-Sociolinguistic Perspectives in Language Management: the Case of Singapore. in S. Gopinathan, A. Pakir, W. K. Ho & V. Saravanan (Eds.), *Language, Society and Education in Singapore: Issues and Trends* (p.32). Singapore: Times Academic Press.

| 그림 10-5 | 초등학교 졸업시험(PSLE) 중 영어 과목 합격률(1997~2019년)

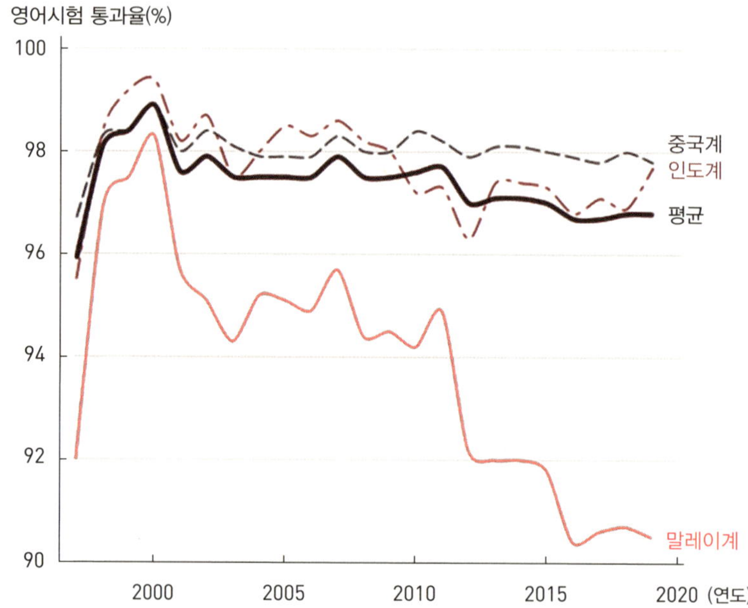

출처: data.gov.sg, "Percentage of PSLE Students Who Scored A* – C"

학생들이 집에서 표준 중국어를 사용하고 있는 것으로 나타났다.[32] 이후 1990년대를 거쳐 1990년대 말에는 초등학교 졸업시험 과목 중 영어 과목의 합격률이 [그림 10-5]와 같이 90% 이상에 이를 정도로 이중언어 정책은 정착하게 되었다. 다만 말레이계의 경우에는 영어 과목 합격률이 계속 떨어지고 있는 문제를 보이고 있어서 인종 간의 학력격차를

32 Pakir, A. (1992). English-knowing Bilingualism in Singapore. in B. Choon, A. Pakir & C. K. Tong (Eds.), *Imagining Singapore* (p.253). Singapore: Times Academic Press, p.253.

초래하는 문제가 발견되고 있다.

물론 어떻게 싱가포르식 영어, 즉 싱글리시Singlish를 줄이고 표준 영어를 사용하게 할 것인가? 혹은 각종 입학시험에서 어떻게 외국어 간의 난이도를 조절할 것인가의 문제들이 대두하고 있지만, 이중언어 정책 자체는 오랜 세월을 거쳐 싱가포르 사회에 정착되었다고 해도 과언이 아니다.

싱가포르 사람들은 어릴 때부터 다양한 영어 발음을 경험해서 그런 것인지 각국의 영어를 이해하는 능력이 매우 뛰어나다. 우리나라 사람들이 이해하기 어려워하는 인도식 혹은 영국식 발음뿐만 아니라 특유의 중국식 영어 역시 어렵지 않게 이해한다. 싱가포르 사람들의 특유한 싱글리시 발음을 우리나라 사람들이 이해하기 힘들어하는 경우가 많은데 단어를 줄여서 약자를 많이 사용하고, 고어체 표현을 사용하는 경우가 많기 때문이다. 그러나 영어를 구사할 줄 아는 사람으로서는 택시 운전사부터 비즈니스 파트너에 이르기까지 영어로 의사소통이 가능한 싱가포르는 무척이나 매력적인 도시라고 할 수 있다.

싱가포르의 이런 성공을 보면서 영어를 공용어로 사용하자는 사람들을 우리 주변에서 흔히 발견할 수 있다. 하지만 싱가포르는 우리나라와 여러 면에서 매우 다르다. 저자는 매우 흥미로운 주장을 일본인 학자로부터 들은 적이 있다. 일본에서도 토익이나 토플 같은 영어 자격시험을 강조하고 있지만, 실제 직장에서 영어를 쓰는 사람은 많지 않을 뿐 아니라 영어 점수가 높다고 해서 월급을 많이 받는 것도 아닌 상황에서 왜 국제화를 핑계로 우리나라나 일본의 대학에서 영어 강의를 늘리자고 주장하는지 이해가 안 된다는 것이다. 과학에 대한 난해한 설명이나 어려운 학문적 내용을 모국어를 사용하여 전달하는 경우 학생들의 이해가 훨씬 빠름에도 불구하고 영어로 수업을 진행함으로써 오히려 교육의 질을 떨어뜨린다는 것이다. 리콴유 역시 자신이 강력하게 추진한 이중언어 정책이 학생들에게 큰 교육적 부담을 주었다며 그와 같은 문제를 인정하였다. 또한, 이중언어 정책을 추진한 말레이시아에서도 영어로 진행하는 과학 교육에서 학생들의 이해도가 상당히 떨어진다는 보고들이 꾸준히 나타났다. 이처럼 이중언어 교육은 반드시 필요한 것도, 그 교육적 효과가 반드시 높은 것도 아니다.

싱가포르 역시 이중언어를 공부하다 보니 영어나 모국어 어느 쪽도 완벽하게 구사하지 못하는 문제가 발생하기도 한다. 예를 들면 싱가포르 초등학생들이 배우는 중국어 수준은 중국 학생들과 비교해서는 낮은 편이다. 이런 이유 때문인지 유교나 불교의 고전을 읽은 학생들이 많지 않다. 또한 그들의 영어 구사 능력이 뛰어나다고는 하지만, 미국인이나 영국인들의 눈에서는 싱가포르식 영어가 여전히 낯설게 느껴진다. 따라서 깊이 있는 지식을 습득하는 데 있어서 한계가 있다는 비판도 제기되고 있다. 이중언어 정책에 대한 반성은 이 정책을 적극적으로 밀어 붙인 리콴유 자서전 『내 생애에 걸친 도전: 싱가포르의 이중언어 여정My Lifelong Challenge: Singapore's Bilingual Journey』에서 잘 나타난다.[33]

> 교육 시스템을 완전히 갈아엎는 거대한 노력 중에, 나는 두 언어에 모두 능통해질 수 있다는 나의 근본적인 가정이 틀렸다는 것을 깨달았다. 개인의 지적 능력 그리고 얼마나 조기에 학습을 시작하는지와 상관없이, 두 언어를 똑

33 번역문은 김지훈 · 김성희. (2014). 「싱가포르 이중 언어 현실과 교육 정책-역사적 형성 과정과 사회적 함의를 중심으로」. 『새국어생활』, 24(1), 146-174.를 참고.

같이 높은 수준으로 마스터하는 사람은 대단히 드물다. 나는 내 세 자녀가 커가는 것을 보면서 이를 깨닫게 되었다. 우리의 이중언어 정책 초기 20년 동안의 주요 문제는 사람이 효율적으로 지식을 받아들이기 위해 듣고 읽기 위해서는 하나의 마스터 언어Master Language가 필요하다는 사실을 이해하지 못했기 때문이다. 우리가 도입한 조치들은 가정에서 말하는 언어와 학교에서 가르치는 언어 사이의 근본적인 불일치라는 문제에 대응하는 데 실패했다. 1960년대와 1970년대 대부분의 어린이들, 약 85%가 가정에서 영어와 표준 중국어 둘 다를 전혀 사용하지 않았기 때문에, 영어와 표준 중국어Mandarin는 실질적으로는 외국어였다. (…)

그것이 학교 중도 탈락률이 높았던 중요한 이유였다. (Lee, 2012: 68-69).

제11장

싱가포르의 대학교육

SINGAPORE

SINGAPORE

싱가포르와 같은 도시국가에서 「2020년 THE 대학평가」 순위에 싱가포르 국립대학교, 난양 공과대학교가 공동 11위로 함께 자리매김하여 있다는 것은 놀라울 따름이다. 서울대학교의 같은 해 수준이 37위에 불과하다는 것을 고려한다면 싱가포르가 이룬 대학 교육의 성과는 놀라울 따름이다. 주목할 것은 싱가포르의 성과는 우연히 달성된 것도 아니며, 과거부터 달성된 것이 아니라 최근에 달성된 것이라는 점이다.[1]

1. 싱가포르 고등교육의 일반 현황

1980년대 초반 당시 싱가포르 국립대학교National University of Singapore(이하 NUS)는 싱가포르 내에서 유일한 대학이었으나, 이후 난양 공과대학교Nanyang Technological University(이하 NTU)가 1987년에, 싱가포르 경영대학교Singapore Management University(이하 SMU)가 2000년에, 싱가포르 사회과학대학교Singapore University of Social Science가 2005년에, 싱가포르 기술 및 디자인 대학교Singapore University of Technology and Design와 싱가포르 기술교육기관Singapore Institute of Technology이 2009년에 설립되면서 총 6개의 대학이 설립되게 된다. 이 중 실질적으로 NUS, NTU, 그리고 SMU가 핵심적인 대학이라고 할 수 있다.

대학의 설립 역사가 보여주듯 싱가포르에서 대학 교육이 활성화된 것은 2000년 이후였다. [그림 11-1]처럼 싱가포르의 25세 이상 인구 중

1 이 장의 내용은 고길곤. (2020). 「싱가포르 국립대학교 법인화 연구」. 서울대학교 교내연구과제. 내용을 수정한 것이다.

| 그림 11-1 | 싱가포르 25세 이상 인구 중 대학 학위 보유 비율

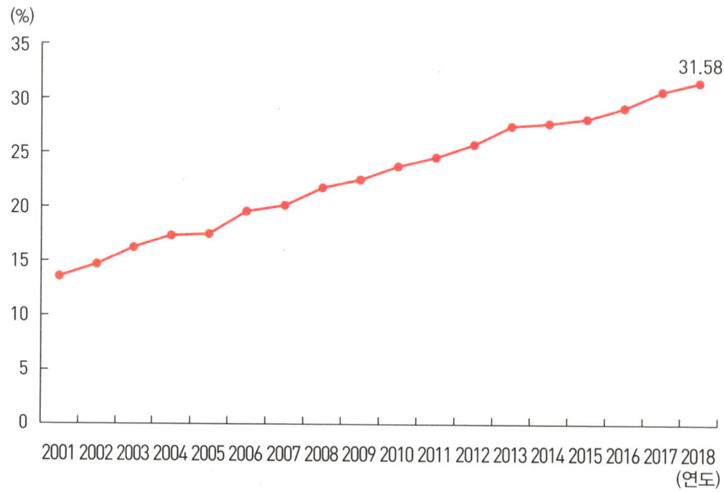

출처: 싱가포르 통계청 홈페이지, https://www.singstat.gov.sg/ (검색: 2019년 9월 21일)

대학 학위를 보유하고 있는 인구 비율은 증가해오고 있지만 아직까지 40%에 못 미치는 수준이다.

싱가포르 정부에서 대학교육 정책은 교육부Ministry of Education, MOE에서 담당한다. 하지만 싱가포르 대학의 경쟁력은 MOE의 우수성에 있는 것 같지 않다. MOE 홈페이지를 방문해보면 유치원부터 초등primary, 중등secondary, 고등 및 대학교육post-secondary 부처로 구성이 되어 있는데, 여기서 post-secondary 교육은 우리나라의 고등학교에 해당하는 junior college, 기술대학에 해당하는 institute of technical educationITE과 정규 대학교육을 포함한다. Junior college는 10학년을 마치고 대학 진학을 원하는 학생이 진학하는 2년제 과정 특수 고등학교에 가까운 것이기 때문에 실제로 대학교육이 싱가포르 교육 정책의 핵심이라고 보기 어렵고 조직도 작은 것이다. 즉 우리나라 교육부와 달리 싱가포르의 교육부는 대학정책에 거의 관여를 하지 않고 있는 것이다. 이러한 배경에는 NUS, NTU, SMU 모두 법인화되어 자율성을 갖고 운영되도록 되어 있기 때문이다.

1990년대부터 싱가포르는 고등교육을 발전시키고 개혁하기 위해 많은 논의를 해왔다. 1999년 대학의 거버넌스 및 재정에 관한 조사를 실시하였는데, 이는 캐나다, 홍콩, 영국, 미국의 대학교육시스템을 비교 연구한 것으로, 연구 결과 해당 국가들에서 최고 수준의 국립대학은 책무성의 전제하에 상당한 정도의 자율성을 누리고 있음을 확인할 수 있었다(Lee & Gopinathan, 2008). 이후 2000년 교육부는 대학 거버넌스 및 재정 검토에 관한 위원회University Governance and Funding Review, UGF를 임명하였다. 해당 위원회의 출범 목적은 대학 내의 각종 관리 및 자원 배분이 대학의 장기적인 미션 및 목표와 적절히 연계되어 있는지 확인하기 위함이었다(Mok, 2005). 위원회의 검토 등을 거쳐 2002년에는 정부가 싱가포르를 아시아 지역의 교육의 중심지hub로 만들고자 3가지의 정책 지향[2]을 담고 있는 글로벌 스쿨하우스 전략Global Schoolhouse strategy을 발표하였고, 당시 정책 지향 중 하나가 법인화를 통해 국립대학에 더 큰 자율성을 부여하고자 하는 것이었다(Lo, 2014). 글로벌 스쿨하우스 전략과 관련해 당시 교육부 장관이었던 테오치히언Teo Chee Hean의 말을 인용하면 다음과 같다. 당시 설정한 목표는 2015년까지 15만 명만큼의 국제 학생 유

2 첫 번째가 싱가포르 내 외국 교육기관의 설립을 촉진하는 것, 두 번째가 국제학생을 보다 많이 유치하는 것, 세 번째가 법인화를 통해 국립대학의 자율성을 강화하는 것이었다(Lo, 2014).

입을 유치하고, GDP에 대한 교육 부문의 기여를 1.9%에서 5%까지 증가시키는 것이었다(Lo, 2014).

> "우리의 비전은 간단히 말해 동쪽의 보스턴이 되는 것입니다. 보스턴은 MIT나 하버드만을 의미하지 않으며, 보스턴에는 200개가 넘는 대학, 연구소, 수백만의 기업들이 있습니다. 또한 보스턴은 창의적인 에너지의 중심지이며, 지적 및 상업적 활동의 요지입니다. 우리는 싱가포르를 이와 같은 지적 허브로 만들고자 합니다." (Teo, 2000)

여기서 주목할 것은 싱가포르 정부가 대학교육 정책을 단순히 교육 문제로 한정하지 않고 경제 및 국가의 핵심 경쟁력의 관점에서 이해하고 있다는 점이다. 상당한 재원 투자가 필요한 법인화가 적극 추진될 수 있었던 것도 고등교육이 창출할 수 있는 부가가치를 위해 경제기획원economic development board, EDB이 법인화를 적극 추진했기 때문에 가능했다. EDB는 대학교육과 연구가 산업계로 확산되고 우수한 인재를 싱가포르가 교육하고 유치함에 따라 세계적 경제활동의 허브가 될 수 있는 선순환 구조의 중요성을 간파했던 것이다. 1998년 EDB는 싱가포르를 아시아의 교육 허브로 만드는 전략을 제시하면서 존스홉킨스 대학교Johns Hopkins University, 시카고 대학교University of Chicago, 인시아드 대학교INSEAD 등 세계 10대 유명 대학을 싱가포르에 유치하겠다는 포부를 밝힌다. 이후 2002년 통상산업부ministry of trade and industry가 글로벌 스쿨하우스Global Schoolhouse 정책 보고서를 발표하면서 세계 교육시장의 주도권을 잡기 위한 전략을 추진하겠다고 밝혔다.[3]

3 https://www.universityworldnews.com/post.php?story=20160913131137765 (검색: 2020년 9월 27일)

이후 2004년에 국립대학의 발전방안을 보다 구체화하고, 2006년에는 싱가포르 정부의 결정에 따라 NUS와 NTU의 법인화가 이루어졌다. 법인화를 추진하겠다는 당시 싱가포르 교육부의 보도자료 내용을 일부 제시하면 다음과 같다.

> "자율적인 대학으로서 NUS와 NTU는 내부 거버넌스, 예산 사용, 수업료 및 입학 요건 결정 등에 있어 확대된 유연성을 부여받게 될 것이다. 이러한 유연성의 부여가 대학들이 그들의 고유한 전략을 추구하는 것을 용이하게 할 것이다." (Mok, 2005).

법인화 직후인 2007년에 설립된 국가연구재단National Research Foundation, NRF은 NUS와 NTU를 보다 역량 있는 법인으로 변모시키는 것을 촉진했다. NRF의 기금에 기반하여 NUS는 암연구소Cancer Research Institute, 양자기술센터Center for Quantum Technologies 등을 설립하였으며, NTU는 지구연구소Earth Observatory, 환경생명공학센터Center on Environment Life Science Engineering 등을 설립하였다. 이 외에도 싱가포르 정부가 50억 싱가포르 달러 규모의 예산을 지원해 조성된 NRF의 기금은 우수 연구기관 및 연구영역에 사용되었다(Ho & Kang, 2015).

2. 싱가포르 국립대학교의 발전 과정

싱가포르 최고의 대학이라고 할 수 있는 싱가포르 국립대학교NUS의 발전 과정을 보면 대학의 자율성과 정부의 지원이 결합될 때 어떤 긍정적 효과가 발생하지를 잘 보여준다. NUS는 1905년 23명의 학생이 있는 의과대학King Edward Ⅶ College of Medicine으로 출발하였으며, 당시 탄지약

킴Tan Jiak Kim의 주도하에 지역사회의 요구에 부응하고자 하는 목적에서 설립되었다. 이후 1928년에는 예술과 과학 분야의 교육을 담당하는 래플스 칼리지Raffles College가 설립되었고, 1949년 래플스 칼리지가 기존의 의과대학과 합병되어 말라야 대학교University of Malaya라는 명칭을 갖게 되었다. 이후 대학이 커지고, 영국으로부터 독립하면서 말라야Malaya와 싱가포르는 별도의 개별적인 국가가 되었으며, 이에 따라 대학 역시 말라야 대학교University of Malaya와 싱가포르 대학교University of Singapore의 개별적인 두 대학이 되었다. 나아가 1955년에는 싱가포르 내에 중국계 대학인 난양 대학교Nanyang University가 설립되었고, 1980년 이들이 합병되면서 NUS가 출범하였다.

NUS는 총장이 최소 8년 이상 근무하면서 안정적 리더십을 발휘하는 것을 특징으로 한다. 2대 총장인 림핀Lim Pin은 최장 기간 총장직을 수행하며 싱가포르 대학교와 난양 대학교의 합병 이후 NUS가 출범한 초기 단계에서부터 NUS의 발전을 위해 힘썼다. 3대 총장인 시춘퐁Shih Choon Fong의 경우 그의 총장직 수행 기간 동안 NUS를 글로벌 무대에서 연구특화대학research-intensive university으로 바꾸어놓았다. 특히 그는 2007년 4월 연설에서, G-10-1010 Great programmes or departments in 10 years 프로젝트를 강조하며 모든 대학구성원의 노력을 촉구하였으며, 이를 위한 3가지 필수 요건으로 '자신의 최선을 다하라be our best, 타인이 최선을 다하도록 도우라help others to be their best, 최선을 얻으라get the best'는 지침을 제시하기도 하였다. 4대 총장인 탄초추안Tan Chorh Chuan은 총장직 수행 이전에 Duke-NUS 의과대학Medical School의 설립에 핵심 역할을 담당했으며 NUS 의 · 치의대학NUS Medical and Dental Schools과 국립대학병원National

| 표 11-1 | NUS의 역대 총장 및 임기

임 기	총 장
1대(1980~1981년)	토니탄켕얌(Tony Tan Keng Yam)
2대(1981~2000년)	림핀(Lim Pin)
3대(2000~2008년)	시춘퐁(Shih Choon Fong)
4대(2008~2017년)	탄초추안(Tan Chorh Chuan)
5대(2018년~)	탄엥체(Tan Eng Chye)

출처: 싱가포르 국립대학교 홈페이지, http://www.nus.edu.sg/about/founded-by-the-community (검색: 2019년 4월 17일)

University of Hospital이 하나의 지배 구조하에 있도록 하는 데 큰 역할을 수행했다. 5대 총장이자 현재 총장직을 수행하고 있는 탄엥체Tan Eng Chye는 그의 공로를 인정받아 다수의 수상을 한 교육자이다.

NUS에는 켄트 리지Kent Ridge, 부킷 티마Bukit Timah, 우트럼Outram의 3개의 캠퍼스가 있다. 켄트 리지가 메인 캠퍼스에 해당하며, 부킷 티마에는 법대와 LKY 정책대학원을, 우트럼은 Duke-NUS 의과대학을 두고 있다. 2011년에는 켄트 리지의 확장 캠퍼스이자 기숙형 대학residential college으로 기능하고 있는 U-town을 운영하기 시작했다. 기숙형 대학인 U-town은 시나몬 칼리지Cinnamon College, 템부수 칼리지Tembusu College, 앨리스 앤 피터 탄 칼리지College of Alice & Peter Tan, CAPT, 레지덴셜 칼리지 4Residential College 4, RC4 등 4개의 대학으로 구성된다. 이 중 주목할 만한 것은 시나몬 칼리지로 이 대학은 NUS의 엘리트 프로그램인 대학 장학 프로그램University Scholars Programme, USP에 선발된 학생들로 구성된다. USP는 학생들에게 글쓰기와 비판적 사고Writing and Critical Thinking, 수리적 문제 해결 기초Quantitative Reasoning Foundation, 대학 장학생 세미나University

Scholars Seminar 등을 통해 학생들의 각 전공 교육뿐만 아니라 엘리트가 갖추어야 할 소양 교육도 함께 제공한다는 점이 특징이다.

기숙형 대학인 템부수 칼리지, CAPT 및 RC4는 학생의 소속 학과를 불문하고 모든 학생이 지원할 수 있으며, 기숙형 대학에서는 1, 2학년의 교양 수업만을 자체적으로 편성하여 진행한다. 따라서 학생은 1, 2학년 동안 전공 수업은 소속 학과에서, 교양 수업은 기숙형 대학에서 받게 된다. 3학년부터는 기숙형 대학에 거주할 수는 없으며, 별도의 지원 절차를 거쳐 거주를 신청해야 한다.

U-town의 경우 2,400명의 학부생, 1,700명의 대학원생, 1,000의 연구자가 공부하고, 연구하고, 또한 기숙생활을 할 수 있도록 설계되었다. 특히 2013년 Yale-NUS 리버럴 아츠 칼리지liberal arts college가 만들어짐에 따라 NUS의 새로운 대학교육 모델을 실험하고 집행하는 대표적인 공간이 되었다.

NUS는 17개의 단과대학을 운영하고 있다. 예술 및 사회과학, 경영, 컴퓨터공학, 평생교육, 치의학, 디자인 및 환경, Duke-NUS, 공학, 융합과학 및 공학, 법학, 약학, 음악, 공공건강, 공공정책, 과학, USP, Yale-NUS가 그것들이다. 특히 USP의 경우 엘리트를 양성하기 위해 타 단과대 학생들 중 특별히 선발된 학생들로 구성되며, 매년 200명 정도의 학부생을 받는다. 글쓰기와 비판적 사고, 분석적이고 계량적인 추론, 연구를 위해 올바른 질문을 던지는 능력 등을 교육하며, 엘리트로서 갖추어야 할 소양교육도 실시한다.

주목할 만한 것은 NUS가 초기부터 종합대학 형태로 유지되어 온 것은 아니라는 점이다. 예를 들어 세계적인 정책대학원으로 자리매김한 리콴유 공공정책대학원LKY Graduate School of Public Policy도 실제는 2004년에 설립되었을 정도이다. 많은 대학이 새로운 학문 수요를 반영하여 최근에 신설되어 온 것이다.

NUS에서 신임 교수는 9년간의 테뉴어tenure 신청을 위한 기간이 부여되며 9년 이내에 테뉴어를 받지 못하면 계약이 종료된다. 2000년대 중반 NUS는 신임 교수에게 9년의 승진 및 정년보장 지원 기간을 두었다. 쉽게 말해 9년 이내에 승진을 못하게 되면 계약 만료에 따라 학교를 떠날 수밖에 없는 것이다. 그러나 최근에는 정년보장 지원 기간이 6년으로 단축되어 대부분의 교수가 6년 이내 승진심사를 신청하고, 중간 평가에 해당하는 3년 차 평가를 받아야 한다. 테뉴어 심사 절차는 학과에서의 내부 심사, 단과대학에서의 심사, 그리고 대학본부에서의 테뉴어 심사로 이루어지며, 5명의 외부 심사위원의 심사 결과와 단과대학 심사 결과가 대학본부에서 중요하게 반영된다. 학과에 따라 조금씩 다르지만 외부 심사위원을 고를 때는 승진을 신청한 교수가 제안한 심사위원, 학과의 내부 심사위원회 및 학과장이 제안한 심사위원들 중에서 무작위로 선정을 하는 경우가 일반적이다. 다만, 단과대학에서 추천한 후보자라고 하더라도, 본부 심사에서 탈락하는 경우가 적지 않다.

승진 심사에 탈락하는 경우에는 대부분 다른 대학으로 이직을 하는 경우가 많다. NUS에서는 테뉴어 심사 통과 비율에 대한 통계를 공개하지 않고 있지만, 학과 전체에 정교수의 비중이 매우 작다는 것을 고려해보면 승진 심사 통과 비율은 상당히 낮다. 이러한 이유로 조교수의 승진에 대한 압박은 매우 높은 수준이다. 승진과 정년보장을 당연시하는 한국 문화에서는 승진심사에서 탈락한다는 것을 수치스럽게 생각하는 문화가 있지만, NUS 같은 대학에서는 승진 탈락 가능성을 자연스럽게 받아들인다.

테뉴어는 조교수에서 부교수로 승진할 때 부여되지만, 테뉴어를 받더라도 모두 자동으로 정교수가 되는 것은 아니다. 테뉴어 못지않게 정교수 승진도 매우 높은 연구 · 교육 · 행정 서비스 수준을 요구한다. 따라서 테뉴어를 받은 부교수가 많더라도 그들이 실제 정교수인 경우는 많지 않다. 테뉴어를 받는 비율에 대한 정확한 통계를 확보하기란 쉽지 않지만 경제학과의 경우 62명의 교수(강의 전담교수 포함) 중에서 정교수는 12명에 불과한 것을 보면 테뉴어와 정교수 승진이 얼마나 어려운지를 잘 보여준다.

또한 교원의 승진에 있어서도 매우 높은 수준의 연구 · 교육 · 행정 서비스 수준을 요구한다. 특히 2002년부터는 승진 및 테뉴어 심사가 더욱 엄격해져, 교원은 승진을 위해서는 특정 영역에서 매우 우수한 자질을 보여야 할 뿐만 아니라 다른 영역에서도 만족할 만한 수준의 성과를 보여야 한다. 또한 연구의 양보다는 질을 강조하기 위하여, 승진 및 테뉴어 심사에 있어 그들의 연구업적 중 가장 우수하다고 생각되는 5개의 업적만 제시할 수 있다. 실제 설문조사 결과에서도 승진 과정에서 탈락률이 높고, 그것이 조교수들에게 일종의 압박이 되고 있음이 지적된 바 있다.

엄격한 성과평가는 교수의 높은 이직률은 초래한다. 교원의 장기근속 비율이 낮다는 것은 장단점을 모두 가지고 있다. 먼저 장점으로는 우수하고 능력 있는 새로운 교원을 지속적으로 충원할 수 있다는 점, 인건비 부담을 낮출 수 있다는 점, 새로운 학문 분야를 발전시킬 수 있다는 점 등이 있다. 반면 단점은 승진 탈락자의 불만, 학과의 연속성 부족, 기존 정교수 권한의 비대화, 신규 인력 충원 과정에서의 학과 갈등 등을 들 수 있다. NUS는 잡마켓job market에서 높은 보수와 높은 대학 수준에 대해 국제적 평판을 갖고 있기 때문에 매우 높은 수준의 승진 기준에도 불구하고 우수한 인재들이 지원하고 있다. 특히 영어로 교육이 진행되기 때문에 영어를 사용하는 젊은 학자 중 아시아에 관심 있는 많은 학자들을 유치할 수 있는 장점이 있다.

외국인 교수의 비율은 학과에 따라 차이가 나지만 상당수의 교수가 외국인이라는 점은 주목할 만하다. 예를 들어 NUS 정치학과 교수들(총 25인) 중 72%가 외국인이며, NUS의 자치대학원인 리콴유 정책대학원의 82명의 교수들 중 54%가 외국인 교수이다.[4] 외국인 교수에 대한 정책 중 주목할 것은 학과장이 싱가포르 사람이 아닌 경우도 상당하는 것이다. 능력이 인정되면 대학 행정도 외국인에게 맡기는 열린 분위기는 외국인 교수들이 장기간 싱가포르에 체류할 수 있게 만드는 유인이기도 하다. 이는 NUS가 국제화 측면에서 높은 평가를 받는 데 있어서도 크게 기여하고 있다.

다만 이와 같이 국적에 관계없이 우수한 연구자를 영입하기 위해 적극적으로 노력하는 것이 싱가포르 출신 연구자 및 교육에 미칠 수 있는 부정적인 영향에 대한 우려 역시 존재한다. 특히 NUS는 뛰어난 젊은 연구자들에게 좋은 급여 조건을 제공하는 President's Young ProfessorsPYP 프로그램을 운영하고 있는데, 좋은 급여 조건 이외에도

4 University World News 홈페이지, https://www.universityworldnews.com/post.php?story=20140529095243236 (검색: 2019년 4월 17일)

새롭게 시작하는 연구에 대한 지원금을 제공하거나 박사과정 학생에 대한 장학금을 제공하거나, 25만 싱가포르 달러만큼의 재량적 지출을 허용하거나 배우자의 취업을 지원하는 등의 특별한 혜택들이 제공되고 있다. 그러나 선발 기준이 명확하지 않다거나 PYP 프로그램의 혜택을 받지 못하는 교원의 불만이 존재하는 등 비판이 존재하는 상황이다.[5] 이것은 재정 상황에 따라 각 단과대학별로 지원 금액이 매년 바뀌게 되고, 그 선발 기준 역시 달라지기 때문이다.

NUS의 학생 규모는 지속적으로 증가해왔다. 2019년 2월을 기준으로 NUS에는 학부생과 대학원생을 합쳐 3만 7,047명이 재학 중이다. 이는 지속적으로 학생 수를 증가시켜 온 결과이며, 특히 법인화 직후 시기부터 2010년까지 상대적으로 가파르게 학생 수가 증가하였다. 또한 NUS가 국제화를 위한 많은 노력을 함에 따라, 2008년에는 NUS의 총학생 중 34.6%가 국제학생이었으며, 보다 구체적으로 학부생 중에는 22.3%, 대학원생 중에서는 57.8%가 국제학생이었다(Mukherjee & Wong, 2011). 특히 중국, 인도, 말레이시아, 인도네시아 학생들이 많았으며, 베트남 학생들의 수도 빠르게 증가하고 있다(Mukherjee & Wong, 2011).

3. 싱가포르 국립대학교의 재정 확보 방법

대학이 제공하는 서비스의 공공성으로 인해 대부분의 나라에서는 대

5 THIS WEEK IN ASIA 홈페이지, https://www.scmp.com/week-asia/opinion/article/2175473/singapores-us200k-starter-salaries-why-education-pays-price (검색: 2019년 12월 29일)

학에 재정을 지원한다. 하지만 정부 지원 규모가 부족하기 때문에 많은 대학들은 자체적인 재원 확보 노력을 할 수밖에 없다. 결국 대학은 수업료, 기부금, 투자수입금, 재정지원금 등 다양한 재원 확보를 통해 재정의 안정성과 자율성을 확보해야 하는 상황에 직면해 있다.

NUS는 법인화 이후 수업료를 자체적으로 결정할 수 있게 되었지만 (이영환 · 김신복, 2011) 싱가포르 교육부MOE의 영향 때문에 급격히 증가시키지는 않고 있다. 2019년 기준 NUS의 학부생에 대한 수업료는 1년에 8,150싱가포르 달러에서 9,550싱가포르 달러 정도의 수준이다.[6] 만일 교육부로부터 학비보조금tuition grant을 받지 못하는 경우에는 등록금이 3만 싱가포르 달러 이상이 된다. 등록금 규모 결정의 근거는 싱가포르 대학과 유사한 세계 경쟁 대학의 벤치마킹 결과이다.

싱가포르 정부는 대학에게 보조금을 지급하기도 하지만, 학비보조정책Tuition Grant Scheme을 실시하며 학생에게 직접 보조를 해주기도 한다. 정부의 학비보조정책은 싱가포르 학생들의 대학 학비 부담 완화를 위해 도입되었으며, NUS를 비롯한 대학 교육기관에 전일제 학생으로 등록한 싱가포르 시민의 경우 별도의 등록 없이 지원받을 수 있다. 싱가포르 시민이 아닌 학생의 경우에도 지원을 받을 수 있지만, 졸업 이후 싱가포르 기업에서 3년 이상 근무해야 하는 의무가 부과된다.[7] 싱가포르의 이와 같은 학비 지원 시스템은 '정부가 학교에 등록금을 보조해야 한다'는 의미가 아니라 '학생이 받는 적절한 교육 서비스 가격을 국가

6 MONEYSTART 홈페이지, https://blog.moneysmart.sg/education/singapore-university-education-cost/ (검색: 2019년 4월 19일)

7 싱가포르 교육부 TG Online 홈페이지, https://tgonline.moe.gov.sg/tgis/normal/index.action (검색: 2019년 4월 19일)

가 대학에 지불한다'는 의무에 가깝다고 할 수 있다.

학생의 입장에서는 교육부의 학비보조금을 받기 때문에 싼값의 등록금으로 학교를 다닐 수 있고, NUS 입장에서도 학생이 지불하는 등록금과 교육부가 지불하는 등록금을 합하면 선진국 유수 대학 수준의 등록금을 받을 수 있기 때문에 튼튼한 재정을 유지할 수 있다. 등록금도 외국인 학생의 경우 2015년 1만 5,900달러에서 2018년 1만 7,500달러로 꾸준히 올리고 있다.

등록금 인상을 전공 분야에 따라 달리 적용하는 것도 특징이다. 2010년의 경우 건축학과와 비즈니스학과는 7%, 법학과와 약학과는 10%의 등록금을 인상하였고, 다른 과들에서는 각각 4%씩 인상하였다.[8] 또한 등록금 인상에 따른 학생들의 혼란을 줄이기 위해 입학 당시의 등록금액을 졸업 때까지 그대로 유지하는 방식을 채택함으로써 인상된 등록금은 해당 연도의 입학생들에게만 적용하는 방식으로 운영되고 있다.

NUS가 제공하는 설문조사 결과에 따르면 2019년 NUS 졸업생 중 정규 신입사원의 평균 월급은 3,939싱가포르 달러로 2018년의 기록인 3,799싱가포르 달러보다 4.2% 높은 것으로 나타났다.[9] 싱가포르 대표대학 중의 하나인 NTU의 경우 2019년 졸업생 중 정규 신입사원의 연봉이 가장 높은 학과는 컴퓨터공학과로 4,200싱가포르 달러를 기록하였

8 http://newshub.nus.edu.sg/pressrel/1003/100318-2.php
9 NUS NEWS, Higher starting salaries and strong employment prospects for NUS graduates, http://news.nus.edu.sg/press-releases/NUS-Graduate-Employment-Survey-2019 (검색: 2020년 4월 6일)

으나, 전체 NTU 졸업생의 평균 월급은 3,693싱가포르 달러(2018년은 3,634 싱가포르 달러)로 NUS보다 다소 낮음을 알 수 있다.[10] 매년 각 단과대별로 졸업생의 월급 규모에 대한 설문이 의무적으로 진행되며, 이 월급에 대한 정보는 교육부에 의해 대외적으로 공개되어 학생들이 학과 선택에 활용할 수 있도록 한다.

투자 수입도 NUS의 중요한 수입원이다. 법인화 이전인 2004년의 투자 수입 비중은 NUS 전체 수입 중 5.8% 정도를 차지하고 있었지만, 2018년의 경우에는 18.1%에 달해 등록금 수입보다 더 많은 수입원이 되었다. 하지만 [그림 11-2]에서 확인할 수 있듯이 2009년과 같이 경제위기가 발생하게 되면 투자 수입이 급감하여 상당한 손실이 발생하게 된다. 실제로 연도별로 투자 수입[11]이 NUS의 전체 수입에 차지하는 비중은 연도에 따라 매년 상당한 편차를 보이기 때문에 안정적인 수입원이라고 보기는 어렵다.

전체 수입 중 정부 보조금의 비중을 살펴보면, 2008년, 2009년 글로벌 금융위기 당시 매우 높은 수준으로 치솟았던 것을 제외하고는 큰 변화는 없으나 최근 들어 다소 감소하고 있음을 확인할 수 있다. 특히 2010년 40% 후반 정도에 육박하였으나 2018년에는 37% 정도로 감소

10 NTU NEWS HUB, NTU's Class of 2019 continue to be in strong employment demand, http://news.ntu.edu.sg/pages/newsdetail.aspx?URL=http://news.ntu.edu.sg/news/Pages/NR2020_Feb28.aspx&Guid=f0838dd8-c1e2-4ca6-b63e-6ea605eed1fb&Category=All (검색: 2020년 4월 6일)

11 여기서 투자 수입은 당해 연도의 보고서 작성 시점(날짜)의 재무 실적과 펀드 및 적립금의 변동액을 반영하여 계산한 값을 의미한다. 예를 들어 2018년의 경우 2018년 3월 31일에 해당하는 변동액을 반영(including change in fair value of investment held for trading)하여 수입금을 계산하고 있다. 출처: NUS financial report, 각 연도.

| 그림 11-2 | NUS 수입 중 투자 수입 비율

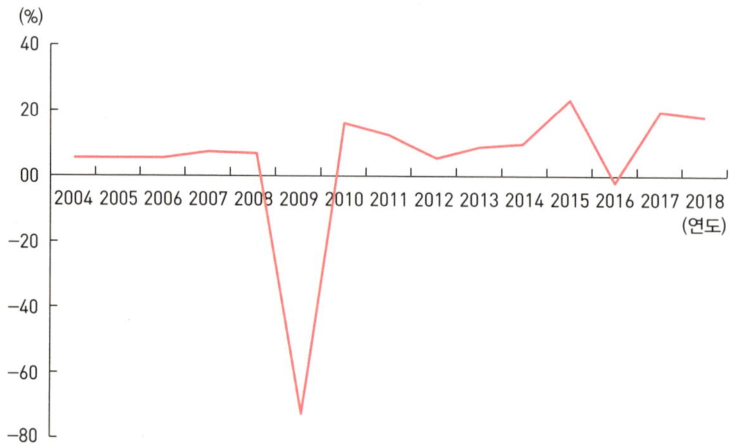

출처: NUS Financial Report, 각 연도

하였다.

이는 정부가 대학에 대하여 지속적인 재정 지원을 하면서도 대학에게 자금 조달 출처를 다양화할 것을 요구하였고, 대학이 그에 따라 자금 조달을 위해 노력해왔기 때문이라 할 수 있다. 실제로 2000년대 이후부터 싱가포르 정부는 대학에게 산업, 졸업생, 지역사회와 보다 확대된 교류를 통해 자금 조달 출처를 다양화할 것을 요구하였고, 이로써 대학이 정부의 보조금에만 의존하지 않도록 노력하였다(Lee & Gopinathan, 2008). 한편 등록금의 경우 법인화 이후 등록금 규모를 설정함에 있어 어느 정도 자율성을 부여받게 되었지만, 여전히 교육부가 정한 상한선을 넘지 못하도록 되어 있다(NUS Annual report, 2006). 또한 설문조사 결과

| 그림 11-3 | NUS의 전체 수입 중 정부 보조금의 비중 (단위: %)

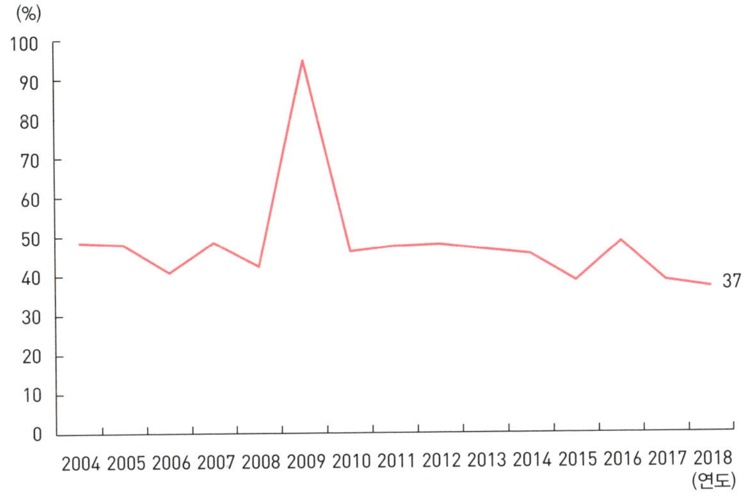

출처: NUS Financial Report, 각 연도

자금 운용에 있어 여전히 교육부의 결정이 중요하게 작용함이 지적되기도 하였다.

싱가포르의 기부금 제도의 가장 큰 특징은 매칭matching 방식을 취한다는 것이다. 즉 기부자가 NUS에 1,000달러를 기부하면 정부가 이에 매칭을 해서 1,000달러를 싱가포르 대학에 지원하는 방식이다. 매칭 방식에 바탕을 둔 기부의 긍정적인 효과는 대학으로 하여금 적극적인 모금 활동을 하게 함으로써 대학이 자발적으로 그들의 재정을 확충하도록 만든다는 점에 있다. 또한 조성된 기부금의 투자를 통해 재정을 재확충할 수 있도록 투자처investment office와 같은 조직을 법인화 초기부터 설립하였다. 현재 투자처장을 맡고 있는 니콜라스 콩Nicholas Kong은 2006년부터 투자처에 근무했으며 그 이전에는 민간 투자기업에서 근무한 경력을 갖고 있다. 이처럼 장기간 투자 업무를 담당하고 민간의 전문성을 갖추고 있는 인력에 의해 체계적으로 대학 재원에 대한 투자 의사결정이 이루어지고 있다. 이것은 NUS 설립 단계부터 대학을 기업처럼 경영해야 한다는 점을 명백히 하고 있기 때문에 가능했던 것이다.

NUS는 법인화 이후 재원 확보 경로를 다양화하기 위하여 노력하고 있으며, 기부금 조성을 위한 노력은 그의 일환이다. NUS는 NUS 발전사무소NUS Development Office, NDO를 두고 기부금 확보를 통해 대학의 가용자원을 축적함으로써 NUS의 발전을 꾀할 수 있도록 하고 있다. 특히 기부의 다양한 형태를 인정하고 있는데, 신용카드, 수표, 지로, 주식 또는 증권, 부동산 등의 기부가 모두 가능하다. 한편 미국 캘리포니아California주 내에 비영리조직인 NUS 미국 재단NUS American Foundation을 두고 NUS가 미국에 거주하고 있는 동창들의 기부금을 확보할 수 있도록 하고 있으며, 미국 거주민의 해당 기부금에 대해서는 전액 세액공제를 받을 수 있도록 하고 있다. 실제 기부금 조성 규모를 살펴보면 증감을 반복하고 있기는 하지만, 전반적으로 증가하는 추세에 있다.

기부자의 수를 기준으로 기부 현황을 살펴보면, 평균적으로 총기부자 중 70% 정도가 졸업생에 해당한다. 기부자의 수는 때에 따라 전년에 비해 감소하는 경우도 있지만, 전반적으로 증가하는 추세를 보인다.

한편, 최근의 신문기사에 따르면 싱가포르 국회는 2018년 3월에 마감한 재무제표를 기준으로 NUS가 싱가포르 내의 대학들 중 가장 큰 규모의 누적 기부금endowment fund인 59억 달러를 보유하고 있음을 밝혔다

| 그림 11-4 | 기부금 조성 규모

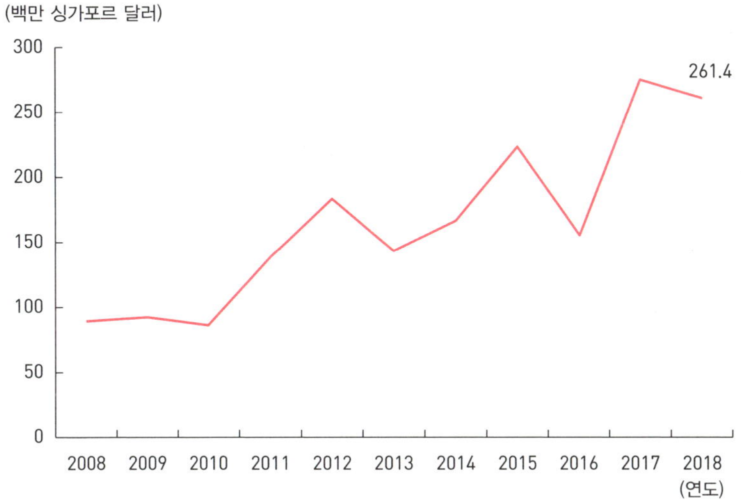

출처: NUS Annual report, 각 연도

(The Straits Times, 2019)[12]. 교육부 장관인 옹예쿵Ong Ye Kung에 따르면 이와 같은 유보금의 규모는 수년간 축적되어 온 잉여금이며, 건물 및 장기 투자 등의 형태로 저장되어 있다. 또한 누적 기부금endowment fund은 투자 재원으로 활용되며, 투자 수익의 일부분만 지출되고 나머지는 다시 재투자된다. 또한 교육부 장관에 따르면 교육부 역시 매칭 기부금의 제공을 통해 대학이 기부금을 조성하는 데 상당 부분 기여하고 있다(The Straits Times, 2019). 이렇게 조성된 기부금은 장학금, 연구비 지원, 해외 교

12 The Straitstimes 홈페이지, https://www.straitstimes.com/politics/parliament-nus-has-largest-endowment-fund-of-59-billion-followed-by-ntu-with-19-billion. (검색: 2020년 1월 1일)

| 표 11-2 | 기부자의 수

(단위: 명)

연 도	졸업생 기부자	총기부자
2008	4,292	5,791
2009	6,280	8,010
2010	6,713	9,638
2011	7,934	13,569
2012	6,845	11,634
2013	7,773	11,168
2014	7,705	10,797
2015	7,967	11,623
2016	8,875	12,515
2017	8,570	11,812
2018	8,237	11,272

출처: NUS Annual report, 각 연도

환학생 프로그램 등에 사용하고 있는데, NUS는 2018년 회계연도[13]의 경우 2억 3,000만 달러를 사용하였다.

법인화 이후 싱가포르 정부가 NUS에 적극적인 기부금 유치 활동을 지원하고 있는 가장 큰 이유는 NUS가 재정적 독립을 이루기 위해 기부금 유치와 기부금의 투자를 통한 수익금이 필수적이라고 판단하고 있기 때문이다.

13 NUS의 회계연도는 4월 1일에 시작하여 이듬해 3월 31일에 종료한다.

4. 교육 프로그램의 혁신

교육 프로그램과 관련하여, NUS는 물론 법인화 이전에도 향후 졸업생들을 고용할 산업계의 요구, 학생 및 학부모들의 요구, 정부의 요구 등에 반응하며 교육 프로그램을 개설해왔다. 1990년대 닷컴 및 정보와 컴퓨터 기술의 붐이 일면서 컴퓨터 공학 수업들을 개설한 것이 대표적인 예이다(Sam, 2016). 그러나 법인화 이후 NUS는 정부의 승인 없이도 외부의 수요에 따라 새로운 프로그램을 신설할 수 있게 되어, 더욱 발 빠르게 대응할 수 있게 되었다. 듀크 대학교Duke University와의 협력하에 2007년 새로운 의학 과정을 출범시킨 것은 그의 일환이라 할 수 있다. 그뿐 아니라 2014년부터는 코세라Coursera 플랫폼을 통해 온라인 강좌도 제공하고 있다(Sam, 2016). 또한 NUS는 영국의 케임브리지 대학교Cambridge University와 옥스퍼드 대학교Oxford University 등에서 도입하고 있는 기숙형 대학residential college 시스템을 도입하였고(Mukherjee & Wong, 2011), 미국식 자유전공학부 과정을 도입한 Yale-NUS 대학도 설립하였다.

법인화 이후 교육과 관련된 대학 자율성의 큰 변화 중의 하나는 유연한 정원 관리이다. 대학생 정원이 엄격하게 통제된 서울대학교의 경우와 달리 NUS의 학생 정원은 계속 증가되어 왔다. 그뿐 아니라 시장과 학생의 수요 증가에 따라 학과의 정원도 유연하게 결정된다. 예를 들면 2017년의 경우에는 컴퓨터 관련 학과의 높은 취업률과 학생들 지원을 반영하여 NUS가 6개에 달하는 컴퓨터 관련 학과의 입학 정원을 2016

년 732명에서 900명으로 늘리기도 하였다.[14] 최근 5년간 학과별 등록 학생 현황은 〈표 11-3〉과 같다. 표를 통해 싱가포르 디자인 · 환경 대학School of Design & Environment과 법학부Faculty of Law의 경우 최근 5년간 학생 수가 감소함을 확인할 수 있다. 반면, 경영대학School of Business, 전산대학School of Computing 등의 학과는 학생 수가 계속 증가하고 있다.

| 표 11-3 | NUS 학과별 학생 현황 (단위: 명)

학부/대학	2014/2015년	2015/2016년	2016/2017년	2017/2018년	2018/2019년
합계	27,975	28,311	28,630	29,130	30,098
인문 · 사회과학부	5,966	6,199	6,294	6,291	6,403
경영대학	2,693	2,789	2,851	3,044	3,354
전산대학	1,569	1,553	1,592	1,731	2,147
치의학부	216	219	220	217	224
디자인 · 환경 대학	2,011	1,939	1,939	1,956	1,924
공학부	5,529	5,376	5,369	5,415	5,421
연계 전공 프로그램	429	414	446	492	590
법학부	953	969	964	943	945
자연과학부	5,092	5,204	5,126	4,909	4,658
예일-NUS 칼리지	322	507	706	824	914
용루린 약학대학	1,801	1,904	1,974	2,087	2,277
용슈토 음악대학	216	215	221	225	214
공학부(기간제 과정)	1,178	1,023	842	549	327
평생교육대학	–	–	86	447	700

출처: NUS Annual Report, 각 연도

14 「싱가포르 3대 국립대, 컴퓨터 전공 지원 증가에 따라 입학 정원 25% 늘려」, http://www.hankookchon.com/bbs_shop/read.htm?sd_m=3&sd_y=2017&board_code=news&idx=115508 (검색: 2020년 4월 6일)

다만 대학 내부적으로는, 대학본부가 큰 비전을 제시하고 그 틀 안에서 각 단과대학 및 학과가 교육 프로그램의 운영 및 집행의 자율성을 지니고 있어, 수직적·명령하달식의 교육 프로그램의 결정이 이루어진다는 지적도 있다.

국제화 노력의 일환의 하나로서 외국인 유학생 유치도 적극적으로 이루어지고 있다. 글로벌 스쿨하우스 전략으로 인해 외국 학생들이 유입되면서 싱가포르인들 사이에서 싱가포르 내의 대학들이 현지 대학으로서의 지위를 상실하고 있다는 이유로 반감이 존재하여, 싱가포르 정부가 단지 글로벌화를 추구하는 것이 아닌 글로벌화와 현지화의 사이에서 올바른 균형을 찾는 것으로 글로벌 스쿨하우스 전략의 기조를 바꾼 바 있다(Lo, 2014). 그러나 실제 싱가포르 정부가 발표하는 목표를 살펴보면, 여전히 외국인 유학생 유치를 중요하게 생각함을 확인할 수 있다.

5. 연구 측면의 변화

NUS는 법인화 이후 연구비 재원을 다양화하기 위한 노력들을 꾸준히 진행해왔다. 2019년의 경우 NUS 켄트 리지 캠퍼스에 인접한 산학과학연구단지인 A*STAR를 비롯해서 교육부MOE, 과학연구재단National Research Foundation 및 민간 기업등의 외부 재원으로부터 연구비를 7억 8,200만 달러 유치했다. 2017년 서울대학교의 외부 연구비 규모가 4,000억 원대인 것을 고려한다면[15] NUS의 연구비 유치 규모는 상당히

15 김경. (2018. 9. 14.).「연구비 1위 서울대 5117억원. 연대 성대 KAIST 고대 톱5」.『베리타스알파』, http://www.veritas-a.com/news/articleView.html?idxno=127294

| 그림 11-5 | 2019회계연도의 NUS의 외부 재원의 연구비 규모

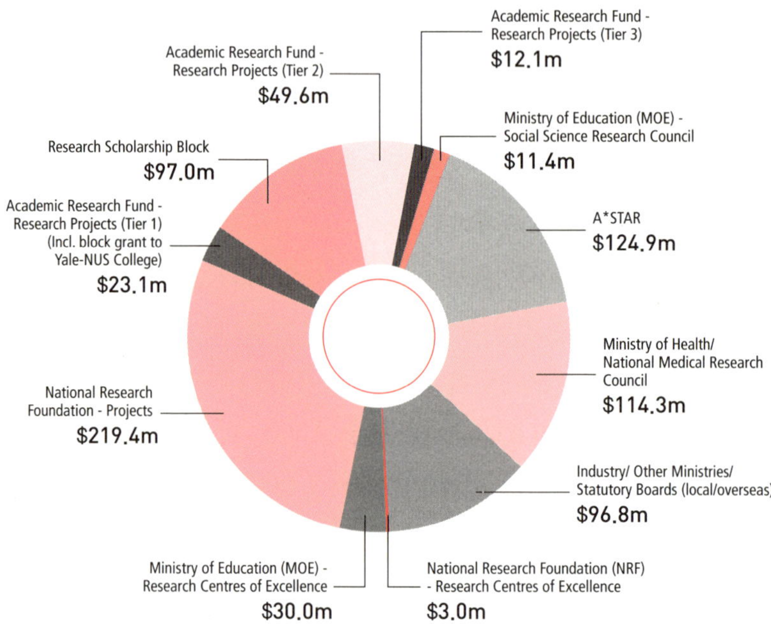

출처: NUS 2019 Annual Financial Report, http://www.nus.edu.sg/docs/default-source/annual-report/nus-annualreport-2019.pdf (검색: 2020년 2월 5일)

크다고 할 수 있다. 특히 최근에는 AI와 관련된 산학연 연구들이 꾸준히 증가하고 있으며, A*STAR 등과 연계한 공동연구들도 활발히 진행되고 있다.

NUS는 높은 연구 수준을 달성하기 위해 법인화 이전부터 지속적으로 노력해왔다. 1999년부터 국제적으로 인정받는 2~4명 정도의 전공별 학자들로 구성된 시찰위원회Visiting Committee를 조직하여 학술적인 기여를 평가하도록 했으며, 2000년부터는 저널을 4등급(premium, leading, reputable, and others) 중 하나로 평가하는 제도를 도입하기도 하였다(Tan, 2013). 이에 더해 NUS는 법인화 이후에는 더욱 높은 연구 수준을 요구받게 되었다. 하지만 세계적으로 저명한 저널에 연구를 게재하는 것이 중요해지면서 국가적인 또는 지역적인 연구 이슈에 대해서는 관심이 떨어지고 있는 문제도 나타나고 있다. 특히 싱가포르에 대한 연구를 찾아보기 어렵고, 유명 저널에서 출판이 손쉬운 연구만이 진행된다는 비판도 강하게 제기된다. 연구의 질을 평가하는 적절한 방법 없이 단지 세계적으로 저명한 저널에 게재되는 연구의 수를 세는 것은 문제가 있음을 지적한 NUS 모 교수의 인터뷰도 존재한다(Vidovich, 2008). 실제로 설문조사 실시 결과 법인화 이후 연구환경이 매우 뛰어나다는 점이 인정되면서도, 성과의 강조로 인해 연구가 양적 증가에 매몰될 수 있음을 우려하는 의견들이 존재하였다.

연구 주제의 측면에서 Ho와 Kang(2015)에 따르면 정부 정책의 근거를 제시하고 실용적인 문제를 해결하기 위한 연구는 상대적으로 활발하게 이루어지는 반면, 보다 나은 사회를 위한 사회 지향적인 연구는 상대적으로 위축되는 결과가 나타났다. 국제적으로 우수성을 인정받는 연구자들에게 더 많은 자원을 배분하는 실적주의 풍토가 확립되면서, 지역적 맥락에 기반하고 있어 국제적인 영향을 미치기 어려운 사회 지향적 연구를 싱가포르 학자들이 점차 기피하게 된 것이다(Ho & Kang, 2015).

실제로 현재 NUS가 제시하는 핵심 연구의 영역은 고령화Ageing, 아시아 연구Asian studies, 생명과학 및 의학Biomedical science and translational medicine, 재무 및 위험관리Finance and risk management, 통합적인 지속가능성 솔루션Integrative substantiality solutions, 해양Maritime, 재료과학Material science, 스마트

국가Smart nation이다. 이 외에도 NUS는 기업들과 연계한 실험실들도 다수 운영하고 있으며, 대표적인 예들이 케펠-NUS 기업 연구소Keppel-NUS Corporate Laboratory, 셈코프-NUS 기업 연구소Sembcorp-NUS Corporate Laboratory, NUS-싱텔 사이버 보안 R&D 연구소NUS-Singtel Cyber Security Research and Development Laboratory 등이다. 또한 최근에는 그랩Grab, 마이크로소프트Microsoft, 이지링크EZ-Link, 그리고 알리바바 클라우드Alibaba Cloud 등과도 파트너십을 형성하고 있다.

6. 명확한 비전과 세계를 향한 고등교육

싱가포르의 고등교육을 보면 누가 총장이 되든, 누가 교육부 장관이 되든 관계없이 국제화와 세계 지식시장을 선도하겠다는 명확한 비전을 제시하고 있다는 큰 장점이 있다. 21세기에도 교육부의 정책에 대학교육이 좌지우지되는 한국과는 크게 비교되는 지점이다. 싱가포르는 대학의 국제 경쟁력 순위를 명확한 성과지표로 제시하고 이를 달성하기 위해 노력해왔다. 국제경쟁력 순위가 절대 대학의 가치를 대표한다고 볼 수는 없지만, 가시적인 목표를 명확히 제시하고 이를 달성하는 과정에서 싱가포르는 대학의 연구와 교육의 질을 빠른 시간에 높여왔다.

국제 경쟁력 확보는 교육 프로그램에서의 국제화를 달성하게 만든다. 세계적으로 인정받는 NUS는 다른 세계 최고 대학들이 함께 협력하려는 대학이 되고 있다. 특히 아시아에서 NUS처럼 영어로 교육하면서 높은 수준의 연구가 가능한 대학을 찾기는 쉽지 않다. 그 결과 싱가포르 교환학생 프로그램student exchange program은 매년 2,300명 이상의 학생을 외국으로 보낼 뿐 아니라 비슷한 규모의 외국인 학생을 교환학생으로 받아들이고 있다. 서울대학교가 매년 겨우 500명 정도의 교환학생을 받고 있다는 것을 생각하면 상당한 차이다. 또한 외국 대학과 공동연구 등을 장려함으로써 싱가포르 대학의 국제적 명성을 높이고 이것이 다시 싱가포르 대학의 국제경쟁력을 강화시키는 선순환 구조를 갖춘 것이다. 비록 글로벌 대학 순위라는 단순한 성과지표가 갖고 있는 여러 한계가 있지만, 이 명확한 목표가 파생시키는 다양한 긍정적인 효과의 선순환 구조를 갖게 된 것이다.

제12장

싱가포르의 도전과 미래

SINGAPORE

SINGAPORE

1. 국가주의 이념의 한계

깨끗한 거리, 안전한 도시, 고층 빌딩과 화려한 쇼핑몰로 상징되는 현대화된 국가, 높은 교육 수준, 많은 투사사들이 몰려드는 두자와 금융의 중심지, 그리고 청렴한 관료사회와 같은 모습들은 모두 많은 나라들이 부러워하는 싱가포르의 대표적인 이미지들이다. 이러한 성취는 인민행동당과 리콴유로 상징되는 강력한 국가 주도의 경제성장과 사회정책에 의해 이루어졌다. 아직도 우리나라에 박정희 정부 체제를 그리워하는 사람들이 있다는 것을 보면, 60년 넘게 인민행동당 체제하에 있었던 싱가포르 사람들이 국가주의 체제를 쉽게 극복하기는 어려울 것이라 생각된다.

최근 싱가포르 사람들은 그들의 국가주의에 심대한 논리적 모순이 있음을 자각하고 있다. 집권층은 인민행동당의 지도력이 경제성장의 원동력이었다는 주장을 끊임없이 반복해왔으나 이것은 어디까지나 과거의 일일 뿐 미래에도 인민행동당 체제가 최선일 것이라는 보장은 없다. 오히려 과거 체제를 강조함으로써 새로운 변화와 혁신을 어렵게 하는 부정적인 효과가 더 클 가능성이 있다. 또 국가는 인민행동당의 성공만을 강조할 뿐 그 이면에 있는 수많은 실패와 문제점은 은폐하고 있다. 국가는 실패한 정책에 대한 자신들의 잘못을 시인하기보다는 성공한 정책만을 홍보함으로써 국가 무오류의 신화를 주입하는 것이다. 그 결과 국민연금이나 국부펀드 자금 운영의 투명성 개선은 제대로 이루어지지 않으면서 '국가를 믿으라'는 식의 접근이 이루어져 왔다. 그뿐만 아니라 구조적으로 문제가 있는 정책을 근본적으로 개선하지 못하는 문제도 발생한다. 복지 문제를 개인의 책임으로 돌림으로써 발생하는 복지 사각지대의 사람들에 대한 지원이나 의료보험 제도의 낙후성은 그 예들 가운데 하나라고 할 수 있다. 무엇보다 근본적인 문제는 '국가가 개개인의 다양성을 존중하면서, (시민을 훈계하기보다는) 시민으로부터 배운다'는 생각이 국정 철학으로 자리 잡지 못하고 있다는 것이다. 엘리트들로서는 당연히 뛰어난(?) 능력이 있는 자신들이 무지몽매한 시민들을 계몽하고 이들을 이끌어가야 한다고 생각할 수 있을 것이다. 하지만 많은 국민이 고등교육을 받는 상황에서 엘리트와 시민들 간이 차이는 점점 줄어들고 있으며, 학교 성적이 뛰어나다고 국정운영 능력이 좋다는 보장도 없다. 그럼에도 불구하고 시민을 보호해야 하는 존재, 가르쳐야 하는 존재로 이해하고 있는 엘리트주의는 시민의 자율성을 억압하는 기제로 작용하게 된다. 이러한 상황에서 국가기구의 투명성에 대한 요구는 부정되며, 시민사회의 자율성이 억압됨에 따라 국가권력에 대한 시민의 통제력은 매우 낮을 수밖에 없다.

국가주의의 신화를 부활시키려는 노력은 우리나라에서도 끊임없이 진행됐다. 토론과 소통 능력이 갖추어지지 않은 권위주의적 리더십을 강력한 지도력으로 이해하고 있는 사람들도 많이 있다. 일부에서는 싱가포르처럼 개인의 자유가 다소 제한되더라도 국가가 강력한 지도력을 발휘하여 경제발전을 이루면 좋은 것이 아니겠는가라는 주장을 펼치기도 한다. 박정희 전 대통령과 군사문화로 대표되는 우리의 권위주의 문화가 오랫동안 지속된 것은 전쟁과 무질서를 경험한 세대에게는 어쩌면 당연한 것일 수 있다. 그 결과 우리나라에서 박정희 전 대통령에 대한 신화는 여전히 유효하며, 현재 진행형이다.

다행히 우리는 시행착오를 통해 국가주의를 극복하고자 노력해왔다. 우리나라는 아시아 금융위기를 계기로 그동안 의심하지 않았던 엘리트 경제 관료의 능력을 의심하기 시작했다. 대통령을 탄핵하고 정권을 교체할 수 있다는 시민의 자신감은 엘리트와 국가권력에 대한 맹목적 존경과 복종 행태를 줄여주었다. 이와 달리 싱가포르는 민주화의 경험이 없기 때문에 민주주의에 대한 두려움이 크다. 다행히 싱가포르의 엘리트들이 지금껏 국정을 잘 운영해왔기 때문에 싱가포르의 국가주의는 유지될 수 있었지만, 변화에 대한 두려움은 싱가포르 체제가 갖고 있는 큰 한계라고 할 것이다.

가장 극단적인 상황을 가정해보면 싱가포르가 부패한 엘리트에 의해 장악되는 경우이다. 이 경우 싱가포르는 급격히 붕괴할 가능성이 매우 높다. 하지만 저자는 싱가포르의 국가주의가 부정적인 형태로 급격하게 나빠질 것으로 생각하지는 않는다. 그것은 아직도 청렴 정신이 몸에 밴 많은 공직자가 싱가포르를 이끌어가고 있기 때문이 아닐까 한다. 국가를 위해 봉사하고자 하는 엘리트들이 이끄는 국가주의는 여전히 싱가포르에서 잘 작동하고 있기 때문이다. 다만, 싱가포르 엘리트들이 청렴, 그리고 국가에 대한 봉사 정신을 망각하는 순간 앞으로의 싱가포르 역사는 예측하기 힘들어질 것이다.

2. 누구를 위한 국가 발전인가?

싱가포르의 1세대는 영국의 오랜 식민지로부터 독립하여 국가 발전을 위해 헌신해왔고 성공적인 경제발전과 안정적인 정치체제를 달성해 왔다. 싱가포르의 2세대는 1980년대와 1990년대를 거치면서 싱가포르를 세계에서 가장 부유한 국가로 변모시켰다. 하지만 2020년 싱가포르 사람들은 스스로 반문하고 있다.

"누구를 위한 경제발전인가?"

싱가포르에는 구걸하는 걸인들이 없다. 일부 관광객은 싱가포르의 높은 1인당 국민소득을 생각하면 걸인 없는 나라가 되는 것이 당연하다고 생각한다. 하지만 싱가포르에도 빈곤층은 존재한다. 그 규모가 얼마나 되는지는 공식적인 통계가 없다. 원래 빈곤이라는 개념은 최소한의 의식주를 유지할 수 있는 최소한의 소비가 불가능한 상태로 정의되는 것이 일반적이다. 선진국의 경우는 이런 최소 소비 이외에도 사회적으로 배척되지socially excluded 않을 수 있는 상태까지로 그 개념을 확대하는데 이 경우 빈곤층을 구분하는 최저생계비는 높게 측정될 수밖에 없다. 싱가포르에서 공식적으로 인정된 빈곤선은 없지만 2011년 자료에 의하면 기초생활 유지를 위해 한 달에 4인 가족 1가구당 필요한 금액을 1,250싱가포르 달러로 제시하고 있다. 환율에 따라 다르지만, 당시의 환율 850원으로 계산하면 약 100만 원 정도가 된다. 2011년 우리나라의 최저생계비가 140만 원인 점을 고려하면 우리나라보다도 낮은 수준이다. 세계에서도 물가수준이 높은 싱가포르의 최저생계비가 우리나라의 최저생계비보다 낮다는 것은 이해하기 어렵다.

한편 이렇게 우리나라보다 낮은 수준의 최저생계비를 가지고 측정했음에도 불구하고 싱가포르에서는 10~12%에 이르는 가구의 소득수준이 최저생계비 이하인 것으로 나타나고 있다.[1] 한 가구가 최저생계비 이하의 소득수준을 가질 때를 가리켜 '절대적 빈곤 상태'에 있다고 하는데 위와 동일한 2011년 우리나라의 경우 이 절대적 빈곤율이 6.3%에 불과하다.

경제성장은 싱가포르 정부의 오랜 장기 집권을 정당화하는 원천이 되었으나 그것은 GDP 성장률이라는 국가 전체 수준의 경제성장에 대한 이야기이다. 국가의 경제성장이 국민 생활수준 향상을 의미하는 것은 아니다. 마치 왕족들이 부자라고 해서 국민이 잘사는 것은 아니고, 재벌이 돈을 많이 번다고 해서 국민이 잘사는 것이 아닌 것과 같은 이치이다. 이 간단한 사실을 싱가포르 국민이 제대로 인식하지 못했던 이유는 국가주의라는 가치가 그들에게 주입되면서 국가의 발전이 곧 개인의 발전이라는 등식을 의심하지 않고 받아들였기 때문이다. 하지만 그 신뢰에 금이 가기 시작하고 있다.

싱가포르에서는 1978년 이후 2012년의 1건을 제외하고는 단 한 건의 파업도 보고되지 않고 있다. 또한 [그림 12-1]에서처럼 노사 문제 관련 조정 요청 건수는 2003년 253건에서 2013년 136건으로 감소하고 있고 작업 중단은 2012년 1건을 제외하고는 전혀 없었다. 2003년 중증급성호흡기증후군SARS의 영향으로 항공산업이 큰 타격을 받았을 때, 400명 이상의 직원을 해고하고 145명을 조기퇴직 시켜야 했던 싱가포르 항공의 경우도 노동조합의 파업으로 이어지지 않았다.[2] 굳이 우리나라의 통

1 이 값은 아주 보수적으로 추정한 것이다. 일부에서는 20% 이상으로 추정하는 경우도 있다. http://dollarsandsense.sg/3-hard-truths-about-poverty-in-singapore/

2 노동조합은 해고와 조기퇴직 결정을 통보받기 전에 자발적인 임금 감축과 무보수 휴직을 받아들이려고 한 상황이었으나 사주 측에서는 노동조합과 충분한 협의 없

| 그림 12-1 | 싱가포르 노사 조정 요청 건수(Referred for Conciliation) 추세

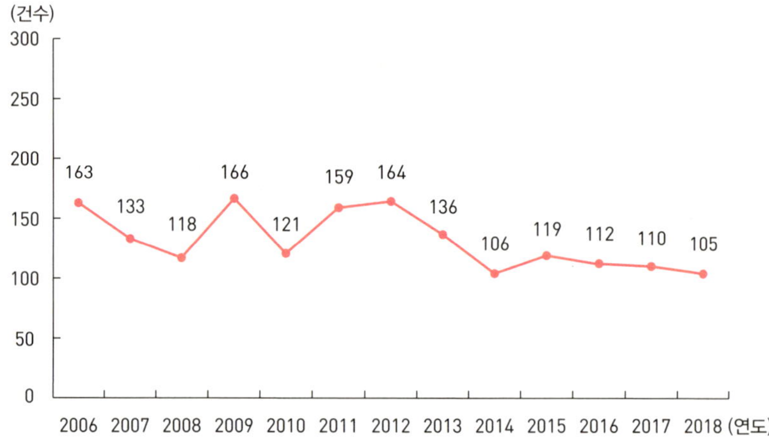

출처: 싱가포르 통계청(data.gov.sg), https://data.gov.sg/dataset/trade-disputes-referred-for-conciliation-by-nature-of-trade-dispute?view_id=e6771cff-7f55-4012-b9f5-a00e8f67beab&resource_id=0d7cc6a0-c9c4-4bdd-9b9f-eb9876bb14da

계를 예시하지 않아도 이러한 노사관계의 안정은 매우 주목할 만한 사실이다.

그렇다면 싱가포르에서 이렇게 임금 관련 분규가 적은 것이 근로자의 노동 강도가 약하거나 월급이 월등히 높기 때문일까? 주당 근로시간을 통해 싱가포르의 노동 강도를 살펴보면 [그림 12-2]와 같다. 싱가포르 상용근로자full time worker의 주당 근로시간을 보면 2018년 현재 45.8시간에 이르러 같은 해 우리나라의 41.5시간과 비교하면 4.3시간

이 해고와 조기퇴직을 결정하였다. 노동조합은 이에 반발하였으나 조직적인 노동쟁의 형태로는 발전하지 않았다. 이에 대해서는 King, R. (2008). *The Singapore miracle, myth and reality*. Inglewood, W. A.: Insight Press.를 참고.

| 그림 12-2 | 우리나라와 싱가포르 상용근로자의 주당 근로시간

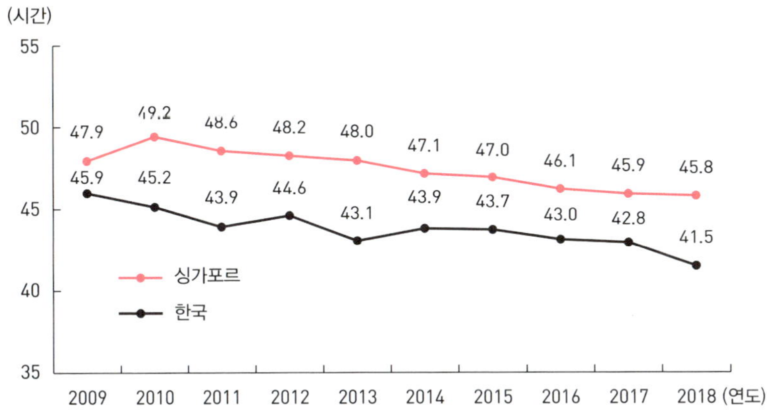

출처: data.gov.sg, https://stats.mom.gov.sg/Pages/Labour-Productivity-Tables2019.aspx; 통계청. 「e-나라지표」(고용노동부 사업체노동력조사), http://www.index.go.kr/potal/main/EachDtlPageDetail.do?idx_cd=3032

이나 높은 것으로 나타나고 있다.[3] 이것은 매우 높은 노동 강도다. 노사분규 없이 노동자의 희생으로 이룬 경제성장에도 불구하고 근로시간의 관점에서 싱가포르 노동자들은 그 희생에 대해 적절한 보상을 받지 못하고 있다.

임금을 살펴보면 더욱 흥미롭다. [그림 12-3]은 싱가포르 노동자의 명목 월평균임금의 추세를 나타내고 있다. 1싱가포르 달러당 850원의 환율을 적용해서 평균임금을 계산해보면 2014년 현재 우리나라의 월

3 싱가포르의 경우에는 25인 이상의 사업장을, 우리나라의 경우에는 5인 이상의 사업장을 대상으로 조사하였기 때문에 사업장 규모에 따라 결과가 차이 날 수 있다. 일반적으로 대형 사업장의 경우 근로시간이 낮을 수 있기 때문에 우리나라의 근로시간이 과대평가 되었다고 보기 어렵다.

| 그림 12-3 | 우리나라와 싱가포르의 임금

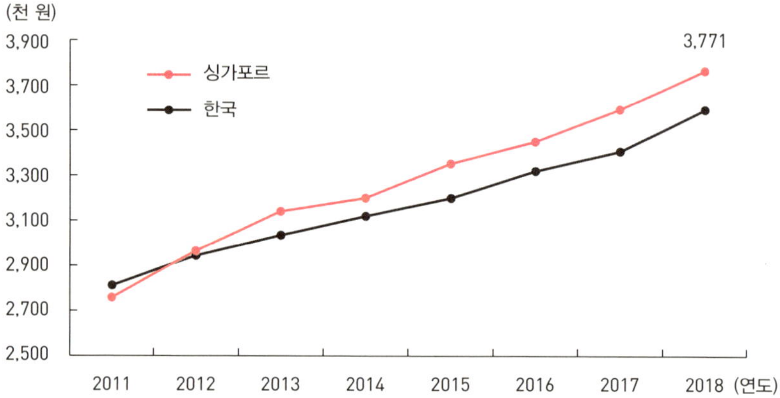

출처: data.gov.sg; 통계청. 「e-나라지표」(고용노동부 사업체노동력조사).

평균 임금은 337만 8,000원이지만 싱가포르의 월평균 임금은 320만 5,000원으로 약 10만 원 정도 낮은 것으로 나타나고 있다. 싱가포르의 경우 월평균 임금이 산술평균이 아니라 중윗값 임금을 계산하고 있으므로 고임금 소득자가 많을 경우 우리나라의 산술평균 임금보다는 과소평가될 가능성이 있다. 그럼에도 불구하고 싱가포르 통계는 고용주가 지급해야 하는 중앙적립기금CPF 부담분을 임금에 포함하고 있다. 이 금액을 제외한다면 싱가포르 근로자의 월평균 임금은 2014년 현재 278만 4,000원으로 감소하게 된다. 임금증가율 면에서 살펴보더라도 싱가포르의 임금은 2001년 대비 1.58배 증가하는 데 그쳤지만, 우리나라의 임금은 1.93배가 증가했다. 경제 수준에 비해 임금수준이 낮은 싱가포르 국민의 입장에서, 경제성장이 도대체 누구를 위한 것인지를 반문하는 것은 자연스러운 일이다. 반면 싱가포르 정부의 입장에서는 노동생산성이 높지 않은 상황에서 해외 기업이 부가가치 생산의 상당 부분을 차지하는 싱가포르 경제구조상, 임금을 무조건 높이기 어려운 딜레마에 직면하고 있다고 할 수 있다.

노사분규 없이 국가의 경제발전만을 위해 희생해온 싱가포르 국민은 오랜 시간을 근무하면서도 낮은 임금을 받고 있다. 위에서 제시한 임금격차에 싱가포르의 높은 물가를 고려하면 싱가포르 노동자들의 구매력은 우리나라 노동자들의 구매력과 훨씬 큰 차이를 보일 수밖에 없다.

경제성장의 몫 가운데 대다수 국민에게 돌아가는 몫의 크기에 대한 심각성은 GDP의 내용을 자세하게 살펴보면 더욱 잘 나타난다. 2000년 GDP에서 임금이 차지하는 비중이 싱가포르의 경우 42% 정도에 불과한 것으로 나타나, 60%대인 우리나라에 비해 매우 낮은 것으로 나타나고 있다(Chia, 2010). 즉 경제성장의 몫이 가계로 돌아가기보다는 그 대부분이 기업이나 해외 부문으로 돌아가고 있다.

싱가포르의 높은 소득 불평등을 생각하면 저임금의 문제는 다수의 저임금 노동자에게 매우 심각한 문제이다. 이들은 당연히 평균임금보다 낮은 임금을 받을 수밖에 없을 뿐만 아니라 최저임금제도가 존재하지 않는 싱가포르에서 이들 저임금 노동자가 법적으로 보호받을 수 있는 장치가 없다. 2000년대 미국에서 일어난 최저임금 논쟁에 대한 보수주의자들의 주장처럼, 싱가포르 정부는 최저임금이 고용주로 하여금 고용을 회피하도록 만들어 오히려 노동자에게 해가 될 것이라는 주장을 반복하고 있다. 하지만 미국의 오바마Barack Obama 정부의 경우만 보아도 최저임금을 높여도 경제성장 속도가 줄어들거나 고용이 감소하지는 않았다. 오히려 싱가포르는 더욱 낮은 임금으로 근로자를 고용하기 위해 값싼 외국인 노동자들의 유입을 적극 추진하였다. 그 결과 2000년대 많은 외국인 노동자가 유입되어 싱가포르의 저임금 노동자들은 더욱 큰 타격을 받았고, 국민들은 싱가포르의 경제발전이 과연 누구를 위한 것인가를 점차 심각하게 고민하기 시작하였다. 많은 근로시간과 낮은 임금, 그리고 다수의 저임금 노동자들이 양산되고 있는 현실은 결코 지속 가능하지 않다. 이러한 상황에서 노동자들의 단체 행동에 대한 정치적 제한, 정부의 영향 아래 있는 관변 노조 이외의 노조 설립 제한, 국가조합주의 방식의 노동 통제를 통한 형식적인 노사관계 안정 추구가 과연 바람직한지를 싱가포르는 심각하게 고민할 필요가 있을 것이다.

3. 생산성의 위기와 높은 이직률의 문제

싱가포르의 저임금 구조는 그것을 단순히 자본주의의 착취 구조로 인한 결과쯤으로 단순화하기에는 매우 복잡한 현상이다. 1980년대 이전까지 싱가포르가 가진 경쟁력의 중요한 부분 중 하나는 저임금이었다. 싱가포르는 1972년 국가임금위원회National Wages Council를 설립한 이후 국가가 임금상승률을 직간접적으로 통제하는 정책을 취해왔다. 그러나 산업구조를 단순 제조업에서 첨단 산업으로 발전시키려는 싱가포르 정부의 노력의 일환으로 1979년 생산성 증가율보다 높은 임금상승률을 용인하였지만(1980~1985년 실질 임금상승률: 8.8%, 생산성증가율: 4.4%) 1985년 경기침체 이후 1986년부터는 생산성증가율에 임금상승률을 연동시

| 그림 12-4 | 싱가포르의 노동생산성 변화(건설업 제외)

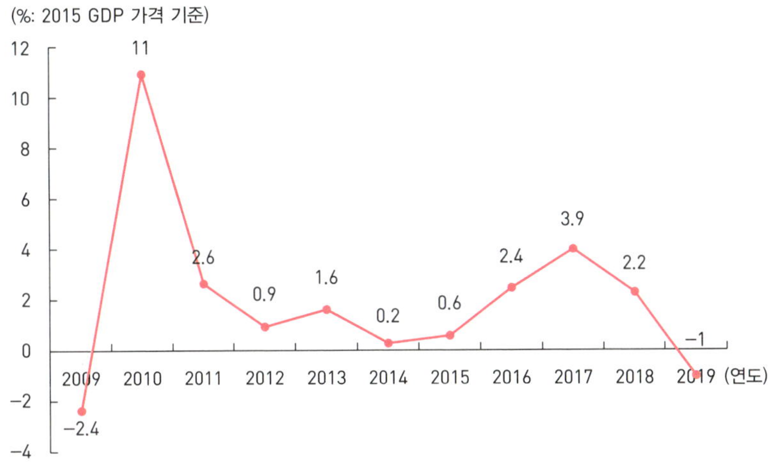

출처: 싱가포르 통계청

키는 정책을 취해왔다.[4] 앞에서 살펴본 것처럼 싱가포르의 임금 상승이 두드러지지 않았던 것도 이렇듯 싱가포르의 노동생산성이 높지 않았기 때문이다. 싱가포르 정부가 발표하는 노동생산성은 근로자당 부가가치의 크기로 계산되는데 이 노동생산성의 변화를 보면 전년 대비 생산성 향상이 크지 않다는 것을 알 수 있다. 특히 [그림 12-4]에서 볼 수 있듯이 2012년 이후 1%대에도 못 미치는 노동생산성 변화는 싱가포르 경제에 심각한 구조적 문제가 존재하고 있음을 말해준다. 금융산업이나 서

4 Lee, S. H. (1998). Productivity-Wage Linkage and Competitiveness: The Role of the State. In C.Y. Lim & R. Chew (eds.), *Wages and Wage Policies in Singapore: Tripartism in Singapore* (pp.112-126).

| 그림 12-5 | 우리나라의 노동생산성지수 변화(2015년 노동생산성지수=100)

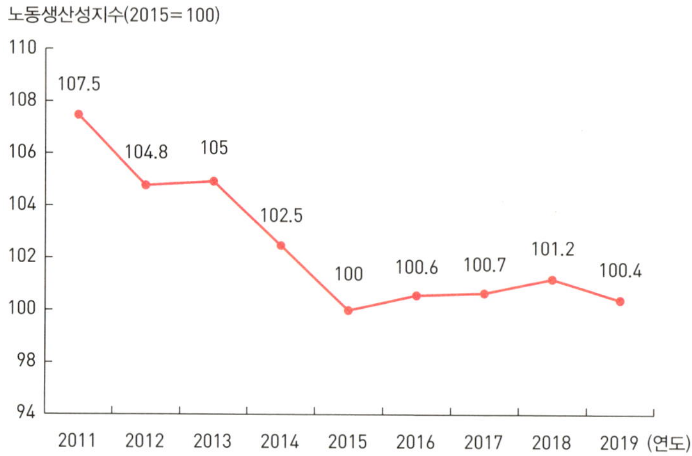

출처: 통계청. 「e-나라지표」.

비스산업 같은 고부가가치산업이 싱가포르의 경제성장을 주도하고 있는 것으로 오해하고 있는 사람들이 싱가포르의 낮은 노동생산성을 이해하기란 무척 어려운 것이 현실이다.

노동생산성의 정체 문제는 우리나라에서도 점점 심각한 문제가 되고 있다. 2015년 노동생산성지수를 100으로 했을 때, 우리나라 노동생산성은 2011년부터 계속 감소 상태에 있는 것으로 나타나고 있다.[5]

주의해야 하는 것은 노동생산성이 낮다고 해서 노동자들이 게으르거

5 노동생산성을 측정하는 방식은 여러 가지가 있다. OECD 기준은 시간당 노동생산성을 측정하는 것인데 일반적으로 실질 GDP를 총노동시간으로 나눈 값으로 계산된다. 해당 자료를 분석해보면 우리나라는 지속적으로 노동생산성이 향상되어 왔으며, 2000년 16달러(USD)에서 2012년 26.2달러(USD)로 1.64배 증가한 것으로 나타나고 있다.

| 그림 12-6 | 국가별 시간당 노동생산성

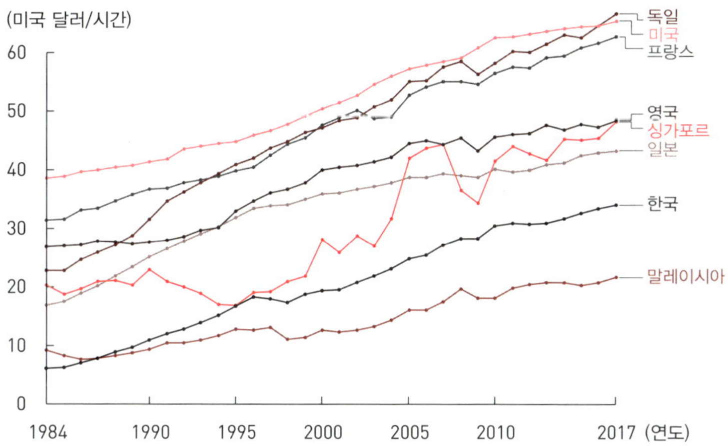

출처: Our World in Data, https://ourworldindata.org/grapher/labor-productivity-per-hour-pennworldtable?time=1984..2017&country=MYS~KOR~JPN~GBR~FRA~DEU~SGP~USA

나 노동자의 기술이 낮다고 해석해서는 안 된다는 점이다. 노동생산성의 분자 부분에 해당하는 부가가치액은 단순히 노동뿐만 아니라 자본, 기술 등에 영향을 받기 때문이다. 다만, 낮은 노동생산성은 해당 국가의 산업이 고부가가치산업으로 전환되지 않은 채 노동력에 의존한 산업에 머물러 있음을 시사한다. 이런 상황에서 노동자의 임금을 높이는 것은 쉽지 않을 뿐 아니라 국가경쟁력도 침체할 수밖에 없는 것이다.

싱가포르의 물가수준과 장시간의 노동시간을 고려하기 위해 구매력 기준으로 싱가포르의 노동생산성(GDP/노동시간)을 측정하면 2017년 미국 달러 기준으로 48.25달러로 우리나라의 34.06달러보다 높다. 그러나 이

수준은 싱가포르의 1인당 GDP 수준이 세계 최고 수준이라는 점을 고려하면 높은 생산성이라고 보기 어렵다.

싱가포르에 근무하는 다국적기업의 임원들이나 우리나라 주재원들은 일반적으로 싱가포르 사람들이 성실하면서 '주어진' 일은 열심히 하는 반면, 새로운 문제가 닥치는 경우 이를 해결하는 창의력이 낮고 조직에 대한 몰입도 또한 낮다고 이야기한다. 특히 서비스업이 싱가포르의 핵심적인 산업이지만 택시, 호텔, 도소매업에 종사하는 사람들의 서비스 수준은 낮다고 주장한다(Ngiam & Tay, 2006).[6] 물론 이 비판에 대한 반론도 제기할 수 있다. 그것은 싱가포르의 산업구조가 너무나 빠르게 서비스업으로 전환되어 왔기 때문이거나, 또는 다국적기업이 많은 싱가포르의 특성상 싱가포르 현지인이 적극적으로 회사의 핵심적인 의사결정에 참여할 기회가 제한되어 있기 때문에 발생하는 것일 수도 있다.

싱가포르에 비판적인 King(2008)은 싱가포르 상점의 점원이 불친절하다든지, 택시 운전사들이 길을 잘 모른다든지, 혹은 버스 운전사들이 급출발과 급정거를 한다든지 하는 문제를 지적하지만, 저자의 관점에서는 이 문제가 싱가포르만의 문제라고 보기는 어렵다. 저자의 경험에 비추어보면 싱가포르는 2000년대 중반부터 서비스업 종사자들의 수준도 상당히 개선되어 가고 있다고 판단된다. 다만, 중요한 것은 노동자

6 저자는 이 문제를 싱가포르에 3년 이상 살았던 사람들에게 질문했을 때 비슷한 견해를 얻을 수 있었다. 앞으로 싱가포르 인적자원의 생산성에 관한 체계적인 연구가 필요하다고 생각된다. 한편 싱가포르 인적자원의 낮은 생산성에 대한 문제는 다음을 참고. Ngiam, T. D., & Tay, S. (2006). *A Mandarin and the Making of Public Policy: Reflections of Ngiam Tong Dow*. Singapore: NUS Press; King, R. (2008). *The Singapore Miracle, Myth and Reality*. Inglewood, W. A.: Insight Press.

들의 임금이 낮아서 높은 수준의 서비스를 제공하기 쉽지 않다는 점이다. 또한, 서비스 관련 산업에서 저임금 외국인 노동자들이 2000년대에 급속히 유입됐으며, 이들은 서비스업의 임금을 낮추는 요인이 되어 왔다. 낮은 서비스업의 임금은 높은 이직률을 초래하고, 능력 있는 싱가포르 노동자의 유입을 저해하는 요인이 되었다.

싱가포르의 생산성이 낮은 이유 가운데 또 하나는 높은 이직률이다. 싱가포르의 높은 이직률을 직접 추정하기는 쉽지 않은데, 그것은 사업체의 평균 고용 인원수를 평균 월별 퇴사자 수를 이용해 분기별로 구한 후 다시 이 이직률을 평균하기 때문에 평균에 평균을 거듭하는 통계치를 해석하는 것이 쉽지 않기 때문이다. 우리나라의 이직률에 대한 통계도 중소기업을 대상으로 한 통계들이 주로 제공돼 양국을 서로 비교하기 힘들다. 하지만 싱가포르의 경우 공무원이 되거나 민간기업에 취직한 대학 졸업생들과 인터뷰를 해보면 대부분 더 좋은 조건이 제공된다면 인제든지 직장을 떠날 생각을 하고 있었다. 공무원들조차도 30대 초반에 이직을 하는 경우가 많다. 또한 서비스업종에 근무하는 사람들의 높은 이직률로 인해 생산성이 떨어지는 문제도 존재한다.

싱가포르 사람들의 창의력이나 이직률보다 더 본질적인 문제는 사회의 경직화이다. 대학을 졸업하는 사람들은 40%가 되지 않고, 잠재적인 능력이 있는 사람들도 고등학교 때까지의 성적의 벽을 넘기가 쉽지 않아 좌절한다. 또 창의력이 있는 학생들은 싱가포르 사회의 분위기를 견디지 못해 떠나기도 한다. 생산성을 높이기 위해서는 끊임없이 창의적이고 도전적인 인재들을 만들어내야 하지만 싱가포르의 권위주의적인 사회문화는 새로운 도전보다는 기존의 질서 내에서 안정을 추구하는 젊은 세대를 만들어내고 있다. 그 결과가 2015년 총선거에서 무려 70%나 되는 싱가포르 국민이 여당을 지지하는 보수적 정치 성향으로 표출되었다. 물론 2020년 총선에서 다시 야당의 지지율이 38% 수준까지 올라갔지만, 여전히 야당의 의석은 93석 중 10석에 불과한 상황이다. 특정 정당이 안정적으로 권력을 유지하고 있는 것은 매우 큰 장점이 있지만, 새로운 정치세력의 등장을 어렵게 해서 정책의 변화와 혁신적 아이디어를 만들어내는 것이 쉽지 않게 된다.

생산성은 떨어지면서 이직률은 높은 사회문제를 극복하기 위해, 그리고 창의력 있는 인재를 확보하기 위해 싱가포르는 고급 외국 인력 유치에 적극적이다. 그 결과 싱가포르의 대학과 고급 일자리는 외국인들로 채워지게 되었고, 싱가포르 국민의 좌절감은 더욱 커지고 있다. 경제적으로 개방된 싱가포르조차도 권위적인 국가체제하에서 창의적인 인력 양성을 어려워하고 있다는 점은 우리나라에도 많은 시사점을 준다. 한편 일방적인 평준화를 추구하면 다양한 인력이 양성될 것이라고 생각할 수도 있지만, 국제적 경쟁력을 갖춘 인재 양성을 단순히 평준화를 통해 달성할 수 있는 것은 아니다. 싱가포르가 끊임없이 새로운 교육프로그램을 개발하면서 수준별 교육을 도입하는 것도 이러한 이유 때문이다.

4. 소득 불평등과 복지의 위기

2009년 유엔개발계획United Nations Development Programme, UNDP 보고서에 따르면 싱가포르의 소득 불평등 수준은 홍콩 다음으로 세계 2위에 해당한다. 상위 소득자 10%가 전체 소득의 32.8%를, 하위 소득자 10%가 전체 소득의 1.9%를 차지하는 매우 극심한 소득 불평등 상태에 직면하고 있다. 혹자는 이러한 소득 불평등을 두고 경제발전을 위해서는 어쩔 수 없는 것이라고 주장하지만[7] 싱가포르의 실제 소득 불평등은 매우 심각한 수준이다.

싱가포르의 소득 불평등은 급속한 경제성장 과정에서 발생한 일시적인 현상이 아니다. 싱가포르의 지니계수Gini coefficient는 이미 1970년대 초반부터 0.4 이상이었고, 1980년대 중반부터는 지속적으로 0.45 이상을 유지해왔으며,[8] 2000년대에 들어서는 2007년까지 꾸준히 증가해왔다.[9] [그림 12-7]은 2010년대 경상소득과 가처분소득 기준 지니계수이다.[10] 싱가포르의 가구소득 기준 지니계수의 추세를 보여주는 자료로, 정부의 이전소득을 고려하지 않으면 2018년 현재 0.412에 달하고 있으

7 리콴유는 "지니계수 같은 것을 걱정하지 말라. 만일 당신에게 직업이 없다면 직업이 있는 사람과 비교해 당신은 아무것도 갖지 못하기 때문이다."라고 주장하면서 소득 불평등보다 중요한 것은 직업의 창출이며 소득 불평등은 경제발전을 위해서는 피할 수 없는 문제라고 보고 있다. Jeremy, A. Y. (2009). MM Lee: Social divide inevitable. *The Straits Times*, October 20. 참고. 하지만 이 주장은 경제발전을 통해 세계 최고 수준의 1인당 GDP를 이룬 상황에서도 여전히 소득 불평등이 존재하고 있는 싱가포르의 현실에서는 설득력이 부족하다.

8 Mukhopadhaya, P. (2004). Wage Policy and its Effect on the Social Sector in Singapore. *Problems and Perspectives in Management*, 3, 107.

9 Singapore Department of Statistics. (2010). *Key Household Income Trends, 2010*. Singapore: Singapore Department of Statistics.

10 지니계수를 구할 때 균등화 가구소득을 구하기 위해 제곱근을 취하는 방식을 사용하는 것이 일반적이기 때문에 이를 적용한 지니계수를 사용하였다. 주의해야 하는 것은 싱가포르 인구의 상당 부분을 차지하는 외국인 가구의 경우에는 지니계수 계산에 반영되지 않았고 시민권이나 영주권을 소유한 가구주와 소득 활동을 하는 사람이 한 명이라도 있는 가구만을 포함하고 있다. 이 점을 고려한다면 지니계수는 제시된 값보다 더 클 가능성이 높다.

| 그림 12-7 | 싱가포르 가구소득 기준 지니계수

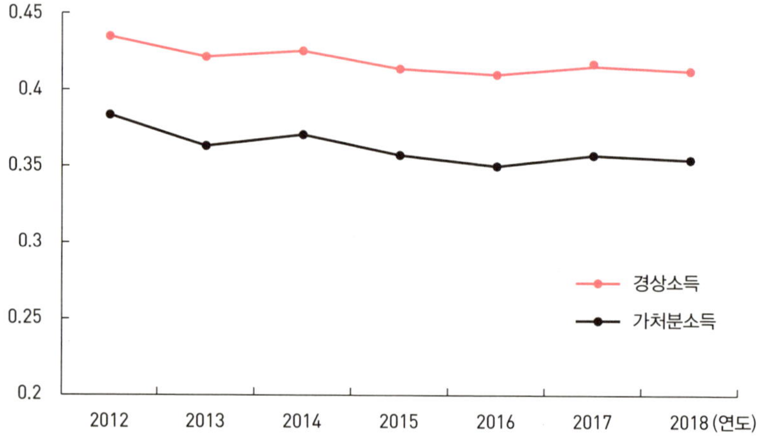

출처: 싱가포르 통계청, https://www.singstat.gov.sg/-/media/files/publications/reference/yearbook_2019/yos2019.pdf

며, 정부의 이전소득을 통해 소득 불평등을 완화하더라도 0.354에 달하고 있다.

싱가포르와 우리나라의 가구소득 불평등을 비교해보기 위해 우리나라 가계의 가처분소득 지니계수를 살펴보았다. 한국의 경우 지니계수 통계는 2017년부터 단절되기 시작한다. 이것은 기존에 가계동향조사를 바탕으로 했던 지니계수 대신 가계금융복지조사를 기반으로 한 새로운 지니계수를 공식지표로 사용하였기 때문이다. 기존의 가계동향조사는 소비와 지출을 동시에 보았지만, 2017년부터는 소비 지출을 중점적으로 측정하게 되었기 때문이다. 반면 가계금융복지조사의 경우 표본의 크기도 크고, 국세청 세무행정 자료도 보정하여 사용할 수 있다는 점에

| 그림 12-8 | 우리나라의 가구 가처분소득 지니계수의 변화

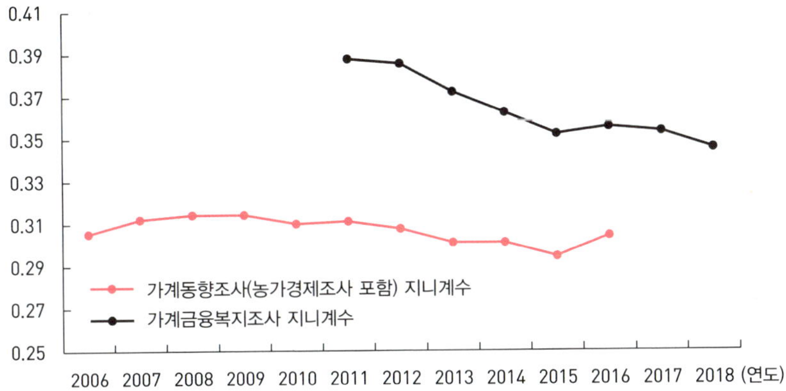

출처: http://www.index.go.kr/potal/stts/idxMain/selectPoSttsIdxSearch.do?idx_cd=1407

서 긍정적인 측면이 있다. 하지만 저자의 판단으로는 싱가포르와의 비교를 위해서는 가계동향조사에 바탕을 둔 지니계수를 활용하는 것이 적절할 것으로 판단된다. 그 이유는 싱가포르의 지니계수가 종합 노동력 서베이comprehensive labor force survey에서 조사된 가구 표본에 기반을 두고 있기 때문이다. [그림 12-8]에서 살펴볼 수 있듯이 1인 및 농가 가구를 포함한 가처분 지니계수만을 살펴보더라도 우리나라의 지니계수는 2016년 현재 0.304로 싱가포르보다 0.05 낮다. 싱가포르는 도시지역이기 때문에 만일 2인 및 비농가 가구를 이용해서 비교해보면 우리나라의 지니계수는 0.278로 훨씬 낮다.[11]

11 싱가포르는 공공주택의 정책상 대부분의 가구가 2인 이상 살고 있으므로, 우리나라의 2인 이상 비농가 가구와 비교하는 것이 타당할 수 있다.

싱가포르에서는 소득 불평등이 지출연쇄효과expenditure cascade를 초래하는 현상을 보인다. 2010년 싱가포르의 4인 가족이 거주하는 방 3개짜리 콘도미니엄의 경우 월세가 보통 4,000싱가포르 달러에서 5,000싱가포르 달러에 달한다. 고급 콘도미니엄의 경우에는 7,000싱가포르 달러 이상을 호가하는 경우도 많다. 싱가포르 대졸자의 초임 월급이 3,000싱가포르 달러 남짓인 것을 감안하면 싱가포르 가구의 16.2%(2019년 현재)를 차지하는 개인주택 거주자들의 소득수준을 짐작할 수 있다. 물론 이 개인주택 거주자가 주택을 모두 월세로 임대하는 것은 아니지만, 자산효과wealth effect를 고려하더라도 이들의 높은 소득과 자산 규모는 궁극적으로는 높은 수준의 구매력으로 나타나게 된다. 고소득층의 빠른 임금 증가와 고임금 외국인 노동자의 높은 구매력은 고가의 명품 소비를 촉진하고 이것은 다시 중산층의 소비 패턴에 영향을 주게 되어 소비수준을 높이게 된다. 이러한 현상을 '지출연쇄효과expenditure cascade'라고 한다. 실제 싱가포르에서는 소득 불평등이 초래하는 지출연쇄효과의 발생 가능성이 매우 크다.[12] 이 현상은 싱가포르의 물가상승률에 영향을 주어 저소득층에게 더 큰 고통을 초래하게 된다.

우리나라는 소득 불평등 문제를 매우 심각하게 생각하고 있지만 싱가포르와 비교해보면 우리나라의 소득 불평등 문제가 빠른 경제성장에도 불구하고 상대적으로 덜 심각하다는 것을 알 수 있다. 이것이 가능했던 것은 근로소득이 증가한 사실과 더불어 소득 불평등 문제가 악화

12 Frank, R. H., & Levine, A. S. (2007). In Expenditure Cascades. Prepared for American Economic Association Annual Meeting, http://www.aeaweb.org/annual_mtg_papers /2007/0107_1300_0202.pdf (검색: 2010년 10월 4일)

되지 않도록 만드는 정부의 소득재분배 정책이 긍정적인 역할을 했기 때문이다.[13] 능력주의라는 가치를 기반으로 성공과 실패를 모두 개인의 책임으로 돌리고, 복지지출을 부정적으로 생각해온 싱가포르의 가치를 우리나라 국민이 받아들일 수 있을지 저자는 의문이다.

싱가포르에서 소득 불평등에 대한 불만은 공공주택 보급으로 인해 잠정적으로 상쇄됐다. 2000년대 들어 시작된 지속적인 집값 상승이 국민들에게 자산가치 증가라는 착시효과를 갖도록 만든 것이다. 하지만 투자 목적으로 주택을 소유하지 않은 가구의 경우에는 주거용 주택을 팔 수도 없는 상황이었기 때문에 실제 가구소득 증가로 이어지지는 못하였을 뿐 아니라 높아진 집값으로 인한 자녀 세대의 주택 구입 부담은 다시 부모 세대에 전가되는 상황을 초래하게 되었다. 물론 일부는 자신의 주택을 고임금 외국인 노동자에게 임대하여 높은 수익을 올리고 있지만, 이는 일부에 국한된 경우로 오히려 자산 불평등을 심화시키는 결과도 초래하고 있다.

싱가포르는 국가의 강력한 역할을 강조하면서도 소득 불평등 문제에 적극적으로 대처하지 않고 있을 뿐 아니라 소극적인 복지 정책을 추구하고 있다는 점에서 모순된 모습을 보이고 있다. 싱가포르 의료 시스템을 살펴보자. 싱가포르는 공공의료 시스템을 도입해왔다. 의료 서비스의 양적 확대에 초점을 맞추던 싱가포르의 공공의료 시스템에 질적 변

13 우리나라의 소득재분배 정책에 따른 소득 불평등의 완화는 유럽 국가에 비해서는 여전히 미약한 것이 사실이다. 하지만 김대중 정부 이후 꾸준히 추진해온 복지지출의 확대가 소득 불평등을 완화하는 데 기여하고 있다는 점은 부인할 수 없다. 다만, 최근 일부에서 주장하듯이 이명박/박근혜 정부와 같은 보수 정부에서 소득 불평등 완화 노력이 없었던 것은 아니고, 지속적으로 소득 불평등 개선 노력은 진행되어 왔던 것이다.

화가 일어나기 시작한 것은 1980년대 중반이다. 1983년 「국가의료계획National Health Plan in 1983」은 싱가포르 공공의료 정책의 4가지 기본 원칙을 천명한다. 소비자의 자유로운 선택, 소비자와의 의료비용 분담, 시장 경쟁, 그리고 의료비 부담 능력이 없는 환자에 대한 정부의 기본적 의료 서비스 제공 등이 바로 그 원칙이다. 이 정책의 기본 기조만을 살펴보면 많은 자율권을 병원에 부여하고, 시장 친화적인 접근을 시도하는 듯이 보인다. 하지만 싱가포르 정부는 1987년 싱가포르 병원기업Health Corporation of Singapore, HCS[14]을 만들어 모든 공공병원을 100% 소유하도록 만든다. 이 개혁에 대해 싱가포르에서는 '재구조화restructuring'라는 표현을 쓰면서 정부가 공공병원 관리에 직접 개입하지 않는다는 점을 강조한다. 즉 공공병원에 대한 소유권과 경영권을 정부에서 분리하여 HCS 지주회사에게 소유권을 이전하고, HCS 산하의 병원들에게는 경영상의 자율권을 주었다. 하지만 이러한 자율권에도 불구하고 의료 서비스에 대한 개인의 부담은 매우 크다. 〈표 12-1〉은 싱가포르 병원의 맹장 수술비 자료이다. 병실의 종류(A급부터 C급까지)에 따라 치료비가 매우 차이 날 뿐만 아니라 공공병원과 민간병원의 치료비 차이 역시 매우 큰 실정이다. 민간병원은 중위 치료비가 무려 9,275싱가포르 달러에 달하여 공공병원보다 월등히 높음을 알 수 있다. 저소득층의 경우 다수의 환자가 C급 병동이나 B2급 병동에 입원할 수밖에 없을 정도로 의료비는 저소득층에 큰 부담이 되고 있다.

14 Lim, M. K. (1998). Health Care System in Transition II. Singapore, Part I. An Overview of Health Care System in Singapore. *Journal of Public Health Medicine,* 20(1), 16-22. 이 HCS는 현재 MOH holdings라는 지주회사로 바뀌었다.

| 표 12-1 | 싱가포르 병원의 맹장 수술 치료비(2010년)

	병원	수술 건수(건)	평균 입원일(일)	중위수 병원비 (싱가포르 달러)	상위 10% 병원비 (싱가포르 달러)
A급	CGH	38	2.6	3,820	5,050
	SGH	56	3.2	5,068	6,612
	TTSH	43	2.2	4,047	5,287
B1급	CGH	67	2.7	3,000	4,630
	SGH	70	2.9	3,920	5,753
	TTSH	51	2.2	3,376	4,182
B2급	CGH	87	2.7	1,117	1,592
	KKH	51	3.7	1,979	2,570
	NUH	95	2.7	1,654	2,051
	SGH	155	3.3	1,528	2,349
	TTSH	122	2.2	1,378	1,712
C급	CGH	150	2.4	720	1,015
	KKH	46	3.5	1,273	1,946
	NUH	177	2.4	1,095	1,450
	SGH	112	3.6	1,014	2,151
	TTSH	182	2.4	870	1,290
민간병원	MAH	39	2.7	9,275	11,979

출처: http://www.moh.gov.sg/mohcorp/billsizeDetails.aspx?cId=2

노령화 사회 문제와 복지 문제도 심각해지고 있다. 싱가포르는 빠른 속도로 노령화 사회에 접어들고 있는 국가이다. 1995년 『세계보건보고서World Health Report』는 싱가포르와 일본을 노령화 사회에 빠르게 진입하고 있는 국가로 분류하고 있다.[15] 15세 이상 노동가능인구 100명당

15 Phua, K. H. (2000). Health Care Financing for Ageing in Asia. *The Alumnus*, Apr, 2000, 14-16.

| 그림 12-9 | 65세 이상 고령자 비율

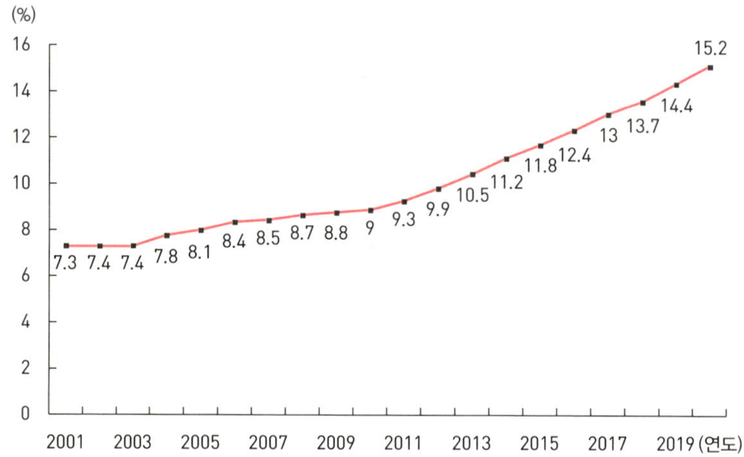

출처: 싱가포르 통계청, https://www.tablebuilder.singstat.gov.sg/publicfacing/createDataTable.action?refId=14914 (검색: 2020년 9월 29일)

부양해야 하는 노인(65세 이상)의 수는 1995년에는 10.6명에서 2005년에는 14.4명으로 늘어나고 있다.[16] 65세 이상 노인이 전체 인구에서 차지하는 비중도 2000년 7.2%에서 2014년 11.2%로 증가한 후 2020년에는 15.2%로 증가했다. 한국의 경우 2020년 현재 15.7%로 싱가포르보다 높은 수준이다.

'개인의 노후는 개인이 책임져야 한다'라는 싱가포르 복지 정책의 원칙은 '사회복지 서비스를 요구할 수 있는 것이 국민의 권리'라는 복지국가의 이념과는 차이를 보인다. 노인복지의 경우 일차적 책임은 국가

16 Ministry of Community Development. (2009). *Youth and Sports, Report on the State of the Elderly 2009*, pp.14-15.

가 아니라 개인과 가족에 있음을 강조한다. 1995년 제정된 싱가포르의 「부모부양법 The Maintenance of Parents Bill」이 그 대표적인 사례인데, 이 법에서는 60세 이상의 부모가 스스로 생계를 유지할 수 없음에도 자식이 부모를 적절히 부양하지 않는 경우 이에 대해 소송할 수 있는 권리를 부여하고 있다. 이 권리에 따르면 기본적인 의식주와 매달 일정한 금전적 지원을 자식에게 요구할 수 있다. 그러나 이 요구 금액은 최소한의 생활만을 유지할 수 있는 수준이다. 1995년 65~74세 노인의 경우 79% 이상의 금전 소득을 자녀들에게 의존하고 있었지만, 이 비율은 2005년에는 약 55.8%로 감소하였으며 개인저축에 의존하는 비중이 15%로 커졌다. 또한, 싱가포르의 핵심 사회보장 프로그램인 중앙적립기금Central Provident Fund, CPF에 대한 의존도는 3.7%밖에 되지 않을 뿐 아니라, 2013년의 경우 자녀 의존도가 76.4%로 증가하고 있다. 즉 복지에 대한 책임은 정부가 아닌 개인과 가족이 지고 있으며 공적연금의 역할은 매우 미비하다고 할 수 있는 것이다. 노령화 사회가 진행되고 있음에도 불구하고 국가의 적극적인 복지 책임을 부인하고 있는 현실은 싱가포르 정부가 직면하고 있는 큰 도전이라고 할 수 있다.

5. 온정적 간섭주의와 시민사회의 자율성 충돌

선진국은 공통적으로 성숙한 시민의식을 바탕으로 한 안정적 정치질서를 구축하고 있다. 하지만 싱가포르는 온정적 간섭주의paternalism와 점진적 사회공학social engineering이라는 정치철학에 기반을 두고 있기 때문에 성숙한 시민사회 형성이 어렵다. 온정적 간섭주의는, 가족을 국가의 모델로 보며 철인philosopher king에 의한 국가 통치를 이상적인 정치로 간주했던 플라톤식 정치철학과 밀접하게 관련되어 있다. 이는 가족과 국가가 단일한 지도자에 의해 통치되는 전제 체제monarchy라는 점에서 유사하다는 아리스토텔레스의 생각과도 비슷하다.[17] 리콴유는 "만일 싱가포르가 보모국가nanny state라면 나는 돌볼 것이 있다는 것을 자랑스럽게 생각할 것이다."라고 이야기할 정도로 지도자가 단순히 조정자의 역할만을 하기보다는 시민을 보살피고 지도하는 역할을 적극적으로 수행해야 함을 부인하지 않고 있다.

그러나 구체적인 내용을 살펴보면 싱가포르의 온정적 간섭주의는 플라톤식 철인정치와는 그 내용이 매우 다르다. 먼저, 플라톤의 철인정치에 따르면 비전을 가진 지도자가 사회의 모든 것을 완전히 바꾸는canvas cleaning 것을 정당화한다. 이런 철학을 오용하게 되면 스탈린 치하 소련의 계획경제나 마오쩌둥 치하 문화대혁명 시기의 중국의 전체주의totalitarian regime 등을 정당화하게 된다. 칼 포퍼Karl Popper는 그의 저서 『열린사회와 그 적들The Open Society and Its Enemies』에서 이를 '유토피아적 사회공학Utopian social engineering'이라고 부르기도 하였다.

반면 싱가포르의 온정적 간섭주의가 사회주의나 자본주의와 같은 추상적 이념에 기반한 것은 아니다. 예를 들면 리콴유의 경우 비록 초기에는 사회민주주의의 경향을 띠기는 하였지만, 그의 정치이념은 사회주의, 민족주의, 혹은 서구식 자유민주주의와 같은 기존의 구분으로는 설명하기 어렵다. 어쩌면 그에게는 정치이념이라는 것 자체가 없는 것

17 http://en.wikipedia.org/wiki/Paternalism (검색: 2010년 11월 13일)

일지도 모른다. 그의 정치 비전은 도구적 비전, 즉 경제발전, 정치 안정, 그리고 국가안보와 같은 것이었지 이념을 위한 것은 아니었다. 싱가포르는 지도자 한 사람이 자신의 개인적 이념으로 세상을 바꾸는 것보다는 엘리트들이 힘을 합쳐 현실적인 문제를 풀어가는 것을 지지한다.

싱가포르의 온정적 간섭주의는 엘리트를 강조한다는 점에서 계몽주의enlightenment의 철학적 기반과도 어느 정도 관련이 있다고 볼 수 있다. 계몽주의에 따르면 인간은 미성숙 상태에서 이성의 힘을 바탕으로 자연과 사회의 보편적 질서를 발견해나가고 발전시켜야 한다고 주장한다. 포용적인 입장inclusive approach의 계몽주의는 민중the public이 스스로 계몽해나갈 수 있는 능력이 있다는 점을 인정하고, 그 이성의 원천이 전제군주나 신학에 있는 것이 아니라고 본다. 오히려 이성이 독단적인 교시에서 벗어나도록 함으로써 교회와 국가의 권위를 해체하고자 하는 태도를 보인다. 프랑스혁명의 사례에서처럼 이성을 가진 시민들은 사회개혁에 참여하고 부낭한 권력에 저항할 수 있는 권리를 가진 주체로 인정된다. 이런 입장의 계몽주의는 민중을 포용적으로 이해한다. 이에 반해 민중을 배타적으로exclusive 이해하는 계몽주의도 존재한다. 즉, 민중을 이성의 힘을 가진 사람과 계몽의 대상이 되어야 하는 사람으로 구분하는 것이다. 이 경우 뛰어난 지적 능력을 가진 엘리트들이 그렇지 못한 민중을 계몽하는 것은 정당하며, 또 바람직한 것이 되는 것이다. 싱가포르에서는 엘리트의 역할을 강조한다는 점에서 배타성이 강한 계몽주의의 성격을 갖고 있다. 그러나 이때 엘리트들은 특정한 추상적 이념에 봉사하기보다는 실용적인 문제 해결에 봉사한다는 점에서 차이가 있다.

엘리트에 의한 온정적 간섭주의는 여러 문제를 가지고 있다. 토머스 에이버리Thomas Avery는 점진적 사회공학은 직면한 어떤 문제를 해결할 수도 있지만, 이 해결이 의도하지 않은 결과unintended consequence를 초래하는 경우가 많다는 문제를 지적하고 있다.[18] 이 의도하지 않은 결과는 정책문제의 증상symptom만을 해결하고 본질적 원인root causes을 해결하지 못하는 경우에 더욱 심각해진다. 이 경우 지도자들은 증상을 치유한 데 따른 성공의 경험에 지나치게 익숙한 나머지 본질적 원인을 치유하려는 노력을 소홀히 하게 된다. 결국, 장기적으로는 본질적 모순이 점차 축적되게 되어 위기를 맞이하는 상태에까지 이르게 되는 것이다.

인류는 히틀러, 스탈린, 마오쩌둥을 비롯한 여러 독재자가 국가권력의 정당성을 바탕으로 만들어낸 집단 광기가 어떻게 인간성을 파멸시키는지 경험해왔다.[19] 이런 집단 광기를 만들어낸 지도자들은 개인보다는 민중과 국가를 위한다는 강한 사명의식을 가지고 있었다는 특징을 갖고 있다. 싱가포르의 온정적 간섭주의가 이러한 집단 광기의 역사를 되풀이하지 않기 위해서는 지도자의 관점에서 정당성을 판단할 것이 아니라 싱가포르 정부의 정당성을 시민들이 어떻게 판단하는지가 중요

18 http://www.reasonpapers.com/pdf/26/rp_26_3.pdf

19 제2차 세계대전 동안 소련 2,900만 명, 폴란드 627만 명, 독일 570만 명의 군인과 민간인이 사망하였다(http://www.world-war-2.info/statistics/). 물론 이 외의 연합군과 유럽 국가의 사망자 수를 고려하면 그 피해는 훨씬 크다. 스탈린 치하의 소련에서도 우크라이나 지역에서만 220만 명에서 1,000만 명의 사람들이 기아로 굶어 죽는 사건(Holodomor: Plague of hunger)이 1932~1933년 사이에 발생하기도 하였다. 1958~1962년에 일어난 마오쩌둥의 대약진운동(Great leap forward) 역시 공식 통계로는 1,400만 명, 다른 논문에 따르면 2,000만 명에서 4,300만 명(Peng, X. (1987). Demographic Consequences of the Great Leap Forward in China's Provinces. *Population and Development Review*, 13(4), 639-670.)의 목숨을 앗아갔다.

해진다. 즉 무엇이 옳은지(규범적 기준의 선정), 어떻게 사회가 발전해야 할 것인지(사회 비전의 선정), 구체적인 정책의 내용은 어떻게 되어야 하는지(실질적 문제해결 대안)를 판단하는 데 있어서 시민사회의 적극적인 역할이 필요하다. 하지만 싱가포르는 시민사회가 정책 의사결정에 보편적인 접근 가능성general accessibility을 갖지 못하고, 여전히 국가주의에 종속된 상황에 가깝다.

시민사회 성숙을 위해서는 언론의 자유가 필수이다. 언론의 자유 수준을 측정하는 방법은 다양할 수 있지만 2020년 현재 국경 없는 기자회reporters without borders는 싱가포르의 언론의 자유 순위press freedom ranking를 180개 국가 중 158위[20]라고 발표하고 있고, 프리덤 하우스Freedom House 역시 싱가포르를 언론의 자유가 없는 국가로 분류하고 있다.[21] 싱가포르에서는 집회의 자유도 매우 제한적이어서 정치적 견해를 밝히는 집회는 거의 허용되지 않고 있다. 지난 2014년 싱가포르에서 유일하게 정치적 견해를 밝힐 수 있는 장소인 홍림 공원Hong Lim Park에서 집회를 한 후 근처 건물 주위를 행진하며 구호를 외친 사람들이 공공 방해public nuisance 명목으로 기소를 당했던 사건이나, 노동자의 파업이 거의 허용되지 않고 대부분 불법으로 규정되고 있는 것은 싱가포르 집회의 자유 수준을 보여주는 상징적인 사건과 조항들이다. 물론 싱가포르에도 지역공동체 단체나 비영리단체가 활동하고 있다. 하지만 이들의 활동은 주로 서비스 제공 활동에 초점을 두고 있을 뿐 정치적 활동이나 정책과

20 우리나라는 42위로 발표되었다. https://rsf.org/en/ranking_table
21 우리나라는 '부분적으로 언론의 자유가 있는 국가'로 분류되고 있다. https://freedomhouse. org/report/freedom-press/freedom-press-2016

정에 직접 참여하는 정도는 높지 않다.

정부 정책에 대한 전문가들의 참여도 적극적이지 않다. 우리나라의 경우 대학교수들이 각종 정책 자문에 적극적으로 참여하지만, 싱가포르의 경우는 매우 제한된 소수의 사람만 참여할 뿐 정부와 학계 간의 교류가 크지 않다. 그 결과 전문가에 의한 정부 정책의 감시가 제대로 이루어지지 않고 있는데, 그 대표적인 예가 중앙적립기금CPF의 경우이다. 1955년 영국 식민지 정부는 근로자의 은퇴자금을 저축하는 기능에 초점을 맞춘 중앙적립기금을 도입하였다. 초기의 중앙적립기금은 근로자들이 은퇴 후의 삶을 스스로 준비하도록 함으로써 식민지 정부의 지출을 줄이려는 의도가 강했다. 하지만 중앙적립기금의 이러한 소극적 기능은 싱가포르의 독립 이후 점차 적극적으로 변화하기 시작한다. 그 변화의 시작으로, 먼저 중앙적립기금과 공공주택 보급 정책을 연동시켰다. 1968년 싼값으로 공급된 공공주택 구매에 중앙적립기금 자금을 사용하게 함으로써 주택보급률을 높인 것이다. 또한, 중앙적립기금은 공공주택의 공급자인 주택개발국HDB에 투자자금을 제공하였다. 1981년 국부펀드GIC, Singaporean sovereign wealth fund가 설립되기 전에는 중앙적립기금의 자금이 싱가포르 통화청Monetary Authority of Singapore에 의해 관리되다가, 국부펀드 설립 이후 정부는 국채를 발행하여 중앙적립기금의 자금을 흡수하고 정부는 이 자금을 국부펀드가 투자하도록 하는 구조를 갖추게 된다.

1980년대에 들어와서는 중앙적립기금이 점차 사회복지 정책의 도구로 이용되기 시작하였다. 싱가포르 정부는 1984년에 메디세이브Medisave 계좌를 도입하여 의료보험의 기능을 수행할 수 있도록 하였다. 이것은

1990년에 도입된 메디쉴드Medishield 제도를 중앙적립기금과 연계함으로써 중앙적립기금은 싱가포르 의료제도의 근간이 된다. 또 1989년에는 대학 등록금과 연계할 수 있는 제도Financing of tertiary education in Singapore도 도입하였다. 이 밖에도 각종 정책장려금(예를 들면, 출산 장려를 위한 baby bonus, 노후대책 마련을 위한 CPF Life) 등이 중앙적립기금과 연계되어 사용되고 있으며 연금 기여자가 중앙적립기금 자금을 투자자금으로 사용하도록 하고 있다. 1978년에는 싱가포르 버스회사 주식을 사는 데 중앙적립기금 계좌의 돈을 이용하여 사들일 수 있도록 하였고, 1986년에는 정부가 허용한 투자 대상에 대해서 중앙적립기금 계좌를 이용하여 투자할 수 있는 투자승인제도Approved Investment Scheme 등을 도입하였다.

중앙적립기금의 중요성에도 불구하고 이 자금이 구체적으로 어떻게 사용되는지는 잘 알려지지 않고 있다. 중앙적립기금은 일단 특별 싱가포르 정부채권Special Singapore Government Securities, SSGS에 투자된다. 이 채권은 시장에서 거래되지 않는 채권으로, 1년 만기 채권 이자율 약 1.46%(2020년 10월 현재) 사이의 낮은 수익률 갖고 있다. 싱가포르 정부는 이러한 채권을 지속해서 발행해야 하기 때문에 정부 공공부채public debts가 2019년 말에는 GDP 대비 126%가 넘고 있다.[22]

한편 싱가포르 정부는 SSGS 발행을 통해 얻은 자금을 일반 지출을 위해 사용할 수 없다. 1992년에 재정된 「정부채권법Government Securities Act」에 따라 투자를 위해서 사용되어야 한다. SSGS를 통해 얻은 수입과

22 일본과 유사하게 싱가포르 정부의 부채는 국내 투자자에 의해 소비되고 있는데, 그중 대부분이 중앙적립기금의 투자자산으로 주로 사용되고 있다. http://www.singstat.gov.sg/stats/latestdata.html#8

싱가포르 정부채권Singapore Government Securities, SGS 수입, 정부재정 흑자, 토지 판매 수입 등을 모두 합해서 비축국고Past Reserves 계정을 만든 후 정부예금government deposit 형태로 싱가포르 통화청에 적립하고 싱가포르 통화청은 다시 이 돈을 해외 장기자산으로 바꾼 후, 장기적으로는 싱가포르 국부펀드가 자산관리 하도록 한다.[23]

2020년 9월 현재 중앙적립기금 이사회 구성을 보면[24] 회장인 치앙치에푸Chiang Chie Foo는 32년 동안 공무원을 했던 사람이고,[25] 부회장인 푼홍유엔Poon Hong Yuen은 노동부Ministry of Manpower의 차관보deputy secretary이다. 이들은 모두 정부 법정산하기관의 전 · 현직 관료였다는 점에서 정부 측 인사로 보아도 무방하다. 이 외에 정부 대표 2명, 노동조합 대표 2명, 고용주 대표 2명, 그리고 기타 전문가 7명이 있다. 기타 전문가 7명 중 1명의 교수를 제외하고는 대부분 금융 관련 회사나 정부기구 임원이다. 결국, 15명의 이사회 구성원 중 대부분이 정부와 관련 있는 인사이고 독립적인 전문가나 시민사회가 의사결정 과정에 접근하기는 매우

23 싱가포르 재무부, https://www.mof.gov.sg/policies/our-nation's-reserves/Section-IV-Is-our-CPF-money-safe-Can-the-Government-pay-all-its-debt-obligations

24 CPF board homepage, http://mycpf.cpf.gov.sg/CPF/About-Us/Board-Mem/B_Members

25 그가 현재 맡고 있는 직책의 일부만을 나타내보면 Chairman of PUB, Singapore's National Water Agency, and Senior Advisor to the Ministry of Defence 등이 있고 Director of Lee Kuan Yew Exchange Fellowship and Valencia Club de Fútbol and an Independent Director of ComfortDelGro Corporation Limited 등도 역임하고 있다. 이 밖에도 Member of the Asia Pacific Breweries Foundation's Board of Trustees and the Epworth Management Committee of the Epworth Community Services 등의 회원이기도 한다. 이런 그의 경력을 본다면 싱가포르의 CPF가 얼마나 정부와 각종 공공기관, 그리고 민간부분과 밀접하게 연결되어 있는지를 알 수 있다. 그의 경력에 관해서는 https://www.a-itrust.com/en/about-us/trustee-manager/board-of-directors/independent-director/mr-chiang-chie-foo를 참고하기 바란다.

| 그림 12-10 | GDP 대비 싱가포르 정부의 부채 비율

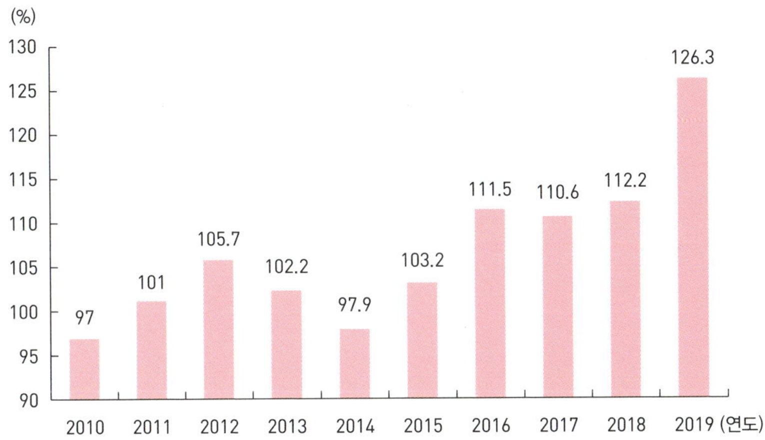

출처: 싱가포르 통계청(trading economics)

어려운 것이다.

한편 싱가포르 정부는 1974년 3억 5,400만 싱가포르 달러 규모의 테마섹 홀딩스를 설립하고 그동안 정부 소유로 관리하던 각종 기업의 주식을 관리하도록 한다. 당시 싱가포르 정부가 소유했던 기업들은 테마 공원, 신발회사, 세제 회사, 배 수리 회사에 이르기까지 매우 다양했다. 당시 이 기업들을 소유하고 있었던 재무부Ministry of Finance는 정책결정과 규제 활동에 집중하기 위해 이러한 기업들의 관리 권한을 테마섹 홀딩스에 넘겼다. 재무부가 테마섹 홀딩스의 실질적 소유주이기 때문에 국부펀드의 특징을 갖지만 정부에 세금을 납부하고, 배당금도 주주에게 준다는 점에서 민간 투자회사와 유사한 성격도 갖고 있다. 하지만 국부펀드와 유사하게 테마섹 홀딩스의 비축적립금past reserve은 함부로 사용할 수 없으며 사용 시에는 대통령의 재가가 필요하다.

결국 싱가포르의 국부는 국민들이 적립한 중앙적립기금을 정부채권 구입에 사용하고, 정부는 이 채권 수입을 국부펀드를 통해 투자하도록 하는 방식을 취하고 있으며, 중요 정부투자기업의 주식은 테마섹 홀딩스를 통해 관리하는 방식으로 운영되고 있다. 여기서 주목할 것은 정부가 국부펀드나 테마섹 홀딩스의 투자에 직접 개입하지 않고, 최대한 투자의 자율성을 부여하려고 노력한다는 점이다. 국부펀드나 테마섹 홀딩스의 투자 실패는 싱가포르 경제의 근간을 흔들 수 있기 때문에 정치적인 목적으로 이들의 자산을 함부로 사용하지 못하게 하는 장치를 마련해두고 있는 것이다. 또한 투자 수익이 확보되지 못하면 국민들에게 중앙적립기금을 통해 배당금을 지급하지 못하기 때문에 수익률을 국부펀드나 테마섹 홀딩스 운영의 핵심적인 기준으로 삼고 있는 것이다.

이상에서 살펴본 바와 같이 싱가포르 정부는 개인의 책임을 강조하면서도 각종 정책을 통해 시민들의 삶에 개입하고 있다. 그 결과 공공주택 및 공공의료 시스템이 구축되었고, 국민들이 저축한 돈들은 정부의 투자기관에 의해 운영되고 있으며, 싱가포르 정부는 자신들이 유능하다는 전제하에서 온정적 간섭주의 정책을 추진해오고 있다. 국가에 의해 관리되는 시스템은 싱가포르 사회 전체가 정부에 지나치게 의존하게 만들었고, 시민사회의 성장은 지체됐다. 소득 불평등이 구조화되고 있음에도 불구하고 성장을 우선시할 수밖에 없는 싱가포르의 사회구조의 한계로 인해 다양한 시민의 욕구를 충족시킬 수 있는 정책을 만드는 것은 쉽지 않은 상황이다. 비록 GIC나 테마섹 홀딩스 등을 활용하여 시장을 중심으로 국부를 관리함으로써 정부의 잘못된 투자 결정의 위험을 분산시키고 있지만, 정부의 정책실패가 싱가포르 사회에 초래할 잠재적 위험의 크기는 결코 작지 않다. 싱가포르의 번영을 가져온 과거의 성공 요인이 현재에 와서는 문제 해결을 어렵게 하는 요인이 되고 있는지도 모른다. 싱가포르 사람들은 그들이 지금까지 해온 것처럼 그들만의 방식으로 이 문제를 풀어나갈 것이며, 과거의 가치를 부정하기보다는 극복해나가는 과정을 통해 그들의 미래를 창조해 나가야만 할 것이다.

제13장

2020년 총선, 코로나19 사태, 그리고 새로운 도전

SINGAPORE

SINGAPORE

1. 2020년 총선

2020년은 싱가포르에 있어서 제14대 의원을 뽑는 총선과 코로나19COVID-19 사태의 어려움이 함께했던 역사적인 한 해로 기록될 것이다. 제14대 총선은 3월에 실시되기로 예정되어 있었으나 코로나19 바이러스 사태로 인해 7월 10일로 연기된 후 96%에 달하는 투표율로 치러졌다. 이 총선은 몇 가지 중요한 의미를 갖고 있다. 첫째, 현 총리인 리센룽이 은퇴를 공언한 상황에서 다음 총리 후보로 알려진 헹스위킷으로의 정권 이양이 얼마나 부드럽게 이루어질 것인지가 큰 관심사였다. 선거 직전 인민행동당People's Action Party, PAP이 승리할 것이라는 것을 부정하는 사람은 없었지만, 그들이 과연 얼마만큼의 지지율과 의석을 확보하여 헹스위킷에게 보다 안정적으로 정권을 이양해 줄 수 있을지를 가늠해볼 수 있는 선거로 인식되고 있었다. 만일 인민행동당의 지지율이 60% 이하로 떨어진다면, 인민행동당은 안정적인 지지기반을 확보하지 못한 상황에서 헹스위킷이라는 관리형 총리에게 정권을 이양해야 한다는 부담을 갖게 되는 상황이었다. 인민행동당은 최종적으로 61.23%의 득표율과 93개의 선출직 의석 중 83개의 의석을 확보하여 승리하였지만, 61.23%라는 득표율은 사실상 인민행동당의 패배로 받아들여지고 있다. 그 이유는 코로나19 사태와 같은 국가적 위기 상황에서 안정을 추구하려는 경향이 강한 유권자들의 성향에도 불구하고 매우 낮은 득표율을 얻었을 뿐 아니라 차기 지도자인 헹스위킷은 이스트 코스트East Cost 선거구(5인 선거구)에서 53.41%밖에 득표하지 못해, 야당인 노동당 후보들을 겨우 누르고 당선되었다. 이런 상황에서 인민행동당 내부에서 관리형 총리인 헹스위킷의 지도력하에서 국민들의 지지를 회복할 수 있을지에 대한 의구심이 커지고 있고, 인민행동당의 권력 이양 계획에도 차질이 발생할 가능성 역시 커지고 있다. 실제로 리셴룽은 선거가 끝난 7월 25일, 그가 공언한 바와 같이 70세 이전에 은퇴할 것인지를 묻는 질문에 대해 코로나19 사태라는 새로운 문제가 발생하였고, 이 문제를 해결한 후, 다음 4세대에게 정권을 물려주겠다고 답변함으로써 후계자와 정권 이양에 대해 명확한 태도를 보이지 않았다.[1] 더군다나 리셴룽이 헹스위킷을 지지하기보다는 1969년생으로 젊은 찬춘싱Chan Chun Sing을 지지한다는 이야기도 등장하고 있고, 헹스위킷이 2020년 총선에서 자신의 지역구가 선거등록 마지막 순간에 바뀔 정도로 인민행동당을 완전히 통제하지 못하고 있다는 주장도 제기되고 있다. 결국 인민행동당이라는 거대 여당을 이끌어갈 후계자가 명확히 지정되지 않은 상황에서 헹스위킷은 끊임없이 그의 리더십을 증명해야만 하는 상황에 직면하고 있고 이것은 싱가포르 정치의 불확실성을 크게 하는 요소가 되고 있다.

둘째, 2020년 총선은 싱가포르의 야당이 2015년 총선의 좌절을 극복할 수 있는지에 대한 시험대였다. 2011년 총선에서 인민행동당은 60.1%를 득표해 싱가포르 역사상 그들의 최저 득표율을 기록하였다. 당시 싱가포르는 민주화에 대한 욕구와 언론과 정치의 자유에 대한 욕구가 표출되었고, 젊은 정치 신인들을 중심으로 싱가포르 정치의 변화

1 https://www.todayonline.com/singapore/pm-lee-says-his-ability-step-down-70-depends-path-covid-19

가능성을 확인하면서 그러한 변화에 대한 기대를 한껏 높였다. 그러나 2015년 치러진 총선에서 국부로 추앙을 받던 리콴유의 사망으로 등장한 애국주의가 선거에 깊이 영향을 주면서 69.9%의 득표율을 얻은 인민행동당의 압승으로 끝났다. 이것은 싱가포르 야당에게 엄청난 충격을 주었고, 싱가포르에서 과연 언론과 정치의 자유가 확대될 수 있는지, 야당이 정권을 잡을 수 있는지에 대한 심각한 회의를 낳게 되었다. 특히 젊은 층들은 싱가포르에서 정치 체제의 변화가 얼마나 어려운지를 실감하게 되었다. 2020년 선거는 이러한 좌절을 극복하고 싱가포르에서 야당의 생존 가능성을 확인할 수 있는 중요한 선거였던 것이다. 다수의 중소 야당이 선거에 출마했지만 노동당Workers' Party, WP을 중심으로 선거 연대를 시도하고, 그들 나름대로 선전하였다는 점은 야당의 무능함에 좌절했던 많은 유권자의 마음을 바꾸었다는 점에서 큰 의미를 갖는다고 할 수 있다.

특히 젊은 세대의 변화는 주목할 만하다. 과거에 페이스북Facebook 등을 통한 유세 방식이 젊은 유권자들에게 통했다면 2020년 총선에서는 인스타그램Instagram을 통해 젊은이들이 정치적 견해를 공유하기 시작하였다. [그림 13-1]에서 확인할 수 있듯이 노동자당 후보였던 자무스 림Jamus Lim이나 니콜 시아Nicole Seah의 인스타그램의 팔로워 수가 선거 후반에 접어들수록 빠른 속도로 증가하고 있는데, 이것은 야당 후보들의 인지도가 선거 후반에 빠르게 상승했음을 보여준다.

셋째, 여당의 집권력 약화 가능성이다. 인민행동당은 2020년 총선을 준비하면서 리셴룽을 대신할 차기 총리의 입지를 강화하고 소위 4세대 리더십을 강화하는 것을 중요 목표로 삼았다. 실제로 그동안 누가 차

| 그림 13-1 | 총선 후보별 인스타그램 팔로워 수의 7월 중 변화

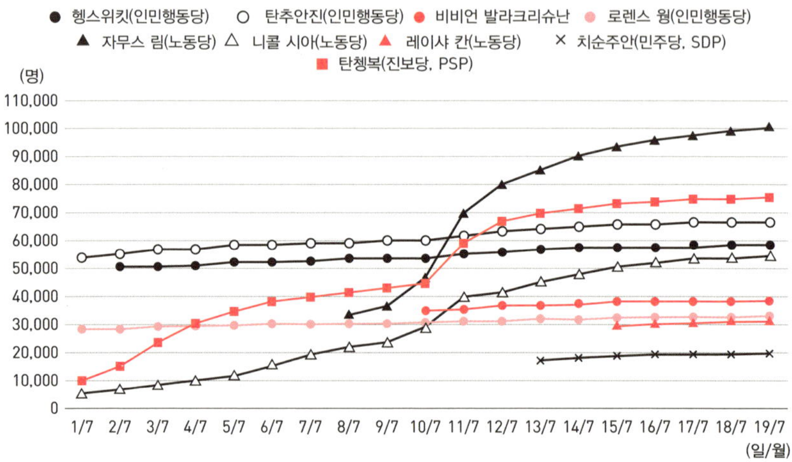

출처: https://thekopi.co/2020/07/23/young-singaporeans-are-brutally-honest-the-4g-leaders-are-not-vibing-with-them/

세대 총리가 될 것인지에 대한 논쟁을 불식시키기 위해서 2018년 11월 열린 인민행동당 전당대회에서 당시 재무부 장관을 맡고 있었던 헹스위킷 부총리를 단독 제1사무총장으로 선출하였고, 2019년 4월 개각에서는 헹스위킷을 단독 부총리로 승격시킴으로써 사실상 차기 총리 후보 지명의 논란을 종식시켰다(임시연, 2020: 120). 그럼에도 불구하고 헹스위킷은 지역구에서 압도적인 승리를 거두지 못했다.

또 하나 주목할 것은 리콴유 자식들 간의 분쟁이다. 리셴룽 총리의 동생인 리셴양Lee Hsien Yang과 리웨이링Lee Wei Ling은 리셴룽을 비판하면서 "우리는 리셴룽을 형제로도, 지도자로도 신뢰하지 않는다."며 "정부에 대한 견제와 균형이 작동하지 않는 것을 우려한다."고 주장하였고[2], 결국 2020년 총선거에 리셴양은 야당을 지지하게 된다. 또 2017년 리셴량의 아들이자 하버드 대학교 조교수인 리쉥우Li Sheng Wu가 페이스북 포스팅을 통해 싱가포르 정부의 명예를 훼손했다는 이유로 기소된 이후, 2020년 1만 달러(USD)를 배상하라는 판결을 받는다.[3] 이런 가족 간의 갈등은 사실 3세 세습의 우려와도 관련이 있다. 리셴룽의 자녀 중 둘째 아들인 리홍이Li Hong Yi(1987년생)는 MIT를 졸업하여 기술관료의 길을 걷고 있는데, 본인의 부정에도 불구하고 정치에 참여할 가능성이 높다고 알려져 있다. 극단적으로는 과거 고촉통이 리셴룽의 세습을 위해 관리형 총리를 역임했다고 알려진 것처럼 헹스위킷 역시 리홍이의 세습을 위한 관리형 총리가 될지 모른다는 주장까지 제기되고 있는 실정이다. 이러한 주장들의 진실과는 관계없이 리셴룽 총리가 리콴유로부터 물려받은 긍정적인 정치적 유산이 가족 간의 갈등으로 퇴색되고 있는 현상은 인민행동당의 입장에서 권력의 분열 가능성이 현실화될 수 있음을 시사한다.

넷째, 야당의 정치적 리더십 교체가 가시화되었다는 점이다. 싱가포르의 야당의 상징이었던 치암시통Chiam See Tong이 2015년 은퇴하였고, 이후 노동자당을 이끌던 로티아키앙Low Thia Khiang 역시 은퇴한 뒤, 2020년 프리탐 싱Pritam Singh이 노동자당을 이끌게 되었다. 로티아키앙의 은퇴는 매우 극적이다. 노동자당의 알주니드 지역구 의회 관리 사무소 변경과 관련한 소송에서 노동자당이 패소하여 로티아키앙과 실비아 림

2 http://news.khan.co.kr/kh_news/khan_art_view.html?art_id=201706151705001#csidxa55808beb77dec7b80c66dbfe96d91c

3 https://www.scmp.com/news/asia/southeast-asia/article/3095104/singapore-pms-nephew-li-shengwu-found-guilty-contempt

Sylvia Lim 의원이 파산 상태에까지 직면하게 되었고 로티아키앙은 정계 은퇴를 하게 된 것이다. 이에 대해 명예훼손이나 각종 불법행위를 이유로 해서 야당에 소송을 제기해 탄압하는 인민행동당의 전형적인 수법이라는 비판이 제기되고 있다. 로티아키앙의 뒤를 이은 프리탐 싱은 1976년생으로 2011년 총선에서 35세의 나이로 당선되었고, 2018년 노동자당 사무총장이 된, 싱가포르 야당의 핵심적 지도자이다. 이와 함께 주목할 만한 것은 니콜 시아Nicole Seah의 재등장이다. 1986년생으로 24세 나이로 2011년 야당인 국민단결당National Solidarity Party, NSP 후보로 총선에 참여하여 당시 전 수상이었던 고촉통의 선거구였던 마리나 퍼레이드 그룹 대표 지역구Marina Parade GRC에서 격전을 벌였다. 니콜 시아가 보여준 젊은 싱가포르 청년의 비전은 많은 사람의 공감을 얻었고, 다른 야당 후보들의 약세에도 불구하고 니콜의 영향력으로 무려 43.35%의 투표율을 얻었다. 이후 니콜은 정치에서 은퇴하였다가 2020년 총선에서 다시 노동자당의 이스트 코스트 그룹 대표 지역구East Cost GRC의 후보로 나와서 46.59%라는 득표를 얻어 엄청난 선전을 보여주었다. 이 지역구의 인민행동당의 후보가 총리 후보로 알려진 헹스위킷이었다는 점은 그녀가 얼마나 선전했는지를 잘 보여준다. 이 밖에도 국민단결당의 사무총장인 스펜서 응Spencer Ng 역시 41세밖에 되지 않았다. 기존에 야당이 승리해왔던 알주니드 그룹 대표 지역구Aljunied GRC 이외에도 새롭게 노동자당이 승리한 셍캉 그룹 대표 지역구Sengkang GRC의 후보를 보면 헤팅루He Ting Ru(1983년생), 자무스 림Jamus Lim(1976년생), 레이샤 칸Raeesah Kahn(1993년생), 루이스 추아Louise Chua(1983년생) 등으로 모두 젊은 후보들임을 알 수 있다. 레이샤 칸은 청소년 시절부터 소수자 보호를 위한 사회

운동을 하며 노동자당에서 성장한 정치인이고, 다른 후보들 역시 경력면에서 전문성을 갖춘 젊은 후보들이다. 이것을 보면 젊고 전문성을 갖춘 유능한 인재들로 야당 리더의 세대교체가 이루어지고 있음을 보여준다. 그리고 바로 이들로 인해 리콴유 체제하에서 민주화 투쟁을 하던 야당의 노쇠한 지도자들로부터 형성된, '늙고 능력이 부족한 야당'이라는 이미지를 극복할 수 있는 기회가 만들어졌다고 할 것이다.[4]

2. 코로나19 사태

싱가포르는 3월 초까지만 해도 코로나 대응에 있어서 세계적인 방역 모범국으로 꼽힐 정도로 감염자 수나 사망자 수가 많지 않았다. 하지만 3월 중순부터 발생한 외국인 노동자 거주지역을 중심으로 한 집단 감염의 확산은 방역 모범국으로서의 싱가포르의 위상을 떨어뜨렸으며, 싱가포르가 경험하지 못한, 아래와 같은 다양한 문제들을 촉발하였다. 또한 싱가포르의 대응 과정은 싱가포르가 가진 위기 대응 능력을 다시 한번 확인하는 기회였다고 할 수 있다.

싱가포르의 대응의 놀라운 점은 12월 코로나 백신 도입 과정에서 잘 드러난다. 싱가포르는 12월 14일 미국 화이자와 독일 바이오엔테크가 개발한 백신을 아시아 최초로 승인하였다. 리셴룽의 전 국민 무료 백신

4 2020년 선거 전에는 과연 이들 젊은 야당 지도자들이 얼마나 선전할 것인지에 대해 의구심도 많았지만, 이들의 선전은 야당의 미래 가능성을 보여준 긍정적 결과라고 할 수 있다. 야당 지도자의 가능성에 대한 평가는 다음 기사를 참고하라. https://www.straitstimes.com/politics/singapore-ge2020-with-new-leaders-and-new-parties-a-much-changed-opposition-gets-ready-for

접종과 관련한 대국민 발표문[5]을 보면 싱가포르 정부의 특징이 그대로 드러난다. 매우 구체적인 근거를 가지고 국민을 설득한다는 점이다. 특히 전문가의 의견을 존중하고, 전 세계를 통틀어 최고의 정보와 자원을 활용하려는 노력, 그리고 국민과 적극적으로 소통하는 자세가 잘 나타나고 있다.

리셴룽 수상의 대국민 담화문

팬데믹 초기부터 정부는 무대 뒤에서 조용히 백신을 확보하기 위해 노력했습니다. 간단한 일이 아니었습니다. 200개가 넘는 백신후보가 개발 중에 있었고, 모두 성공하리라는 보장은 없었습니다. 우리는 제약회사들과 초기부터 접촉하여 유효한 후보를 찾기 위한 과학을 이해하고 최대한 빨리 생산할 수 있도록 노력했습니다.

우리는 이를 위해 약 10억 싱가포르 달러(약 8,180억 원)를 배정하였고, 모더나, 화이자/바이엔테크, 시노백을 포함한 유효한 후보들 여러 곳과 계약했습니다. 이들 제약회사들과 임상시험과 연구를 할 수 있도록 계약을 하였고, 일부는 이곳에서 생산할 수 있도록 하였습니다. 또한 우리 국내에서 진행되고 있는 백신연구에도 지원을 하였습니다. 이를 통해 우리 과학자와 연구자들은 획기적인 활동을 할 수 있는 기회를 얻게 되었습니다. 이는 또한 보험의 성격을 갖고 있습니다. 예컨대 글로벌 서플라이 체인에 문제가 생길 수도 있기 때문입니다. 이렇게 하여 우리는 우리의 포트폴리오를 다변화시켰고, 싱가포르가 백신확보 노력의 말미가 아닌 선

5 『미디어투데이』 번역, 2020년 12월 21일, http://www.mediatoday.asia/219741.

두에 설 수 있도록 노력하였습니다.

백신을 빠르게 확보하는 것은 범정부적인 노력이었습니다. 여러 부처와 관료들은 우리 관료조직의 장Head of Civil Service의 리더십 아래 이 핵심적인 미션을 맡았습니다. 그들의 노고를 치하하는 바입니다. 이들은 우리가 이 위기를 극복할 수 있도록 도와준 보이지 않는 영웅들이었습니다.

- 중간 생략 -

보건부는 백신전략을 위한 의사들과 전문가들로 구성된 위원회를 조직하였습니다. 위원회는 모든 성인들이 백신을 맞아야 함을 권고하였으나 이는 의무사항이 아닙니다. 우선순위는 가장 리스크가 큰 이들에게 돌아갈 것입니다. 의료진과 최전선에 있는 분들, 그리고 고령층 말입니다. 그리고 위원회는 점진적으로 나머지 국민들에게 접종하는 것을 권고하고 있으며, 또 내년 접종을 원하는 모든 이들을 커버할 수 있도록 할 것입니다.

정부는 이 권고를 수용하였습니다. 저는 우리 전문가들을 믿습니다. 저를 포함한 우리 내각의 동료들 또한 백신 접종을 할 것입니다. 이는 고령자인 저희가 솔선수범하여 백신이 안전하다는 것을 여러분께 보여드리기 위함입니다.

- 중간 생략 -

백신은 우리의 회복을 도울 것입니다. 글로벌 항공허브로서 우리는 백신의 운송에 핵심적인 역할을 할 것입니다. 백신은 저온보관이 필요하며, 보통의 냉장고로 할 수 없습니다. 화이자 백신은 최소 영하 70도 이하의 저온상태로 보관해야 하는데 이는 북극의 기온보다 추운 것입니다. 여기에는 수준 높은 인프라와 높은 스탠다드, 그리고 숙련된 인력, 그리고 좋은 연결망이 필요합니다.

다행스럽게도 싱가포르는 아주 강한 화물 생태계를 보유한 나라입니다. 세계 유수의 화물운송회사, 예컨대 DHL, UPS, 그리고 FEDEX도 싱가포르에 본부를 두고 있습니다. 또한 싱가포르항공과 창이공항의 지상조업사들은 의료물품을 운송할 수 있는 IATA의 인증을 받았습니다. 우리는 많은 양의 백신을 싱가포르에 공급할 수 있도록 준비하고 있습니다. 그렇게 코로나19와의 글로벌 싸움에서 승리할 것입니다.

이는 하루아침에 이루어진 것이 아닙니다. 우리는 미리 체계적으로 준비했습니다. 우리는 수년 동안 계획하고 투자하고 친기업business-friendly 환경을 조성하고 전 세계에 항공노선을 설립했습니다. 이와 같은 장기적 투자가 드디어 결실을 맺고 있습니다.

한편 싱가포르는 코로나19 사태로 다음과 같은 여러 문제에 직면했으면서 이를 신속하게 해결하고 있다. 첫째, 싱가포르의 식량 위기 문제이다. 2월 7일 정부가 전염병 경보수준DORSCON을 '오렌지'에서 '옐로' 단계로 격상시킴에 따라 식료품 사재기panic buying가 발생했을 때이다. 이때 정부는 충분한 식료품이 공급될 수 있음을 국민들에게 설득한 뒤, 다음 날 바로 식료품을 공급함으로써 국민들의 두려움을 해소하였다. 두 번째 사재기는 3월 17일 발생하였는데 이것은 말레이시아가 3월 18일부터 긴급 봉쇄 정책에 들어가기 때문에 말레이시아로부터 농산물 및 생필품 수입이 어려워질 것이라는 걱정 때문에 발생하였다. 정부는 물자를 충분히 공급할 수 있다는 것을 국민들에게 설득하면서도, 개인당 생필품 구매 한도를 제시함으로써 사재기의 충격을 줄이고자 노력하였다. 사실 싱가포르는 계란의 대부분을 말레이시아로부터 공급받았는데 싱가포르 정부는 말레이시아 긴급 봉쇄에 대비하여 태국산 계란을 긴급 확보하는 등 다양한 대처 방법을 찾아냈다. 실제로 싱가포르는 채소 소비량의 13%, 생선 소비량의 9%, 계란 소비량의 24%만을 국내에서 생산하고 식품의 90%를 수입하기 때문에[6] 코로나19 사태와 같은 국제적인 재난 상황에서 식량 위기는 충분히 발생할 수 있는 문제인 것이다. 이러한 위기 상황에서 싱가포르는 식량 자급률을 30% 수준으로 높이기 위한 스마트 팜smart farm과 같은 도시농업기술 혁신의 중요성을 절감하게 되었다.

둘째, 외국인 노동자 문제이다. [그림 13-2]는 싱가포르 신규 감염자 추세를 나타낸다. 이 신규 감염자의 대부분은 외국인 노동자의 집단 감염 때문에 빌생하였다. 외국인 노동자의 숙소를 중심으로 발생한 이 집단 감염은 3월 중순에 시작되어 점점 심각해졌고, 결국 4월 7일부터 6월 1일까지 주민들을 집에 머물도록 한 통행금지 정책circuit breaker이 실행되었다. 그 결과 전분기 대비 42.9%의 GDP 감소라는 심각한 문제가 발생하였다. [그림 13-2]와 같이 6월 1일 통행 금지 정책이 해제되는 시점에서도 여전히 신규 감염자 수는 500명 대를 유지하고 있었다는 점도 주목할 필요가 있다. 7월 선거가 다가오고 경제가 급속히 나빠

6 대한무역투자진흥공사(KOTRA, Korea Trade-Investment Promotion Agency) 싱가포르 무역관, 2020년 7월 9일, 「"코로나19로 대두된 싱가포르 식량난, 대처방안은?"」, http://news.kotra.or.kr/user/globalBbs/kotranews/782/globalBbsDataView.do?setIdx=243&dataIdx=183309 (검색: 2020년 10월 2일)

| 그림 13-2 | 싱가포르 코로나 신규 감염자 추세(2020년)

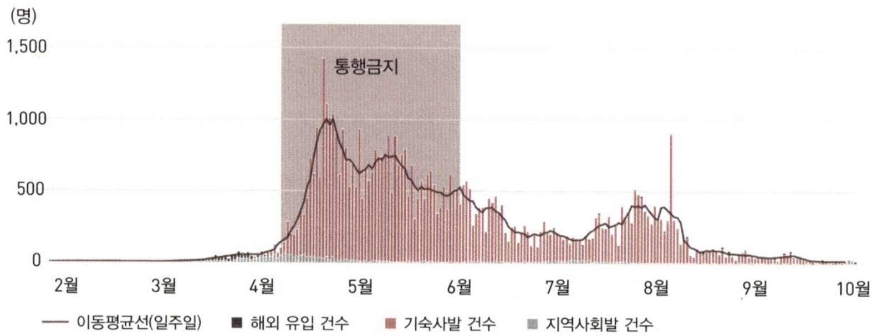

출처: Singapore Ministry of Health, https://covidsitrep.moh.gov.sg/ (검색: 2020년 10월 2일)

지고 있는 상황에서 싱가포르는 통행 제한을 점차 완화해나갈 필요성을 느끼고 있었기 때문에 통행금지 정책을 해제할 수밖에 없었던 것으로 보인다.

이러한 코로나19 사태의 경험은 싱가포르가 얼마나 외국인 노동자의 노동력에 의존하고 있는지, 이들이 싱가포르 경제에 미치는 영향이 얼마나 큰지를 잘 보여준다. 일반적으로 2020년 현재 외국인 건설 노동자는 약 800싱가포르 달러 정도를 월급으로 받는다. 1싱가포르 달러당 환율을 850원으로 생각하면 약 70만 원 정도의 월급인 것이다. 한국 기준으로 생각해보면 매우 싼 저임금이다. 하지만 싱가포르 사람들은 고용주가 외국인 노동자 고용에 대한 세금 및 각종 비용을 지출하는 것을 고려한다면, 실질 경비는 140만 원 정도라고 불평을 한다. 따라서 외국인 노동자를 고용하는 것이나 내국인 노동자를 고용하는 것이나 큰 차이가 없다고 강변한다. 문제는 내국인 노동자들 중에 140만 원을 받고 일하려는 사람은 거의 없다는 것이다. 이런 현상이 발생하는 이유는 값싼 외국인 노동력의 유입이 내국인 건설 노동자의 임금을 낮추는 결과를 초래했기 때문인데, 이렇게 낮은 임금을 받고 일하려는 싱가포르 사람이 없는 것은 당연하다. 코로나19 사태로 외국인 노동자를 더 이상 받아들이지 말자는 주장도 제기되지만 건설업에서 약 78%, 제조업에서 56%, 서비스업에서 30% 정도가 외국인 노동자인 상황에서 이들 없이는 싱가포르 경제를 유지하기 쉽지 않다. 이를 잘 알고 있는 싱가포르 정책 담당자들은 외국인 노동자들의 처우를 점점 개선하여 이들을 계속 받아들이는 정책을 유지할 것으로 보인다.[7]

셋째, 싱가포르의 재정 대응 능력의 가능성과 한계이다. 싱가포르의 코로나 피해 대응 예산을 보면 피해가 심각하지 않았던 2월에 이미 64억 싱가포르 달러(약 5조 4,000억 원)에 달하는 긴급 지원 예산을 편성했고, 이후 신속하게 484억 싱가포르 달러에 해당하는 2차 예산을 3월 28일에 편성한다. 싱가포르의 이러한 신속한 대응은 집권 여당인 인민행동당의 발 빠른 판단이 있었기에 가능했다. 당시 한국은 이미 대구 지역의 집단 감염으로 인해 싱가포르보다 훨씬 피해가 컸음에도 불구하고, 1차 추경이 국회 본회의를 통과한 것이 3월 17일이었다. 이러한 사실을 고려하면 싱가포르가 얼마나 빨리 대응했는지 알 수 있다.

싱가포르 정부의 재정 집행에서 주목해야 할 것은 비축국고past reserves를 사용했다는 점이다. 이 비축국고는 싱가포르 통화청Monetary Authority of Singapore, MAS에서 관리하는 약 4,000억 싱가포르 달러 규모의

7 *Channel News Asia,* https://www.channelnewsasia.com/news/singapore/singapore-foreign-workers-reliance-challenges-12806970

| 표 13-1 | 싱가포르 정부의 코로나 피해 대응 예산 (단위: 싱가포르 달러)

<table>
<tr><th>2020 예산안</th><th>규모</th><th>자금 출처</th><th>주요 지원 내용</th></tr>
<tr><td rowspan="2">2월 18일
1차 예산안
(Unity Budget)</td><td rowspan="2">64억</td><td rowspan="2">정부 예산, 현 정부 국고</td><td>피해 산업 지원(40억), 가계 생활비 지원(16억)</td></tr>
<tr><td>코로나19 사태 대응(8억)</td></tr>
<tr><td>3월 26일
2차 예산안
(Resilience Budget)</td><td>484억</td><td>정부 예산, 비축국고(170억)</td><td>가계 생활비 지원 확대, 근로자 및 기업 일자리 지원</td></tr>
<tr><td rowspan="2">4월 6일
3차 예산안
(Solidarity Budget)</td><td rowspan="2">51억</td><td rowspan="2">정부 예산, 비축국고(40억)</td><td>가계 생활비 지원 확대 및 지원 시기 단축(11억)</td></tr>
<tr><td>근로자 및 기업 지원</td></tr>
</table>

출처: KOTRA 싱가포르 무역관, http://news.kotra.or.kr/user/globalBbs/kotranews/3/globalBbsDataView.do?setIdx=242&dataIdx=181169 (검색: 2020년 10월 2일)

외환과 테마섹 홀딩스가 관리하는 3,000억 싱가포르 달러의 자산, 그리고 공식적으로 알려져 있지는 않지만 1,000억 달러(USD) 이상의 국부펀드GIC 자산을 포함한다.[8] 코로나 대응을 위해 싱가포르 정부가 약 210억 싱가포르 달러 규모의 비축국고를 사용했다는 것은 비축국고의 크기에 비해 큰 규모라고 할 수 없지만, 비축국고 사용을 극도로 자제하는 싱가포르 정부의 정책을 고려한다면 상당한 규모라고 할 수 있다. 2020년의 경우 800억 싱가포르 달러 정도의 재정적자가 발생할 것으로 예상되는 상황에서 이후 경제 회복의 속도가 더딘 경우 싱가포르 정

8 Singapore MAS, https://www.ifaq.gov.sg/mof/apps/fcd_faqmain.aspx?qst=hRhkP9BzcBImsx2TBbssMsxu7lqt6UJK70a1wAEVmyeZFIsO%2ByB5EKYapEf3CmcOMZBIFCIiqCv3Ot3aELKkwGsiUhrUh%2BgeKDPQ9gvaYw8JOsPk28Zi8AxyjHYhqO%2FhcPMKZO%2BM9VhKqTWgBvYbLW%2B6OCcXZw5pewCMfEMSMaBiI3mFUrILwC6tWkc%2Fxw9V0JxjkQI5D7CbycqZJ6Fx8Goc6d5IoJ03MjuZ3ad6TXM%3D#FAQ_1567 (검색: 2020년 10월 2일)

부는 상당한 재정 압력을 견뎌야 하는 상황이 발생할 수 있음을 시사한다.

넷째, 협소한 내수시장으로 인해 경제의 대외의존도가 높은 싱가포르 경제가 세계 경제의 불확실성 심화로 인해 상당한 어려움을 겪게 될 것이다. 싱가포르 통화청이 실시한 경제성장과 관련된 전문가 서베이 결과를 보면 2019년 12월에는 2020년 경제성장률을 1.5%로 예측하였던 것이, 3월에는 −0.6%, 6월에는 −5.8%, 9월에는 −6%, 11월에는 −6.5~−6.0%로 시간이 지날수록 경제성장을 더욱 비관적으로 예측하고 있다. 이것은 대외환경의 불확실성으로 인해 싱가포르 경제 회복이 쉽지 않음을 시사한다. 특히 국내 고용의 상당 부분을 차지하는 제조업 분야의 침체는 실업 문제를 비롯하여 다양한 문제를 야기할 가능성이 크다.

코로나19 사태 이후 세계의 정치·경제 질서는 큰 변화에 직면하게 될 것이다. 싱가포르 입장에서는 중국과 미국 사이에서 균형 외교를 추구할 수밖에 없고, 글로벌 생산망과 금융시장의 재편으로 싱가포르가 상당한 영향을 받을 것이다. 내부적으로는 정치와 언론의 자유에 대한 갈망과 높아지는 야당에 대한 지지도에 대하여 싱가포르 여당이 선택할 수 있는 대안도 많지 않은 상황이다. 2019년 싱가포르의 경제성장률이 0.7%에 불과하여 상당한 경기 침체를 경험했다. 따라서 2020년에는 기저 효과로 인해 경기가 반등할 것으로 기대되었으나 코로나19 사태로 인해 6%대의 마이너스 성장 상황에 직면했다. 싱가포르가 이 경제 위기를 극복하는 방식은 매우 주목할 만하다.

일각에서는 싱가포르가 직면한 어려움 때문에 정치적 격변이 일어날 가능성을 제기하기도 하지만, 싱가포르의 실용주의적 태도와 국가를 중심으로 한 뿌리 깊은 안정 추구의 태도를 고려하면 그럴 가능성은 매우 낮다고 할 것이다. 코로나19 사태의 엄청난 경제적 영향에도 불구하고 싱가포르가 정치적 · 경제적 안정을 유지하는 것을 보면, 싱가포르가 갖고 있는 저력이 우리가 생각하는 것보다 훨씬 큼을 알 수 있다.

새로운 도전에 직면한 싱가포르가 위기를 어떻게 극복하는지를 살펴보려 할 때 싱가포르의 젊은 정치 리더들을 주목할 필요가 있다. 야당이 제대로 정치 활동을 하는 것이 쉽지 않은 싱가포르의 정치 환경에도 야당의 젊은 지도자들이 끊임없이 등장하고 있다. 국회의원들의 평균 연령도 13대 선거 때의 49.6세에서, 14대 선거에서는 48.3세로 떨어졌다.[9] 한편 야당 못지않게 여당 역시 젊은 정치인으로 채워질 가능성이 높다. 리셴룽의 퇴장과 함께 3세대 지도자들이 퇴장하게 된다면, 내각은 점차 40~50대를 주축으로 구성될 가능성이 높다. 싱가포르의 이러한 세대교체는 구세대의 정치 지형에 갇혀서 새로운 정치 세대를 키우지 못하는 한국에 많은 시사점을 줄 수 있다. 새로운 사고를 가지고 정치에 입문한 싱가포르의 젊은 정치인이 어떻게 성장하는지를 우리나라가 관심있게 지켜볼 이유가 바로 거기에 있다.

9 https://www.channelnewsasia.com/news/singapore/younger-more-diverse-parliament-faces-jobs-challenge-covid-19-13045600

제 14 장

싱가포르가 우리에게 주는 시사점

SINGAPORE

SINGAPORE

2010년 3월 저자는 우리나라의 한 대학생으로부터 이메일을 받았다. 그 학생은 학교에서 주최하는 국제화 프로그램에 참여하여 싱가포르를 방문한 적이 있었고, 저자는 그 당시 그 학생에게 짧은 강의를 해준 경험이 있었다. 그 인연으로 그 학생은 나를 떠올려 다음과 같은 이메일을 보내왔다.

> "이제까지는 마이클 태형 사건에 대해서 강대국의 압박에도 소신 있게 자신의 가치를 밀고 나가는 리콴유의 모습에서 긍정적인 측면만 보았는데 책(『신화가 된 싱가포르』)에서는 리콴유가 강조하는 소위 'Asian Value'라는 것이 얼마나 모순적인 것인지 마구마구 파헤치더라고요. 또 그렇게 싱가포르가 언론이 통제되고 정치적 이슈에 대해 자유발언권이 없는 나라인지도 몰랐습니다. 책에서는 싱가포르를 가리켜 리씨 왕조가 지배하는 전근대적인 독재국가라고 하더라고요. 정말 충격적이었습니다. 그리고 정말 그러한지 궁금해지더라고요."

저자 역시 싱가포르를 경험하고 공부하면서, 싱가포르 사회를 어떻게 이해해야 할지에 대해 풀리지 않는 수수께끼처럼 오랫동안 많은 질문과 반문을 스스로 던져보았다. 초판에서 바라보았던 싱가포르와 다시 시간이 흘러 2020년 시점에 바라본 싱가포르의 모습은 또 다르다. 싱가포르가 바뀐 것도 있지만 내가 생각했던 한국도 바뀌었기 때문이다. 초판에서는 '저자가 얻은 하나의 결론은 우리 사회에 유령처럼 남아 있는 박정희 정부 시대의 개발독재에 관한 환상이 매우 위험하다'라는 것이었다. 당시 이명박 정부와 박근혜 정부에서 나타난 권위적인 국가주도 정책의 한계를 싱가포르를 통해서 보았기 때문이다. 그런데 2020년 시점에서 저자는 '진보를 표방하는 야당이 정권을 잡는다고 해서 싱가포르가 변할까?'라는 질문을 던지고 있다. 한국의 경험을 본다면 싱가포르에서 민주적 혹은 평등한 사회를 국가의 모습으로 제시한 정당이 정권을 잡더라도 시민의 자율성이 제대로 존중되지 않으면 이를 달성하지는 못할 가능성이 높지 않을까 생각된다. 오히려 그동안 싱가포르가 축적해 놓은 국부펀드를 사용해서 재정지출을 급속히 늘리고, 과거 권력을 부정하기 위해 수많은 법과 규제를 고치고 만드는 혼란의 시간을 맞이할 상황이 발생할 위험이 있을 수도 있다.

성급하게 한 나라가 가진 가치의 옳고 그름을 판단해서는 안 되는 이유가 바로 여기에 있다. 싱가포르의 경제성장은 엘리트 그룹이 국가권력을 현명하게 사용했기 때문에 달성된 것이라고 생각할 수도 있지만, 다른 한편으로는 이 과정에서 언론의 자유가 억압되거나 소득 불평등이 악화되는 부작용도 엘리트 그룹의 잘못된 정책 때문일 수 있다. 한 사회가 발전시킨 가치를 함부로 폄하해서도 안 되고 함부로 신화화해서도 안 된다.

싱가포르 사람들은 국가로부터 '싱가포르는 작은 나라이면서 자원도 부족한 나라'라는 가치관을 끊임없이 주입받아 왔고, 언론의 자유에 대한 억압, 낮은 임금, 엄청난 소득 불평등을 참아 왔다. 하지만 세계 최고의 부국인 싱가포르에서 시민들이 오히려 허리띠를 졸라매어야만 한다면 도대체 싱가포르의 눈부신 경제성장은 누구를 위한 부를 만들기 위함이었는지 강한 의문이 들지 않을 수 없다.

싱가포르 정부는 '능력만 있으면 성공할 수 있다'고 주장하면서 능력주의를 강조해왔다. 하지만 상류층은 자신의 아이들을 초등학교 때부터 사교육을 통해 공부시켜 좋은 중학교에 진학시키는 반면 중산층과 하류층은 이런 기회를 얻지 못하고 있다. 좋은 중학교와 고등학교를 졸업하더라도 대학에 입학할 시점이 되면 30%도 못 되는 학생들만 대학에 들어간다. 좋은 직장을 놓고도 소수의 학생 간에 경쟁하게 되고, 좋은 직장에 들어가지 못하는 나머지 70%는 경쟁에서 낙오하게 된다. 상상을 해보자. 자신의 아이가 전체 학생 중 학력 상위 40% 정도 수준이 되는 아이이다. 꿈도 많고, 무엇인가 할 수 있는 능력도 있다. 싱가포르에서 그 아이는 대학에 갈 수 없다. 우리나라라면 그 아이는 대학에 갈 수 있겠지만, 취직을 위해서는 대학에서도 끊임없이 경쟁해야 한다. 독자 여러분이라면 대학 졸업장을 일찌감치 포기하고 덜 경쟁적인 생활환경 속에서 살아가는 아이를 보고 싶을까? 지배계층의 처지에서는 학력 중심의 능력주의가 매우 편리한 가치라고 생각되겠지만, 소외되어가는 중산층과 하류층은 그 가치가 불평등을 심화시키는 핵심적인 요소라는 것을 점차 깨달아가고 있다. 하지만 능력주의 원칙에 따라 개인이 복지를 책임져야 한다는 싱가포르 정부의 생각이 바뀌지 않고 있는 이상, 사회 불평등이 고착화되고 있는 상황에도 불구하고 이를 개선하기는 쉽지 않아 보인다.

능력주의의 또 다른 위험은 사회적 연대감의 상실이다. 싱가포르에서는 저임금 노동자들의 경우, 그들이 가진 능력이 상대적으로 떨어지기 때문에 당연히 낮은 임금을 받아야만 한다는 생각이 널리 받아들여지고 있다. 반면 능력 있는 사람은 그들 노력의 대가로 수십억 원의 임금을 받을 자격이 있다고 생각한다. 문제는 능력 있는 사람의 '능력'이란 것이 순전히 개인 노력만의 결과는 아니라는 점이다. 개인 성공의 상당 부분은 자신의 노력과 직접 관계없는 가정 배경이나 시대 상황, 운, 사회적 인정의 결과이다. 따라서 능력주의 사회에서 능력 있는 개인은 자신이 존중받을 자격이 있다는 사실과 함께 능력을 인정받지 못한 사람들의 잠재력과 가능성을 존중하는 균형된 자세를 가져야 한다. 만일 엘리트들이 공감과 연대 능력은 상실한 채 자신의 이념적 우월성만을 강조한다면 사회응집력은 급격히 감소할 것이다. 빈부의 격차가 크고 사회적 약자에 대한 배려나 복지 제도의 확충에 소극적인 싱가포르 정부의 태도는 개인과 그 가족에 성공과 실패의 책임을 돌리는 가치관과 밀접하게 연결되어 있다. 만일 '능력'이 개인의 노력과 성취의 결과가 아니라 사회의 구조적인 환경이 만들어낸 결과라는 생각을 받아들인다면 싱가포르의 능력주의는 '능력'을 인정받지 못한 다수의 반발을 초래하여 사회 연대감을 약화시킬 위험이 크다.

강력한 리더십을 그리워하는 사람들은 싱가포르의 화려한 빌딩과 인상적인 경제지표들을 보며 강력한 국가, 능력주의에 입각한 국가, 아시아적 가치를 보전하는 국가인 싱가포르를 본받아야 한다고 주장할 수 있다. 싱가포르의 경제적 번영을 찬양하며, 위기에 빠진 우리 경제를 구한다는 명목으로 리콴유와 같은 리더십을 흉내 내려는 지도자도 나올 수 있다. 그러나 과거의 싱가포르 모델이 현재에 많은 도전을 받고 있듯이, 우리나라가 박정희 정부 체제를 부활시키게 되면 더 많은 문제에 직면하게 될 것이다. 역설적으로 박정희 체제를 부정하면서 또 다른 형태의 강력한 리더십을 주장하며 자신의 지지집단을 결집시키고 사회를 양극화시키는 정치 역시 부정적인 결과를 초래할 수밖에 없다.

이제 마지막으로 싱가포르가 우리에게 주는 시사점을 정리해보자.

▌경제성장과 안전에 대한 국민의 욕구를 충족시켜야 한다.

한 국가가 나아가야 할 방향에 대한 무수히 많은 관점이 있다. 민주주의국가, 복지국가, 자유국가, 강력한 국가, 평등한 국가 등 수없이 많은 표현이 가능하다. 하지만 싱가포르의 실용주의 가치는 매우 명확한 방향을 제시한다. 바로 경제성장이다. 싱가포르의 많은 지식인들과 외국인들은 2015년 싱가포르의 총선 결과를 이해할 수 없었다. 싱가포르 국민은 왜 그토록 권위적인 싱가포르 집권 여당에게 70%의 지지를 보냈단 말인가? 선거가 끝난 후 여론조사를 분석한 결과는 국민이 무엇을 원하는지를 잘 보여준다. 국민은 생활비 안정, 주택 구입, 의료 서비스, 은퇴 후 생활 보장, 정부의 투명성과 책임성의 순서로 투표에 영향을 준 중요한 이슈들을 제시하였다. 시민의 권리와 같은 문제는 가장 낮은 순위를 차지하였다. 싱가포르 정부는 이러한 국민의 욕구를 정확히 이해하고 있었고, 따라서 지난 50년 동안 정권을 차지할 수 있었다. 2020년 총선에서는 야당이 패배하였지만 싱가포르의 여당은 자신들이 어떻게 코로나에 따른 경제위기를 극복하는지에 따라 정권 유지 여부가 달라질 것이라는 사실을 잘 알고 있다. 비록 야당을 성장시켜 언론과 정치의 자유를 늘리고자 하는 갈망이 크지만, 싱가포르 사람들은 경제성장이 없이는 싱가포르의 생존이 위협받는다는 사실을 명확히 인식하고 있기 때문에 무능한 야당의 이미지를 극복하지 못하면 정권교체가 쉽지 않을 것이다.

인간 욕구의 5단계설을 주장한 에이브러햄 매슬로Abraham H. Maslow는 의식주와 성욕과 같은 욕구를 인간의 '생리적 욕구physiological needs'라고 설명하면서 인간의 고차원적인 욕구는 이 일차적인 욕구를 만족하게 해야 충족될 수 있다고 이야기하고 있다. 국가도 비슷하다. 싱가포르는 모든 국민에게 주택을 제공하고, 최소한의 생계를 유지할 수 있는 경제적 풍요를 제공하는 데 성공해왔고 이러한 경제적 가치를 실용주의라는 이름으로 정책에서 최우선시해 왔다.

현대의 다원주의 국가에서는 다양한 가치들이 존중된다. 따라서 정책이 추구하는 가치도 상황과 시대에 따라 우선순위가 바뀐다. 자유를 우선시하다가도 복지를 우선시하고, 빵을 우선시하다가도 숭고한 이상과 명분을 우선시하기도 한다. 무능한 지도자는 이 많은 가치를 다 추구하려다 실패하고 독단적인 지도자는 자신이 원하는 가치만을 추구하려고 한다. 하지만 아무리 미사여구로 다양한 이상적 생각을 정당화하더라도 '현실에 나타난 결과'보다 강력할 수는 없다. 또한, 이 현실에 나타난 결과가 일차적인 개인 욕구를 충족시키지 못하면 국민의 지지를 얻기 어렵다. 이런 점에서 경제적 풍요는 정책의 가치 중 가장 기본이 되는 가치가 되어야 한다고 보는 것이 싱가포르의 일관된 관점이다.

싱가포르에 한 번이라도 여행 가본 사람들은 싱가포르가 이루어놓은 경제적 풍요와 사회적 안정을 부러워했을 것이다. 그 뒤에 가려진 그늘이 무엇이든 싱가포르는 많은 사람이 부러워할 만한 것들을 성취했다. 일당독재든 아니든, 소수의 엘리트가 권력을 독점하고 엄청난 부와 특권을 누리든 말든, 표현의 자유와 정치적 자유가 제약되든 말든, 일단 국민들이 먹고살 수 있게 하고, 자기 집을 가질 수 있도록 하며, 교육받을 기회를 제공해준다면 국민은 그런 정부를 지지한다. 말레이시아에서 분리된 싱가포르가 지난 60년 동안 리콴유와 그 후속 세대가 이끌어온 인민행동당을 지지해온 역사적 사실은 이것을 잘 보여준다. 수없이 많은 서구의 언론이 민주화되지 못한 싱가포르를 조롱했지만, 이 모든 허물은 싱가포르가 이루어놓은 경제적 성취에 가려졌다. 우리의 박정희 정부 체제 역시 마찬가지이다. 우리나라 사람들이 박정희 정부 체제를 지지하는 것은 박정희라는 지도자 한 사람 때문이라기보다는 성장의 추억 때문이라고 할 수 있다. 『논어論語』에서 공자가 국가 경영의 요소로 경제 안정을 꼽은 것도 이와 같은 이치일 것이다. 경제적 가치의 중요성은 여전히 유효하며, 이념에 경도되어 경제적 가치를 경시하는 국가 체제를 유지하는 것은 쉽지 않다. 우리나라나 싱가포르는 경제적 풍요를 달성해왔다. 이런 경제적 풍요가 새로운 시대로 도약하는 전제조건이라는 점을 망각해서는 안 될 것이다.

성장의 추억에서 벗어나야 한다.

과거에 이룬 경제적 풍요에 집착하는 것은 새로운 제약이 될 수 있다. 과거 경제성장이 가능했던 상황과 현재의 상황이 다르기 때문이다. 과거의 성장에 익숙한 사람들은 인구 증가, 소비 증가, 주택경기 부양, 소비 촉진 등이 매우 당연하다고 생각한다. 이런 사회는 1차 산업시대나 2차 산업시대와는 부합할지 몰라도 지식경제시대의 상황에서 반드시 옳은 것은 아니다.

인구가 감소하게 되면 노동자들은 더 적게 일하는 대신 더 많은 임금을 받을 수 있다. 즉 인구 감소가 반드시 경제성장을 저해하는 것은 아닐 수 있다는 것이다. 이런 현상은 19세기 말 유럽에서 경험되었는데 산업 현장에서 어린이와 여성 노동이 법적으로 금지되자, 기업가들은 그로 인해 가계소득이 감소하고 그것이 다시 임금 상승에 따른 부담으로 작용하여 경제성장에 도움이 되지 않을 것이라고 주장했지만, 실제로는 기계화와 생산성 증대로 이어져 오히려 시민들의 삶의 질은 높아졌다. 반대로 인구가 폭발적으로 증가하여 노동력이 많이 공급된다고 해서 국가가 잘사는 것은 아님을 여러 아프리카 국가를 통해서 경험해 왔다.

싱가포르식 사고에서는 근로자의 노동시간은 줄이면서도 높은 임금을 보장해주는 정책을 상상하기 힘들다. 노조의 힘이 약한 사회에서는 경영자가 노동자와의 대타협을 추진할 만한 유인이 전혀 없을 뿐 아니라, 그러한 대타협을 추진할 것이라는 이타적인 경영자를 기대하는 것 또한 현실적으로 무리이다. 또한, 저임금 사회를 추구하는 상황에서는 경영과 기술혁신을 통해 생산성을 높이고 노동자의 삶의 질을 높이는 것이 어려워질 수밖에 없다. 성장의 추억이 강한 나라에서는 과거의 성공이 정책 결정의 기준점이 되기 때문에 그것이 정책 패러다임의 전환을 어렵게 만든다. 그 결과 성공의 덫에 빠져 새로운 사회혁신을 어렵게 만들 수밖에 없다.

주택을 통한 경기 부양도 마찬가지이다. 주택에 가계자산이 집중된 사회에서 주택을 통한 경기 부양은 결국 다음 세대에 엄청난 경제적 부담을 초래하게 되며, 주택 소유 여부에 따라 부의 불평등을 심화시킬 뿐이다. 국민의 80% 이상이 공공주택을 소유하고 거주하고 있는 싱가포르조차도 급격한 자산가치 상승이 초래하는 세대 간 갈등과 불평등을 심각하게 경험하고 있다. 싱가포르도 2000년대 후반에 충분한 주택 공급을 하지 않아 부동산 가격이 급격히 높아지자 젊은 세대들은 좌절감과 반정부 감정들을 표출하기 시작했다. 결국 정부는 공공주택의 공급을 늘리는 방향으로 신속하게 정책을 수정하게 된다.

성장주의 시대에는 저출산이 노동력의 감소를 상징하였다. 하지만 저출산은 육아에 들어가는 사회적 비용이 감소한다는 것을 뜻하므로 이 비용을 고령화 문제를 해결하는 데 사용할 수 있다. 저출산은 또한 노동 공급의 감소를 의미하기 때문에 적은 수의 노동자들이 높은 노동생산성을 보이도록 산업구조를 전환해나가는 것이 올바른 방향이다. 하지만 저출산이 심각하니 출산을 늘려야 하고, 노령화가 심각하니 은퇴 연령을 높이면서 노인들에 대한 연금 지급을 줄여야 한다는 식의 즉흥적 정책은 잘못된 결과를 초래할 수 있다. 싱가포르도 저출산 문제를 극복하기 위해 수많은 출산 장려 정책을 추진하였지만 성공하지 못했다. 삶의 질이 높아지고 시민이 행복한 사회가 된다면 출산은 자연스럽게 늘어난다. 이러한 점에서 그동안의 양적 경제성장 정책에서 시민의 삶의 질을 높이기 위한 근본적인 국가 정책으로의 방향 전환이 싱가포르뿐만이 아니라 우리에게도 역시 요구되고 있다. 이와 같은 시대적 흐름을 외면한 채 과거의 성장에 대한 향수에서 벗어나지 못하면 우리의 미래는 결코 밝지 못할 것이다.

▌과거는 부정하는 것이 아니라 극복하고 발전시키는 것이다.

『논어』에 "믿음이 없으면 국가가 설 수도 없다無信不立."라고 했다. 경제적 풍요는 국가에 대한 신뢰를 높이는 중요한 요인이지만 충분조건은 아니다. 비록 1인당 국민소득은 싱가포르가 우리나라보다 훨씬 높지만, 시민들이 누리는 소비나 생활수준은 우리나라가 싱가포르보다 크게 낮지는 않다고 저자는 생각한다. 이 책에서도 분석한 것처럼 싱가포르의 높은 1인당 국민소득 중 가계소비가 차지하는 부분이 매우 낮기 때문이다. 하지만 우리는 지금까지 이루어온 성취에도 불구하고 정부에 대한 신뢰가 낮다. 왜 그럴까?

싱가포르 정부는 경제적 성취를 끊임없이 국민에게 각인시켜 왔다. 1960년대 정치적 혼란 속에서 리콴유가 연설하는 모습, 불모지에서 공공주택이 건설되는 모습 등을 통한 홍보나 중앙적립기금과 같은 연금 혹은 각종 의료혜택을 확대하는 정책 등에 대한 홍보는 끊임없이 이루어지고 있으며, 이를 접한 시민들은 현재의 모습을 과거의 싱가포르와 비교함으로써 싱가포르가 이룬 성취의 크기를 확인한다. 이러한 과정들 속에서 싱가포르 스타일의 실용주의, 능력주의, 국가주의, 가족주의, 그리고 다문화 · 다종교 가치가 싱가포르 사람들 간에 공유되고 각인된 것이다.

만약 우리나라에서 박정희 전 대통령이 암살당하지 않고 현재와 똑같은 상태의 경제성장을 이루었다면 우리나라 정부는 박정희 정부 시대의 전과 후를 비교하면서 국민들에게 박정희 전 대통령이 위대한 지도자라는 점을 끊임없이 각인시켰을 것이다. 하지만 박정희 정부 체제는 붕괴했고 그 이후 정권들은 박정희 정부 시대를 기준점으로 삼지 않았다. 우리나라는 과거와 현재의 성취를 비교하기보다는 현재 우리 사회가 가진 문제들을 찾는 데 익숙한 사회로 변화해왔다. 이러한 점에서 우리나라는 많은 사람들이 인정하듯이 역동적인 사회 체제를 발전시켜 왔다.

하지만, 박정희 정부 체제 붕괴 이후 우리 사회는 이전 정부와 체제에 대한 끊임없는 자기 부정을 시도해왔다. 노태우 정부는 전두환 전 대통령을 백담사로 보냈고, 김영삼 정부는 노태우와 전두환 전 대통령들을 감옥으로 보냈다. 김대중 정부는 아시아 금융위기의 모든 정치적 책임을 김영삼 정부에 돌렸고, 노무현 정부는 김대중 정부가 행한 남북 협력 과정의 불법성에 대한 책임을 물었다. 이명박 정부는 노무현 정부를 부도덕하고 무책임한 정부로 몰아세워 전임 정부의 정책을 부정하고 폐기하는 선례를 남기기 시작했고, 박근혜 정부 역시 이전 정부와의 연속성을 부정하고 그 스스로가 다음 정권에 의해 비판받을 수밖에 없는 구시대적인 행정과 정치 모습을 보여준 결과 대통령의 탄핵을 초래하였다. 새롭게 출범한 문재인 정부는 적폐청산이라는 이름으로 연속성보다는 단절을 선택하고 있다. 이와 같이 새로운 정부들이 끊임없이 이전 정부를 비난하고 있는 현실 속에서 국민이 정부에 대한 신뢰를 보내는 것은 불가능하다. 이전 정부가 국민과 함께 이룬 발전을 인정하지 않으면서, 달성하기 어려운 이상적인 목표를 짧은 임기 만에 달성하겠다며 헛된 공약을 내세우는 정부를 신뢰하기는 어렵다.

우리는 우리 세대 이전의 사람들이 이루어놓은 것들에 대해 감사하지 못했다. 전임 세대와 전임 정부를 비판하던 사람들이 나중에는 자기 자신이 무능하다는 평가를 받는 피해자가 되는 악순환이 계속된 것이다. 우리 정부가 자기 부정의 악순환 속에 빠져 있는 이상 정부에 대한 신뢰는 높아질 수 없다.

역설적인 것은 과거 정부의 부정이 오히려 박정희 정부 체제의 향수를 강하게 했다는 점이다. 10원을 벌던 사람이 1,000원을 벌면 그것은 100배만큼의 변화이지만, 1,000억 원을 벌던 사람이 1조 원을 벌게 되면 10배의 변화밖에 안 된다. 경제성장기에 이룩한 박정희 정부 체제의 성취가 심리적으로 더 크게 느껴지는 것은 이런 이치와 비슷하다. 우리는 서로를 인정하는 데에도 인색했다. 전두환 정부가 시장경제로의 전환과 경제 안정화에 기여했던 일, 노태우 정부와 김영삼 정부가 시장경제 시스템의 성숙과 정보화 산업으로의 진입을 이루어냈던 일 등과 같은 업적을 충분히 인정했다면 많은 국민은 굳이 박정희 전 대통령이 아니었을지라도 다른 지도자 누군가는 경제성장을 이룩했을 것으로 믿었을 것이다. 그리고 국민들은 자신들이 비교해야 할 좋은 지도자의 예를 전임 정부에서 찾았을 것이다. 하지만 자기 부정의 과정은 결국 존경할 만한 지도자를 한 명도 찾아볼 수 없게 만드는 결과를 만들어냈다. 박정희 전 대통령을 부정했던 사람들이 역설적으로 박정희 전 대통령의 향수를 더 진하게 만들었다고 해도 과언이 아니다. 그 결과가 어쩌면 문재인 정부의 적폐청산이라는 극단적인 정책으로 이어졌는지도 모른다. 그리고 문재인 정부의 경제 실패와 극단적 이념형 정책의 실패가 계속된다면 박정희 향수는 다시 부활할 것이다.

양쪽 사회에서 모두 살아본 저자는 싱가포르 국민이 정부에 보내는 높은 신뢰가 긍정적인 효과를 초래한다고 생각한다. 무모한 과거 부정보다는 과거의 성취에 대한 인정을 발판으로 미래를 준비하는 것이 더 긍정적인 결과를 초래할 것이다. 비판에 익숙한 사람들은 대안에 대한 고민을 상대적으로 적게 할 수밖에 없으며, 공동체를 위한 자기 헌신이라는 시민사회의 기본적인 덕목을 갖추기도 쉽지 않다. 우리들의 마음속에는 역사적 책임을 다하지 못한 무능한 지도자들에 대한 분노가 깊게 쌓여 있다. 하지만 과거의 한계를 비판하는 데 머무르지 않고, 과거의 성취가 무엇인지도 성찰해가는 과정이 존재해야 분노의 악순환을 끊을 수 있다.

건강한 위기의식을 만들어가야 한다.

싱가포르인들이 가진 위기의식은 사회적 유전자에 가깝다. 이웃 나라들의 직접적인 위협이 없음에도 불구하고 국방비 지출이 복지비나 교육비 지출보다 더 많으며, 징병제까지 시행하고 있는 나라가 싱가포르다. 또한 미래의 위험에 대비하기 위해 정부가 쌓아놓은 엄청난 기금을 경제위기 상황에서도 사용하지 못하게 하는 나라가 싱가포르이다. 경제 상황이 나빠지거나 주변국의 정치적 불안이 있을 때면 싱가포르 국민은 급격히 보수화되고 정부의 통제를 순순히 받아들인다. 2015년 총선거를 통해 알 수 있는 것처럼 이 위기의식은 70% 이상의 국민이 여당을 지지하는 힘이 되고 있다.

총리를 비롯한 싱가포르의 사회 지도층 인사들은 국정 담화, 언론인과의 대화, 학술회의, 국제행사 등에서 끊임없이 '싱가포르는 작은 나라이고, 자원이 없어 언제나 경제위기에 대비하고 있어야 한다'는 이야기를 반복한다. 싱가포르의 이런 모습은 북한의 위협, 부족한 자원과 경제의 취약성, 야당의 집권은 곧 정치적 혼란을 야기할 것이라는 점 등을 강조하던 1980년대 우리의 데자뷔로 어렵지 않게 다가온다. 우리는 정부에 의해 강요된 위기의식이 얼마나 국가주의를 심화시키고 자유를 억압했는지 잘 경험해왔다. 생존의 문제를 걱정해야 하는 국민에게 자유, 행복, 창의성을 기대하는 것은 쉽지 않은 일이다.

하지만 위기의식의 긍정적인 측면도 있다. 싱가포르의 위기의식은 끊임없이 생존을 위한 혁신을 하게 만드는 원동력이면서 내부적 단결을 강화하는 역할을 한다. 자신들이 이룩한 경제적 성과가 그 성과를 잃지 않으려는 욕망을 더 키워온 것이다. 지도자들이 올바르게 판단하고 사회를 바람직한 방향으로 이끌어나간다면 위기의식은 그 과정에서 긍정적인 역할을 하는 것이 분명하다.

이 책에서 저자는 싱가포르를 단순히 깨끗하고 부유한 국가 정도로 이해하기보다는 그 사회가 발전하는 데 기여해온 국가우선주의, 능력주의, 실용주의, 엘리트주의라는 가치를 바탕으로 싱가포르의 정치 · 행정 체제를 이해하고자 노력했다. 이 가치들은 우리나라에서 여전히 영향력 있는 가치이고 특히 과거 개발독재 시대에 큰 영향을 미쳤던 가치라는 점에 주목할 필요가 있다. 아직도 우리나라에서는 개발독재 시대의 가치를 복권시키고자 하는 시도가 존재하고 있다. 어쩌면 박근혜 정부의 실패는 그로 인한 결과인지도 모른다. 과거의 가치는 장점 못지않게 모순을 갖고 있음에도 불구하고 지나치게 이에 집착하거나 부정을 하게 되면서 문제가 발생하는 것이다.

싱가포르를 통해 투영되는 박정희 신화의 위험성을 고민하면서 저자는 엘리트와 지도자, 그리고 시민의 문제를 다시 한번 생각하게 된다. '유능한 지도자가 사회 문제를 푼다'라는 명제보다 '문제를 잘 푼 사람이 유능한 지도자다'라는 명제를 저자는 선호한다. 우리는 유능한 지도자나 엘리트가 사회 문제를 잘 풀 것으로 확신하는 싱가포르 모델보다는, 문제를 잘 풀기 위해 사회 구성원이 노력하는 사회를 만들기 위한 우리 식의 모델들을 발전시켜 왔다. 어느 모델이 우월한지를 제시하는 것은 이 책의 목적이 아니지만, 이념보다는 실용주의적 입장에서 문제를 해결하고자 하는 싱가포르 모델을 받아들이면서도, 사회 문제의 해결을 소수의 엘리트에게만 의존하는 것이 아니라, 시민들이 그에 대해 함께 고민하며 문제를 풀어가는 한국의 모델을 발전시켜 나갈 필요가 있을 것이다.

참고 문헌

국내 문헌

- 김지훈 · 김성희. (2014). 「싱가포르 이중언어 현실과 교육정책-역사적 형성 과정과 사회적 함의를 중심으로」, 24(1), 146-174.
- 강승문. (2014). 『싱가포르에 길을 묻다: 국민소득 5만 달러의 신화』. 매일경제신문사.
- 고용노동부. 「e-나라지표」(고용노동부 사업체노동력조사).
- 국민권익위원회. (2012). 「해외 반부패 및 옴부즈만 동향」.
- 박흥식. (2009). 「재산공개제도」. 『온라인 행정학사전』.
- 배유일. (2020). 「'유니클리(Uniquely)' 싱가포르의 관광 도시화 전략: 복합리조트, 카지노, 그리고 실용주의」. 『IDI도시연구』, 17, pp.207-246.
- 양현모 편. (2010). 『싱가포르 행정과 공공정책』. 신조사.
- 유항근 · 홍일곤. (2002). 「지리적, 기후적 여건이 경제성장에 미치는 영향분석」. 『응용경제』, 4(1), pp.66-87.
- 이구한. (2006). 『이야기 미국사: 태초의 아메리카부터 21세기 미국까지』. 청아출판사, pp.234-248.
- 이상수. (2003). 「이광요의 근대화리더십 연구－공동체주의적 발전전략을 중심으로－」. 한국정신문화연구원 박사학위논문.
- 이선우 외. (2009). 「재산등록 및 취업제한제도 개선방안」. 『안전행정부 보고서』, p.130.
- 임시연. (2020). 「싱가포르 2019: 차기총선과 국민단합의 과제」. 『동남아시아연구』, 30(2), pp.175-150.

- 최상오. (2003). 「이승만 정부의 수입대체공업화와 한·미간 갈등」. 『사회연구』, 6호, pp.129-161.
- 『동아일보』, 2015년 9월 14일 자.
- 『매일경제』, 2009년 12월 14일 자.
- 『조신일보』, 2015년 3월 23일 자.
- 『한겨레』, 2015년 3월 23일 자.

국외 문헌

- Anderson, J. E. (2011). *Public policymaking: an introduction*. Wadsworth.
- Asher, M. G. (1999). The Pension System in Singapore. Social Protection Discussion Paper Series, The World Bank.
- __________. (2004). Retirement Financing Dilemmas Facing Singapore. International Conference on Pensions in Asia: Incentives, Compliance and Their Role in Retirement, Hitotsubashi Collaboration Center, Tokyo, Japan, Hitotsubashi University.
- Asher, M. G., & Rajan, R. (2002). Social Protection in Singapore. In E. Adam, M. V. Hauff & M. John (eds.), *Social protection in Southeast & East Asia* (pp.231-268). Singapore: Friedrich-Ebert-Stiftung.
- Aspinall, E. (2007). The Construction of Grievance: Natural Resources and Identity in a Separatist Conflict. *Journal of Conflict Resolution*, 51(6), 950-972.
- Banfield, E. C. (1958). *The Moral basis of a backward society*. New York: Free Press.
- Barr, M. D. (2000). *Lee Kuan Yew: the beliefs behind the man*. Washington D.C.: Georgetown University Press.
- Barr, M. D., & Skrbiš, Z. (2008). *Constructing Singapore: elitism, ethnicity and the nation-building project*. Copenhagen: NIAS Press.
- Carling, R. G., & Oestreicher, G. (1995). *Singapore's Central Provident*

Fund. Washington D.C.: International Monetary Fund.

- Chang, H. J. (2008). *Bad samaritans: the myth of free trade and the secret history of capitalism*. New York, N.Y.: Bloomsbury Press.
- Chia, S. A. (2010). World country, but not First World wages? *The Straits Times*. Singapore.
- Chua, Bang Huat. (2003). Multiculturalism in Singapore: An Instrument of Social Control. *Race & Class*. 44(3), 58-77.
- Coggburn, J. D., & Neely, S. R. (2015). Publish or Perish? Examining Academic Tenure Standards in Public Affairs and Administration Programs. *Journal of Public Affairs Education*, 21(2), 199-214.
- Daft, R. L., & Armstrong, A. (2009). *Organization theory and design*. Toronto, Canada: Nelson Education.
- Dawkins, R. (이한음 역.) (2006). The God delusion(만들어진 신). London, 김영사.
- Dent, C. M. (2003). Transnational Capital, the State, and Foreign Economic Policy: Singapore, South Korea and Taiwan. *Review of International Political Economy*, 10(2), 255.
- Diane, R. S. (1995). *Manufactured housing: an affordable alternative*. Washington, D.C.: Urban Land Institute, 11.
- Dye, T. R., & Zeigler, L. H. (1996). *The irony of democracy: an uncommon introduction to American politics*. Belmont: Wadsworth Pub.
- Economic Survey of Singapore, Koh, W. T. H., & Mariano, R. S. (2006). *The economic prospects of Singapore*. Singapore: Pearson-Addison Wesley.
- Emery, F. Singapore's economic challenge as Britain pulls out. *The Times* (January 1, 1968), 9.
- Fukuyama, F. (1995). *Trust: the social virtues and the creation of prosperity*. New York: Free Press.

- Goh, K. S., & the Education Study Team. Report on the Ministry of Education 1978(Singapore: Printed by Singapore National Printers, 1979), 1.
- ______________________________. Report on the Ministry of Education 1978(Singapore: Printed by Singapore National Printers, 1979), 3-4.
- Haque, M. S. (2004). Governance and Bureaucracy in Singapore: Contemporary Reforms and Implications. *International Political Science Review/Revue internationale de science politique*, 25(2), 227-240.
- Heracleous, L. (2001). State Ownership, Privatization and Performance in Singapore: An Exploratory Study from a Strategic Management Perspective. *Asia Pacific Journal of Management*, 18(1), 69-81.
- Ho, Cai Leong. (2000). Citizen Participation and Policy Making in Singapore: Conditions and Predicaments. *Asian Survey*, 40(3), 436-455.
- Hui, W. T., & Hashmi, A. R. Foreign Labour and Economic Growth: Policy Options for Singapore.(paper presented at the CLMR Seminar Series, The University of Western Australia, Crawley, May 26, 2004).
- Huxley, T. (2000). *Defending the lion city: the armed forces of Singapore*. St Leonards, N.S.W.: Allen & Unwin.
- International Monetary Fund. (2001). *Singapore: Selected Issues*. Washington D.C.: IMF.
- Jeremy, A. Y. MM Lee: Social divide inevitable. *The Straits Times*, October 20, 2009.
- King, R. (2008). *The Singapore miracle, myth and reality*. Inglewood, W. A.: Insight Press.
- Kuo, C. Y. E., & Jernudd, B. H. (1994). Balancing Macro- and Micro-Sociolinguistic Perspectives in Language Management: the Case of Singapore. In S. Gopinathan, A. Pakir, W. K. Ho & V. Saravanan (eds.), *Language, Society and Education in Singapore: Issues and Trends* (p.32)

Singapore: Times Academic Press.

- Lee, P. (1978). *Chinese society in nineteenth century Singapore*. Kuala Lumpur: New York: Oxford University Press.
- Lee, B. G. (1991). Why we stress communicatarian values. *The Straits Times*, January 15, 24.
- Lee, K. Y. (2000). *From Third World to First: The Singapore Story, 1965–2000*. New York: HarperCollins Publishers.
- ________. (2000). *From Third World to First: The Singapore Story, 1965–2000: Memoirs of Lee Kuan Yew*. Singapore: Singapore Press Holdings(Times Editions).
- Lee, S. H. (1998). Productivity-Wage Linkage and Competitiveness: The Role of the State. In C. Y. Lim & R. Chew (eds.), *Wages and Wage Policies in Singapore: Tripartism in Singapore* (pp.112-126).
- Leong, W. K. (2004). Division of Matrimonial Assets: Order in the fairest possible way. In A. Bainham (ed.), *The International Survey of Family Law*.
- Lim, M. K. (1998). Health Care System in transition II. Singapore, Part I. An Overview of health care system in Singapore. *Journal of Public Health Medicine*, 20(1), 16-22.
- Low, L., & Aw, T. C. (2004). *Social insecurity in the new millennium: the Central Provident Fund in Singapore*. Singapore: Marshall Cavendish Academic.
- Mauzy, D. K., & Milne, R. S. (2002). *Singapore: Politics Under the People's Action Party*. London: Routledge.
- Menon, A. P. G., & Chin, K. K. (1998). The making of Singapore's Electronic Road Pricing System. International conference on Transporation into the next millennium, Singapore.
- Ministry of Community Development. (2009). *Youth and Sports, Report on*

the State of the Elderly 2009, 14-15.

- Ministry of Culture. (1978). *Bilingualism in Our Society: Text of a Discussion on TV with Mr. Lee Kuan Yew, Prime Minister, Singapore, April 6, 1978*. Singapore: Publicity Division, 2.
- Ministry of Education. (2008). *Education Statistics Digest*, 41.
- Mok, K. H. (2003). Decentralization and marketization of education in Singapore: A case study of the school excellence model. *Journal of Educational Administration*, 41(4), 348-366.
- Monetary Authority of Singapore. (2001). *Singapore's Exchange Policy*. Singapore, Monetary Authority of Singapore.
- Morgan, G. (2006). *Images of organization*. Thousand Oaks: Sage Publication.
- Mukhopadhaya. (2004). Wage Policy and its Effect on the Social Sector in Singapore. *Problems and Perspectives in Management*, 3, 107.
- Murray, G., & Perera, A. (1995). *Singapore: the global city-state*. Folkestone, Kent: China Library.
- Mutalib, H. (2004). Singapore's Quest for a National Identity: The Triumphs and Trials of Government Policies. In B. K. Choon, A. Pakir & T. C. Kiong, K. C. Ban & C. K. Tong (eds.), *Imagining Singapore* (pp.54-80). Singapore: Eastern University Press.
- Myrdal, G. (1968). *Asian drama; an inquiry into the poverty of nations*. New York: Twentieth Century Fund.
- Ngiam, T. D., & Tay, S. (2006). *A mandarin and the making of public policy: reflections of Ngiam Tong Dow*. Singapore: NUS Press.
- Pai, Y. (2006). *Comparing Individual Retirement Accounts in Asia: Singapore, Thailand, Hong Kong and PRC*. World Bank.
- Pakir, A. (1992). English-knowing Bilingualism in Singapore. In B. K. Choon, A. Pakir & C. K. Tong, (eds.) *Imagining Singapore* (p.253).

Singapore: Times Academic Press.

- Peng, X. (1987). Demographic Consequences of the Great Leap Forward in China's Provinces. *Population and Development Review*, 13(4), 639-670.
- Peters, B. G. (2001). *The politics of bureaucracy*. London; New York: Routledge.
- Phua, K. H. Health Care Financing for Ageing in Asia. *The Alumnus*, (Apr 2000), 14-16.
- Quah, J. S. T. (2007). Public Administration in Singapore: Maximizing Efficiency and Minimizing Corruption. In K. Topfer & H. Bodner (eds.), *Ideenimport: Experten aus aller Welt gerben Impulse* (pp.197-207). Stuttgart: Schaffer-Poeschel Verlag fur Wirtschaft.
- Quah, J. S. T. (2010). *Public administration Singapore-style*. Bingley: Emerald.
- Rajaratnam, S. (1975). Non-Communist Subversion in Singapore. In C. M. Seah (ed.), *Trends in Singapore: proceedings and background paper* (p.151). Singapore: Singapore University Press.
- Ramirez, C. D., & Tan, L. H. (2003). Singapore, Inc. Versus the Private Sector: Are Government-Linked Companies Different? IMF Working Paper WP/03/156. IMF.
- Reisman, D. (2007). Housing and superannuation: social security in Singapore. *International Journal of Social Economics*, 34(3), 159-187.
- Sam, C. Y. (2008). Partial privatization, corporate governance, and the role of state-owned holding companies. *Journal of the Asia Pacific Economy*, 13(1), 63-88.
- Savas, E. S. (2000). *Privatization and public-private partnerships*. New York: Chatham House.
- Schein, E. H. (1996). *Strategic pragmatism: the culture of Singapore's Economic Development Board*. Cambridge, Mass.: MIT Press.

- Sikorski, D. (1989). The Perspective for Privatization in Singapore. *Asian Journal of Public Administration*, 11(1), 74-91.
- Sim, I., Thomson, S., & Yeong, G. (2014). The State as Shareholder: The Case of Singapore. Center for Governance, Institutions & Organisations, NUS Business School.
- Singapore Department of Statistics. (2001). *Contribution of Government–Linked Companies to Gross Domestic Product*. Singapore: Singapore Department of Statistics.
- ______________________________. (2010). *Key Household Income Trends, 2010*. Singapore: Singapore Department of Statistics.
- Singapore Tourism Board. (2016). *Annual Report on Tourism Statistics 2015*.
- Singapore, All-Party Committee on Chinese Education. *Report of the All–Party Committee of the Singapore Legislative Assembly on Chinese Education*(Singapore: Govt. Printer, 1956), 1.
- Singapore, Commission of Inquiry into Education. *Commission of Inquiry into Education Singapore. Final Report*(Singapore: [s.n.], 1964), 1.
- Singh, B. (2007). *Politics and governance in Singapore: an introduction*. Singapore: McGraw-Hill.
- Somjee, A. H., & Somjee, G. (1995). *Development success in Asia Pacific: an exercise in normative–pragmatic balance*. New York; London, St. Martin's Press: Macmillan.
- Spencer, A., & Sien, C. (1985). National Policy Towards Cars: Singapore. *Transport Reviews*, 5(4), 301-324.
- Tan, K. (2005). *Essays in Singapore legal history*. Marshall Cavendish Academic and the Singapore Academy of Law.
- Tan, K. P. (2008). Meritocracy and Elitism in a Global City: Ideological Shifts in Singapore. *International Political Science Review*, 29(1), 7-27.

- Tay, W. J. M. *Trends in Language, Literacy and Education in Singapore*, Census Monograph No. 2(Singapore: Department of Statistics, 1984), 19, 21.
- Turnbull, C. M. (2009). *A History of Modern Singapore, 1819–2005*. Singapore: National University of Singapore Press.
- Vogel, E. F. (1989). A little dragon tamed. In K. S. Sandhu & P. Wheatly (Eds.), *Management of Success: The Moulding of Modern Singapore*.
- Wilson, W. (1887). The Study of Administration. *Political Science Quarterly*, 2(2), 197-222.
- Wong, D. Men Who Built Singapore: Thai Workers in the Construction Industry. In S. Chantavanich et al. (eds.), *Thai Migrant Workers in East and Southeast Asia*. (Chulalongkorn: Asian Research Center for Migration, 1997).
- Wong, J. Singapore's Experience of Industrial Restructuring: Lessons for the Other Asian NIEs. (ed.). Naya, S. & Takayama, A. (2000). *Economic Development in East and Southeast Asia: Essays in Honor of Professor Shinichi Ichimura*, 60-61.
- Wong, J. Singapore's Experience of Industrial Restructuring: Lessons for the Other Asian NIEs. Naya, S. & Takayama, A. (Akira eds.). (1990). *Economic Development in East and Southeast Asia: Essays in Honor of Professor Shinichi Ichimura*, 58-59.
- World Bank. (1993). *The East Asian miracle: economic growth and public policy*. New York, N.Y.: Oxford University Press.
- Worthington, R. R. (2003). *Governance in Singapore*. London: Routledge Curzon.
- Yu, W. X. (2015). Anti-Corruption Strategies in Singapore: Demystifying the Singapore Model. In Y. Zhang & C. Lavena (eds.), *Government Anti-Corruption Strategies: A Cross Cultural Perspective* (pp.123-136).

- Zhu, Z. (2010). *China's New Diplomacy: Rationale, Strategies and Significance*. Ashgate Publishing.
- 각종 HDB 연간 보고서.
- 리콴유의 국정 연설. (1986).
- 리콴유의 Democracy, Human Rights and the Realities 연설. (도쿄, 1992. 11. 10.).
- 비스와 사다시반(Viswa Sadasivan)의 국회 첫 연설, 2009. 8. 18.
- Charity Navigator. (2010). 2010 CEO Compensation Study.
- General Household Survey 2005, 17.
- Newspaper and Printing Presses (Amendment) Act of 1986. Section 24, (2).
- Singapore Corrupt Practices Investigation Bureau.「CPIB 2013년 연차보고서」, 4쪽.
- *The Straits Times*, August 1995.
- US Department of Homeland Security.『2013년 연간통계백서』.
- *Yearbook of Statistics Singapore 2010*.
- *Yearbook of Statistics Singapore 2014*.
- *Yearbook of Statistics Singapore 2016*.

웹사이트

- 국제금융센터, https://www.kcif.or.kr/front/board/boardView.do?intSection1=2&intSection2=5&intReportID=39525#
- 대한변호사협회 보도자료.「우리나라의 변호사 수 결코 적지 않다」, http://www.koreanbar.or.kr/notice/02_03_read.asp?idx=30&Page=1&strSearchList=&strSearchWord=
- 박노자의 글방, 2013. 8. 13., http://blog.hani.co.kr/gategateparagate/61100
- 『주간동아』.「제조업 30% 법칙-저성장 경계경보」. 2014월 4월 8일 자, http://weekly.donga.com/docs/magazine/weekly/2014/04/ 08/201404080500010/201404080500010_1.html

- 최태욱, 「중선위 선거제도 개혁안과 영남 정치지형의 변화, 그리고 새로운 민주체제의 발전」, 2015년 3월 19일, 〈새정치민주연합 영남 5개 시 · 도당 토론회〉 발제문, http://www.prforum.kr/resources/10237
- Associated Press. (2005). Singapore prosecutes bloggers with colonial-era sedition law, http://www.singapore-window.org/sw05/051001ap.htm
- *Casino News Daily*, 2015. 5. 26. Singapore-Gross Gaming Revenue Analysis, http://www.casinonewsdaily.com/2015/05/26/singapore-gross-gaming-revenue-analysis/
- Center for Strategic & International Studies(CSIS), http://cogitasia.com/analyzing-southeast-asias-military-expenditures/
- Central Provident Fund Board, http://mycpf.cpf.gov.sg/CPF/About-Us/Board-Mem/B_Members
- *Channel News Asia*. March 15, 2010, The Pinnacle a Talking Point. http://www.channelnewsasia.com/stories/specialreport/news/1043666_130/1/.html
- Frank, R. H., & Levine, A. S. (2007). In Expenditure Cascades. Prepared for American Economic Association Annual Meeting, http://www.aeaweb.org/annual_mtg_papers /2007/0107_1300_0202.pdf
- Government of Singapore, http://www.tradingeconomics.com
- Holden. (2014). *Today*, http://www.todayonline.com/singapore/spore-universities-foreign-talent-policies-need-change
- Kishore, M. Why Asia is Rising Now, http://the-stars.ch/public/uploads/Mahbubani_Rise%20of%20Asia.pdf
- Leitch Lepoer, B. L. (1989). Singapore: A Country Study. Washington: GPO for the Library of Congress, http://countrystudies.us/singapore/18.htm
- Lepoer, B. L. (ed.) (1989). Singapore: A Country Study. Washington: GPO for the Library of Congress, http://countrystudies.us/singapore/7.htm
- Settle or fight?: Far Eastern Economic Review and Singapore, http://

casestudies.jrn.columbia.edu/casestudy/files/global/1/FEER%20Text.pdf

- Singapore Corrupt Practices Investigation Bureau, http://www.cpib.gov.sg
- Singapore Department of Statistics, http://www.singstat.gov.sg/statistics/browse-by-theme/population-and-population-structure
- Singapore Department of Statistics. Census of Population 2010 Advance Census Release, http://www.singstat.gov.sg/pubn/popn/c2010acr.pdf.
- Singapore Department of Statistics. Key Demographic Trends, http://www.singstat.gov.sg/pubn/popn/c2010acr/key_demographic_trends.pdf.
- Singapore Housing & Development Board. (2010). HDB History. 8 February,
- http://www.hdb.gov.sg/fi10/fi10320p.nsf/w/AboutUsHDBHistory?OpenDocument
- Singapore Immigration & Checkpoints Authority, http://www.ica.gov.sg/page.aspx?pageid=208
- Singapore Ministry of Culture. Community and Youth, http://www.mccy.gov.sg
- Singapore Ministry of Defence, http://www.mindef.gov.sg/imindef/about_us/history.html
- Singapore Ministry of Education. Performance by Ethnic Group. Press Release on 9 November 1999, http://www.moe.gov.sg/media/press/1999/pr991109.htm
- Singapore Ministry of Manpower, http://www.mom.gov.sg
- Singapore Ministry of Manpower. Foreign Manpower: Visas and Passes, http://www.mom.gov.sg/foreign-manpower/passes-visas/Pages/default.aspxv.
- Singapore Ministry of Trade and Industry. Growing our economy, http://app.mti.gov.sg/default.asp?id=545#1
- Singapore Parliament, http://www.parliament.gov.sg/AboutUs/Function.

htm

- Singapore Public Service Division, http://www.psd.gov.sg/PublicService/SingaporePublicService/
- Singapore Supreme Court, http://app.supremecourt.gov.sg/default.aspx?pgID=43
- Temasek Holdings. Major Portpolio Companies, http://review.temasek.com.sg/portfolio/major-portfolio-companies?page=3
- The World Bank. Fertility rate, total(births per woman), http://data.worldbank.org/indicator/SP.DYN.TFRT.IN/countries/1W-SG?display=graph.
- Wikipedia. "Andrew Jackson", http://en.wikipedia.org/wiki/Andrew_Jackson#Opposition_to_the_National_Bank
- http://dollarsandsense.sg/3-hard-truths-about-poverty-in-singapore/
- http://en.wikipedia.org/wiki/Criminal_Law_(Temporary_Provisions)_Act_(Singapore)
- http://en.wikipedia.org/wiki/File:Plansingapour.jpg
- http://en.wikipedia.org/wiki/Joshua_Benjamin_Jeyaretnam
- https://en.wikipedia.org/wiki/List_of_countries_by_GDP_(PPP)_per_hour_worked
- http://en.wikipedia.org/wiki/Paternalism
- https://freedomhouse.org/report/freedom-press/freedom-press-2016
- http://www.moh.gov.sg/mohcorp/billsizeDetails.aspx?cId=2
- http://www.monumentaltrees.com/en/records/sgp/
- http://news.yahoo.com/s/nm/20100122/lf_nm_life/us_singapore_mcdonalds_pig_1
- https://www.nparks.gov.sg/
- http://www.reasonpapers.com/pdf/26/rp_26_3.pdf
- http://rememberingsingapore.blogspot.sg/2013/03/history-of-floods-in-singapore.html

- https://rsf.org/en/ranking
- http://www1.salary.com/Chief-Executive-Officer-salary.html
- http://www.salary.sg/2007/pay-rise-for-government-leaders/
- http://sg.yfittopostblog.com/2010/11/25/irs-will-add-s1-38-billion-to-government-funds/
- http://www.singstat.gov.sg/stats/charts/lit-edu.html#litB
- http://www.singstat.gov.sg/stats/latestdata.html#8
- http://www.spug.sg/forums/showthread.php?100545-GRC-and-gerrymanderin
- http://theonlinecitizen.com/2009/10/nominated-mp-viswa-sadasivans-maiden-speech/
- http://www.thinkcentre.org/article.cfm?ArticleID=2626
- http://www.world-war-2.info/statistics/
- http://www.youtube.com/watch?v=41ND3U_9HgQ&feature=player_embedded

찾아보기

ㅇ

ㅈ

ㅊ

ㅋ

ㅌ

ㅎ

기타

지은이 소개

고길곤 교수는 연세대학교 응용통계학과를 나와 서울대학교 행정대학원 석사를 거쳐 미국 피츠버그 대학교에서 정책학 박사 학위를 받았다. 2007년부터 2011년까지 싱가포르 국립대학교 정치학과에서 교수 생활을 하였고, 2015년에는 초빙교수로 싱가포르 국립대학교에서 연구년을 보냈다. 우리나라뿐만 아니라 중국을 비롯한 아시아 국가들의 정치·행정 시스템 내면에 숨어 있는 역사적·사회적·경제적 문제에 대한 고민을 해오고 있다. 2011년부터 서울대학교 행정대학원 교수로 재직 중이며, 아시아연구소 아시아지역센터장을 맡고 있다. *Asian Journal of Political Science*의 편집장을 비롯하여 각종 학술지의 편집위원으로 활동하면서 다수의 책과 논문을 써왔다.

제2판
싱가포르 다시 보기 싱가포르의 정치 · 행정 시스템 분석

1판 발행 2017년 11월 22일
2판 발행 2021년 3월 2일

지은이 고길곤
펴낸이 김영훈
편집인 전영와
펴낸곳 도서출판 문우사
주소 경기도 고양시 일산서구 킨텍스로 255, 일산 디엠시티 스카이뷰 오피스동 1304호
전화 031) 901-6542, 070) 4200-6542 **팩스** 031) 906-6542
홈페이지 www.munu.co.kr **대표메일** moonwoosa@hanmail.net
출판신고번호 제396-2013-000113호

ISBN 979-11-85994-84-0 93350

• 이 책은 서울대학교 행정대학원 아시아개발연구소의 지원을 받았습니다.

값 18,000원